Akademie-Katalog 149

um das Urbild
Die Aura bildet sich im
Augenblick des unwiederbringlichen
Verlustes 44

Ldsch. zes All + Ganzheit 44
Klages: "Vom kosmogon. Eros";
 erot.-ästhet. Wahrnehmung
(Tätigk. d.) Aurat. Wahrnehmung, Nimbus,
Eros d.↑↓Ferne, kosm. Wahrnehmung 42

die allernächsten Dinge i.d. Ferne
rücken, wo sie Teile d. kosmos
werden / ekstat. Wahrnehmung
Vergegenwärtigung d. Nimbus =
Einsehen an d. Verzweigung →
in den geheimnisvollen Allgemein-
hang eingehen.
= die Ferne schwingt im Nahen mit.
innerhalb unerreichbar /
> Benjamins Aura!

Akademie der Künste
Hanseatenweg 10
D-1000 Berlin 21
Telephon 39 00 07-0
Öffnungszeiten täglich 10—19 Uhr
Montag ab 13 Uhr
Mittwoch Eintritt frei

Ausstellung und Katalog: Bernd Weyergraf

Unter Mitwirkung von Annemarie Hürlimann

Assistenz: Michael Glasmeier, Gabriele Knapstein

Mitarbeit: Ingrid Krüger, Dirk Scheper, Bettina Schwerk

Ausstellungsgestaltung und Aufbau: Lorenz Dombois

Assistenz: Jutta Piorkowsky

Mitarbeit: Axel Doege, Florian Dombois, Christian Goetze, Dieter Grote, Folke Hanfeld, Peter Höflinger, Bernhard Kavemann, Günter Krüger, Claudia Pitschke, Peter Rasmussen, Bernd Scherlitzky, John Schuetz, Peter Tarnick, Siegfried Ziehe

Tontechnik: Erich Stasch

Konservatorische Betreuung: Roderich Krus

Didaktisches Beiprogramm: Rosemarie Köhler

Plakat und Katalogumschlag: Dieter Appelt

Kataloggestaltung: Regelindis Westphal

Katalogherstellung: Brüder Hartmann, Berlin

Lithographien: O.R.T. Kirchner und Graser GmbH, Berlin

© bei der Akademie der Künste, Berlin und den Autoren
ISBN 3-88331-952-x

Vertrieb für die Buchhandelsausgabe:
Nicolaische Verlagsbuchhandlung, Berlin
ISBN 3-87584-215-4

Abb. S. 121: *Philipp Otto Runge,* Sonnenuntergang im Walde, 1807
Abb. S. 312: *Alfred Kubin,* Phantasien im Böhmerwald, 1935

WALDUNGEN
DIE DEUTSCHEN UND IHR WALD

Ausstellung der Akademie der Künste
vom 20. September bis 15. November 1987

Inhalt

Giselher Klebe
Bernd Weyergraf
Vorworte — 5

Waldungen: Beiträge

Bernd Weyergraf
Deutsche Wälder — 6

Hubertus Fischer
Dichter-Wald — Zeitsprünge durch Silvanien — 13

Michel Tournier
Der Baum und der Wald — 26

Eberhard Roters
Zu lange im Walde geschlafen — 28

Gert Mattenklott
Kosmisches Walderleben — 42

Elmar Budde
Der Wald in der Musik des 19. Jahrhunderts — eine historische Skizze — 47

Annemarie Hürlimann
Die Eiche, heiliger Baum deutscher Nation — 62

Friedrich Rothe
Deutscher Wald um 1900 — 69

Volker Graf, Werner Graf
Auf dem Waldlehrpfad — Der Wald als Erzieher — 74

Marie-Louise Plessen
Vom Nutzwald zum Lustwald — 82

Rainer Graefe
Baum, Wald, Kirche — 86

Inken Nowald
Wie Maler den Wald gesehen — 95

Karl Friedrich Wentzel
Hat der Wald noch eine Zukunft? — 103

H. D. Kittsteiner
Waldgänger ohne Wald — 113

Waldungen: Bilder und Texte

Der Wald der Welt entschwebt — 122

Ach, die Heimat hinter den Gipfeln,
Wie liegt sie von hier so weit! — 130

Bäume sind wie Einsame —
Der Wald und seine Helden — 144

Durch den Wald, im Mondenscheine,
Sah ich jüngst die Elfen reuten — 152

Kommt der Wolf?
Wächst das Wunschkraut hier? — 162

Der Wald, Tempel der Gottheit — 174

Siehe, da ruhet Das
Und ist alles — 186

Es war alles eins, wir wandelten leise,
als wollten wir den Schlaf des Waldes nicht erwecken — 202

In Waldesschatten wie an des Lebens Rand — 212

In den Wäldern sind Dinge,
über die nachzudenken, man jahrelang
im Moos liegen könnte — 220

Deutsch Panier, das rauschend wallt — 230

Am Abend tönen die herbstlichen Wälder
von tödlichen Waffen — 268

Künstlerspende für den deutschen Wald — 290

Urwälder und Moraste — schwarz der Äther über ihnen — 294

O kühler Wald, wo rauschest Du — 304

Michael Glasmeier
Silvanische Bibliographie — 313

Leihgeber — 322

Werkverzeichnis — 323

Zitatnachweis — 334

Fotonachweis — 335

Waldungen — eine Ausstellung über den Wald ausgerechnet in der Stadt Berlin und dazu noch in ihrem 750. Jubiläumsjahr. Was das letztere angeht, so stand der Zeitpunkt der Realisierung dieses Projekts nicht ganz in unserem Belieben, und das andere ist keineswegs so absurd, wie es auf den ersten Blick erscheinen mag. Es geht nämlich nicht um den Wald schlechthin, nicht um seine Natur- und Wirtschaftsgeschichte, vielmehr um eine besondere Naturauffassung, die nicht weniger ein Ergebnis der Moderne ist als unsere städtische Kultur. Von der romantischen Wiederentdeckung des Waldes bis in die Gegenwart soll einer Entwicklung nachgegangen werden, in deren Verlauf der Wald zum Ausdrucksraum vielfältiger, oft widersprüchlicher Anschauungsweisen wird. Es geht mit anderen Worten um den Wald in uns, um seine Vorstellungen und Metamorphosen, um das Verhältnis der Deutschen zu »ihrem« Wald. Waldgeschichte ist, so verstanden, auch eine Geschichte deutschen Selbstverständnisses, eines Sonderweges, auf dem eine verspätete Nation nach Identifikationen sucht. Der Titel »Waldungen« möchte auch auf das Zwielichtige, Dämmrige hindeuten, das dieser Suche nach den Ursprüngen anhaftet. Die Initiative zu dieser Ausstellung verdankt die Akademie der Künste Günter Grass, meinem Vorgänger als Präsidenten, und seinem insistierenden Beharren auf Darstellung des Kulturverlustes, der aus dem Verlust des Waldes folgt.

Bernd Weyergraf und seinen Mitarbeitern danke ich für die Erarbeitung des Ausstellungskonzepts, den Leihgebern und vielen Sachverständigen für die Förderung unseres Unternehmens. Schließlich dankt die Akademie der Künste für einen namhaften Zuschuß aus Bundesmitteln und für die Unterstützung durch das Land Berlin.

Giselher Klebe
Präsident der Akademie der Künste

Was mit einer Rückbesinnung auf germanische Vorzeit und nationale Eigenstämmigkeit beginnt, endet fürs erste in Katastrophenstimmungen. Ob Teutoburger oder Sachsenwald, ob Märchenbühne oder Fitneßparcours, ob Wagnersches Waldweben oder Wandervogel, Wolfsschlucht oder Wolfsschanze, Waldesrauschen oder Waldeslust — wo es anderen Völkern die Sprache verschlägt, sagt es der Deutsche noch durch den Wald.

Der Wald als »grüner Dom« und »Heimat der deutschen Seele«, als Zuflucht, Wildnis, innere Kolonie oder als Holzlieferant, Klimafaktor, Freizeitparadies: Es bleibe dem Betrachter anheimgestellt, zwischen solchen Extremen seinen Weg zu finden. Im Gang durch die vergangenen und gegenwärtigen Waldbildwelten mag er vielleicht einem Naturbild auf die Spur kommen, das sich erst jenseits kulturbefangenen Denkens erschließt. Der kritische Zustand der Wälder verweist auf eine Krise der Kultur. Im Unterschied allerdings zu Auffassungen, denen unser Naturverhältnis erst unter dem Eindruck des Waldsterbens gestört erscheint, ist diese Präsentation darauf angelegt, eine wesentlich ältere und weiterreichende Ambivalenz zwischen Faszination, Sentimentalität und Zerstörungslust zu Tage zu fördern.

Ich danke der Akademie der Künste, die diese Ausstellung mit ihren Exkursionen in teils vertraute, teils unwegsame Waldgebiete erst ermöglicht und Günter Grass, der die Realisierung dieses Vorhabens durchgesetzt hat. Annemarie Hürlimann, die mich auf den ausgedehnten, nicht immer erholsamen Streifzügen in deutsche Waldvergangenheiten begleitet hat, möchte ich auch an dieser Stelle noch einmal meinen besonderen Dank aussprechen. Ebenso Gabriele Knapstein, Michael Glasmeier, Manfred Schlösser und denjenigen Mitarbeitern der Akademie der Künste, die dieses Vorhaben auf die eine oder andere Weise gefördert haben, vor allem Lorenz Dombois, dem es wieder gelungen ist, eine disparate Materie zu einem anschaulichen Ganzen zusammenzufügen. Nicht weniger gilt mein Dank den Leihgebern, deren Namen gesondert aufgeführt werden, und den Autoren dieses Kataloges sowie allen nachstehend Genannten, die mir mit Rat und Tat beigestanden haben: Monika Bachtler, Bielefeld; Hans-Joachim Bertrams, Eschweiler; Peter Bucher, Koblenz; Claudia Bürmann, Witzenhausen; Hans Dülfer, Mainz; Janos Frecot, Berlin; Gisela Götte, Neuss; Ruprecht von Hagen, Aumühle; Johann Haid, Berlin; Carl-Horst Hartmann, Bayersoien; Jürgen Hermeyer, München; Almut Junker, Frankfurt; Heidrun Klein, Berlin; Jürgen Köchel, Hamburg; Ingeborg Krause, Berlin; Gerhard Radermacher, Remagen; Hinrich Rahmann, Hohenheim; Doris Rittgen, Koblenz; Karl-Robert Schütze, Berlin; Sigrid Schulze, Berlin; Elisabeth Senn, Zürich; Rainer Slotta, Bochum; Ingrid Stilijanov-Nedo, Regensburg; Dieter Stolte, Mainz; Wolfgang Storch, Berlin; Wolfgang Till, München; Hanns Zischler, Berlin; Bundesanstalt für Materialprüfung, Berlin; Bundesarchiv, Koblenz; Rheinische Braunkohlenwerke AG, Eschweiler; Zweites Deutsches Fernsehen, Mainz.

Bernd Weyergraf

Bernd Weyergraf

Deutsche Wälder

I

Am Anfang war der Wald. Keine Freiheitsgöttin, kein dynastisches Emblem, kein revolutionäres Ideal der Menschen- und Bürgerrechte, ein Natursymbol verkörpert die Idee, in der sich vor gut zwei Jahrhunderten die Deutschen wiedererkennen. »Deutsch Panier, das rauschend wallt« (Eichendorff, »Der Jäger Abschied«). Über alle inneren Grenzen der Länder und Ländchen des reichsdeutschen Flickenteppichs hinweg sollten die deutschen Stämme zusammenfinden: Im Deutschen Wald. Deutscher Wald, hinter dieser uns immer noch vertrauten, wenn auch nicht mehr ganz selbstverständlichen Wortfügung verbirgt sich eine lange Geschichte politischer wie kultureller Ansprüche, eine Geschichte besonderer und auch sonderbarer Vorstellungen, Gefühle, Phantasien, Wunschträume. Ihre Naturliebe, ihre Waldvertrautheit sollte die Deutschen von anderen Völkern unterscheiden, deren »Verhältnis zum Wald«, so schreibt es Ehm Welk in dem Sammelband »Der deutsche Wald. Sein Leben und seine Schönheit«, »auf Nützlichkeitserwägungen gegründet« sei. »Wie so anders sind die Beziehungen des deutschen Menschen zum Wald!« »Deutscher Wald«, »Deutschland, dein Herz ist der Wald«, »Deutscher Wald. Deutsches Volk«, Wendungen dieser Art klingen heute, da es fraglich geworden ist, ob ein Volk seine Wälder nicht noch überleben wird, eher absurd, so als wollte man auf die Idee verfallen, von deutschen Wolken zu reden. Und doch haben sie von der Romantik bis in die vierziger Jahre unseres Jahrhunderts in zahllosen Liedern, Büchern und Traktaten die Gemüter bewegt.

Geschichte des deutschen Waldes und Herausbildung deutschen Nationalbewußtseins gehen zusammen. Unüberhörbar ist von Anbeginn ein antifranzösischer Affekt. 1773 verbrennen auf einer denkwürdigen Zusammenkunft Mitglieder des »Hainbunds« Christoph Martin Wielands »Komische Erzählungen«. Dieser kosmopolitische Autor steht für alles, was eine junge Dichtergeneration an der Bildung und Lebensart ihrer Epoche als undeutsch, als »französelnd« verachtete. »Wir tranken«, berichtet Johann Heinrich Voß, »in Rheinwein Klopstocks Gesundheit, Luthers Andenken, Hermanns Andenken [...] sprachen von Freiheit, die Hüte auf dem Kopf, von Deutschland, von Tugendgesang, und du kannst denken, wie.« Der Blick geht zurück und folgt darin der neuen Vorliebe für das Ursprüngliche, Natürliche, Wilde, das gegen die konventionellen Überformungen in Anspruch genommen wird. Ossianische Landschaften mit Wettertannen, Felsenschluchten, Mondaufgängen und urwüchsiger Hain verdrängen die Parkidylle des aufgeklärten Zeitalters, deutsche Eichen das anmutige Erlen- und Weidengebüsch. Mit Rousseau verlangt man »Gießbäche, Felsen, Tannen, dunkle Wälder, rauhe auf- und abführende Pfade und recht fürchterliche Abgründe«. Hatte schon Montesquieu die »Quelle der Freiheit Europas« allein in den Wäldern Germaniens entspringen lassen, deren Rauheit und nordisches Klima eine einfache und naturgemäße Gesellschaftsform am Leben erhalten habe, so wird nun in den deutschen Wäldern die Freiheit gesucht, die anders nicht zu haben war. Es ist zugleich eine Identitätssuche, die sich auf den Spuren Klopstocks und Herders der eigenen Vergangenheit vergewissern möchte. Von den Helden des Teutoburgers Waldes nimmt man die Kraft, um gegen kulturelle Überfremdung, später auch gegen napoleonische Fremdherrschaft aufzubegehren.

So steht am Beginn eines erwachenden deutschen Nationalbewußtseins eine Rückbesinnung, die sich mit der von patriotischem Pathos getragenen Erneuerungshoffnung verbindet. Wie in Schillers Jugenddrama ist der Aufbruch der Söhne in den mütterlichen Wald auch ein Gang zu den Vätern. Räuber- wie Wildschützherrlichkeit und feudale Jagdreminiszenzen mischen sich und nähren bald eine Tradition machtgeschützten Außenseitertums, dessen Spuren sich noch in der Vorliebe für den Försterberuf oder den Abenteuerurlaub nachweisen lassen. »Besonders die hohe Jagd, die den Grundherrn und ihren Lehensträgern vorbehalten war und die deren Leben neben kriegerischer Betätigung ganz erfüllte, bewirkte, daß die Edelsten des Volkes nicht weichlichem Wohlleben verfielen, sondern jederzeit gestählten Körpers und im Waffenhandwerk geübt, zu Führern ihres Volkes befähigt waren.« (E. Zentgraf)

Erinnernde Vergegenwärtigung germanischer Waldvergangenheit setzt allerdings voraus, daß der Wald als ein der unmittelbaren Gegenwart entzogener Ort erlebt werden kann. Die Grenzen zwischen kultiviertem Land, zwischen Feld und Wald müssen deutlich gezogen und dieser selbst zugänglich sein, ehe der Schrecken seiner einstigen Unzugänglichkeit sich in »süßes Grauen« verwandeln kann. Dem entspricht eine innere Grenzziehung, die das aufgeklärte Subjekt zwischen Phantasie und rationalem Lebenserfordernis aufzurichten und zugleich gegen das »Weltgewühl« und die »Langeweile« einer zunehmend entdämonisierten Lebenswirklichkeit zu überschreiten gelernt hat. Unweit des Dorfes spielt sich ab, was 1793 der Idylliker Friedrich Wilhelm August Schmidt aus dem brandenburgischen Werneuchen in einem Gedicht unter gleichnamigem Titel als »Die Wildniß« beschrieben hat. Und doch ist selbst der lichte märkische Kiefernwald entfernt genug, um mitten in heimatlich vertrautem Gelände den Schauder der Einsamkeit und des Verlorenseins anklingen zu lassen. »Endlich bin ich hier in deinen Schauern/ Schöne Wildniß du!« Das Wilde, einst äußerlich wie innerlich ausgegrenzt, ist nahe gerückt. Bebautes Feld und als Wildnis empfundener Wald gehen unmittelbar ineinander über.

Wer in diese heimatliche Wildnis eindringt, folgt den Holz- und Wirtschaftswegen. Im naturbelassenen Wald verginge die »Waldeslust« so rasch wie dem verträumten Schulmeister in Richard A. Bermanns Roman »Das Urwaldschiff«. Erst der Kulturwald erlaubt die ungestörte Fiktion einer Rückkehr in den unheimlichen, dämonischen Wald. Über Jahrhunderte als unwegsame und durch Rodung zurückgedrängte Gegenwelt zum kultivierten Land, als Ort der Gefahr und der Verbannung gefürchtet, wird der Wald zum erinnerungsträchtigen heimatlichen Umkreis, in dem, wie einst die in ihm Ausgestoßenen und Geächteten, nun die Vaterlandsfeinde zugrunde gehen. Friedrich Ludwig Jahn möchte an der Grenze gegen Frankreich einen undurchdringlichen Schutz- und Bannwald wachsen lassen. Doch kein Urwald verschlingt auf C. D. Friedrichs Bild den französischen Chasseur, sondern einförmiger Fichtenforst, der sich freilich im Hintergrund und düster zusammenschließt.

Kämpferisch ist die nationale Identität, die der deutsche Wald vermittelt, und sie wendet sich ebenso gegen die Feinde im eigenen Land. Wilhelm Heinrich Riehl bemerkt im Rückblick auf das Revolutionsjahr 1848, daß der Wald allein »dem Landvolke [...] eine von der Hetzjagd der Konkurrenz und der Kleinwirtschaft unberührte Beisteuer zu seinem Bestand« sichere. »Darum verkehren die Demagogen den Krieg um den Wald so gern in einen Krieg gegen den Wald; sie wissen, daß man zuerst den Wald niederhauen muß, wenn man mit dem Mittelalter in Deutschland aufräumen will. Und also kommt der Wald bei jeder Volksbewegung am schlimmsten weg.« Greift doch »jeder politische Wühler, der dem Volke vorerst ein kleines Stück ›Wohlstand‹ als ein Handgeld auf den verheißenen Allerweltswohlstand auszahlen möchte, flugs zum Walde.« Der Wald gilt hier als Garantie sozialer Unterschiede, die es gegen alle Gleichmacherei zu verteidigen gilt. Denn »ein Volk muß absterben, wenn es nicht mehr zurückgreifen kann zu den Hintersassen in den Wäldern, um sich bei ihnen neue Kraft des natürlichen, rohen Volkstumes zu holen.« Schließlich geht es auch an den inneren Feind, der nach dem Vorbild des Waldes bekämpft wird: »Wer das so könnte wie der Wald: alles Schwächliche und Niedrige von sich abstoßen, nur bestehen lassen, was stark ist und gesund [...] so stolz und aufrecht hinaussteigen über den Schatten der Tiefe und die Helle suchen, die hohen, reinen Lüfte. Wer das so könnte!« Dieser Wunsch aus Ganghofers »Schweigen im Walde« leitet schon über in eine Diktion, die vom Wald und seinen Bäumen überhaupt nur noch in militärischen Begriffen sprechen kann: »In Baumschulen wird den Baumkadetten von Jugend an das Strammstehen beigebracht. Im Jungholz marschieren sie in Tuchfühlung auf, um endlich, nach sorgfältiger Ausmerzung der Schwachen und Untüchtigen, in der Regimentsformation des Reihenwaldes achtzig bis hundert Jahre lang Stelle zu treten« (Max Mezger-Franz Boerner). Ernüchternder noch, wenn auch mit unfreiwilliger Komik, sind die Mobilmachungsversuche, die uns von Walther Schoenichen in den Bildlegenden eines 1933 erschienenen Photobandes präsentiert werden, der, obwohl er nur Baum- und Waldaufnahmen zeigt, im Untertitel »vom Kampf des deutschen Menschen mit der Urlandschaft« redet: »In ausgerichteter Front ersteht auf modernem Stamm der Jungwuchs«, »Nebel umwallen die Vorposten an den Flanken des Gebirges«. »Fichte und Bergahorn vereinigen sich zu treuer Kameradschaft«, »Windfahnenfichten bilden den Flaggenschmuck auf Gipfeln des deutschen Mittelgebirges«.

Aus diesen Wäldern ist kein Entkommen mehr. Waldformation und Gesellschaftsformierung stimmen überein, spiegeln sich ineinander. Ausgemerzt ist alles »Krüppelholz«, das ohnehin schon keine Chance mehr hätte, gegen die Eiche, den reichsdeutschen Totembaum, sich zu behaupten. »Fort mit dem Krüppelwald!« (Fritz Diepold). Die Formel vom Dickicht der Städte, aufgekommen zuerst in Jensens Roman »Das Rad«, deutet auf einen Zu-

stand, in der die gesellschaftlichen Verhältnisse wie von Natur unüberschaubar überwachsen werden. Ein Zustand, der keinen Ausweg kennt, in dem allenthalben hinter vermeintlichen freien Ausblicken Notwendigkeit sich als Zwang enthüllt. Was in dieser zweiten Natur als künstlicher Wildnis bewußtlos geschieht und abläuft, Angleichung von Natur und Gesellschaft, sollte im »Dritten Reich« des wiedererstandenen Imperators, der zwar keinen Rotbart, dafür aber den Schnauzbart als Markenzeichen trug, Wirklichkeit werden. Deutscher Wald überwuchs und erstickte, was an urbanen, weitläufigen Resten noch verblieben war, wie in Alfred Döblins Roman »Berge, Meere und Giganten« neuer Urwald die Metropolen heimsucht. Volksgemeinschaft hatte sich am Bild des Waldes auszurichten, Volk sollte wie Wald stehen, Wald wie Volk. »Deutschland erwache!« Erwachen sollte die Volksmasse aus langem Dornröschenschlaf, um gleich wieder in ihn zurückzusinken, nachdem sie ihre neuen Herren aus dem Chaos — Lieblingswort der Nazis zur Denunziation der Weimarer Demokratie — erlöst und auf Vordermann gebracht hatten, ganz dem Formierungsideal der zum deutschen Forst verwandelten chaotischen Waldmasse entsprechend. So als hätte Herders produktiver Frage, ob »in der Geschichte des menschlichen Geistes und Volks alles ein Wald, ein Chaos« sei, ein für allemal eine Antwort erteilt werden müssen. Was an Programmen dieser Art schon vor 1933 entworfen war, wurde jetzt waldrassekundlich überboten. »Schlagt aus, was rassefremd und krank«, lautet das Fazit eines Films, der den »Ewigen Wald« im Titel führt. Daneben entstand eine neue Art »Buchenwald«, in dem nicht mehr Waldluft, sondern Arbeit frei machen sollte.
Deutsche Geschichte als Bedeutungs- und Wandlungsgeschichte des deutschen Waldes läßt sich auf weite Strecken als eine Geschichte der Gegenaufklärung verstehen, als Durchforstungsprozeß, der schließlich nur noch strammen Hochwald zur Gemütsertüchtigung der Volksgemeinschaft duldet. Doch es ist nicht alles pure Ideologie am deutschen Wald; am wenigsten dort, wo wir den dürren Umkreis einer kompensatorischen Waldbesetzung verlassen, die Ohnmacht und tiefsitzende Ressentiments verbrämt. Abseits des Spektrums nationaler Waldoptionen kann eine andere Waldliebe, in der es freier und nachdenklicher hergeht, unsere Neugierde beanspruchen. Vielleicht ist es eine Neugierde von der Art, die uns immer in den Wald lockt und uns die Drohung seines Verlustes schmerzlich empfinden läßt.

Waldpädagogisches mit Heils-, Aufrichtungs-, Ertüchtigungs- und nationalen Rettungsappellen, mit düsteren Waldweihestätten, mit Wotan- und Nornenklängen, mit Doppelton aus scharfen Jagdpfiffen und herzinnigen Lehrerchören ist dem deutschen Wald nicht schon an der Wiege gesungen worden. Zwar berief sich auch dies auf eine Tradition, die bis in die Romantik zurückreichen wollte, eine Romantik allerdings, die vormärzlich restaurativ, später wilhelminisch mit wiedererstandenem Bismarck-Wotan um ihren utopischen und identitätsphilosophischen Gehalt so lange beschnitten wurde, bis nach Biedermeier, Kaiserreich und verlorenem Weltkrieg außer Sentimentalitäten jugendbewegter, reformerischer oder neopaganer Attitüde von ihr nicht viel übrig blieb.

II

»Was Natur dem Menschen anderes sein könne«, dieses Bekenntnis aus Novalis' »Die Lehrlinge zu Sais« liest sich wie ein Gegenentwurf zu allen folgenden verengten Naturanschauungen. Die Dichter finden alles »in der Natur. Ihnen allein bleibt die Seele derselben nicht fremd, und sie suchen in ihrem Umgang alle Seligkeiten der goldnen Zeit nicht umsonst. Für sie hat die Natur alle Abwechselungen eines unendlichen Gemüts. [...] Der unerschöpfliche Reichtum ihrer Phantasie läßt keinen vergebens ihren Umgang aufsuchen. Alles weiß sie zu verschönern, zu beleben, zu bestätigen, und wenn auch im einzelnen ein bewußtloser, nichtsbedeutender Mechanismus allein zu herrschen scheint, so sieht doch das tiefer sehende Auge eine wunderbare Sympathie mit dem menschlichen Herzen im Zusammentreffen und in der Folge der einzelnen Zufälligkeiten. [...] Ist es denn nicht wahr, daß Steine und Wälder der Musik gehorchen?« Doch »nur ein ruhiges, genußvolles Gemüt wird die Pflanzenwelt verstehen [...] Um die Natur zu begreifen, muß man die Natur innerlich in ihrer ganzen Folge entstehen lassen [...] Denn wahrhaftig die ganze Natur ist nur als Werkzeug und Medium des Einverständnisses vernünftiger Wesen begreiflich. [...] Aber die Kunst des ruhigen Beschauens, der schöpferischen Weltbetrachtung ist schwer, unaufhörliches ernstes Nachdenken und strenge Nüchternheit fordert die Ausführung.«
Von Wirklichkeitsflucht, die auch die Verweigerung einschließt, die beginnnende Moderne zu reflektieren, ist hier nichts zu ver-

Arnold Böcklin, Tannen (Studie), 1847

nehmen. Noch ist die neuentdeckte Waldnatur, wie die Reise, die in ihre Tiefe führt, unverbraucht, korrespondieren Welt- und Naturerfahrung, äußere und innere Erkundungsfahrt, Explikation eines Inneren, eines Unbewußten, das sich im Verhältnis zur Naturerkenntnis echohaft erschließt: »Im Herzen tief, da rauscht der Wald« (Brentano). Als »diesem wahren inneren Afrika« — jenem Afrika, das nach Hegels Zeugnis »für den Zusammenhang mit der übrigen Welt verschlossen geblieben« ist, »das in sich gedrungene Goldland, das Kinderland, das jenseits des Tages der selbstbewußten Geschichte in die schwarze Farbe der Nacht gehüllt ist« — hat Jean Paul vom Unbewußten gesprochen, damit andeutend, daß man sich auf der Suche nach dem verborgenen Ziel von der Wirklichkeit des deutschen Tages gar nicht weit genug entfernen konnte. Überall und nirgends. In diesem Geiste hat noch Lenau in den amerikanischen Urwäldern zu finden gehofft, was er in den heimatlichen Wäldern, durch die schon die Eisenbahntrassen geschlagen wurden, vergeblich gesucht hatte. Sein Scheitern an der Uneinholbarkeit des Fremden kennzeichnet ineins die Grenzen, jenseits derer natur- und identitätsphilosophisch inspirierte Walddichtung ihren pantheistischen Zauber verliert und von der nun steigenden Flut beschaulicher, von der Tochter am Klavier vorzutragender Waldempfindsamkeiten überschwemmt wird. Auch sie noch ein verwilderter Trieb der alten Waldherrlichkeit, den die gemütvolle Atmosphäre bürgerlicher Salons am Leben erhält, nachdem die frische Waldluft verflogen ist. Sentimentales, das sich mit der Raison, der man sich beugt, sehr gut verträgt. Ähnlich wie auf den Bilderbögen jener Zeit der Waldtiere einfühlsam gedacht und auf ein und demselben Blatt die Vorlust auf ihren Braten gefeiert wird. Rührung und Einverständnis mit dem Lauf der Welt unvermischt nebeneinander.

Nicht um eingrenzendes Bewahren ist es dem romantischen Ich zu tun, vielmehr um eine Erkenntnis, daß sich in seiner Überschreitung, in der Preisgabe an das Andere, das Fremde, sich erschließt, was sonst verborgen bliebe. Waldnatur wird zur »anderen heimatlichen Welt«, zum Spiegel und Resonanzraum der Seele, in dem die unbewußten Regungen sympathetisch erlebt werden können. Der Wald, der alle Sinne anspricht, wird zur Bühne eines simultanen, die Grenzen des Subjekts auflösenden Geschehens, der Waldgrund zum Herzensgrund: »Natur, hier fühl' ich deine Hand / und atme deinen Hauch, / beklemmend dringt und doch bekannt / dein Herz in meines auch« (Friedrich Schlegel, Im Spessart). Stifter wird später das Denken selbst mit dem Walderlebnis in Korrespondenz treten lassen: »Denken, wie der Wald rauscht«. Was Eichendorff hinzufügt, ist eine Sprache, mit der die Extreme ichauflösender Selbstpreisgabe an das Elementare und erinnernde Selbstbewahrung aufgefangen werden. Allein eine Kunst »ohne Stolz und Frevel«, heißt es in der Novelle »Das Marmorbild«, »bespricht und bändigt die wilden Erdengeister, die aus der Tiefe nach uns langen«. Um Natur als Sprache erstehen zu lassen, die ihr Geheimnis »als im Herzen die Gedanken« hörbar macht, ohne es preiszugeben, bedarf es einer Wachsamkeit, die auch der Träume gewahr wird: »Manches bleibt in Nacht verloren/Hüte dich, bleib wach und munter.« Das »Zwielicht«, in dem diese Verse stehen, ist die Dämmerzone zwischen Tag und Nacht, Morgengrauen und Abendrot, der Waldrand als Übergangszone, als Rand des Lebens. Wie wenige andere sonst nennen die Anfangszeilen aus »In der Fremde« gegen alle ursprungsmythischen Absicherungsversuche, daß Vergangenheit berufen, doch nicht zurückgerufen werden kann. »Aus der Heimat hinter den Blitzen rot/Da kommen die Wolken her/Aber Vater und Mutter sind lange tot/Es kennt mich dort keiner mehr.« »Ach, ein solches Angedenken/'s ist nur eitel Klang und Luft« (»Angedenken«).

Es macht einen großen Unterschied, ob ich im Wald ein Gegenbild unzulänglichen Lebens erblicke, ob er den Traum eines auch irdischen Paradieses wachhält oder ob in ihm, wie es Canetti beschreibt, schon »der Knabe die Aufnahme ins Heer« voraus erlebt, ob ich ihn als natürliche Ordnung erkenne oder als Chaos empfinde, das erst durch menschlichen Eingriff seine Form erhält, ob er »mit tausend Zungen« spricht oder in den trockenen Wendungen anthropomorpher Metaphorik. Insofern steckt in Canettis Ausführungen zum Wald als Massensymbol der Deutschen nur die halbe Wahrheit. Sie beschreiben eine Traditionslinie, die, wie bermerkt, von frühen Teutoburger Waldreprisen bis in die dreißiger Jahre reicht mit ihren Wald-gleich-Volk-Parolen. Doch Waldgeschichte als Teil einer, wenn man mit Riehl so will, »Naturgeschichte des deutschen Volkes« ist nicht nur eine Geschichte paternalistischer Ausgrenzungen und Umwandlungen einer im Bild unberührter Waldfreiheit vorgestellten Harmoniesehnsucht. Unbeachtet zu lassen ist ebensowenig, in welcher Verfassung sich die Welt befindet. Wenn Grimmelshausen seinen Helden Simplicius wieder in den Wald, den er doch auf der Suche nach menschlicher Nähe verlassen möchte, flüchten läßt, weil dieser sich vor dem, was er draußen vorfindet noch mehr fürchtet als vor seinen nächtlichen Walderlebnissen, so gibt schon dieses Bild des zwischen Hoffnung und Furcht hin- und hergerissenen Kindes Einblicke in eine zwiespältige Gemütsverfassung. Die Waldwildnis lockt mit Nachtigallklängen, der Raum menschlicher Kultur ist ein Jammertal. Wildnis und Heimat verkehren sich. Auch dies eine mißlingende Grenzüberschreitung, die von einem dämonischen Konzert begleitet wird, in dem der »Gesang der Nachtigallen« und das »Geschrey der getrillten Bauren« zusammenklingen. »Der Waldrand hat sich schuldig gemacht« (Armando). Deutsche Waldliebe erwächst nicht immer aus freien Stücken. Eines ihrer Grundmotive ist Weltschmerz. »Welt — das gellt so hell und grell; / Wald — das schallt und hallt so hold« (Friedrich von Sallet). Oder: »Weit in den Wald! Unter uralten Buchen [...] / Da will ich die ersehnte Zuflucht suchen, / Will finden, was mein Leben mir geraubt« (Karl von Holtei).

Es verbirgt sich ein gutes Maß an trotziger Anerkennungshoffnung im deutschen Waldwesen. Und zeigt nicht im Verhältnis zu anderen Völkern der Deutsche Michel unverkennbar die Züge des einfältigen, verträumten, aber herzensguten Märchenhelden, dem seine älteren Brüder an Lebensklugheit und Anstelligkeit weit voraus sind. Aber all ihr Verstand nützt ihnen wenig, und ihr vernachlässigter und verachteter Bruder läuft ihnen am Ende den Rang ab und rettet sie sogar, unverdientermaßen, aus der Klemme, in die sie in ihrer Hoffärtigkeit geraten sind. Denn er ist mit den Geistern und Tierdämonen des Waldes im Bunde. Das klingt märchenhaft genug und hat doch in unzähligen Varianten bis zum Waldbauernbub, aus dem noch etwas wird, die Gefühle von Generationen geprägt. Herauszuhören ist dies noch in der Belehrung, die Wagner anläßlich der Pariser Freischützaufführung den Franzosen über deutsches Waldempfinden erteilt, das sie doch niemals in seiner ganzen Tiefe erfassen könnten; und auch bei Nietzsche, wenn er, wiederum mit Bezug auf Wagners Leben und Werk, von der »Atmosphäre einer ernsteren und seelenvolleren Weltanschauung« spricht, »wie sie uns armen Deutschen durch alle möglichen politischen Miseren [...] über Nacht abhanden gekommen war«. Waldgeltung und Weltgeltung, darin fand sich nichts Widersprechendes. Nach legendärem und märchenhaftem Vorbild konnte sich ein Waldvolk zu seinem Hinterwäldlertum bekennen, das darin nun endlich heldenhaft um- und aufgewertet wurde. Wenn es, wie Barbarossa, zu lange im Wald geschlafen hatte, was schadete es. Der lange Schlaf hatte sie jung gehalten und ihre unverbrauchten Kräfte wachsen lassen.

Für was alles sollte der Wald nicht stehen und einstehen! Dom sollte er sein und ein Ort der Erhebung, Wirtschafts- und Erholungsraum, Turnplatz der Jugend und Festhalle der Alten, heiliger Hain und Erinnerungsstätte, Wald der Väter und mütterlicher Wald, Ort des Todes und des Lebens, der Andacht und des Schreckens, der Verwandlung und Selbsterkenntnis, der Erinnerung, der Einkehr und des Trostes; eine große Freilichtbühne, auf der, in wechselnder Besetzung und mit unterschiedlicher Wirkung, die schönsten Rührstücke und Trauerstücke inszeniert wurden, teils in Gedanken, teils real: Bardenlieder, Hermannschlachten, Freischütz- und Räuberromantik, Waldleben und Lützows wilde verwegene Jagd, Märchen- und Thingspiele.

III

Aber für was steht er heute, nachdem er seine Zuständigkeit für das Ganze verloren hat und, von Straßen zerschnitten, in einen Freizeit- und Fitneßraum verwandelt wurde, wie es selbst ausschweifendste Kraft-durch-Freude-Phantasien nicht für möglich gehalten hätten. Was aus konservativer Sicht Autoren wie Wilhelm Heinrich Riehl befürchtet hatten, ist längst Wirklichkeit geworden. Selbst das hinterste Walddorf ist verkehrsgünstig angebunden und erschlossen; und auch die »Waldbauernkinder« würden sich, wenn es sie noch gäbe, lieber die Sesamstraße anschauen als sich in die Lektüre der Grimmschen Märchen zu vertiefen. Deutscher Wald, das ist heute beispielsweise ein in der Nordeifel gelegenes, 136 000 Hektar großes Gelände, ausgestattet mit 180 Schutzhütten, 39 Grillstellen, 5000 Bänken und 500 Tischen, 390 Waldparkplätzen, 2000 Rundwanderwegen, 109 Rast- und Spielplätzen, 23 Trimmpfaden und 220 km Radwegen, 18 Natur- und Waldlehrpfaden. Damit endet fürs erste, was im späten 18. Jahrhundert mit Ludwig Tiecks Wortschöpfung als »Waldeinsamkeit« begonnen hatte. Der Traum von der schönen Wildnis, die jeder für sich noch einmal erforschen und erobern könne, ist ausgeträumt. Zuflucht, die er für die evakuierte städtische Zivilbevölkerung vor den Bombenangriffen des letzten Weltkriegs noch sein konnte, ist er im Zeitalter interkontinentaler Waffensysteme, der Infrarotaufklärung und Nachtsichtgeräte ohnehin nicht mehr. An die Stelle begrenzter Belastungen ist eine übergreifende Naturzerstörung getreten, in der sich mit irreparablen Folgen der Krieg gegen den Wald auf kalte Weise fortsetzt. Nach einem gleichsam egalitären Prinzip weitreichender Schadstoffverteilung und Ursachenverschleierung werden nun gerade die abgelegeneren Wälder industriell in Mitleidenschaft gezogen. Vor den Menschen sterben die Wälder. Damit haben sie als in sich geschlossener und sich selbst erhaltender Organismus aufgehört, ein Sinnbild kollektiver Überlebenshoffnung zu sein, der »ewige Wald« ist zeitlich geworden. Ob sich mit dieser Erkenntnis unsere Beziehung zu ihm grundsätzlich geändert hat, bleibt angesichts einer Reproduktionskultur, die uns in dem irrigen Glauben wiegt, alle Prozesse für umkehrbar zu halten, und den Blick für die Irreversibilität natürlicher Vorgänge versperrt, zumindest fraglich. Wenn es stimmt, daß der Mensch ursprünglich ein Bewohner der Steppe war, daß seine Seßhaftigkeit unabdingbar mit der Rodung des Waldes zusammenhing, damit er Land erhielt, das er bebauen konnte, so erklärte dies vielleicht seinen grundlegenden Widerspruch zur Waldnatur.

Mit unserer Waldliebe ist es nicht weit her, und eine noch weitgehend unerforschte Natur um ihrer selbst willen zu erhalten, sie wäre denn wiederum als »Genpool« von Nutzen, nach wie vor kein erstrebenswertes Ziel. Auch wer die Menschheit nicht für eine Ausgeburt der Evolution zu halten gewillt ist, einzig ausersehen, die Erde in das Nichts zurückzuverwandeln, aus dem sie entstanden sein soll, hat Grund zur Skepsis. Vor dem eigenen Tod trifft es die anderen. Warum sollte das Waldsterben herbeiführen, was zuvor weder Landschaftszerstörung durch Zersiedelung, Flurbereinigung und Agrartechnologie noch Hunderttausende Verkehrstote bewirken konnten: eine Änderung in unserem kulturellen Selbstverständnis. Wir haben die Natur nicht gepachtet. Am wenigsten ein Volk, das mit 180 Stundenkilometern durch kränkelnde, lärm- und abgasgestörte Restwälder fährt, um auf verkehrsgünstigen Waldparkplätzen die Stille der Natur oder die selbstquälerischen Wonnen eines Joggingparcours zu genießen. Irgendetwas kann an der Freiheit, die im Wald gesucht wird, nicht stimmen, wenn sie mit der Freiheit zusammengehen soll, eben diesen Wald zu zerstören. Schöner ist eine regressive Schizophrenie nicht zu haben.

Der globale Charakter der Industriekultur macht uns, ob wir es wollen oder nicht, wieder zu Kosmopoliten. Die Schadstoffe sind wenigstens international und grenzüberschreitend. Und die Rückstände unserer Kultur sind noch im Eis der Antarktis nachzuweisen. So sind wir wieder dort angekommen, wo der Wald gegen Ende des 18. Jahrhunderts als deutscher Wald zu wachsen begann. Was als Abkehr von den kosmopolitischen Idealen der Aufklärung und Rückkehr in die germanisch-deutschen Urwälder begonnen hat, endet bei einer Weltoffenheit, die zwangsläufig andere Forderungen mit sich bringt als ein in den Grenzen und Problemen des eigenen Landes befangenes Denken zu lösen vermöchte. Und selbst eine heile Natur vor der eigenen Haustür, wenn sie denn, utopisch genug, wiederherzustellen wäre, hätte mit großer Wahrscheinlichkeit eine Alibifunktion, die von den Umweltkatastrophen in anderen Weltteilen ablenken würde. Weder der Wald noch die Welt gehört uns alleine.

Überblicken wir die Bedeutungsfülle, die sich über Jahrhunderte mit dem Wald verband, seine künstlerischen und trivialen Aneignungsformen, so stellen wir fest, wie wenig davon geblieben ist. Waldgeschichte als Kulturgeschichte ist, unbeschadet der Frage, was von dem Verlorenen zurückzuwünschen sein möchte, auch eine Geschichte des Kulturverlustes. In diesem Sinn ist die Ausstellung auch ein Abschied. Unter dem bewußt archaisierenden, aber auch bekenntnishaften Titel »Waldungen« möchte sie in zwei Jahrhunderte deutscher Waldvergangenheit zurückführen und von der Romantik bis in die Gegenwart noch einmal das große Waldpanorama entstehen lassen. Sie folgt darin der Faszination, die das Erlebnis des Waldes mit Eichendorffs Worten »sowohl zu Schreck und Lust« ausgeübt hat und vielleicht noch immer unter gewandelten Bedingungen und Näherungsweisen ausübt.

»Es ist schon spät, es wird schon kalt. Kommst nimmermehr aus diesem Wald«, läßt Eichendorff die »Hexe Lorelei« dem Reiter antworten, der sie als »schöne Braut« gerne heimgeführt hätte. »So reichgeschmückt ist Roß und Weib, / So wunderschön der junge Leib«. Verwandeln Begehrlichkeit, »Trug und List« Natur in eine Einöde, aus der kein vertrauter Weg mehr hinausführt? In einen ähnlichen dämonisch zwielichtigen Zauberwald, der sich zum »Wald der Welt« geweitet hat, führt uns Oskar Loerke wenige Jahre vor seinem Tod im inneren Exil. »Erblickt ihr hinter mir die Flüchtlingsspur / und trifft euch ein gehetzter Atemstoß? / Ihr sucht und horcht umsonst. Ich lächle nur: / Der Wald der Welt ist groß«. Wer flieht hier vor wem? Was hat es auf sich mit diesem Wald der Welt? Ist er das selbstgeschaffene Labyrinth, aus dem es kein Entrinnen gibt?

Aus dem Film »Die Nibelungen«, Siegfried (1. Teil), Regie: *Fritz Lang*, 1923/24

Hubertus Fischer

Dichter-Wald
Zeitsprünge durch Silvanien

Wer Wälder sagt, muß nicht schon Bäume meinen. — »Sylven oder Wälder« nennt Martin Opitz im »Buch von der Deutschen Poeterey« (1624), außer allen Gelegenheitsgedichten, »solche carmina, die auß geschwinder anregung vnnd hitze ohne arbeit von der hand weg gemacht werden«. Das geht wörtlich auf die »Institutio oratoria« des römischen Redners Quintilian zurück und dient Herder wiederum als Motto für seine kunsttheoretischen »Kritischen Wälder« von 1769. Im »Beschluß« des »Ersten Wäldchens« sagt er dazu:

»In mehr als einer Sprache hat das Wort Wälder den Begriff von gesammelten Materialien ohne Plan und Ordnung; ich wünschte nur, daß meine Leser die etwas trocknen und verschlossenen Pfade dieses ersten Theils überstehen möchten, um hinter denselben zu freiern Aussichten zu gelangen.«

Wer Wälder sagt, kann also Bücher meinen: nicht — wenn das Wortspiel erlaubt ist — weil Holz ihr Rohstoff ist, sondern weil sie gewissermaßen selbst noch »Rohstoff« bieten. Der Ursprung dieser Wälder liegt, wie angedeutet, in der antiken Rhetorik. Dort bedeutet *silva* soviel wie ein »reiches, noch unbenutztes Material«, »Mannigfaltigkeit des Stoffes« oder aber noch »ungeordnete, ungeformte Masse«.

Das verwundert nicht, wenn man bedenkt, daß im Lateinischen der Gegensatz von *cultus silvestris* ist. Kultur ist das Bearbeitete, Geformte, Wald das Wilde, Ungestalte, die dichtgedrängte Fülle. Den Menschen sei, sagt Juvenal in der 15. Satire, im Unterschied zum Tier, auch Intelligenz verliehen worden, »so daß gegenseitige Zuneigung uns antreiben möge, [...] den Urwald zu verlassen und die Wälder, die die Urahnen bewohnten; Häuser zu bauen [...]«.

Wer Wälder sagt und Bücher meint, gibt sich eine Lizenz: in die schönste Unordnung zu verfallen, die disparate Fülle als ein Ganzes, das kaum Bearbeitete als ›Fertigprodukt‹ zu offerieren oder das in sich Zusammenhanglose, Mannigfaltige, in einem Buche zu versammeln. Was nicht ausschließt, daß hierin auch ein bestimmter Kunstwille steckt. Literaturfähig ist der Begriff vor allem durch die »Silvae« des Statius, eine Sammlung von Gelegenheitsgedichten in fünf Büchern, geworden.

Der lizenzierte »Wildwuchs« des Silvanischen geht schon bald als beliebte Titelei in die europäischen Literaturen ein. Der englische Renaissance-Dichter Ben Jonson betitelt eine Sammlung verschiedenartiger Gedichte »The Forrest« (1616); posthum erscheint 1641 eine ähnliche Sammlung unter dem Titel »Under-Woods«. T. S. Eliot widmet ihm 1920 eine Studie in »The Sacred Wood«.

Heinrich Mücke, Hubertuslegende, 1836

Einen »Wald der Wälder« gar verfaßte Francis Bacon: »Sylva Sylvarum: Or A Naturell Historie. In Ten Centuries« (1626). Darin häuft er nicht weniger als 1000 Ungereimtheiten und Phänomene aus den disparatesten Gebieten der Naturgeschichte auf. Der große Entdecker in den Gefilden der modernen Wissenschaft gibt in dieser »Stoffsammlung aller Stoffsammlungen« der zukünftigen »wahren Wissenschaft« reichlich Material zur Bearbeitung auf: sie soll das Licht der methodischen Erkenntnis in den »ungeheuren Wald« bringen. Am Ende müßte *dieser* Wald verschwunden sein — der andere auch, ist heute zu fragen, nachdem die Wissenschaft ihr Werk der Naturbeherrschung verrichtet hat? Man hat Bacon Shakespeares Stücke zuschreiben wollen: doch hätte er denn je einen »Forest of Arden«, diesen der Imagination entsprungenen »Ardenner Wald«, auf die Bühne zaubern können? In August Wilhelm Schlegels Übertragung:

»... Sind diese Wälder
Nicht sorgenfreier als der falsche Hof?
Wir fühlen hier die Buße Adams nur,
Der Jahreszeit Wechsel; so den eis'gen Zahn
Und böses Schelten von des Winters Sturm;
Doch, wenn er beißt und auf den Leib mir bläst,
Bis ich vor Kälte schaudre, sag' ich lächelnd:
›Dies ist nicht Schmeichelei; Ratgeber sind's,
Die fühlbar mir bezeugen, wer ich bin.‹
Süß ist die Frucht der Widerwärtigkeit,
Die gleich der Kröte, häßlich und voll Gift,
Ein köstliches Juwel im Haupte trägt.
Dies unser Leben, vom Getümmel frei,
Gibt Bäumen Zungen, findet Schrift im Bach,
In Steinen Lehre, Gutes überall.«

Diesen Wäldern ist eine Sprache eingeschrieben, die *keine* Titelei ist — wie etwa auch die »Poetischen Wälder« des Christian Gryphius (1698) oder, und so schon germanistisch-patriotisches Programm, die »Altdeutschen Wälder«, jene von den Brüdern Grimm gegründete und geleitete Zeitschrift, in der sie von 1813 bis 1816 diverse Forschungsergebnisse zur deutschen Heldensage veröffentlichten. Deren Stoff ist freilich von den alten Wäldern regelrecht durchwuchert.

Das Folgende reklamiert die traditionelle Lizenz des Silvanischen für sich: es versammelt Disparates, worauf die »Zeitsprünge« schon hindeuten, und bietet »Wildwuchs«, wie es bei Wäldern dieser Art nicht anders sein kann. Teils führen diese Sprünge durch den dichten Wald, den Urwald, teils durch den Dichterwald, — »um hinter denselben zu freiern Aussichten zu gelangen«. »Silvanien« ist jenes Waldgefilde, real oder imaginär, eine ubiquitäre Topographie.

I

Wer Wald sagt, kann das weltliche Leben meinen, das eben nichts als Wildnis sei gegenüber dem ewigen Leben. In dieser metaphorischen Bedeutung erscheint *silva* bereits in den ältesten uns erhaltenen Zeugnissen der christlichen lateinischen Dichtung: den »Instructiones« und dem inhaltlich verwandten »Carmen apologeticum« des Chiliasten Commodian von Gaza, der wahrscheinlich um die Mitte des 3. Jahrhunderts schrieb.
Fortan fährt der Geist in die Wälder. Mit Commodians apologetischer Dichtung setzt eine lange Tradition negativer Metaphorisierung des Waldes unter dem Vorzeichen des christlichen Spiritualismus ein. Schon in den »Hymnen« des Ambrosius erscheint die Natur ihrer Selbständigkeit völlig beraubt, nur Dienerin Gottes, ihres Schöpfers, dessen Geboten sie folgt, dessen Werkzeug sie ist zum Heil des Menschen, — wenn nicht der Teufel sich ihrer zum Verderben des Menschen bemächtigt.
Von der Hand des Heiligen Ambrosius, der ihn die Anerkennung Gottes als des reinen Geistes und die Geistigkeit der Seele gelehrt hatte, empfing der größte Kirchenlehrer, der Heilige Augustin die Taufe. Augustin assoziiert das Verb *silvescere,* das im klassischen Latein »ins Holz wachsen«, etwa beim Weinstock, bedeutet, geradewegs mit dem Laster und mit seiner eigenen sündhaften »Verwilderung«.
Machen wir einen Sprung ins Hochmittelalter. Was »sieht« der Theologe im Wald? Nichts Wirkliches, sondern ein Geistiges im allegorischen Gewand. Der Zisterzienser Alanus ab Insulis »Doctor universalis» und »System«-Theologe, »sieht« das Dickicht des Waldes als menschliche Sündhaftigkeit, die die menschliche Natur Christi (der Hirsch) kraftvoll durchbricht. »[...] er [Christus] hat auch die Dickichte durchbrochen, d.h., die mit Kraft ge-

Metapher »Feuer des heiligen Geistes« an. Darüber dann gleich mehr. Doch vorerst: was passiert im Wald? »Einst kamen zwölf Männer in einen dunklen Tannenwald und verirrten sich darin. Das gereichte ihnen zum Schaden« (Der Stricker, »Der Turse« [= Der Riese]).

II

Silvanien ist seit je das Land der Irrungen und Wirrungen. Versprengte römische Soldaten ziehen zwischen Maas und Aisne »auf Irrwegen durch die Wälder« (Caesar, De bello Gallico). In Scharen irren die Ritter der Tafelrunde durch den topisch »kreftigen walt« (wilden Wald), um dort die »âventiure« zu suchen. Chrétien de Troyes, der zwischen 1165 und 1190 das höfische Artus-Epos als Gattung begründete, spricht in »Erec et Enide« direkt von »la forest avantureuse«. Im Märchen ist, wenn es vom Walde dunkelt, Verirren schrecklich und doch wundersam.

Im Dichter- und im Märchenwald macht es meist Sinn, sich zu verirren, in der Wirklichkeit nur selten. Wenn einer nun im Waldverirren ein Gleichnis für den Un-sinn, *insania*, sieht, scheint er ein Realist zu sein:

Joseph Anton Koch, Dante und Virgil im Wald der Selbstmörder, um 1804

krönte Göttlichkeit hat die menschlichen Sünden hinter sich gelassen«.

Anknüpfend an die ältere Bedeutung von *silva* als »Masse«, »roher Stoff«, das »Ungeformte«, »Wilde«, gibt Alanus dem »Wald« einen Sinn, der immer schon deswegen Sündhaftigkeit meint, weil er noch nicht vom göttlichen Geist geformt, geordnet und durchdrungen ist. »Wenn also Christus mit dem Feuer des heiligen Geistes den ganzen Wald entzündet, meint das die (im geistig-moralischen Sinn) Wilden und Rohen«. »Jener Spiritualismus«, schreibt Heine, »wirkte heilsam auf die übergesunden Völker des Nordens: [...] es begann die europäische Zivilisation. [...] Sie [die katholische Kirche] hat [...] die brutale Materie zu bewältigen gewußt.« Diese Materie identifizierte Alanus nicht zufällig mit dem Wald. Und daß der Geist, der in diese Materie fuhr, zur materiellen Gewalt werden konnte, deutet sich schon in der

». . . So wie im Wald, wo die planlos durchs Gelände
Schweifenden das Irren vom bestimmten Pfade abtreibt,
jener zur Linken, dieser nach rechts abirrt, und doch ein und dasselbe
Verirren, wenngleich in verschiedenen Richtungen, sein närrisches Spiel mit beiden treibt . . .«

So, sagt Horaz, bist du nicht anders von Sinnen als die, die über dich lachen, und an ähnlichem Irren krankt das Volk insgesamt. Ganz anders nun, von spirituell-symbolischem Sinn erfüllt, ist Dantes Waldverirren und das im Wald geschaute Bild:

»Ich fand auf unseres Lebens halbem Wege
In einem dunklen Wald verirrt mich wieder,
Weil ich verloren mich vom rechten Stege.
Ha, wie er ausgesehn, ist hart zu sagen,
Der Wald, so wild und wüst und dichtverwachsen,
Daß in Gedanken sich erneut mein Zagen!
So bitter ist's, wie selbst der Tod kaum schmeckte;«
(Die göttliche Komödie I, Übersetzung R. Zoozmann)

Für den gläubigen Christen Dante ist das Leben irdische Pilgerschaft auf der Suche nach dem ewigen Heil. Vom »rechten« Wege abgekommen, verirrt er sich in einem dunklen Wald, der wild *(selvaggia)*, hart *(aspra)*, kräftig *(forte)*, bitter *(amara)* ist und nichts als namenlose Angst einflößt. Kaum ist er zu beschreiben, zu sehr bedrängt er Herz und Sinne. So ist es weniger der geschaute als der personal erfahrene symbolische Wald, der hier das Tal der Sünde meint, aus dem der Erdenwanderer den Blick nach oben richtet auf das leuchtende Gestirn. Weil es auf jedem Wege richtig leitet, nimmt es dem aus dem Walde starrenden Schrecken ein wenig von der furchteinflößenden Kraft. Des Dichters Eingang in die jenseitige Welt führt aber durch den Wald zur Hölle.

In der *selva oscura* Dantes verdichtet sich noch einmal die lange Geschichte christlicher Waldauslegung seit Commodian und Augustin, nur tritt er dann im 28. Gesang in jenen »grünen Gotteswald« des irdischen Paradieses ein, der eine neue Sensualität gegenüber der Natur und ihren Reizen aus Licht, Duft, Farbe und Gesang ankündigt. Da ist schon eine Ahnung von jenen Landschaften, die bald den Goldgrund aus der Malerei verdrängen. Dazu hat Dieter Struss jüngst treffend geschrieben:

»Doch der Maler, der die Natur jetzt aus der Perspektive des menschlichen Betrachters malt und sie in das helle Licht des realen Himmels taucht, tut letzten Endes auch nichts anderes, als die Natur so zu erfassen, daß der Mensch sie ›begreifen‹ kann. Daß mit dem Beginn dieser Zerstörung gleichzeitig die Entdeckung der Schönheit verbunden ist, gehört zu den tragischen Paradoxien, an denen die Geschichte des Waldes so reich ist.« (Reisen in die Tiefe des Waldes)

Der ausgehauene oder bis zur sogenannten »Fraßlinie« abgeäste Wald ist die Geburt des schönen Waldes in der Malerei. Dort, wo die städtische Zivilisation ein weites Umland sich unterworfen hat und der Blick auf eine von Menschenhand geformte Garten- und Kulturlandschaft fällt, wird erst die Landschaft mit ihren Äckern, Hügeln, Wiesen, Wäldern und menschlichen Behausungen ein Gegenstand der Kunst, der ästhetischen Anschauung in der Malerei.

Wo sich der dichte Wald verliert, beginnt der Dichterwald. Der wilde, harte und gedrängte Wald, fast bitter wie der Tod: das steigt als Bild aus jener maßlosen Tiefe der Wildnis auf, die, frühmittelalterlich, real und nicht nur christliches Symbol der Sündhaftigkeit war.

III

»Das habe ich bei den Menschen als größtes Wunder erfahren:
daß es die Erde nicht gab und nicht den Himmel,
es gab nicht den Baum...«

Die magische Kraft des Wortes spricht der Welt das Wunder ihrer Schöpfung ein: Was ist, war nicht — keine Erde, kein Himmel, kein Baum... »Paum« ist die »evidente Natur«; das »Wessobrunner Schöpfungsgedicht« aus dem Anfang des 9. Jahrhunderts nennt kein anderes, weder pflanzliches noch tierisches Leben.

Wie der letzte Tag den Menschen naht, das »könnt Ihr am Bild dieser Bäume erkennen«, sagt der geistliche Dichter des nur wenig später entstandenen altsächsischen Bibelepos »Heliand«. Und ein alemannisches Memento Mori, mehr als zweihundert Jahre später von einem Moker verfaßt, legt aus: »Der Baum bezeichnet diese Welt«.

Ob magische Ordnung der Kosmogonie, ob deiktisches Bild des Weltendes oder Sinnbild der irdischen Welt überhaupt: Diese frühmittelalterliche christliche Poesie pflanzt unentwegt mit Bäumen Schößlinge des Glaubens, den Glauben an den Schöpfergott, sein Endgericht und daran, daß der Mensch im Schatten *dieser* Welt sein Heil versäumt. In keinem der frühen Zeugnisse volkssprachlicher christlicher Dichtung tritt dies eindrucksvoller hervor als in dem noch ins 8. Jahrhundert fallenden angelsächsischen Visionsgedicht »Der Traum vom Kreuz« (Dreams of the Rood), wo dieses Zeichen der Christenheit als des Heilands »wunderbarer Baum« erscheint, mal »von der Spur des Blutes benetzt, mal mit Kostbarkeit geschmückt«. Das »hocherhabene Holz« spricht dem Dichter von Ruhm und Leiden Christi, das auch *sein* Ruhm und Leiden war. Jetzt aber triumphiert es über diese »ganze herrliche Schöpfung«; denn

»Siehe, da erhöhte mich der Ruhmesfürst
über die Bäume des Waldes, der Herr des Himmels...«

Wiewohl sich in dem anthropomorphisierten Heilandsbaum germanisch-heidnische und christliche Vorstellungen naiv und kraftvoll vermischen, so ist er doch herrlich über alle Bäume des Waldes erhoben. Und in denen, so wäre hier zu ergänzen, wurden noch andere Gottheiten verehrt.

Was aber konnte für die Dichter näher liegen, als Bäume des Glaubens zu pflanzen? Die Umwelt dieser Menschen *war* eine Welt von Bäumen. Der Wald, schreibt Georges Duby, scheint

»die gesamte natürliche Landschaft bedeckt zu haben. [...] Bis zum Ende des 12. Jahrhunderts spiegelt sich die Nähe weitläufiger Waldgebiete in allen Aspekten der Zivilisation.« Und er fährt fort: »Für die Menschen jener Zeit war der Baum der sinnfälligste Ausdruck der pflanzlichen Welt.« Nicht nur, wie angedeutet, der »pflanzlichen« Welt, und nicht nur »Ausdruck« oder »Zeichen«, wie er erst in den christlichen Symbolisierungen erscheint.

IV

Der Dichter des altnordischen Götterliedes »Völuspá« spricht von »des hehren Weltbaums Wurzeltiefen« und sieht den »Lebensnährer« beim Untergang der alten Welt im Feuersturm auflodern. Das ist die poetische Anamnese eines alten Mythos, der sich in ähnlicher Form in vielen archaischen Kulturen findet. Sein Ursprung mag bei den germanischen Völkern in jenem Geschlechtertotemismus liegen, der für einzelne Stämme und Sippen die gemeinsame Abstammung von Bäumen bestätigte und allen Mitgliedern ein gemeinsames Tabu und eine ehrfürchtige Haltung gegenüber der totemistischen Spezies aufzwang. Im Kult der heiligen Haine wurde dieser Mythos die je erneuerte, gelebte Wirklichkeit. So berichtet Tacitus über die Semnonen:

»Den Glauben an ihr hohes Alter bestätigt ein religiöser Brauch. Zu bestimmter Zeit treffen sich sämtliche Stämme desselben Geblüts, durch Abgesandte vertreten, in einem Haine, der durch die von den Vätern geschauten Vorzeichen und durch uralte Scheu geheiligt ist. Dort leiten sie mit öffentlichem Menschenopfer die schauderhafte Feier ihres rohen Brauches ein. Dem Hain wird auch sonst Verehrung bezeigt: niemand betritt ihn, er sei denn gefesselt, um seine Unterwürfigkeit und die Macht der Gottheit zu bekunden. Fällt jemand hin, so darf er sich nicht aufheben lassen oder selbst aufstehen; auf dem Erdboden wälzt er sich hinaus. Insgesamt gründet sich der Kultbrauch auf den Glauben, daß von dort der Stamm sich herleite, dort die allbeherrschende Gottheit wohne, der alles andere unterworfen sei.« (Germania, 39)

Der Mythos ist also immer mehr als bloße Erzählung; er ist ursprünglich die »gültige Urkunde der Gemeinschaft« (Malinowski) — die zu zerreißen das Christentum lange gebraucht hat. Verholzt und verstockt, die Seele von Wildnis überwuchert *(silvescere)*: so mußte den frommen Verkündern ein Volk erscheinen, das hartnäckig an der Verehrung von Bäumen und Hainen festhielt. In der »Vita S. Eligii« wird dieser Meister-Goldschmied hauptsächlich deswegen zum Hirten von Noyon, Vermandois, Tournai, Gent und Kortrijk gemacht, »weil die Bewohner noch großenteils im Irrwahne des Heidentums befangen und eitlem Aberglauben ergeben waren, auch wie die Tiere des Waldes keinerlei heilsamen Zuspruch erhielten«.

Ein ganzer Abschnitt der kanonischen Bestimmungen des Konzils von Leptines, das 743 im fränkischen Gallien abgehalten wurde, forderte die Bekämpfung der Bäumen und Wäldern gezollten kultischen Verehrung. Einhards »Vita Karoli Magni« brandmarkt die »von Natur wilden« Sachsen als »Dämonenverehrer«. Zweieinhalb Jahrhunderte später sieht sich Bischof Burchard von Worms immer noch veranlaßt, das Fortbestehen der Tabus gegenüber Bäumen und Hainen scharf zu verurteilen. Aus der Vita des Otto von Bamberg, der von ca. 1060 bis 1139 lebte und als Missionar der Pommern bekannt geworden ist, wissen wir auch, wie sehr das Volk (hier sind es Slawen) an seinen heiligen Bäumen hing.

Jahrhundertelang hat sich die Kirche an der »Urmaterie« Wald abgearbeitet. So war die Missionierung ein unentwegter Kampf gegen Wald und Bäume, gegen die äußere und innere Wildnis. Radikal, das Übel an der Wurzel packend, bedeutete dies: Entwurzelung. Und die Sprache der Synode von Nantes aus dem Jahre 658/659 ist radikal:

»Mit größtem Eifer sollen die Bischöfe und ihre Diener bis zum letzten darum kämpfen, daß die Bäume, die Dämonen geweiht sind und die das Volk verehrt, ja in solcher Verehrung hält, daß es nicht einmal wagt, einen Zweig oder ein Reis abzuschneiden, mit der Wurzel ausgehauen und verbrannt werden.«

Es gibt keinen schreienderen Widerspruch als zwischen einer »grünen« Theologie, die sich zum Hüter der Schöpfung aufwirft und Ehrfurcht vor ihr predigt, und der historischen Gewalt des Christentums gegen die Natur, mögen eifrige Exegeten auch anderes aus der Bibel deduzieren.

Die Dämonen lauerten überall. Ein angelsächsisches Gedicht des 8. Jahrhunderts erzählt die Sage von dem Vogel Phönix, wohl nach der Dichtung des Lactanz. Diese hochstilisierte *interpretatio christiana* stutzt ihm jedoch die heidnischen Schwingen: »Vorsteher des heiligen Hains, der heiligen Wälder verehrungswürdiger Priester«, das darf der Wundervogel nun nicht mehr sein. Anders könnte er schlecht ein Bild und Vorbild der Seligen, der auserwählten Degen Christi, sein, die auch durch ihren Tod das ewige Leben erwürben. Viel weniger noch ein Bild Christi, da ihn das Priesteramt im Hain ja als Diener jener heidnischen Dämonen ausgewiesen hätte, die Christus siegreich überwunden hatte, deren Nachstellungen aber selbst der Fromme nicht entging.

Davon erzählt die nach 750 entstandene »Legende des hl. Guthlac«. Sie rühmt die frommen Einsiedler, die zwar vom Teufel verfolgt, aber von Engeln beschützt werden. Ein solcher Mann ist Guthlac, der um der Askese willen sein Lager in der Wildnis von Croyland aufgeschlagen hat. Da nahen im Sturm die Dämonen. Und die Heimsuchung des Einsiedlers wird nun als ein Kampf um den Besitz eines »Berges«, das heißt eines Hügels im Wald, geschildert, auf welchem der Heilige seine Wohnstatt errichtet hat, den aber die teuflischen Wesen als ihren angestammten Rastplatz reklamieren. Da sie deutliche Züge der germanischen Waldgottheiten zeigen, hat sich der fromme Mann hier wohl der Anfechtungen durch sein waldursprüngliches Heidentum zu erwehren.

So macht es einen Sinn, wenn nicht nur Sündhaftigkeit, sondern auch Heidentum mit Wildnis gleichgesetzt wurde und *cultura,* das bebaute Land, immer auch ein Stück Bodengewinn für das Christentum bedeutete. Wo die Wildnis zurücktrat, wuchs auch der Glauben. Damit er kräftiger aufschoß, verwandelte man den Baum nicht nur in ein polyvalentes christliches Zeichen, sondern — und dies war ein Meisterstück christlicher Symbolisierung — stellte ihn auch auf den Kopf. Viele mittelalterliche Autoren schreiben von diesem »umgedrehten Baum« (*arbor inversa*), der seinen Wurzelgrund im Himmel hat und dessen Zweige auf die Erde niederwachsen. Er ist Symbol des Glaubens und der Erkenntnis, verkörpert die Gestalt Christi und versinnbildlicht den Mikrokosmos Mensch und den Megakosmos Welt.

V

Die Enttabuisierung der Natur, wie mühsam sie auch vorankam, bildete einen Motor der Kultivierung. War einmal die Scheu vor den übernatürlichen Mächten, den alten Göttern, die den Wald bewohnten, gefallen, so fiel die unsichtbare Schranke auch, die den Saum der Lichtungen vom Wald trennte. Das Rodungswerk trieb den Nährboden ein Stück weiter in die Wildnis hinein. Ein mühsames Werk: Die »riutære« (Rodenden) mußten die ineinander verwachsenen Bäume entästen, entwipfeln, fällen, um endlich, das war das Schwierigste und geschah oft erst nach Jahren, die Baumstümpfe samt vielgliedrigem Wurzelwerk auszuroden.

Die frommen Männer aber, Bischöfe, Äbte, Ordensleute, machten aus dem Wald »jede Menge Holz«: Bauholz, Werkholz, Brennholz. — Nach seinem *Nutzen* wird der Wald geschätzt: Jagd- und Nährwald und Lieferant von Brenn- und Bauholz.

Auf Holz war die gesamte materielle Kultur des Mittelalters gegründet, weshalb Alanus ab Insulis davon sprechen konnte, daß *silva* als Urmaterie den Rohstoff für sämtliche Substanzen bilde. Das hört sich philosophisch an, ist aber durchaus auch praktisch zu nehmen. Ohne Wald kein Honig, keine Süße, kein Met; kein Wachs, keine Kerze, kein Licht in den Kirchen; kein Harz, kein Pech, kein Klebstoff mithin; keine Rinde, kein Gerbmittel; kein Bast, kein Seil; keine Gerte, kein Korb; usf.

Auf Waldbesitz gründete der Reichtum vieler Klöster. Gewiß, der Heilige Columban, der Heilige Willibrord, der Heilige Bonifatius oder der Heilige Pirmin, sie zogen in die Urwälder, um *in eremo,* das heißt in der menschenfernen »Wüste« oder »Einöde«, Gott nahe zu sein; sie zogen aber auch große Rodungsgrundherrschaften auf, von denen einzelnen wiederum, dank eines umfänglichen zusammenhängenden Waldbesitzes, der Aufstieg zur Landesherrschaft gelang (z. B. Fulda). Der Wald war Wirtschafts- *und* Herrschaftsgrundlage.

Nicht zu vergessen ist die Schweinewirtschaft, denn überwiegend von diesem Fleisch ernährte man sich auch an Fürstenhöfen. Mit dem Schwein ist aber untrennbar der Deutschen liebster und edelster Baum verbunden: die Eiche. Kurz, man trieb sie herdenweise in die Eicheln (und in die Bucheckern). Und von der Reichhaltigkeit dieser Mast auf der Waldweide hing im wesentlichen die Fleischtierhaltung ab. Das war der hohen Geistlichkeit wohlbekannt.

Die »Zweideutigkeit« des Waldes als höllischer Schreckensort und Schlemmerparadies für Schweine ist die Zweideutigkeit der kirchlichen Glaubensmacht. Was der »propheta« vorgibt gesehen zu haben, haben fromme Männer nicht anders ›gesehen‹. Nur hindert das nicht, macht der Erzbischof klar, selbst die Hölle als Wirtschaftsraum zu nutzen.

In *einem* Wald war jedoch die Dämmerung des Christentums noch nicht aufgegangen. Das war der Wald der alten Heldensage, wenn sie auch ihre eigentliche Gestalt erst im 13. Jahrhundert erhalten hat.

VI

»Wer ein einzelnes Thema ungewöhnlich auszugestalten begehrt, malt einen Delphin in die Wälder, in die Wogen einen Eber«: Solch absonderliche Vermischung, die nach der »Ars Poetica« des Horaz einen Verstoß gegen das auf »Naturnachahmung« festgelegte Kunstideal darstellt, ist für die mittelalterliche deutsche Dichtung nachgerade »natürlich«. Sie malt wenn nicht schon Delphine, so doch »Meerwunder« in die Wälder.

Meist leben diese »Meerwunder« in einer Felsenhöhle; sie rauben Kinder, ziehen sie auf und entlassen sie wieder in die menschliche Gemeinschaft; so im anonymen »Wigamur« aus der Mitte des 13. Jahrhunderts; ähnlich im »Lanzelet« Ulrichs von Zatzikhofen, Ende des 12. Jahrhunderts; sie erscheinen als gefährliche Ungeheuer, wie um 1230 in Heinrichs von dem Türlin »Diu Crone«, tun einer Königin Gewalt an (Meerwunder) oder treten als kentaurenartige Wesen plötzlich aus dem Dickicht des Waldes hervor:

»Am Morgen schritt er in den Tannenwald.
Dort sah der verwegene Held
ein Monstrum auf sich zustürmen,
teils Pferd, teils Mensch,
war ihm ein Hornpanzer angewachsen.
Als es ganz nah an ihn herangekommen war,
schwang es einen Wurfspieß in der Hand
mit unbeschreiblicher Wut.
Den warf's blitzschnell auf den Helden.
So schrecklich dröhnte sein Gebrüll,
daß der Wald vom Lärm dieses Meerwunders
an allen Ecken widerhallte.
Es half ihm aber nichts.«

So steht es in dem vor der Mitte des 13. Jahrhunderts entstandenen »Eckenlied«, das mit den anderen Ausformungen der Sagenwelt um Dietrich von Bern den bis ins 16. Jahrhundert wohl populärsten deutschen Erzählstoff bildet (und eben nicht das »Nibe-

Karl Philipp Fohr, Lindenfels, o. J.

lungenlied«). Dort spielt sich das Geschehen, spielen sich die Abenteuer Dietrichs weitgehend im Südtiroler Waldgebirge ab, wobei der Wald nicht nur »Kulisse« für die Kämpfe ist, sondern fast immer auch »mitwirkende« Natur.

Wenn der Halbriese Ecke wie ein Leopard in den Wald springt, dann klingen Helm und Schild an den Zweigen wider wie unaufhörliches Glockengeläut, gerät der ganze Wald in Aufruhr; dann leuchtet vom Harnisch der kämpfenden Recken der Wald wie im strahlenden Sonnenschein auf, entzünden die aus den Helmen sprühenden Funken die Äste, so daß das Laub verwelkt und Rauch wie dichter Nebel durch die Wälder dringt. Das Walddickicht aber als Schutzwehr des Gegners fällt unter den Hieben des Schwertes. Im schaurigen Finale reißt endlich, den Helden zu töten, die riesenhafte Birkhilt gewaltige Bäume aus und rast deren Tochter, die Mutter zu rächen, Bäume stürzend und Äste brechend wie eine Furie durch den Wald.

»Teuflinnen« werden diese Riesenweiber genannt, sind schrecklicher noch als »Meerwunder«. Dazu beherbergt dieser Wald einen wilden Jäger und ein von diesem wilden Jäger gejagtes Waldfräulein. — Kein Wunder, daß von ihm gesagt wird, »der war so tief« und »düster«: Es ist ein »wild-fremder Wald«, rundum »unheimlich«.

Gewiß, das »Eckenlied« ist von dem kunstbewußten Konrad von Würzburg im 13. Jahrhundert wie noch von Martin Luther gescholten worden, aber stets war dies ein »parteiliches« Urteil der Gelehrten und Gebildeten über den abgeschmackten Unverstand der ungebildeten Menge. Die anhaltende Polemik beweist indes mehr, daß es sich bei diesen Erzählungen um eine höchst populäre »tradition vivante« handelte. Die waldverschlungenen Abenteuerlichkeiten von Helden, Riesen, Meerwundern und wilden Jüngern gingen dem Ohr augenscheinlich leichter ein als die geschliffene Kunstpoesie, trafen auch auf eine kollektive Mentalität, in der der Waldaberglaube noch lebendig war. Was immer dann die Chronisten an historischer und die Pfaffen an ewiger Wahrheit dagegensetzten: Fragen wie diese: »Bist du jung oder alt? Oder lebst du gar ständig in dem Wald?« konnten die Gemüter offenbar mehr bewegen als die nach den höheren Gewißheiten — irdischen oder ewigen Lebens.

Meerwunder in den Wäldern: wer wollte umgekehrt nun auch noch Waldwild in die Wogen malen? Der Dichter des altnordischen »Hymirliedes« etwa, er malt einen »Brandungskeiler«, ein anderer im Heldenlied von »Helgi, dem Hundingstöter« dieses Bild:

»Schnelle Kiele kamen zum Strand,
Gaffelhirsche mit glatten Rudern.«

Schiffe sind jeweils gemeint, doch schießen die Bedeutungen in einem poetischen Bild zusammen, das nun im Schiff das gegen die Elemente schnaubende Tier vergegenwärtigt, in der ans Ufer gleitenden Flotte das schnellfüßige Rudel. Durch diese Bilder wird im Meer buchstäblich »mehr« gesehen.

Nicht nur das Wild des Waldes zieht plötzlich seine Bahn in einem anderen Element, auch Zweige, Bäume und ganze Wälder gehen die seltsamsten Verbindungen ein — mit Waffen, Menschen, Feuer und Erde. »Blutzweig« und »Wundzweig« heißt das Schwert, »Kampfbaum« und »Schildbaum« der Held, »Feind der Linde« und »Waldverwüster« das Feuer, »Forst der Wölfe« das Schlachtfeld; »Zweige des Leichenvogels«, des Raben, heißen die Glieder des Toten oder Bewußtlosen, und das Land erscheint als »See der Fichten«.

Was immer die magisch-mythischen Ursprünge dieser für die altnordische und angelsächsische Dichtung charakteristischen »Kenningar« oder »Kennzeichnungen« sein mögen: Sie verweisen als bewußt gehandhabte poetische Stilmittel selbst in geschichtlicher Zeit auf eine besondere Wahrnehmung von Welt, die diese über weite Strecken als gleichsam »walddurchwachsen« sehen läßt. Da ist der Wald nicht Gegenwelt zur höfischen Kultur, wie in der Artus-Dichtung, und auch nicht Gegenbild zur reinen Geistigkeit der Seele, wie bei den Theologen und Dichtern des Glaubens.

VII

Es lohnte sich, einmal zu untersuchen, wie weit Silvanien sich in die verschiedenen Sprachlandschaften Europas hineinverzweigt. Es scheint, als wäre dies im Deutschen, dank des Einflusses der Romantik, in ganz besonderem Maße der Fall. Die Romantik aber hat wie ein trockener Schwamm all die alten Sagen- und Legendenstoffe aufgesogen und damit *ihre* poetischen Wälder zum Grünen gebracht. Nicht zu vergessen die Märchen, von denen Wilhelm Grimm in der Vorrede von 1819 schrieb: »Der epische Grund der Volksdichtung gleicht dem durch die ganze Natur in mannigfachen Abstufungen verbreiteten Grün, das sättigt und sänftigt, ohne je zu ermüden.«

Nun weist die ältere deutsche Dichtung in der Tat einen großen Reichtum an Wortverbindungen, Bildern, Vergleichen und Gleichnissen auf, die dem Wald, dem Baum, dem Ast oder dem Laub entnommen sind. Und welch seltsame, die romantische Phantasie beflügelnden Wesen, holde und unholde, bevölkern da die Welt jenseits des bebauten Feldes — »waltaffe« (Waldaffe; Riese), »waltfeie« (Waldfee), »waltgast« (Waldungeheuer), »walthunt« (Wolf; Riese), »waltluoder« (wilder Waldmensch), »waltminne« (Waldnymphe), »waltmorder« (im Wald hausender Mörder), »waltrecke« (Waldriese), »waltschrate« (Waldteufel; Waldgeist), »walttôre« (Waldmensch), »waltvischer« (Waldräuber), »waltvrouwe« (Waldweib), usf.

Wohl dem, der, wenn er »waltmüede« (von der Waldreise ermüdet) und das »waltgesinde« (Vögel) schon verstummt ist, noch einen »walttreter« (Einsiedler) findet, der ihn am nächsten Morgen an der »waltwicke« (Kreuzweg im Wald) den rechten »waltstîc« (Waldpfad) weist. Es mag ein umherziehender Ritter,

Moritz von Schwind, Der Falkensteiner Ritt, o. J.

ein ›chevalier errant‹ sein, der sich einen Namen machen will in der Welt, so wie sich in Wolframs von Eschenbach »Parzival« des Helden Halbbruder Feirefiz *diesen* Namen verdienen wird:

»Der wurde ein Waldverschwender:
Die von seiner Hand vollführten Stöße
zerbrachen viele Lanzen
und bohrten Löcher über Löcher in die Schilde.«

Die hyperbolische bildliche Umschreibung assoziiert die waldumsäumte Welt in ihrer Fülle, — die für den hochgemuten Ritter indes nur Mittel herrlicher Verschwendung ist. Es ist die Haltung einer Herrenschicht, die die grandiose Vergeudung des Reichtums — den natürlichen Reichtum eingeschlossen — zur einzig ehrenvollen und würdigen Haltung gegenüber den Gütern dieser Welt erklärt. Und was kann für den Ritter ehrenvoller sein, als Lanzen und Schilde gleich »wälderweise« zu zersplittern?

Die eigentlichen Träger der Kultur waren jedoch andere; sie machten in der Tat den Wald »swenden«, »verschwinden«. Denn »swenden« meinte auch eine bestimmte Technik der Rodung, das Abschälen der Rinde, das dann den Baum absterben ließ. Von *diesen* »waltswenden«, den Bauern, die erst die Früchte wachsen ließen und so den Reichtum schufen, »um schönen Rittern mit makellos weißen Händen die Möglichkeit zu geben, ihre Freundin unter schattigem Maiengrün im Gras zu betten und sich mit kunstvollem Geschick dem Spiel der Liebe hinzugeben« (Duby) oder eben für sie auf glanzvollen Turnieren »Wälder zu verschwenden«, — von ihnen erzählen die Dichter der höfischen Epen nicht. Allein in der volkstümlichen Heldensage, in einer der Fortsetzungen des »Eckenliedes«, hören wir einmal von einem Rodungsbauern, dem Dietrich für seine Treue und Hilfsbereitschaft das gerodete Land zu eigen gibt. Sonst künden von dieser mühsamen und folgenreichen Kulturarbeit nur noch die Ortsnamen mit Endungen auf -schwand.

VIII

Wer Waldeinsamkeit sagt, muß sich zwar vorhalten lassen, daß das »undeutsch« sei und wenigstens Waldeseinsamkeit heißen müsse, setzt damit aber ein Wort in die Welt, das sich im deutschen Gemüt Bürgerrecht erwirbt. In Ludwig Tiecks Märchen »Der blonde Eckbert« von 1797 klingt wie von ungefähr jener wunderbare Gesang herüber:

»Waldeinsamkeit,
Die mich erfreut,
So morgen wie heut
In ew'ger Zeit,
O wie mich freut
Waldeinsamkeit.«

»Der Leser«, schreibt Heine, »fühlt sich da wie in einem verzauberten Walde«, und er spürt »eine geheimnisvolle Innigkeit, ein sonderbares Einverständnis mit der Natur«.

Der Tiecksche »Zauberwald« und der Grimmsche »Märchenwald« sind gar nicht so weit voneinander entfernt. Nach mehrfacher Überarbeitung »erfindet« Wilhelm Grimm jene berühmte und programmatisch gemeinte Wendung, die fortan den Grundton der »Kinder- und Hausmärchen« anschlägt: »In den alten Zeiten, wo das Wünschen noch geholfen hat [. . .]«. Nun, in diesen Zeiten wünschte man sich etliches vom Halse. Wohin aber mit dem Verwünschten? Tausend Jahre war dies keine Frage: in den Wald!

Wohin mit der Untreue, der Feindin der Liebe? Hugo von Montfort wiederholt es dreimal, wie eine alte Beschwörungsformel:

»Wohlan, laß sie im Wald verschwinden,
die Untreue mit ihren Schlingen:
In unser Revier gehört sie nicht,
Wohlan, zum Teufel mit ihr!«

Hexenschuß oder Hexe, Zyklopen, der »poète maudite« oder die Untreue mit ihren Schlingen — hinweg mit ihnen in den wilden Wald. In jenen »Zeiten, wo das Wünschen noch geholfen hat« war der Wald der große »Entsorgungspark« für alle Übel dieser Welt. Zwar war es gefährlich, mit der Magie der Worte umzugehen, doch wollte man das Übel bannen, so mußte man es an diesen Ort verbannen. Bei groben Klötzen, wie den Zyklopen, mußte es Gott selber tun. Und als das Wünschen nicht mehr sicher half, verwünschte man doch immerhin noch alles in die Waldeinsamkeit — die freilich keinen gefreut.

Ein vorerst letzter Griff in die Märchenkiste: Die »schönen plattdeutschen Märchen« kamen den Grimms aus »den altberühmten Gegenden deutscher Freiheit« zu, berühmt des Teutoburger Waldes wegen. Sie kamen ihnen jedoch nicht »aus dem Munde des Volkes« zu, sondern in Form schriftlicher Aufzeichnungen von der Hand der Freifräulein von Haxthausen zumeist — das »Volksmärchen« ist zum Gutteil ein Märchen. Sei's drum, die Brücke ist geschlagen vom Märchenwald zum Freiheitshort, zu Altgermaniens Wäldern.

IX

Leicht findet sich in Caesars »De bello Gallico« ein halbes Hundert Stellen, wo waldentsprungen, waldverborgen Heere, ganze Stämme kommen und verschwinden. Hinter dem kühlen attizistischen Stil wird ein verhaltenes Staunen spürbar über »die zusammenhängenden Flächen von Wäldern und Sümpfen«, »die überaus dichten Wälder«, den »ungeheuer großen« Ardenner Wald und jenen hercynischen Wald, von dem es heißt, daß es niemanden gebe, »der von sich behaupten könne, er sei bis zum östlichen oder nordöstlichen Rand des Waldes vorgestoßen«.

Wer unter den römischen Soldaten keine Angst vor den Germanen zeigen wollte, sprach davon, »daß er zwar vor dem Feind keine Furcht habe, wohl aber vor der engen Wegstrecke und den gewaltigen Wäldern«.

An diesen weiten, dunklen Wäldern, von den Alten — Caesar, Tacitus, Plinius — überliefert, hat sich achtzehnhundert Jahre später der deutsche Fiebertraum von Freiheit und Nation entzündet. »Der Sturmwind wird, die Waldungen durchsausend, Empörung! rufen«, spricht Hermann in Kleists »Hermannsschlacht« von 1808 und will »im Schatten einer Wodanseiche [. . .] den schönen Tod des Helden sterben«. Das Teutoburger-Wald-Guerilla-Stück gegen den neuen Imperator und Caesar Napoleon will die Verwilderung der Empfindung, um einen Volkskrieg gleich dem Waldbrand zu entfachen —

»Ergeben! — Einen Krieg, bei Mana! will ich
Entflammen, der in Deutschland rasselnd,
Gleich einem dürren Walde, um sich greifen,
Und auf zum Himmel lodernd schlagen soll!«

Dunkel drohend klingt hier »Waldungen«; darüber reißt dann auf der grelle Schein: »Die Flamme schlägt jetzt übern Wald empor«.

Karl Blechen, Ruine einer gotischen Kirche, 1834

Mit weicherer Empfindung hat Eichendorff 1810 sein »Hermann-Drama« skizziert; Fouqué, Span, Grabbe folgten. 1814 erscheint in deutscher Übersetzung Madame de Staëls »De l'Allemagne«, dessen »Ansicht von Deutschland« betiteltes erstes Kapitel so beginnt: »Große häufige Waldstrecken deuten auf eine noch junge Zivilisation [...].« Die romantisch eingefärbte Tacitus-Reminiszenz ist programmatisch: Ein naturversenktes, poetisch-idealistisches Deutschland wird gemalt, das der Nation der »Zivilisation« und der »materielle[n] Herrlichkeit der Kaiserperiode« (Heine) den Spiegel vorhält. Das Bild, ein Zerrbild eher, hat in Frankreich den Kultus einer Teutomanie wachgerufen und wuchert unentwegt weiter durch den französischen Roman der Gegenwart.

Napoleon haßte den Tacitus, aus gutem Grund. Mit Tacitus' germanischen Wäldern im Herzen schrieb Friedrich Schlegel 1802: »Auf dem Wege von Mainz nach Metz befindet man sich nicht bloß in Rücksicht der Sprache, sondern auch der Gegend und des Bodens noch geraume Zeit in Deutschland. Es geht durch die herrlichsten Waldungen, die das Gefühl romantischer Freiheit erregen und die Erinnerung an das alte deutsche Leben.«

Freiheit ist waldursprünglich, sie schlummert im webenden Grün. Tatsächlich hatten »Menschenkünste« bis ins 18. Jahrhundert Waldverwüstung geübt. »Die Behandlung der Wälder in solcher Weise, wie sie uns gegenwärtig die Forstwissenschaft lehrt, ist ein Ergebniß der Noth«, schrieb 1849 ein Fachmann über »Das Forstwesen Deutschlands«.

Wenn es seit 1800 in deutschen Wipfeln braust und saust, darf darüber nicht vergessen werden, daß die Forstökonomie bereits »den Geist der Ordnung in die Wälder« gebracht hatte. Der »vielliebe Wald« war vermessen und »chartirt«, alsbald auch ins System der Wissenschaft gebracht. Und doch: die altgermanischen Wälder brausen freiheitsschnaubend fort:

»Gutmütige Enthusiasten [...], Deutschtümler von Blut und Freisinnige von Reflexion, suchen unsere Geschichte der Freiheit jenseits unserer Geschiche in den teutonischen Urwäldern. Wodurch unterscheidet sich aber unsere Freiheitsgeschichte von der Freiheitsgeschichte des Ebers, wenn sie nur in den Wäldern zu finden ist?« (Karl Marx)

Auch sanftere Töne wehten vom Wald herüber und rauschten von Einigkeit:

»Einen Wald doch kenn ich droben,
Rauschen mit den grünen Kronen,
Stämme brüderlich verwoben,
Wo das alte Recht mag wohnen.
Manche auf sein Rauschen merken,
Und ein neu Geschlecht wird stärken
Dieser Wald zu deutschen Werken.«

Der Ton (er liegt fast schon im Namen — »Eichendorff«) singt sich unermüdlich fort, im »Himmelsraum«, im Freundes- und im eignen Herz: »Wie lustig und wie traurig / Rührst du mir an die Brust!« Der Wald ist innen/außen ein »Du«, das ewig rauscht von Sage, Ahndung, Recht und, höchst unbestimmter, Freiheit:

»Deutsch Panier, das rauschend wallt,
Lebe wohl,
Schirm dich Gott, du schöner Wald!«

»Waldeshort« wird Heiligtum, sakraler Raum die »grünen Hallen«, die himmelwärts zum »Vater« weisen. An solche »Himmels Lichten« reicht ein »Geschlecht von Zwergen« nicht heran. Das Bild, von Malern oft gemalt, sitzt tief — so tief, daß es dem Natur-Journalisten Horst Stern wieder unterkommt: »Es herrscht das Dämmerlicht gotischer Dome. Mächtige Säulen liegen gebrochen am Boden, zweifach, dreifach, gekreuzt, kyklopische Barrieren gegen eindringende Menschenzwerge.« Ja, der Wald ist für die Deutschen nach wie vor eine Religion, sie sehen ihn vor lauter Andacht nicht, sie sehen fromme Bilder, wo Menschen immer klein und Heilige stets groß erscheinen. Man sollte sich solche Bilder nicht nur aus ästhetischen Gründen verbieten. »Wir aber bekennen uns zum Wald als Gottesdom«, hat Hermann Göring, Reichsforstminister und Reichsjägermeister, gesagt. So steht es in »Der deutsche Wald. Ein Lesebogen für den Unterrichtsgebrauch« von Emil Schalow (1940), dessen »Rassenkunde im Walde« die Sprache der »Ausmerzung« spricht. — Karl Marx' Wort von 1842 hat sich auf eine Weise erfüllt, die er nicht ahnen konnte: »[...] die hölzernen Götzen siegen, und die Menschenopfer fallen!«

X

Schon um die Mitte des 19. Jahrhunderts war es nichts mehr mit jenen weiten Eichen- und Buchenwäldern, die geradezu mit deutschem Land in eins gesetzt wurden. »Das Aussehen unsers deutschen Vaterlandes hat sich durch die Veränderung seiner Wälder sehr geändert« — ein Satz von umwerfender Logik aus dem Jahre 1849, nichtsdestoweniger ein richtiger Satz. Was ging da vor? Nun, die Fichte marschierte in Reih und Glied in ganzen Armeekorps voran, besiegte Eiche und Buche und ließ sich dann schnell und billig schlagen, bis wiederum die nächste Generation in die Holzschlacht geschickt wurde. Der Produktionsforst triumphierte, der »schöne deutsche Wald« rutschte vollends ins Gemüt. Das Volkslied, Webers »Freischütz« mit seinem Zauberwald aus Pappe, der mehrstimmige Männergesang, das Märchen, die Sage und die Bilderfabrikation mit den bekannten »malerischen und romantischen Ansichten« taten das Ihre dazu, besonders aber der Waldspaziergang, diese dauerhafte Institution deutscher Sonntagskultur.

»Ich ging im Walde
So für mich hin,
Und nichts zu suchen,
Das war mein Sinn.«

Man sprach's, doch war dies auch der »Sinn«? Die Geschiche des deutschen Waldspaziergangs ist noch nicht geschrieben. Die Richtung immerhin deutet Wilhelm Heinrich Riehl, der Leib- und Magenautor deutschen Bürgertums, an: »Der Wald allein läßt uns Kulturmenschen noch den Traum von einer von Polizeiaufsicht unberührten persönlichen Freiheit genießen.« Alltags Polizei, sonntags frank und frei — »Durch die Wälder, durch die Auen« (wenn nicht die Forstpolizei dazwischentrat). Der Wald regulierte den Seelenhaushalt des politisch kastrierten Bürgertums. Das konnte er um so mehr, als er durch kundige Forstmeister buchstäblich »in Ordnung« gebracht war. Er taugte nicht einmal mehr als romantischer Rebell. Mehr noch als »Waldvöglein« umschwirrten die Sonntagsgänger Büchmanns »Geflügelte Worte — Der Zitatenschatz des deutschen Volkes«; nach der Auflage von 1915:

Der Eichwald brauset die Wolken ziehn im Wald und auf der Heide da such' ich meine Freude im Wald im Wald im frischen grünen Wald wo's Echo schallt kennt Ihr das Land so wunderschön in seiner Eichen grünem Kranze Abend wird es wieder über Wald und Feld durch Feld und Buchenhallen wer hat dich du schöner Wald aufgebaut so hoch da droben o Täler weit o Höhen o schöner grüner Wald was glänzt dort vom Walde im Sonnenschein singe wem Gesang gegeben in dem deutschen Dichterwald...

Und heute? In Horaz' »6. Satire« fragt die Stadtmaus die Landmaus: »Willst du nicht Menschen und Stadt den wilden Wäldern vorziehn?« Am Ende weiß die Landmaus: »Mein Wald und die Höhle werden mich sicher vor Hinterhalt trösten mit einfachem Wildkorn«.

XI

»Ein Urwald ist eben ein in der Kulturlandschaft nur schwer zu realisierendes Vorhaben«, hat man jüngst bei der Zielplanung eines entsprechenden Nationalparks in Nordhessen erkannt (Frankfurter Rundschau, 6. 2. 87). Nicht nur, daß Waldbesitzer den Kampf gegen das Waldsterben als vordringlich anmahnen, Forstämter den Verlust von Arbeitsplätzen befürchten, Bürger um den Einschlag ihres Brennholzes bangen, Möbel- und Spielzeughersteller sich in ihrer Existenz bedroht fühlen, Naturschützer vor dem Millionenheer der Eintagstouristen warnen und der zwangsläufige Identitätsverlust der Menschen in dieser Region beschworen wird, — es geht auch um die prinzipielle Frage, bei welcher Flächengröße überhaupt die sogenannte »Urwald-Dynamik« entsteht und was da geschieht, wenn ein Stück Kulturwald zur baren Natur zurückfindet.

Es brauchte, so hat man errechnet, wenigstens eine Fläche von 5000 Hektar und einen Zeitraum von 200 Jahren, um auch nur einen »natürlichen« Buchenwald wieder entstehen zu lassen. Urwald-Enthusiasten schreckt der Gedanke nicht; sie dekretieren dieses »Projekt lebender Archäologie« zur Aufgabe eines »Kulturvolkes« schlechthin — keine Kultur ohne Kult-Urwald. Soll der »hercynische Wald seine Chatten« tatsächlich wieder wie vor 2000 Jahren »begleiten und mit ihnen enden«?

Wer den Urwald will mit allem »was da kreucht und fleucht«, muß auch die »bestiae« und »ferae«, die Wölfe und Bären wollen. Wer dann noch fest im Glauben ist, den schreckt auch dieser Gedanke nicht. Nach der »Vita S. Severini« des Eugippius aus dem Jahre 511 kann ein »mächtiger Bär« geradewegs ein gottgesandter Helfer und Führer »durch die wüste Einöde« sein: woran zu merken ist, »was Menschen den Menschen erweisen, wieviel Liebe sie aufbringen sollen, da doch ein wildes Tier den Verzweifelnden den Weg gezeigt hatte«.

So apart die Idee einer »lebenden Archäologie« neben Nukem und Alkem auch sein mag, sie erinnert doch stark an den Märchenwald der aus Hanau stammenden Brüder, der *auch* schon mehr oder weniger ein Papiertiger war. Nicht auszuschließen ist freilich, daß die Erinnerung an diesen Brüder-Grimm-Gedächtnis-Wald höchst mitwirksam war, als im Sommer 1986 der Bund für Umwelt und Naturschutz diese Idee unter dem (vorschnellen) Beifall von Parteien und Verbänden präsentierte. Des Heiligen Bonifatius Gebeine in der Domkrypta zu Fulda dürften durcheinandergeraten sein, hatte der »Apostel der Deutschen« doch höchstselbst den Urwald lichten lassen, um dort die Fackel des Christentums zu entzünden.

Müssen wir wieder zu »Eicheln rülpsenden« Menschen werden (Juvenal)? Brauchen wir diese »naturbelassenen Wälder«, wie die »naturbelassenen« Supermarkt-Säfte, -Früchte, -Honigsorten, -Haferflocken, -Urkornbrote? Warum denn einen Urwald wachsen lassen? »Der neue Urwald« hat die Kultur längst überwuchert. Alfred Döblins 1938 erschienener Roman ist vom »Kulturvolk« neu zu lesen:

»Sie ließen sich nicht mehr in Häfen sammeln, auf Schiffe setzen, um in einem fernen Land mit Beilen und Messern gegen den Urwald vorzugehen.

Sie hatten jetzt alles zu Hause. Die Erde war zu Ende entdeckt und auserobert. [...]

Es gab keinen Zauber mehr. Vom Himmel bis unter die Erde konnten sie alles berechnen, sogar ihren gespenstigen Gott hatten sie zum alten Eisen geworfen. [...]

Nun brauchten sie keine Schiffe mehr zu besteigen. Es gab kein fremdes Land jenseits des Meeres, das Freiheit und Glück versprach. Sie wuchsen auf und traten in die Urwälder ein.

Denn dies war Europa.

Es kamen die Dornen, Käfer, Würmer, Skorpione, Hitze, Kälte, Nässe, Hunger, Durst. Die Bäume standen furchtbar dicht, aus dem Wald gerieten sie in Sumpf. [...]

Der Wald aber nahm kein Ende. Er wanderte mit ihnen, er schloß sich hinter ihnen wieder zu. Zu Tausenden sanken sie hin.

Ab und zu scholl eine Stimme: ›Werft alles hin, es gibt keine Rettung.‹ Eine andere: ›Weiter, gebt nicht nach, nicht nach!‹«

Silvanien wuchert fort im Dschungel der Zivilisation. Den deutschen Wald aber hat der Forstmeister »so aufgebaut, daß er mit Recht sehr böse wäre, wenn man darin seine sachkundige Hand nicht sofort bemerken wollte. Er hat für Licht, Luft, Auswahl der Bäume, für Zufahrtswege, Lage der Schlagplätze und Entfernung des Unterholzes gesorgt und hat den Bäumen jene schöne, reihenförmige, gekämmte Anordnung gegeben, die uns so entzückt, wenn wir aus der wilden Unregelmäßigkeit der Großstädte kommen«. (Robert Musil)

Michel Tournier

Der Baum und der Wald

Baum, Wald, Unterholz, Lichtung, Waldrand ... Kaum sind sie auf dem Papier, fühle ich, wie sich diese Wörter in einer Weise zusammenfügen, die ebenso verführerisch wie abstoßend ist, zu einer paradoxen Ambivalenz, denn offensichtlich handelt es sich um ein miteinander verbundenes Naturganzes.
Ist das wirklich so? Der deutsche Wald — in meiner Erinnerung der Thüringer Wald, 1935, 36, 37, 38 ... Wendehausen, das Dorf an der Werra in der Nähe von Treffurt nicht weit von Mühlhausen. Im Juni 1986 bin ich nach fast einem halben Jahrhundert dorthin zurückgekehrt. Der Vater der Familie, die mich aufgenommen hatte, war ein bekannter Jäger. Ich begleitete ihn. Ich war zehn Jahre alt, als ich meinen ersten Schuß abfeuern durfte. Noch heute spüre ich den scharfen Rückschlag des Kolbens in meinen Schultern. Denn ich schäme mich nicht einzugestehen, daß ich seit dieser Initiation kein Gewehr mehr angefaßt habe. Mit einem Arbeiter aus der Fabrik, die er leitete, bauten wir am Waldrand einen Hochsitz aus Rundhölzern. Manchmal weckte er mich mitten in der Nacht, gegen drei oder vier Uhr. Im Auto fuhren wir los. Dann folgte noch ein ordentlicher Fußmarsch, bei dem kein Wort gesprochen wurde. Eine Taschenlampe zu benutzen, wäre nicht in Frage gekommen. Endlich bestiegen wir den Hochsitz und rollten uns in unsere Decken ein. Wir rührten uns nicht. Langsam wich die Schwärze der Nacht. Morgengrauen zog in fahlen Nebelschwaden um die Tannenwipfel. Der Himmel atmete in den Zweigen. Ein roter Streifen legte sich im Osten auf den Horizont. Wie lange saßen wir schon auf der Lauer? Sicher waren es schon einige Stunden. Ich erinnere mich nicht, Langeweile verspürt zu haben. Meine Nervosität war aber, wie sie mir eingestanden, für meine Begleiter eine Qual. Man gab mir einen Feldstecher, mit dem ich das Jungholz und das Brachland absuchte. Vielleicht rührt von daher meine Vorliebe für dieses indiskrete Instrument, mit dem man andere mit stiller, sanfter Gewalt so sehr verletzen kann.

Wir saßen in vier Metern zu hoch, als daß die Tiere unsere Witterung hätten aufnehmen können. Minute für Minute nahmen wir am Erwachen des Waldes teil. Wir sahen eine Eule wattig davonfliegen, die falbe Flucht des Fuchses im Farn, den umsichtigen Gang einer Ricke, gefolgt von ihren Kitzen, einen Dachs, der wie ein junges Wildschwein aus dem Gehölz brach. Alles sah ich, alles hörte ich. Nichts habe ich in diesem halben Jahrhundert vergessen.
Aber ich habe in dieser Zeit nachgedacht. Ich habe mit den Bäumen gelebt. Seit 27 Jahren wohne ich in einem Haus auf dem Lande und habe die Bäume, die ich gepflanzt habe, wachsen gesehen. Dabei habe ich beobachtet, daß ein ausgewachsener, gesunder Baum jedes Jahr mehrere Kilo totes Holz verliert. Ich habe mitten im Monat Juli eine prächtige Birke plötzlich von einer geheimnisvollen Krankheit sterben gesehen. Ich habe mir über das Leiden der Pflanzen, an das Erdreich gefesselt zu sein, Gedanken gemacht. Wie ist nun gleichwohl für die Ausstreuung ihres Samens gesorgt? Explosion, Propeller, saftige Frucht, die durch den Magen eines Kindes wandert, klebrige Samenkörner, die sich in der Wolle der Schafe oder an den Kleidern der Menschen festkrallen, all das wurde von den Bäumen hervorgebracht, um den Fluch ihrer Verwurzelung zu hintertreiben.
Und dann bin ich gereist. Im Land der Tamilen im südöstlichen Indien habe ich den Feigenbaum beobachtet. Ein Vogel sitzt auf einer Palme. Er läßt seinen Kot fallen, der, versehen mit einem Samen des Feigenbaums, am Fuß der Palme den Boden befruchtet. Ein Schößling wächst und legt sich um den Stamm des Baumes. Bald wächst ein zweiter, ein dritter und so fort. Wie eine Hand mit vielen, stärkeren Fingern erhebt sich der junge Feigenbaum aus dem Boden, packt die Palme und reißt sie aus der Erde. Die entwurzelte Palme wird in die Höhe gehoben, vom Feigenbaum weggetragen, doch sie sprießt weiter, mehrere Meter über dem Boden, in ihrem Gefängnis aus Zweigen.
Dieses Erlebnis in Indien, das kurz, aber um so aufregender war, sollte bald von einem anderen übertroffen werden, der Entdeckung des Urwaldes, des unverfälschten, undurchdringlichen, schwarzen, von Gefahren wimmelnden Waldes. Eine Gesellschaft, die den Auftrag hatte, den Wald in Gabun von einem Ende zum anderen zu durchstechen, um eine Eisenbahnlinie von 650 Kilometern zu bauen, hatte mich eingeladen. Elefantenherden, Gorillahorden und Pygmäenstämme, die noch nie Weiße gese-

Walther Schoenichen, »Lebloser Stumpf hühnenhaften Eichbaumes«, 1934

hen, wurden in ihrer Abgeschiedenheit gestört. Mit all meinen Sinnen, mit allen Poren meiner Haut erlebte ich den Urwald, sein schwindelerregendes Dickicht, seine erstickende Feuchtigkeit, die plötzlichen und unheimlichen Geräusche, die die Stille durchbrechen — ein Tier, das erwürgt wird, einen toten Ast, der vom riesigen Gewölbe fällt oder den schrecklichen Schrei eines Waldschliefers, jenes kleinen friedfertigen Säugetieres, das in der Nacht lebt und dank seiner Saugfüße auf Bäume klettern kann und auf dessen Rücken bei Gefahr ein heller Haarbüschel aufsteht.

Ich habe eine Art Hölle gesehen — eine Hölle für den Menschen, aber auch für die Bäume. Ich will mich erklären. Vor 25 Jahren habe ich zwei Tannen in meinem Garten gepflanzt. Sie waren anderthalb Meter hoch, und ich ließ zwischen ihnen einen Raum von zehn Metern. Heute sind sie etwa fünfzehn Meter hoch, und ihre unteren Äste werden sich bald berühren. Schaut man sie von weitem an, merkt man, daß sie nicht gerade wachsen. Trotz des großen Abstandes wachsen sie leicht nach außen geneigt, als wollten sie sich voneinander entfernen. Es hat den Anschein, als ob jeder Baum abstoßende Wellen ausstrahle, um andere Bäume von sich fernzuhalten. Ich habe darüber mit einem Baumzüchter gesprochen. Er hat mir bestätigt, daß jeder schöne Baum ein Einzelgänger ist, der um sich herum einen gleichsam unendlichen Raum braucht, um sich zu entfalten. Die Bäume hassen sich. Der Baum ist ein unerbittlicher Individualist, Einzelgänger und Egoist. So habe ich auch die Angst, die in den Wäldern spürbar wird, verstanden. Der Wald, das ist die aufgezwungene Promiskuität eines Konzentrationslagers. All diese Bäume, die so dicht aneinander gepreßt sind, leiden und hassen sich. Die Waldluft ist gesättigt mit dem Haß der Pflanzen. Er dringt in die Lungen des Spaziergängers ein und drückt auf sein Herz. Ein altes Sprichwort sagt, daß man vor lauter Bäume den Wald nicht sehe. Sollte es nicht auch heißen: »Vor lauter Wald die Bäume nicht sehen?«

Nun, Thüringen, die deutschen Wälder, der erste Glanz des Morgengrauens, von einem Hochsitz aus gesehen?

Ach, ich will es noch genauer fassen: ein Hochsitz am Waldrand, der den vordersten Bäumen zum Verwechseln ähnlich sieht, sich aber zum freien Raum hin öffnet. Der Waldrand, die Lichtung, magische Wörter! Das ist das Licht und die freie Luft nach der dunklen, verschlossenen Atmosphäre des Unterholzes. Im übrigen könnte ich mir vorstellen, mich als Baum aller Bäume mitten auf einer riesigen Lichtung zu erheben, umgeben von einer murmelnden Menge anderer Bäume, die sich, zusammengedrängt, dezent auf Distanz halten.

Der Baum kann den Wald nicht ausstehen; er braucht Wind und Sonne. Er saugt sein Leben direkt aus den beiden Brüsten des Kosmos, dem Wind und der Sonne. Er ist ein großes gespanntes Laubnetz, das auf Wind und Sonne wartet. Der Baum ist eine Wind- und Sonnenfalle. Wenn er seine Laubmähne schüttelt, aufrauschend und Lichtstrahlen aussendend, dann ist der Augenblick gekommen, da sich diese beiden große Fische in seinem Blattgrünnetz gefangen haben.

(Übersetzung: Annemarie Hürlimann)

Eberhard Roters

Zu lange im Walde geschlafen

»Was ist ein Wald?« fragt Max Ernst in einem Aufsatz »Les Mystères de la Forêt«, der 1934 in der Zeitschrift »Minotaure« veröffentlicht wurde[1]. Antwort: »Ein übernatürliches Insekt. Ein Zeichenbrett. Was tun Wälder? Sie gehen niemals früh ins Bett. Sie warten, bis der Holzfäller kommt. Was bedeutet der Sommer für die Wälder? Die Zukunft; die Jahreszeit, in der die Schatten zu Worten werden und wort-begabte Wesen den Mut aufbringen, die Mitternacht um hundert Uhr zu suchen. All das gehört der Vergangenheit an, so scheint's mir. Kann sein.
Glaubten Nachtigallen an Gott in jener Vergangenheit? In jener Vergangenheit glaubten Nachtigallen noch nicht an Gott. Sie waren in Freundschaft verbunden.
Und welche Stellung nahm der Mensch ein? Mensch und Nachtigall sahen sich in der günstigen Lage zum Träumen: Sie hatten am Wald einen Mitschuldigen.«

. . .

»Wozu dienen Wälder? Um Kinder mit Streichhölzern zu versorgen, als Spielzeug.
Ist Feuer im Wald? Feuer ist im Wald.
Wovon leben die Pflanzen? Wer weiß?
Ist heute Sonntag? Scheiße.« konstatiert der Schreiber und daraufhin fragt er weiter:
»Wer wird der Tod der Wälder sein? Der Tag wird kommen, an dem ein Wald, der bis dahin Schürzenjäger war, sich entschließt, nur in alkoholfreien Lokalen, auf geteerten Straßen und mit Sonntagsspaziergängern zu verkehren. Er wird von eingemachten Zeitungen leben. Tugendgeschwächt, wird er die bösen Gewohnheiten seiner Jugend vergessen. Er wird geometrisch, gewissenhaft, pflichtbewußt, grammatisch, richterlich, pastoral, klerikal, konstruktivisch und republikanisch werden . . . Er wird ein Studienrat werden. Wird's Wetter gut? Natürlich! Wir gehen ja auf Diplomatenjagd.« Dem Bild des an seiner Domestikation zugrundegehenden Sonntagsausflugswaldes hält Max Ernst die Imagination des Ozeanischen entgegen: »Verschwinde in die Südsee. Da wirst Du schon sehen«. Und er beanwortet seine Frage: »Gibt es dort noch Wälder? Scheint so. Sie sind wild und undurchdringbar, sie sind schwarz und rostbraun, ausschweifend, weltlich, von Leben wimmelnd, diametral, nachlässig, grausam, inbrünstig und liebenswert, ohne Gestern noch Morgen.«
Das Bild, das so vom Künstler beschworen wird, das Gegenbild zum Ausflugswald, es ist das Bild des Urwalds, oder anders gesagt, es ist das Urbild des Waldes.
Was geschieht dem, der sich in die Tiefe solch eines Waldes hineinbegibt, aus Wagemut, Kühnheit oder Leichtsinn, aus Neugier oder Forscherdrang, vielleicht auch aus dem natürlichen oder wohlüberlegten Bedürfnis, aus dem Außen ins Innen zu verschwinden? Der Titel eines Werks von Max Ernst[2] antwortet darauf: »Sie haben zu lange im Walde geschlafen«. Wer zu tief in den Wald hineingeht und wer zu lange darinbleibt, der wird verwunschen. Er kommt anders heraus, als er hineingegangen ist, Fremdheit hat ihn überfangen, er ist nicht mehr ganz er selbst; er hat ein Stück von sich im Wald gelassen und der Wald hat ihn in ein Stück von sich gehüllt. Er weiß selbst nicht, wie ihm geschehen ist. Die Tiefe des Waldes ist ein Ort der Verwunschenheit und des Zauberbanns, sie ist ein Ort der magischen Verwandlungskraft.
Der Wald ist eines der großen Grundmotive in Max Ernsts Schaffen. Seit 1925, dem Jahr, in dem die ersten Frottagen entstehen, von denen er im darauffolgenden Jahr eine Serie unter dem Titel »Histoire Naturelle« herausgibt, durchzieht das Thema das Lebenswerk des Künstlers. Die Technik der Durchreibung, die er in seinen Frottage-Zeichnungen erprobt hatte, übertrug er in die Malerei. 1925 entstanden die ersten »Wald«-Gemälde und daraus folgte über die Jahrzehnte hinweg die großartige Reihe der Walddickichte und Dschungelbilder, die, aus einer Struktur analog zur Natur gewachsen, dem Blick entweder ihr Inneres versperren oder ihn dermaßen in die Tiefe des Innern locken, daß er sich in den Kavernen, Grotten und Höhlungen verliert, im Gestrüpp verfängt, an den Luftwurzeln und Rankengeflechten hängen bleibt und nicht mehr herauskann — gefangen, gefangen! Das Auge sieht den Wald vor Bäumen nicht[3]. Am Firmament über den Wipfeln eines in vollkommener Stille harrenden Walddistrikts geht ein aus dem unbekannten und unerreichbaren Gebiet hinter dem Walde hervorkommendes, fremdartiges Gestirn auf, geheimnisvoll, unnahbar und beängstigend[4]. Seltsame Vögel flattern

Max Ernst, Sie haben zu lange im Walde geschlafen, um 1926

absolut fremdartigen sanften Sinnlichkeit für immer zu umgarnen und in die schmatzende Wärme des Morasts tiefer und tiefer hineinzuziehen — ein trügerisches Gelände.

Die mondhaft das Bewußtsein einlullende Wärme süß brütender Traumerotik begegnet uns auch in den Dschungelwäldern des Zöllners Rousseau. Die Krönung des Motivs in seinem Werk trägt den »Traum« im Titel[6]. Ebenso wie von den Bildern Max Ernsts geht von denen Rousseaus eine intensiv magische Wirkung aus. Max Ernst indes betreibt Magie bewußt und kontrolliert. Er ist ein gewiefter Magier. Er ist es deshalb, weil er als Künstler zu Mitteln greift, die dem Wesen der Natur analog sind, er tut es, indem er die Wachstumsformen der Natur mittels Entsprechung ins Bild zitiert. Er sucht, auf diese Weise dem Geheimnis der Natur auf die Schliche zu kommen.

Zitieren ist Beschwörung. Das Herbeizitieren der Natur ins Bild beginnt in Max Ernsts Frottagen mit der Sichtbarmachung der Wachstumsstrukturen von Holzmaserung, indem die Muster, die sie hervorbringt, mit dem Stift durch das Papier durchgerieben werden. Dank seiner spezifischen Einbildungskraft, die es ihm erlaubt, sich in die Prozeßhaftigkeit natürlicher Wachstumskräfte dermaßen einzufühlen, daß er in der Lage ist, sie dementsprechend nachzugestalten, gelingt es ihm, von den Erkenntnissen ausgehend, die ihm die Technik der Frottage gebracht hat, das Verfahren auszubauen und ihm für die Malerei weitere Varianten in erstaunlicher Vielfalt abzugewinnen.

Das Wesen der Magie beruht auch geradezu auf dem Mittel der Entsprechung, denn Magie ist nichts anderes als Analogiezauber. Die Entsprechung ist eine der menschlichen Phantasie ursprünglich vorgegebene Deutungsweise. Das Denken und Voraugenstellen gemäß Analogien ist deshalb die grundlegende Orientierungseigenschaft eines jahrtausendealten Welterfahrungsprinzips, das unserem heutigen Koordinatensystem des Weltbegreifens, dem wissenschaftlichen, das auf der Orientierungsphilosophie der logischen Schlußfolgerung gründet, vorangeht. Jenes ursprüngliche Prinzip der Weltorientierung, das den Animismus ebenso einbegreift, wie den Sympathiezauber, ist das Magische. Es hat seine Wirksamkeit bis heute nicht verloren und besteht neben dem wissenschaftlich-logischen weiter. Eines der Gebiete, in denen es auch heute — und gerade heute wieder — voll zur Entfaltung gelangt, ist die bildende Kunst. Wir sollten uns, um uns nicht dauernd gegenseitig etwas vorzumachen und konsequent

lautlos über die Kronen des Dickichts und sonderbares Getier läßt sich nach einigem Hinschauen im grünschwarzen Dunkel des Gebüschs erblicken. Im innersten Bezirk lauern die Elementarwesen[5], und die Königin von ihnen allen thront, halb Lurch halb Insekt, erhaben unter einem Blätterthron im warmen feuchten Sumpf, um dich, den irrenden Wanderer, der bis hierher ins Innere vorgedrungen ist, mit den Reizen ihrer häßlich-schönen, aneinander vorbeizureden, darüber im klaren sein, daß bildende Kunst nicht im geringsten etwas mit Wissenschaft zu tun hat, daß scheinbare Berührungspunkte rein zufällig sind, und daß Ausgangslage und Verfahren der bildenden Kunst denen der Wissenschaft diametral entgegengesetzt sind. Die Methode der Wissenschaft ist die Schlußfolgerung, die der Kunst nach wie vor die Entsprechung.

Max Ernst rezitiert zuweilen die naturwissenschaftliche Attitüde mit dem wissenden Augenzwinkern des Auguren aus dem Abstand der Ironie. Sein Verfahren, das Naturerforschungsverfahren des Künstlers, ist das schöpferische Erfinden von Phänomenen »parallel zur Natur«, die, vom menschlichen Geist hervorgebracht, in ihrer Wachstumsstruktur wie von der Natur erschaffen erscheinen. Max Ernst führt uns, den Betrachtern, mit der amüsierten Leichtigkeit des vollendeten Könners die hohe Schule dieser Technik anhand von provokanten Lehrstücken und Etüden vor, an denen jeder, der will, begreifen kann, was die Kunst des Bildermachens unterhalb ihrer Epidermis eigentlich ist.

Die Frage danach, was bildende Kunst ihrem Ursprung nach überhaupt ist, wird ja über die vergleichende Diskussion einzelner Epochen, verschiedener Stile und einzelner Kunstwerke hinaus meist gar nicht mehr gestellt, und die Herkunft der Kunst von irgendwoher wird als selbstverständlich vorausgesetzt. Dabei ist Kunst, in diesem Fall speziell die Kunst des Bildermachens, doch im Grunde eine außerordentlich seltsame Erscheinung innerhalb der Gesamtheit der menschlichen Lebensäußerungen. Der Mensch ist das einzige Lebewesen, das mit Bewußtsein Kunst hervorbringt, das sie wahrnimmt und das sich durch die Eigenwirklichkeit seiner selbstproduzierten Bilder spürbar beeindrucken und beeinflussen läßt. Entweder handelt es sich dabei um eine endogene, dem Menschengeschlecht als solchem innewohnende Paranoia, oder es manifestiert sich darin ein transitorischer Vorgang, der die Bewußtseinswahrnehmung des Menschen über sich selbst, genauer, über die alleinige Außenweltwahrnehmung hinaus zu befördern imstande ist. Es gibt nur diese zwei Erklärungsmöglichkeiten. Eine dritte, dazwischenliegende, erweist sich als ausgeschlossen. Was tun die Bilder? Bilder sind Endprodukte eines geistigen Verdauungsprozesses. Sie tragen das, was das Bewußtsein eines Künstlers an Außenweltwahrnehmung, durch Erinnerung verwandelt, mit seiner Innenwelterfahrung verbindet, wieder nach draußen, das heißt, sie transportieren es auf die von uns allen gemeinsam mit Augen wahrzunehmende Kommunikationsebene. Aus diesem Vorgang der Verwandlung — der Bebrütung, der Fermentierung und Gärung — entsteht Kunst. Er ist die Voraussetzung dafür. Ohne ihn entsteht keine Kunst. Kunst entsteht aus der Verwandlung. Sie *entsteht* nicht nur aus der Verwandlung, sie selbst *ist* die Verwandlung. Infolge des Durchgangs durch Innen ist ein großer Teil aller Bilder von Träumen mehr oder weniger beeinflußt. Viele Bilder, auch solche, denen man es nicht sofort ansieht, sind aus Träumen hervorgegangen. Viele *sind* Träume. Bilder sind infolgedessen nicht lediglich Entäußerungen von Erinnerungen, sie sind Ent-Innerungen.

Mit anderen Worten: Kunst ist ihrem Wesen nach ein schlechthin magisches Kommunikationsmittel. Das war sie von Anfang an, sie ist es immer geblieben, und sie ist es auch heute noch. Auf dem Wege der assoziativen Ansprache entfaltet sie einen über die rationale und intellektuelle Erfaßbarkeit von Inhalten weit hinausreichenden Bedeutungshof, der die unterhalb des normalen und kontrollierten Tagesbewußtseins verborgenen Tiefenschichten der Phantasie affiziert. Das grundlegende Verständigungsmedium ist auch in diesem Bereich die Analogie. Diese kategorische Entsprechung, die alle anderen trägt, ist die Vermittlung zwischen Innenwelt und Außenwelt. Zwischen der inneren und der äußeren Wirklichkeit besteht demzufolge eine Korrespondenz, ein ständiger Austausch und eine affinitive Spiegelung. Alles, was sich in der Außenwirklichkeit abspielt, kommuniziert mit einem entsprechenden Vorgang in der Innenwirklichkeit, beide reagieren aufeinander und beeinflussen sich gegenseitig. Auf das Thema bezogen: Wenn die äußeren Wälder sterben, dann verkümmern auch die inneren Wälder, und wenn der Mensch seine inneren Wälder nicht pflegt, wenn er sein ursprüngliches Verhältnis dazu verloren hat, dann wirkt sich das notwendigerweise auch auf sein Verhältnis zu den Wäldern seiner Umwelt aus. Dieser Wechselzusammenhang spielt sich nicht nach den Regeln von Ursache und Wirkung ab; er ist eine Koinzidenz. Die Wälder der Bilder von Max Ernst sind innere Wälder, sie sind es in der Zwiespältigkeit ihrer Wirkung, die aus dem ständigen Auspendeln der Balance auf dem haarfeinen Grat zwischen Magie und Ironie gewonnen wird.

Infolgedessen sind sie selbstverständlich die inneren Wälder eines Europäers aus der Mitte des zwanzigsten Jahrhunderts. In-

Eberhard Riegele, Märchenpforte, o. J.

dem der Künstler seine inneren Wälder seinen Mitmenschen zur Betrachtung im Bild vorhält, demonstriert er, daß die Wirklichkeit jener inneren Landschaften zwar subjektiv (was immer das auch heißen möge) sein mag, daß sie aber, da sie sich den Betrachtern affinitiv durchaus wirksam vermittelt, nicht lediglich individuelles Traumbild ist, sondern eine über das persönliche Erlebnis hinausgehende Allgemeingültigkeit der inneren Wirklichkeit bezeugt.

Die korrespondative Entsprechung und Wechselwirkung zwischen Innen und Außen, die das künstlerische gleich wie das magische Weltbild strukturiert, ist ebenso die Wirklichkeit der Märchen. Die Wälder unserer deutschen Volks- und Hausmärchen sind innere Wälder, sie sind, wenn die antiquierte Bezeichnung gestattet sei, spezifischer Ausdruck unserer Volksseele.

1927 malte Max Ernst einige Gemälde mit dem Titel »Die Horde«[7]. Das Gemälde »Sie haben zu lange im Walde geschlafen« gehört zur selben Serie. Eine Gruppe anthropomorpher Gestalten ist zu sehen, wilde Kerle, die im Schritt erstarrt, versteinert und verholzt sind. Sie sind in Baumfiguren verzaubert worden. Das Daphne-Motiv klingt an. Doch im Unterschied zum zarten Weben des Daphne-Mythos ist hier ein Rüpelspiel zu besichtigen. Das Bild zeigt es uns ganz eindeutig. Die wilden Kerle, deren heftige Bewegungsgebärde augenblicks aus dem Stand erstarrt und zu Holz, Rinde und Stein verhärtet ist, haben ihr Selbst verloren und sind, da sie nicht aufgepaßt haben, in einen atavistischen Bewußtseinszustand zurückgebannt worden. Damit ist die Gefahr benannt, die dem Wanderer widerfahren kann, wenn er zu lange im Walde schläft.

Wer in den Märchenwald hineingeht, begibt sich in seine inneren Wälder. Dort lauern auf ihn ganz bestimmte Gefahren. Der Märchenwald ist Ort der Verzauberungen. Der Wald des Märchens ist eine Chiffre für das Unterbewußte und das Unbewußte. Der Wald ist dafür nicht die alleinige Chiffre, es gibt noch eine weitere, nämlich das Meer. Beide, der Wald wie das Meer, vermitteln das Bild des Gefahrvollen und Unbekannten, dies aber in einer polaren Gegensätzlichkeit. Wer sich aufs Meer begibt, gerät in die Weite. Er hat es mit einem dem Menschen fremden Element zu tun, einer anderen Welt, in der er untergehen kann. Auf dem Meer ist der Mensch von den höchst beweglichen Elementen Luft und Wasser umgeben. Er ist von Licht umflossen. Er ist den Elementen hingegeben und ausgesetzt. Wenn er seine Orientierung verliert, so deshalb, weil sein Blick keinen Anhaltspunkt findet und die Unendlichkeit des Horizonts nicht fassen kann. Er läuft Gefahr, daß er sich im All verliert, daß sein Ich vom All aufgesogen wird und daß er darin ganz aufgeht; eine sozusagen makrokosmische Gefahr; das Unterbewußte ist identisch mit dem Überbewußten. Dem, der sich in den Wald hineinbegibt, drohen ganz andere Gefahren. Er gerät zwar auch in eine Tiefe, indes nicht in die Weite, sondern in die Enge. Er sieht in der Tat den Wald vor Bäumen nicht, der Blick ist ihm verstellt und der Horizont ist verlorengegangen. Wer im Wald ist, verliert leicht die Übersicht und dem Wanderer geschieht es daher leicht, daß er sich verirrt, so sehr verirrt, daß er aus der engen Tiefe des Waldes nie mehr herausfinden kann. Er verirrt sich — die Analogie zwischen außen und innen nicht aus den Augen gelassen — im Dschungel seines Unterbewußten. Dort aber, in der Tiefe des Waldes, begegnet er sich selbst, er trifft auf sich selbst und steht sich selbst gegenüber. Seine unerlösten Eigenschaften kommen ihm in Gestalt von Chimären vor Augen. Das ist der Zauber des Waldes. Nun hat der Wanderer eine Alternative. Entweder er hat Angst, denn die Angst ist ja eine Folge der Enge, in die der in die Tiefe Verirrte getrieben ist; dann verliert er seine Widerstandskraft gegenüber den Chimären; er verliert sich selbst und wird verwunschen. Oder er findet in der Tiefe zu sich selbst, dann wird er seiner selbst Herr, er kann sich von den Chimären befreien. Er ist erlöst. Er hat sich selbst erlöst und ist nunmehr imstande, alles im Walde Verwunschene ringsum mit zu erlösen. Er erlöst den Wald.

Das Märchen von »Brüderchen und Schwesterchen«[8] erzählt von zwei Kindern, deren Mutter gestorben ist und die deshalb in den Wald hineingerieten, weil sie vor ihrer bösen Stiefmutter geflohen sind. Die Gestalt der Stiefmutter, der »steifen Mutter«, schiebt sich in dem Märchen stets wie ein böser schwarzer Schatten vor die Gestalt der wahren Mutter, die gestorben ist, womit im Bild gesagt wird, daß die Seelen der Kinder dieser Erde den Kontakt zur Quelle ihrer geistigen Herkunft verloren haben. Die böse Stiefmutter, die auf jene Herkunft eifersüchtig ist, schiebt sich dazwischen — Sonnenfinsternis. Um das Märchen zu begreifen, bedarf es, wie bei der Kunst, nicht allein des Verstandes, sondern auch der Kraft des Empfindens, denn die Innigkeit des Märchentons folgt aus den imponderabilen Schwingungen der Poesie, von der die erzählenden Worte getragen werden:

»Am andern Morgen, als sie aufwachten, stand die Sonne schon hoch am Himmel und schien heiß in den Baum hinein. Da sprach das Brüderchen: ›Schwesterchen, mich dürstet, wenn ich ein Brünnlein wüßte, ich ging' und tränk' einmal; ich mein', ich hört' eins rauschen.‹ Brüderchen stand auf, nahm Schwesterchen an der Hand, und sie wollten das Brünnlein suchen. Die böse Stiefmutter aber war eine Hexe und hatte wohl gesehen, wie die beiden Kinder fortgegangen waren, war ihnen nachgeschlichen, heimlich, wie die Hexen schleichen, und hatte alle Brunnen im Walde verwünscht. Als sie nun ein Brünnlein fanden, das so glitzerig über die Steine sprang, wollte das Brüderchen daraus trinken: aber das Schwesterchen hörte, wie es im Rauschen sprach: ›Wer aus mir trinkt, wird ein Tiger: wer aus mir trinkt, wird ein Tiger.‹ Da rief das Schwesterchen: ›Ich bitte dich, Brüderchen, trink nicht, sonst wirst du ein wildes Tier und zerreißest mich.‹ Das Brüderchen trank nicht, ob es gleich großen Durst hatte und sprach: ›Ich will warten bis zur nächsten Quelle.‹ Als sie zum zweiten Brünnlein kamen, hörte das Schwesterchen, wie auch dieses sprach: ›Wer aus mir trinkt, wird ein Wolf: wer aus mir trinkt, wird ein Wolf.‹ Da rief das Schwesterchen: ›Brüderchen, ich bitte dich, trink nicht, sonst wirst du ein Wolf und frissest mich.‹ Das Brüderchen trank nicht und sprach: ›Ich will warten, bis wir zur nächsten Quelle kommen, aber dann muß ich trinken, du magst sagen, was du willst: Mein Durst ist gar zu groß.‹ Und als sie zum dritten Brünnlein kamen, hörte das Schwesterchen, wie das Rauschen sprach: ›Wer aus mir trinkt, wird ein Reh: wer aus mir trinkt, wird ein Reh.‹ Das Schwesterchen sprach: ›Ach, Brüderchen, ich bitte dich, trink nicht, sonst wirst du ein Reh und läufst mir fort.‹ Aber das Brüderchen hatte sich gleich beim Brünnlein niedergekniet, hinabgebeugt und von dem Wasser getrunken, und wie die ersten Tropfen auf seine Lippen gekommen waren, lag es da als ein Rehkälbchen.«

Brüderchen wird in ein Tier verwandelt, weil es seinen Durst nicht bezwingen kann. Die Gefahr, im Wald in ein Tier verwandelt zu werden, weil man nicht imstande ist, seine Begierden verhalten zu können, die Gefahr, im Wald in eine Selbstabwesenheit zu geraten, die dem Zauberbann überhaupt erst die Tür öffnet, die Begegnung des irrenden Wanderers mit dem Tier im Walde, das sein Menschentum herausfordert und in Frage stellt, ist nicht allein fabelhaftes Ereignis in den deutschen Volksmärchen, das Geschehen ist in der Gleichnissprache der Weltliteratur fest verankert. Berühmtes Beispiel für die Verwandlung des Menschen ins Tierische durch den neckenden Bann der Elementargeister ist Shakespeares »Sommernachtstraum«; berühmtes Beispiel für die Begegnung des Wanderers mit den tierischen Kräften im Walde ist der Beginn von Dantes »Göttlicher Komödie«[9]. Stefan George hat in seiner Übertragung dem ersten Kapitel die Überschrift »Die Verirrung im Wald« gegeben[10]:

»Es war inmitten unsres wegs im leben
Ich wandelte dahin durch finstre bäume
Da ich die rechte strasse aufgegeben.
Wie schwer ist reden über diese räume
Und diesen wald. den wilden rauhen herben.
Sie füllen noch mit schrecken meine träume.
. . .

Ich weiss nicht recht mehr wie ich hingeraten.
So war ich voller schlaf um diese stunde
Dass sich mir falsche wege offen taten.«

Der Wanderer befindet sich in der Mitte seines Lebens, als er durch finstre Bäume wandelt. Heute sagt man dazu midlife crisis; der Sprachgebrauch paßt sich ja immer wieder unserem neuesten Bewußtseinsstand an, für dessen Pathologie er ein untrügliches Diagnostikum ist. Der Wanderer hat sich auf den Weg grüblerischer Selbsterforschung begeben und im dichten Gestrüpp seines eigenen Inneren verirrt. Es ist ein innerer Wald, den Dante schildert, ein Traumerlebnis, denn: »ich weiß nicht mehr wie ich hineingeraten, so war ich voller schlaf in dieser stunde, dass sich mir falsche wege offen taten«. Der schlaftrunkene Traumwandler gerät in die Irre, da begegnen ihm drei schreckliche Tiere, ein Pardel, ein Löwe und eine Wölfin. In verzweifelte Enge getrieben, sieht er sich mit einem Mal einer schweigenden Gestalt gegenüber. Es ist Vergil. Indem er sich dem Wanderer zu erkennen gibt, ist die Macht der Tiere gebrochen. Der Wanderer erkennt in dem Dichter sein höheres Selbst als geistige Führergestalt. Die Selbsterkenntnis und die Kraft, die er dafür aufgebracht hat, die Kraft zur Selbstverantwortung, öffnet ihm den Weg in die Reiche seiner geistigen Wirklichkeit. Vergil nimmt ihn an die Hand und führt ihn dahin.

So weisen Märchen und Dichtung im Vergleich der Bilder auf die Ambivalenz der Möglichkeiten hin, die sich demjenigen bieten, der in die inneren Bezirke der Waldestiefe eingedrungen ist. Entweder er gerät in Selbstvergessenheit und wird verzaubert, verwandelt und gebannt, oder er findet zu sich selbst. Er ist an einem Scheideweg angekommen, und die Entscheidung liegt bei ihm. Im Märchen »Die zwei Brüder« zieht ein Bruder des Wegs nach Westen, der andere nach Osten. Bei ihrer Trennung stoßen sie ein Messer in einen Baum. Das ist das Zeichen des Scheidewegs. Einer der Brüder gerät schließlich in den Wald und wird dort von einer Hexe mit medusenhaften Fähigkeiten samt allen seinen Tieren (!) zu Stein verzaubert. Der andere Bruder jagt eines Tages eine Hirschkuh und entdeckt das Messer im Baum. Es ist auf einer Seite — seiner eigenen — blank, auf der anderen Seite verrostet, jedoch nur halb. Daran erkennt der Jäger, daß sein Bruder zwar in großer Gefahr, aber noch nicht ganz verloren ist. Es gelingt ihm, die Hexe aufzuspüren und zu töten und den Bruder zu befreien.

Richtig gelesen, geben die Märchen die Geheimnisse ihrer Gleichnishaftigkeit auf Schritt und Tritt preis. Sie sind Gleichnisgewebe. Sicher liegen vielen deutschen Märchen uralte Erzählmotive zugrunde, Stammbilder, durch die sie den Märchen anderer Völker, europäischer, asiatischer und afrikanischer, genetisch verbunden sind. Zahlreiche Einzelheiten in den Texten der deutschen Volksmärchen weisen aber darauf hin, daß die Wortlaute in ihrer letztverbindlichen Fassung aus der Zeit des ausgehenden Mittelalters und der beginnenden Neuzeit stammen. Zu solchen Details gehören beispielsweise die Handwerkergestalten, der Müller, der Schuster, der Schneider, der Juwelier und der mit Pistolen und Schießpulver ausgerüstete Soldat, aber auch manche Motive aus dem christlichen Legendenkreis sind aufgenommen. Indes entsprechen die Anschauungen, die somit zum Ausdruck gebracht werden, durchaus nicht in jedem Fall dem kanonischen Christentum, sondern vermitteln in Auferstehungsbildern wie etwa dem goldenen Vogel, der aus der Asche steigt[11], oder, ebenso wie es die Alchimisten taten[12], in einer Goldsymbolik, die das Gold als eine Substanz nicht irdischer sondern geistiger Herkunft begreift[13], verbunden mit volksreligiösen und naturreligiösen Zügen eine derart eigenständige Religiosität, daß sich schließlich die Frage aufdrängt, wer die Verfasser und Redaktoren gewesen sein mögen. Von selber sind die Märchen wohl nicht entstanden, sondern irgendwer muß diejenige Fassung gefunden haben, auf deren Beibehaltung des genauen Wortlauts die mündliche Überlieferung in der Weitergabe durch Generationen peinlich bedacht war[14].

Die poetische Sprache der Märchen wendet sich ans Gemüt. Die immer wiederkehrenden Märchenbilder haben nicht etwa den Wert beliebiger literarischer Metaphern, sondern gleiche Märchenbilder haben meist die gleiche Bedeutung. Die jeweils besondere Bedeutung hängt vom jeweiligen Stellenwert ihres Gebrauchs im Bezugsfeld eines Märchens ab, ähnlich wie bei der jeweiligen Lage einer Spielkarte (die ja ebenfalls ein altes Bildsymbol mit einem Bedeutungshof ist) in einem Kartenspiel. So formen sich die Märchen insgesamt zu einem in sich gefügten Weltbild. Innerhalb der deutschen Haus- und Volksmärchen nimmt der Wald einen erheblichen Raum ein. Aus dem differenzierten Bildgewebe, das sich da vor unserer Vorstellung ausbreitet, um uns zu zeigen, was sich alles im Wald abspielt, seien einige Topoi herausgegriffen.

Im Märchen ist oft zuerst einmal von den Leuten die Rede, die *vor* dem Walde wohnen. »Vor einem großen Walde lebte ein Holzhacker und seine Frau«, beginnt das Märchen vom »Marienkind«[15], »vor einem großen Walde wohnte ein armer Holzhacker mit seiner Frau und seinen zwei Kindern«, heißt es bei »Hänsel und Gretel«, und das Märchen »Das Waldhaus« erzählt: »Ein armer Holzhauer lebte mit seiner Frau und drei Töchtern in einer kleinen Hütte am Rande eines einsamen Waldes.«

Es sind Menschen wie Du und ich, die da vor dem Walde wohnen, Menschen im Hier und Jetzt, vornehmlich aber solche, die sich von der Ausbeute des Waldes ihr Brot verdienen, der Holzfäller vor allem und weiterhin der Müller mitsamt seiner Familie, der Müllerin und der Müllerstochter, wobei sicherlich nicht nur der Kornmüller, sondern auch der Sägemüller gemeint ist. »Ein Müller war nach und nach in Armut geraten und hatte nichts mehr als seine Mühle und einen großen Apfelbaum dahinter«, so der Anfang von »Das Mädchen ohne Hände«, und »Die Nixe im Teich« beginnt: »Es war einmal ein Müller, der führte mit seiner Frau ein vergnügtes Leben.« Manchmal tritt neben der Müllerstochter noch die Schweinehirtentochter auf[16], manchmal der Besenbinder[17], damit hat es sich dann aber auch schon mit dem Berufsbild der Leute, die vor dem Wald wohnen.

»Die Großmutter aber wohnte draußen im Wald, eine halbe Stunde vom Dorf.« Mit diesem Hinweis auf die Stätte, die nicht mehr *vor* dem Wald liegt, sondern bereits darin, beginnt im Märchen vom »Rotkäppchen« der Hinweis auf die Gefahren des Waldes. Es folgt der zweite Hauptsatz: »Wie nun Rotkäppchen in den Wald kam, begegnete ihm der Wolf.« Und sogleich darauf der dritte: »Rotkäppchen aber wußte nicht, was das für ein böses Tier war, und fürchtete sich nicht vor ihm.« Damit sind die Gefahren, die einem im Wald begegnen, in meisterhafter Kürze schlagkräftig zum Bild zusammengefaßt.

Die erste Gefahr ist die des Verirrens. Vom Verirren der armen Kinder, die von der bösen Mutter oder Stiefmutter in den Wald getrieben werden, erzählen die Märchen »Hänsel und Gretel« und »Brüderchen und Schwesterchen«. In »Hänsel und Gretel« verweist die Erzählung kritisch auf den sozialen Hintergrund. Sie berichtet von der äußersten wirtschaftlichen Not der Holzfällerfamilie. In beiden Märchen werden die Geschwisterpaare inmitten der Waldestiefe von der Verwünschungskraft des Ortes eingefangen; Brüderchen wird in ein Reh verwandelt und Hänsel und Gretel stoßen auf das Knusperhäuschen der Hexe »im Wald, wo er am dicksten ist«.

Cäcilie Graf-Pfaff, Das Märchen, o.J.

Aber auch Könige, Königssöhne und Königstöchter verirren sich im Wald. Im Märchen »Das Rätsel« gerät ein Königssohn »in einen großen Wald, und als der Abend kam, konnte er keine Herberge finden und wußte nicht, wo er die Nacht zubringen sollte«. Im Märchen »Die sechs Schwäne« jagte einmal »ein König in einem großen Wald und jagte einem Wild so eifrig nach, daß niemand von seinen Leuten ihm folgen konnte«, und im Märchen »Der Eisenofen« kam einmal »eine Königstochter in den Wald, die hatte sich irre gegangen und konnte das Reich ihres Vaters nicht wiederfinden«. Treffender und kürzer als in diesem Satz

kann das Gleichnis vom Verlorengehen der Menschenseele im Gestrüpp dieser Welt nicht formuliert werden.
Die Verirrten sind, in den Bann des Waldes geraten, den unterschiedlichsten Verzauberungen unterworfen. Die Phantasie des Märchens entfaltet an diesem Motiv ihre volle Kraft.
Im Märchen »Die sechs Schwäne« werden die Königssöhne durch Hexenkünste in Schwäne verwandelt. Im Märchen »Fundevogel« will die alte Sanne, die Magd des Försters, die eine Hexe ist, den Fundevogel in einem Hexenkessel kochen. (Im Namen des zugelaufenen Jungen Fundevogel ist der Hinweis auf den fremden Vogel, den Auferstehungsvogel Phoenix versteckt.) Das Lenchen, das das mit angehört hat, flieht darauf gemeinsam mit dem Fundevogel. Auf der Flucht vor der Hexe verwandeln sie sich zuerst in ein Rosenstöckchen mit einem Röschen darauf, dann in eine Kirche mit einer Krone darin, schließlich in einen Teich mit einer Ente darauf. Im Märchen »Die zwei Brüder« wird der eine der beiden Brüder von einer Hexe zu Stein verwandelt. In »Jorinde und Joringel« verwandelt eine Hexe Jorinde in eine Nachtigall und »Joringel konnte sich nicht regen: er stand da, wie ein Stein, konnte nicht weinen, nicht reden, nicht Hand noch Fuß regen«. Im Märchen »Die Gänsehirtin am Brunnen« wird ein »hübscher junger Mann« von einer Alten gebannt, die ihm ihre Traglast, zwei Körbe mit Äpfeln und wilden Birnen, aufbürdet. Die Gänsehirtin, die bei ihr wohnt, ist eigentlich eine schöne Prinzessin, die von der Alten zum Schutz vor ihren herzlosen Eltern in diese häßliche Mägdehaut verzaubert worden ist. Das sind nur wenige Beispiele.
Im Walde gibt es verwunschene Orte. In »Brüderchen und Schwesterchen« ist es ein verwünschtes Häuschen, in dem die beiden Zuflucht finden, im Märchen »Das Mädchen ohne Hände« ist es ein Häuschen im Wald mit der Aufschrift »Hier kann jeder wohnen«, in »Rapunzel« ist es ein Turm im Wald, in »Hänsel und Gretel« ist es das Knusperhäuschen, in »Schneewittchen« das Häuschen der sieben Zwerge, im Märchen »Die drei Männlein im Walde« das Haus der kleinen Haulemännerchen, im Märchen »Das Rätsel« ist es eine Mördergrube, im Märchen »Die sechs Schwäne« ein Schloß im tiefen Walde, im Märchen »Der arme Müllersbursch und das Kätzchen« ist es ein Zauberschloß und im Märchen »Das Waldhaus« ist es das verwunschene Haus, in dem der Alte zusammen mit schön Hühnchen, schön Hähnchen und der schön bunten Kuh wohnt.

Zu den Gestalten, die den Wald unsicher machen, gehören die Räuber. Sie kommen beispielsweise in den Märchen »Das Rätsel«, »Der Teufel mit den drei goldenen Haaren«, »Der Räuberbräutigam«, einem Blaubartmotiv, und »Der gläserne Sarg« vor. Die Räuber sind noch höchst irdische Gestalten, denen es aber gelungen ist, sich im Wald einzunisten, ohne mehr dessen Zauberkraft zu fürchten. Ebenso wie die wilden Tiere nehmen sie innerhalb der Population des Märchenwaldes eine vermittelnde Position ein. Sie kennen sich mit dem Verhalten der Leute vor dem Wald ebensogut aus — und nutzen es für ihre bösen Zwecke — wie mit den Zauberwesen und Zauberkräften im Waldesinnern. Sie halten die Verbindung zwischen dem Sichtbaren und dem Unsichtbaren.
Diejenigen Wesen indes, die, mit dem Weben der Natur verbunden, den Organismus des Waldes eigentlich beleben und durchdringen, sind, vom blöden Auge nicht wahrzunehmen, die Elementargeister, die sich, immer um den Menschen neugierig herum, da sein Wesen sie fasziniert, ihm nur in hellsichtigen Augenblicken sichtbar zeigen.
Die Elfen kommen im deutschen Märchenwald merkwürdig selten vor, in irischen Märchen erscheinen sie viel häufiger. Dafür gibt es um so mehr Gnome und Riesen. Die Zwerge und Wichtelmännchen zeigen zum Menschen ein widersprüchliches Verhalten, je nachdem, ob der Mensch ihnen sympathisch ist oder nicht. Sie sind zu boshaften Neckereien aufgelegt, weil sie sich über die plumpe Dummheit des Menschen lustig machen, denn sie besitzen eine scharfe, zuweilen nervöse Naturintelligenz. Sie können einen Menschen ins Herz schließen, sie können aber auch sehr nachtragend und rachsüchtig sein. In den Grimmschen Märchen zeigen sich die Zwerge sowohl von ihrer guten wie von ihrer bösen Seite. Das Musterstück ihres hilfreichen Wirkens ist das Märchen von »Schneewittchen und den sieben Zwergen«, die hinter den sieben Bergen wohnen. Im Märchen von den »Drei Männlein im Walde« helfen die Zwerge dem von der Stiefmutter schlecht behandelten barmherzigen Mädchen, indem sie es mitten unter dem Schnee im Winterwald rote Erdbeeren finden lassen und zum Abschied mit dem Segenswunsch versehen, daß ihm bei jedem Wort ein Goldstück aus dem Mund springen möge, wohingegen die böse Stiefmutter wegen ihres Mangels an Hilfsbereitschaft mit dem Fluch bedacht wird, ihr möge bei jedem Wort eine Itsche aus dem Mund springen. Inbegriff des bösartigen

Gnomen hingegen ist der Zwerg im Märchen von »Schneeweißchen und Rosenrot«, der Gegenspieler des Bären, ein widerwärtiger, zänkischer, undankbarer alter Geizkragen, der eifersüchtig darauf bedacht ist, seine Schätze, die Edelsteine aus der Tiefe der Erde, zu hüten.

Die den Zwergen entgegengesetzte Elementarhaltung verkörpern die Riesen. Im Unterschied zur Intelligenz der Zwerge ist ihr Bewußtsein kaum erwacht, sondern schläfrig und traumumfangen. Sie trollen im Wald umher, sind so stark von Körperkraft, daß sie Bäume ausreißen können, lassen sich aber in ihrer Tumbheit von der pfiffigen Klugheit eines Schneiderleins überlisten, schnarchen unter den Bäumen und sprechen in ihrer Trance Wahrheiten aus, auf die der wache Verstand von allein nicht käme. Zuletzt werden sie vom menschlichen Verstand übertölpelt und haben das Nachsehen, wie in dem Märchen »Der gelernte Jäger«, einer Parabel, die vom Sieg des menschlichen Tagesbewußtseins über die dumpfen Urkräfte des Unbewußten erzählt. Die Elementargeister des Wassers, die Nixen und Wassermänner, können dem Menschen gefährlich werden, weil sie seiner habhaft werden und ihn zu umklammern suchen, damit er sie aus der Gefangenschaft ihrer amphibischen Gestalt erlöse. Beispiel dafür ist das Märchen vom »Froschkönig«, in dem auch der Ekel und die Angst des Menschen vor der Überwältigung durch das Glitschige zum Ausdruck kommt. »Geh weg, du alter Wasserpatscher«, sagt das Prinzeßchen in dem Märchen vom »Froschkönig«.

Die Hauptrolle im deutschen Märchenwald kommt aber der Hexe zu. Ebenso wie die Gestalt der Stiefmutter, des Königs, der Prinzessin, des Lindwurms, des Zauberers usw. ist sie nichts anderes als ein Topos für einen Wesenscharakter aus unseren inneren Wäldern, eine Projektion.

Die deutsche Märchenhexe ist für gewöhnlich eine grundhäßliche steinalte Frau mit einem krummen Buckel, einer großen Hakennase, Spinnefingern und roten Augen. Sie kann zaubern und verwandelt sich mitunter gern in eine Eule. Die berühmteste ihrer Gattung ist die Knusperhexe in »Hänsel und Gretel«, die zum Schluß von Gretel in den glühenden Backofen gesteckt wird, der von ihr für Hänsel bestimmt war. Überhaupt ist die Hexe verhältnismäßig häufig dem Feuertod anheimgegeben. Damit ist die Befreiung von schlechten Eigenschaften symbolisiert, die aus schwer kontrollierbaren Bezirken des atavistischen Bewußtseins zu Tage wallen. Sie wird in ein Faß mit siedendem Öl und giftigen Schlangen gesteckt (»Die zwölf Brüder«), sie wird verbrannt (»Brüderchen und Schwesterchen«), sie wird in ein Faß gesteckt und in den Fluß gerollt (»Die drei Männlein im Walde«), sie kommt auf den Scheiterhaufen (»Sechs Schwäne«), sie wird im Teich ertränkt (»Fundevogel«) und sie muß in glühenden Pantoffeln tanzen (»Schneewittchen«). Nicht alle Hexen indes sind böse. Manche von ihnen sind weise Frauen, die dem Menschen mit gutem Rat zur Seite stehen. Im Märchen von den »Zwölf Brüdern« ist es eine steinalte Frau, die plötzlich der Schwester der zwölf im Wald erscheint, nachdem sie durch deren Unbedachtsamkeit in Raben verwandelt worden sind, und ihr auf die Frage, ob denn kein Mittel sei, sie zu erlösen, guten Rat gibt. Im Märchen von der »Gänsehirtin am Brunnen« hilft das steinalte Mütterchen, bei dem sich die Gänsehirtin aufhält, dem jungen Mann gerade dadurch zu den Kräften, die ihn in die Lage setzen, die Prinzessin in ihre wahre Gestalt zu erlösen, daß es ihm ihre schwere Traglast aufbürdet und ihn aus seinem leichtfüßigen Egoismus herausreißt, indem es ihn die Opferkraft der wahren Hilfsbereitschaft handfest spüren läßt. Das sind weise Lehren.

»Die Hexe ist eine heruntergekommene Sybille«, stellt Rudolf Meyer fest[18]. Sie vertritt im Märchen das konservative Element einer alten Naturweisheit, die, durch neuere Entwicklungen überholt, ins Stocken geraten ist und dadurch Gift angesetzt hat. Ein Antagonist der Hexe ist der Magier. Er ist das Idealbild des Alchimisten. Das Zeichen des Magiers ist das Pentagramm, der Fünfstern oder Drudenfuß. Der Magier muß bei der Konzentration auf das Ziel seiner Arbeit alle fünf Sinne beieinander haben; läßt er nur einen außer Kontrolle, dann ist der Drudenfuß an der betreffenden Stelle offen, und es schleicht sich, wie in Fausts Studierstube, der Teufel ein. Das Zeichen der Hexe ist das Hexagramm, denn das griechische Wort für sechs ist im Namen der Hexe ausgesprochen. Die Sechs ist eine Grundzahl des Hexeneinmaleins. Die Sybillen gewannen ihre hellseherischen Visionen, die sie dazu befähigten, Orakel zu verkünden, mittels Einatmung der das Tagesbewußtsein herabstimmenden Dämpfe, die aus den Erdspalten der Felsgebirge aufsteigen. Die Hexe hat sozusagen einen Sinn zuviel, einen übriggebliebenen atavistischen Sinn, den sechsten Sinn, der aber, wenn er übermächtig wird, die anderen Sinne umnebelt und trübt.

Es gibt im Märchen Menschengestalten, die sich vor der Verwunschenheit der Waldestiefe nicht zu fürchten brauchen, weil sie

Julius Diez, Hexe, o.J.

sich im Walde auskennen; das sind die Jäger und die Förster. Der Jäger in »Rotkäppchen« rettet die Großmutter, indem er dem bösen Wolf, der sie gefressen hat, den Bauch mit dem Hirschfänger aufschneidet. Der Jäger in »Schneewittchen« rettet das Mädchen, indem er es laufen läßt und an seiner Stelle einem Frischling zum scheinbaren Beweis, daß er es getötet habe, Lunge und Leber aus den Eingeweiden schneidet.

Ein weiterer Typus, der die Schrecken des Waldes kraft seiner humanen Eigenschaften überwindet, ist der furchtlose Wanderer. Dazu gehört der tapfere, schlachtenerprobte Soldat, dem man so schnell nichts vormachen kann, beispielsweise in dem Märchen »Das blaue Licht«, und dazu gehört das tapfere Schneiderlein, der sanguinische Leichtfuß mit dem eilfertigen Journalistenverstand, der dank seines schnellen analytischen Intellekts, er ist eben ein Schneiderlein, dessen Verstand mit der ratschenden Schere arbeitet, alle Gefahren des Waldes spielerisch-listig überwindet.

Ein Ort, der mitten im Wald über die Wirrnis des Waldesdunkels hinausreicht, ist der hohe Baum. Wer den Baum erklettert, gewinnt von der Baumkrone aus einen freien Blick und kann über den Wald hinweg in die Ferne schauen. Es ist wiederum das gewitzte Schneiderlein, das auf diese Idee kommt. Auch ist es von Statur leicht und gewandt genug, um so einen hohen Stamm mühelos ersteigen zu können. Mit einiger Phantasie kann man sich geradezu vorstellen, wie es am Stamm emporflattert. Im Märchen »Der gläserne Sarg« übernachtet es aus Angst vor den wilden Tieren im Wipfel einer hohen Eiche, und nur das schwere Bügeleisen hindert den Wind daran, es wegzublasen. Von dort aus entdeckt es aber ein Licht, das für das weitere Geschehen schicksalsbestimmend ist. Im Märchen von der »Gänsehirtin am Brunnen« steigt der junge Graf auf einen hohen Baum, um dort zu übernachten. Von dort aus sieht er zum ersten Mal die Gänsehirtin. Es ist bemerkenswert, daß die Wanderer, die den hohen Baum erstiegen haben, nicht lediglich einen Überblick in die Ferne gewinnen, sondern von oben aus auch in der Nähe Neues entdecken, Lichter und Gestalten, die sie sonst nicht gesehen hätten; etwas Unsichtbares wird sichtbar, etwas Übersinnliches wird manifest. Der hohe Baumwipfel, der weit über die anderen herausragt, ist schon ein ganzes Stück vom Erdboden entfernt. Jenseits des Waldesdunkels ragt er in eine andere Sphäre hinein. Deshalb finden dort auch Wesen Platz, die noch mit dem Jenseits verbunden sind, aber auch in das irdische Geschehen hineinwirken können, keine eingefleischten Erdenbürger, sondern zarte Verkörperungen, Mittlergestalten zwischen der Welt des Irdischen und der Welt des Geistes und der Geister.

Im Märchen »Fundevogel« sitzt ein kleiner Knabe auf dem Baum, der vom Förster gefunden und groß gezogen wird. Daher hat er seinen Namen, der zudem besagt, daß das Kind gleich einem Vogel von woandersher zugeflogen ist. »Hans mein Igel«, ein komisches Zwitterwesen, das ebenfalls nicht ganz von hier ist, wird von seinen Eltern in den Wald geschickt, um die Schweine und Esel zu hüten. Dort sitzt es auf einem hohen Baum und bläst auf einem Dudelsack. Das allein ist schon ein sonderbar zauberisches Bild, dem Entwurf eines Surrealisten würdig.

Im Sinnbild vom hohen Baum erscheint dasjenige Ereignis zum Kern verdichtet und auf den Punkt gebracht, das allem Märchengeschehen zugrunde liegt und das dem Leser immer wieder von neuem und immer wieder anders gefaßt den Hinweis darauf liefert, worauf es den Märchen ankommt: das Ineinandergreifen und Ineinanderwirken zweier Welten. Eine geistige Welt ist in das Dunkel der irdischen Welt hineinverzaubert. Sie ist in den Bann geraten und nun kommt es darauf an, sie wieder daraus zu erlösen. Auch die Bewohner jener geistigen Welt sind in die Verwunschenheit geraten. Es sind die verzauberten Prinzen und Prinzessinnen, die sich in anderer Gestalt, in tierischer und in rauher Schale, im Walde eingefunden haben. Das Bild vom König und vom Königssohn bezieht sich ja nicht auf reale Regierungsmacht, sondern liefert dem Leser oder Zuhörer das Gleich-

nis vom Ideal des reinen Menschentums in der Figur des Königs, mit dem sich derjenige, dem das Märchen erzählt wird, unbewußt identifiziert. Der verzauberte König, der unerlöste König, dessen Ideale von der Gravitation des Materiellen fortdauernd aufgezehrt werden, ist er selbst. »Sie haben zu lange im Walde geschlafen«; der Titel von Max Ernsts Gemälde trifft auch auf die verzauberten Königssöhne zu, die allenthalben in den Märchenwäldern zu finden sind. Im Märchen vom Froschkönig wird der Prinz dadurch aus seiner Froschgestalt erlöst, daß die Prinzessin das Tier, vor dem sie sich ekelt, dem sie aber durch ihr Versprechen verbunden ist, weil es ihr die goldene Kugel aus dem Brunnen wiedergebracht hat, an die Wand wirft. Im Märchen »Die sechs Schwäne« sind es die sechs Königssöhne, die von der Stiefmutter verzaubert und von ihrem kleinen Schwesterchen schließlich wieder erlöst werden. Im Märchen »Das Waldhaus« ist es der Alte samt seinem Haustiergefolge, der das Erbarmen des guten Mädchens, das sich nicht nur seiner, sondern eben auch der Tiere annimmt, erlöst und in seine wahre königliche Gestalt zurückverwandelt wird. Damit einhergehend verwandelt sich der gesamte Wald ins ursprüngliche Königreich. Daraus folgt, daß es hierbei nicht um Quadratkilometer und Hektar geht, sondern darum, daß geistige Dimensionen in das Bild räumlicher Dimensionen übertragen sind. Im Märchen »Schneeweißchen und Rosenrot« ruft der Bär den Kindern, die ihm das Fell zausen und walken, zu: »Schneeweißchen und Rosenrot, schlägst dir den Freier tot«. Als es Frühjahr geworden ist, verabschiedet sich der Bär von den Kindern: »Schneeweißchen war ganz traurig über den Abschied, und als es ihm die Tür aufriegelte und der Bär sich hinausdrängte, blieb er an dem Türhaken hängen und ein Stück seiner Haut riß auf, und da war es Schneeweißchen, als hätte es Gold durchschimmern sehen: aber es war seiner Sache nicht gewiß.«
Es ist das Gold des Prinzengewandes, königliches Gold, das sich unter dem Fell des Bärenhäuters verbirgt.
Wo kommen die verzauberten Prinzen her? Sie kommen aus einem anderen Land. Es ist nicht das Land *vor* dem Walde, wo die Müller, Holzhauer und Reisigsammler wohnen, sondern es ist das Land *hinter* dem Walde, auf der anderen Seite des Waldes, wo die Leute meist nicht hingelangen, weil sie sonst das Dickicht des Waldes durchdringen müßten. Die verzauberten Prinzen kommen aus dem Bereich jenseits des Waldes. In der Waldestiefe selbst ist es ihnen aber immerhin möglich, wenn auch in ihrer verwunschenen Gestalt, mit den Leuten von diesseits des Waldes zusammenzutreffen. Das Reich jenseits des Waldes ist ein Königtum. Dort hat der König sein Schloß. Dort ist er zu Hause. Wie kommt man dorthin? »Über einen hohen Berg und über drei schneidende Schwerter und über ein großes Wasser.« (Der Eisenofen)
Was ist das für ein Ort, an dem jenes Königreich zu finden ist? Er ist das Paradies.
Der Märchenwald ist eine naturgewachsene Version der Welt als Labyrinth. Dasjenige Landschaftsbild indes, das unserer Kultur als mythische Imagination eigentlich zugrunde liegt, ist nicht das Bild eines Waldes, sondern das Bild eines Gartens, — eines Gartens, der uns verlorengegangen ist. Es ist der Garten Eden.
»Es war vor Zeiten ein König, der hatte einen schönen Lustgarten hinter seinem Schloß, darin stand ein Baum, der goldene Äpfel trug. Als die Äpfel reiften, wurden sie gezählt, aber gleich am nächsten Tag fehlte einer.« So beginnt das Märchen »Der goldene Vogel«. Der Paradiesvogel ist ein Götterbote, ein hermetisches Tier, das zwischen dem Paradies und unserer Welt durch sein Erscheinen die Verbindung aufrechterhält.
Das Königreich hinter dem Walde ist das Paradies. Alle Märchen erzählen die gleiche Geschichte. Sie erzählen die Geschichte vom verlorenen Paradies. Der Wald ist das verzauberte Paradies. Dort liegt es verborgen, in unseren inneren Wäldern, und wartet auf Erlösung — mittels Welterkenntnis durch Selbsterkenntnis; das heißt, solange es noch Wälder gibt, innere und äußere, und solange uns der Zustand der Welt noch erlaubt, dieses Bild gebrauchen zu können.
Beide Bilder, das vom Wald und das vom Paradiesgarten, sind ja keine Vorstellungen vom Anfang oder Ende irgendeines historischen Zeitverlaufs, sondern es sind Projektionen von Zuständen, eines gegenwärtigen, nämlich des Waldes, und eines geforderten Ideals, nämlich des Gartens Eden. Auch diese beiden Grundvorstellungen gehorchen dem Prinzip der Entsprechung. Der Wald ist ebenso ein Bewußtseinszustand wie ein Zustand der Umwelt, das gleiche gilt als Utopie für das Paradies. Äußerer und innerer Zustand korrespondieren miteinander und bilden eine Koinzidenz der gegenseitigen Abhängigkeiten. Das Paradies als gefordertes Ideal spricht Novalis in dem Satz an: »Wir sind auf einer Mission. Zur Bildung der Erde sind wir berufen.«

Er sagt aber auch: »Nur ein Künstler kann den Sinn des Lebens erraten.«[19]

Hier nun erlaube ich mir, einige krause Gedankengänge anzuknüpfen, indem ich mich weiterhin auf die Wirklichkeit der Bilder berufe. In der Genesis heißt es (1 Mose, 3. Kapitel, Vers 6 und 7): »Und das Weib schaute an, daß von dem Baum gut zu essen wäre und daß er lieblich anzusehen und ein lustiger Baum wäre, weil er klug machte; und sie nahm von der Frucht und aß und gab ihrem Mann auch davon, und er aß. Da wurden ihrer beider Augen aufgetan, und sie wurden gewahr, daß sie nackt waren, und flochten Feigenblätter zusammen und machten sich Schürze.«

Es wäre billig, in dieser Schilderung lediglich eine Parabel auf den Beginn der Textilindustrie zu vermuten, denn Adam und Eva schämten sich nicht etwa deshalb, weil sie infolge des Sündenfalls entdeckten, daß sie nichts anzuziehen hatten, sondern ihre Scham folgte aus der Erkenntnis, daß sie deshalb nackt waren, weil sie nicht, wie die Tiere, ein schützendes Fell hatten. Sie waren in den Zustand der Tiere gefallen, ohne wie diese ein Fell zu besitzen, dessen Schutz der äußere Ausdruck ihrer Arglosigkeit ist. Damit ist das Energieproblem auf den Plan gerufen, das am Ende des Kapitels (Vers 19) nochmals angesprochen wird: »Im Schweiße deines Angesichts sollst du dein Brot essen, bis daß du wieder Erde werdest, davon du genommen bist.«

Von nun an ist der Mensch (der in den Wald hinein verzauberte Königssohn), darauf angewiesen, sich die Wärme, die ihm im Innern fehlt, von außen zu holen. Not macht erfinderisch und, um es kurz zu machen, mit den Erfindungen des Rads, des Pfluges und des Feuermachens beginnt jene im Grunde allein auf äußere und innere Wärmegewinnung angelegte intensive Auseinandersetzung des Menschen mit den irdischen Substanzen, den Realien, Materialien und Naturalien, die nicht, wie Novalis es forderte, zur Bildung der Erde, sondern zu deren Ausbeutung und schließlich zu jenem gewaltigen Raubbau geführt hat, an dessen gigantischen Folgen wir heute leiden, ohne eine Vorstellung davon entwickelt zu haben, wie wir sie bewältigen könnten. Nicht mit der Erlösung der Erde haben wir es nun zu tun, sondern — horribile dictu — mit deren »Entsorgung«.

Ein Hauptproblem, das aus dem übermäßigen Wärmeverbrauch hervorgeht, ist nicht nur das Quantum der Ausbeute, sondern, in reziproker Verbindung dazu, die Anhäufung der Rückstände. Das extensive Vorgehen der menschlichen Zivilisation euro-amerikanischer Spielart, die ganz auf dem Wärmeverbrauch aufgebaut ist, führt zu einer allmählichen und inzwischen nachgerade auf besorgniserregende Weise sichtbar werdenden Entmischung der elementaren Substanzen, die der Mensch zur Energieerzeugung der Erde entnimmt. Erst seit Ende des 18. Jahrhunderts indes, seitdem er die notwendigen maschinellen und motorischen Hilfsmittel erfunden hat, den Raubbau zu vervielfachen, ist der Mensch in der Lage, auch die Stoffentmischung im großen Stil zu betreiben. Energie ist Feuer. Das, was von der Verbrennung übrigbleibt, nennen wir Asche. Inzwischen wissen wir nicht mehr, wohin mit der Asche. Das fing relativ harmlos an. Beispielsweise in Berlin, beispielsweise mit der Erzeugung von Leuchtgas durch die englischen Gasfabriken. Die als Rückstand anfallende Salzsäure wurde zur Herstellung von Berliner Blau verwendet. Damit wurden die Uniformen eingefärbt. Doch so viel Berliner Blau braucht überhaupt niemand, wie man mit den Mengen Salzsäure hätte herstellen können, ein Exempel für unvollständiges Recycling. Als der Silberbergbau im Erzgebirge zu Ende ging, weil die Silbervorkommen erschöpft waren, hinterließ er große Abraumhalden. Das war eine erste, verhältnismäßig harmlose Stufe der Entmischung. Bekanntlich wurde in diesem Abraum die Uranpechblende gefunden, die den Rohstoff für das Radium enthält, und das war der Startimpuls für den Siegeszug der Atomenergie. Der Abfall wurde also zum Ausgangsprodukt für eine weitere Ausbeute, die nun ihrerseits ein Entmischungsprodukt nicht allein von ganz anderer Qualität, sondern von ganz anderer Potenz liefert. Wohin mit den verbrauchten Brennstäben? In die Salzstöcke, die kristallinen Sinterungen der alten Urmeere unter der Erde? Hinsichtlich des Problems der Entsorgung, dem sie hilflos gegenüberstehen, erweisen sich die Angehörigen unserer Zivilisation als die wahren Zauberlehrlinge. Sie haben es zuwege gebracht, die Substanzen zu entmischen, aber sie sind nicht fähig dazu, den Vorgang umzukehren und die natürlichen Mischungsverhältnisse wiederherzustellen, die sie vor ihrem Eingriff vorgefunden haben. An dieser Irreversibilität verdreckt die Erde, und es ist damit der dem von Novalis geforderten geradewegs entgegengesetzte Zustand herbeigeführt. Klassische Belege außerhalb der Atomenergie: das Kohlenmonoxyd, das Kohlendioxyd, der Schwefelwasserstoff, das Fluor, das Kadmium, das Quecksilber, das Blei; — ich denke, das reicht.

In diesem Zusammenhang sei das Augenmerk noch einmal auf die Methode der Entsprechung gerichtet. Die Alchimie wurde bereits erwähnt. Sie ist keineswegs unbedingt die Vorläuferin der Chemie, denn das chemische Denken ist nicht geradlinig aus dem alchimistischen hervorgegangen; — es ist etwas ganz anderes. Andererseits verhält es sich aber auch nicht so, daß Chemie und Alchimie gar nichts miteinander zu tun hätten. Chemie ist eine Wissenschaft. Sie ist es deshalb, weil sie objektiv verfährt und ihr Interesse ausschließlich auf den Gegenstand ihrer Untersuchung richtet. Im Unterschied dazu ist Alchimie keine Wissenschaft, sondern eine Kunst, denn sie verfährt durchaus nicht objektiv, sondern versucht gerade, nach dem Prinzip der Entsprechungen von Subjekt und Objekt, die innere Haltung des Experimentators mit der Substanz des Stoffes, den er zur Behandlung und Untersuchung der Umwelt entnommen hat, in einen unmittelbaren Übereinklang zu bringen, in eine sympathische, ja, es läßt sich sagen, eine brüderliche Beziehung. Der Alchimist betrachtet den Stoff, mit dem er sich abgibt, als seinen Bruder und bemüht sich darum, dessen Qualitäten aus einfühlendem Verstehen zu erfassen und auch vom Empfinden her zu begreifen. Indem sich der Alchimist um Substanzverwandlung und Substanzveredelung bemüht, geht er davon aus, daß zwischen der Substanz seines eigenen Bewußtseinsinnern und der des äußeren Stoffes eine unmittelbare Korrespondenz besteht, eine fließende Wechselwirkung. Die Veredelung des äußeren Stoffes ist nicht möglich ohne die Veredelung des innern und umgekehrt. Daß es den Alchimisten ursprünglich um die Herstellung allein materiellen Goldes gegangen sei, ist ein Mißverständnis, das durch das Auftreten von Scharlatanen herbeigeführt worden ist, die ihrerseits nicht solchen Erfolg gehabt hätten, wenn er nicht aus der Erwartungshaltung einer dazu disponierten Gesellschaft herbeigewünscht worden wäre. Tatsächlich ist ja das Gold dieser Erde ein Rohstoff, der für den materiellen Energieverbrauch denkbar wenig geeignet ist. Seine hohe Einschätzung beruht, was die Leute merkwürdigerweise zu vergessen wissen, allein auf seinem Gleichniswert[20]. Gold ist daher für den Alchimisten deshalb nichts als ein irdischer Spiegel, in dem das Erkenntnislicht des Geistes widerglänzt. Aus diesem Zusammenhang geht die Verantwortung hervor, die dem Adepten gegenüber den Substanzen auferlegt ist. Das ist in der Tat nicht nur eine künstlerische, sondern zugleich eine zutiefst moralische Haltung. Die Freiheit der Kunst und die ihr durch ihre Freiheit auferlegte Verantwortung sind darin verwurzelt. Ich wage nicht zu beurteilen, welcher Weg der schließlich vernünftigere gewesen wäre, der wissenschaftliche der Chemie oder der künstlerische der Alchimie oder ob es sogar auch denkbar gewesen wäre, in die »Objektivität« der Chemie etwas von der »Subjektivität« der Alchimie mit hineinzunehmen. Doch dafür ist es jetzt ja wohl bereits zu spät. Oder?

Jedenfalls haben sich die erhaltenen Überreste des alchimistischen Denkens in unserem Jahrhundert in die Kunst geflüchtet und sind dort aufzufinden. Ein Zeugnis dafür ist das Werk von Joseph Beuys, eines Künstlers, dessen herausragende Bedeutung für die Kunst unseres Jahrhunderts heute bereits als unanfechtbar eingeschätzt werden darf. Gleich den Alchimisten hat Beuys mit der Verwandlung der Stoffe gearbeitet. Die Grundsubstanzen, die als Konstanten seiner künstlerischen Arbeit hervortreten, sind der Honig, das Pflanzenfett und der Filz. Jeder der drei ist auf jeweils seine Weise ein wärmender und Wärmeenergie produzierender Stoff. Honig durchwärmt am meisten von innen, Filz am meisten von außen. Damit setzt der Künstler ein Zeichen, das auf den Energiekonflikt im Sinn einer Entsprechung hinweist. Es ist nicht lediglich ein Menetekel, sondern darüber hinaus ist es auch ein Zeichen des Erbarmens in der anbrechenden Finsternis, die unweigerlich folgen muß, wenn nach dem Erlöschen des Feuers im Materiellen nur die Asche geblieben ist. Kunst hat, wenn sie wirklich Kunst ist, divinatorischen Charakter. Ist Max Ernst der Künstler der Wälder, so ist Joseph Beuys der Künstler der Steppe, der inneren Steppe, die die äußere Steppe hervorbringt, sowie der äußeren Steppe, die auf die innere Versteppung der menschlichen Seele zurückwirkt. Die Eigentümlichkeit mancher Ingredienzien, die Beuys für seine Plastiken und Aktionen verwendet, nicht nur die wärmenden Substanzen, sondern z. B. der Schlitten und der Schlittenzug, der Kojote, die Errichtung von »Stationen« und Lagern auf dem Weg ins Unbekannte, die Einrichtung von Schutzräumen, weisen auf die Zeichensetzung hin, die auf die Versteppung aufmerksam macht. Das Steppengefühl, das sich in die Empfindung der Beteiligten schleicht, ist in manchen Aktionen von Beuys von raumgreifender Dichte gewesen.

Das Werk von Joseph Beuys verweist den Menschen auf seine Eigenwärme — im äußeren Sinne wie im inneren — und empfiehlt ihm für die Zukunft, seine Eigenwärme zu aktivieren, die Wärme seines anteilnehmenden Selbstbewußtseins, um aus der

Kraft der geistigen Eigenverantwortung der Erde die Wärme entgegenzubringen, die sie braucht, um in Antwort darauf dem Menschen ein Weiterleben zu gestatten. Das ist, zugegeben, ein etwas mystischer Wortlaut für ein Überlebenskonzept. Es ist auch kein sehr eleganter Schlußsatz. Doch widerstrebt es mir, einen eleganten Schlußsatz zu formulieren, wo keiner hingehört. Deshalb möchte sich, bitte, jeder, der bis hierher gefolgt ist, seinen Schluß selber setzen.

Anmerkungen

1 Max Ernst, Les Mystères de la Forêt, in: Minotaure, Paris 5/1934, S. 6. Deutsche Fassung in: Max Ernst, Biographische Notizen (Wahrheitsgewebe und Lügengewebe), in: Max Ernst, Ausstellungskatalog Köln—Zürich 1962/63; sowie in: Max Ernst, Frottagen Collagen Zeichnungen Graphik Bücher, Ausstellungskatalog Zürich, Frankfurt a. M., München 1978/79
2 Max Ernst, Sie haben zu lange im Walde geschlafen, um 1926, Saarlandmuseum, Saarbrücken. Christa Lichtenstern, Ossip Zadkine, Berlin 1980, Abb. 206
3 Beispiel: Max Ernst, Visionärer Nachtanblick der Porte Saint-Denis (Vision) 1927, Slg. Marcel Mabille, Brüssel. John Russell, Max Ernst, Leben und Werk, Köln 1966, Tafel 48
4 Das Motiv des Waldes in Verbindung mit der Kreisform, die ein seltsames, unheimliches Gestirn verbildlicht, wird seit 1926/27 vom Künstler in zahlreichen Gemälden variiert, das Motiv durchzieht von da an sein gesamtes Lebenswerk. Auch die Titel »Wald«, »Wald und Sonne« wiederholen sich. Frühe Beispiele sind etwa die Gemälde »Wald und Sonne«, The Museum of Modern Art, New York; Max Ernst, Ausstellungskatalog The Museum of Modern Art, New York 1961, Kat. Nr. 24, sowie »Der große Wald«, Kunstmuseum Basel, Max Ernst, Ausstellungskatalog, The Museum of Modern Art, New York 1961, Kat. Nr. 25
5 Beispiele: Max Ernst, La foresta inbalsamata 1933, Slg. de Menil, Houston, Texas, Russell Tafel 75; Abendlied 1938, Privatslg. USA, Russell Tafel 76; Epiphanie 1940, Slg. Doris Starrel, Beverly Hills, Kalifornien, Russell Tafel 77; Mädchens Traum von einem See 1940, Slg. Gipsy Rose Lee, Beverly Hills, Kalifornien, Russell Tafel 7
6 Henri Rousseau, Der Traum 1910, The Museum of Modern Art, New York
7 Max Ernst, Die Horde 1927, Stedelijk Museum, Amsterdam, Russell Tafel 50. Auch dieses Motiv hat der Künstler mehrfach variiert, teils unter verschiedenen Titeln. Beispiele: Max Ernst, Vision, ausgelöst durch die Worte: »der unbewegliche Vater« 1927, Privatslg. Basel, Russell Tafel 42; Max Ernst, Familie 1927, Staempfli Gallery, New York, Russell Tafel 43
8 Die im folgenden erwähnten Märchen sind zitiert nach: Brüder Grimm, Werke, Jubiläumsausgabe, gesammelt durch die Brüder Grimm, neu bearbeitet von Gisela Spierkötter, Bd. I—III, Zürich 1974.
Im einzelnen: Bd. I, Nr. 1 Der Froschkönig oder der eiserne Heinrich, Nr. 3 Marienkind, Nr. 9 Die zwölf Brüder, Nr. 11 Brüderchen und Schwesterchen, Nr. 12 Rapunzel, Nr. 13 Die drei Männlein im Walde, Nr. 15 Hänsel und Gretel, Nr. 20 Das tapfere Schneiderlein, Nr. 22 Das Rätsel, Nr. 26 Rotkäppchen, Nr. 31 Das Mädchen ohne Hände, Nr. 40 Der Räuberbräutigam, Nr. 49 Die sechs Schwäne, Nr. 51 Fundevogel 1, Nr. 53 Schneewittchen, Nr. 57 Der goldene Vogel, Nr. 60 Die zwei Brüder, Nr. 69 Jorinde und Joringel. Bd. II, Nr. 99 Der Geist im Glas, Nr. 106 Der arme Müllersbursch und das Kätzchen, Nr. 108 Hans mein Igel, Nr. 111 Der gelernte Jäger, Nr. 116 Das blaue Licht, Nr. 123 Die Alte im Wald, Nr. 127 Der Eisenofen, Nr. 161 Schneeweißchen und Rosenrot, Nr. 163 Der gläserne Sarg, Nr. 169 Das Waldhaus. Bd. III, Nr. 179 Die Gänsehirtin am Brunnen, Nr. 181 Die Nixe im Teich
9 Vgl. Rudolf Meyer, Die Weisheit der deutschen Volksmärchen, 7. Aufl., Stuttgart 1976, S. 82. Meyers Interpretation der Grimmschen Märchen verdanke ich zum großen Teil die Anregung zu den in diesem Aufsatz eingebrachten Überlegungen.
10 Stefan George, Werke, München 1983, Bd. 3, S. 9 ff.
11 Von dem Machandelboom, in: Brüder Grimm, Werke, Bd. I, Nr. 47; Der goldene Vogel, ebd., Nr. 57
12 Der Einfluß alchimistischen Denkens zeigt sich in einigen Grimmschen Märchen, so z. B. in: Der gläserne Sarg, und: Der Geist im Glas. Zu letzterem vgl. Carl Gustav Jung, Der Geist Mercurius, in: C. G. Jung, Studien über alchimistische Vorstellungen, Olten 1978, S. 211 ff.
13 Einige Beispiele: Die goldene Kugel, die der Prinzessin in den Brunnen fällt und vom Frosch gerettet wird im Märchen vom Froschkönig; das Mädchen mit dem goldenen Stern auf der Stirn (Stern = Stirn) im Märchen Die zwölf Brüder; Rapunzels goldenes Haar im Märchen von Rapunzel, ebenso das vom Wasser des goldenen Brunnens golden gefärbte Haar im Märchen vom Eisenhans. Das goldene Haar bedeutet äußeres Zeichen seelischer Reinheit, bzw. des zum Vorscheinkommens unter einer rauhen Schale verborgenen seelischer Kräfte. Weiterhin: der goldene Vogel als Bote aus der Geisteswelt, als Auferstehungsbote und Verkündigungsvogel in verschiedenen Märchen, z. B. Die zwei Brüder und Von dem Machandelboom.
14 In der Vorrede zu den Märchen berichten die Brüder Grimm über die Frau Viehmännin, eine Bäuerin aus Zwehren in Hessen, die ihnen einen großen Teil der Märchen aus mündlicher Überlieferung erzählte: »Wer an leichte Verfälschung, Nachlässigkeit bei der Aufbewahrung und daher an Unmöglichkeit langer Dauer der Regel glaubt, der hätte hören müssen, wie genau sie immer bei der Erzählung blieb und auf ihre Richtigkeit eifrig bedacht war; sie änderte niemals bei einer Wiederholung etwas in der Sache ab und besserte ein Versehen, sobald sie es bemerkte, mitten in der Rede gleich selbst.« Brüder Grimm, Werke, Bd. I, S. 15
15 ebd., S. 32
16 Der Eiserne Ofen
17 Die zwei Brüder
18 Meyer, Die Weisheit der deutschen Volksmärchen, S. 23. In der Einschätzung der Hexe gibt sich die Ablösung des uralten matriarchalischen Prinzip durch das Patriarchat zu erkennen. Hexenwahn und Hexenverbrennung sind eine, insbesondere auch durch den patriarchalischen Hegemonialanspruch der geistig erstarrten Hochkirche geförderte, Hybris dieser Entwicklung.
19 Novalis, Blütenstaub, in: Athenäum, hg. von August Wilhelm Schlegel und Friedrich Schlegel, Erster Band, Erstes Stück, Berlin 1798, S. 70 ff., zit. nach: Athenäum. [...] Auswahl, hg. von Gerda Heidrich, Leipzig 1984, S. 15 und: Novalis, Vermischte Fragmente. Ausgewählte Werke, Bd. 3, Leipzig o. J. (1903), S. 89
20 Interessanterweise hat hinsichtlich der Ausbeutung des Goldes in symbolischer Spiegelbildlichkeit zur Ausbeutung der Bodenschätze, die einem realen Nutzwert wie der Wärme- und Energieerzeugung zugeführt werden, ebenfalls eine Entmischung stattgefunden. Das der Erde entrissene metallische Gold befindet sich heute zum geringsten Teil im Umlauf, sondern es wird als »Goldreserve« in den Tresoren der Weltmächte, wie etwa dem Fort Knox, aufbewahrt. Das Gold ist demzufolge heute ein im Mausoleum bestattetes Metall, ein eigenartiger Tatbestand, der eindrucksvoll belegt, daß auch Gleichnisse für die Menschen real funktionierende Wirklichkeit darstellen können.

Gert Mattenklott

Kosmisches Walderleben

Vom Wald ist hier die Rede wie in Anführungszeichen oder in gesperrtem Druck, emphatisch nämlich und von der Alltagssprache unterschieden. Das Wort ist in diesem Gebrauch kein Begriff, in dem es die gemeinsamen Merkmale gewisser Gruppierungen von Bäumen, Versammlungen von Lebewesen, Boden- und Lichtverhältnissen abstrahierend zusammenfassen würde; statt dessen wird es als Symbol für eine einmalige ekstatische Erfahrung gesetzt.

Ludwig Klages hat von Wald in diesem Sinn gesprochen und bei dieser Gelegenheit seine Theorie der erotisch-ästhetischen Wahrnehmung erläutert. Sie steht in seiner Abhandlung »Vom Kosmogonischen Eros«, ein im letzten Jahr des Ersten Weltkriegs entworfener Versuch, die moderne Welt des Wissens zur Bilder-, Mythen- und Symbolkultur der vorplatonischen Weltsicht zu bekehren. »Vom Wesen der Ekstase« heißt darin ein Kapitel, in dem der Autor schockartig aufblitzende Erfahrungen beschreibt, in denen sich eine Bewußtseinshelle herstelle, die nicht durch Wissen entstehen würde, sondern durch Schauen; daraus das Folgende: »Hundertmal kann ich den Wald vor meinem Fenster gesehen haben, ohne etwas andres als eben nur das Ding zu erleben, jenes selbe Ding, das auch der Botaniker meint: aber einmal, während er flammt in Gluten der Abendsonne, vermag mich der Anblick meinem Ich zu entreißen; und da erschaut meine Seele plötzlich, was ich nie noch zuvor gesehen, vielleicht nur eine Minute lang, ja vielleicht nur sekundenlang; indes ob nun lang oder kurz, das jetzt Erschaute war das Urbild des Waldes, und *dieses* Bild kehrt weder für mich noch für irgend sonstwen jemals zurück.«[1] Daß es nicht zurückkehrt, heißt nun aber nicht, daß es verloren ist. Die andenkende Erinnerung bewahrt das Erlebnis nämlich im Seelenhintergrund. Dem *Geist* des Wortes, dem logos, ist es dort zwar unzugänglich, weshalb alles Reden über den Augenblick der Ekstase nur ein Stammeln bleibt. Der Tagesblick des Bewußtseins mag dann immer Detail an Detail reihen, das Ganze des Urbilds ergibt sich daraus nicht. *Der Wald* ist nicht eine Summe von Einzelheiten, sondern — im Verständnis des »Kosmogonischen Eros« — Inbegriff der einmaligen Vermählung »einer empfangenden Seele mit einem wirkenden Dämon«.[2] Unabhängig vom Wissen ist das Urbild fortan durch *Magie* heraufzurufen. Diese entlockt dem Wort im Nu, wozu dem analytischen Geist die Kraft fehlt. Es gibt ein Zeichen für die ursprüngliche Angemessenheit von Seele und Welt, die Aura, die sich um das urbildliche Wort im Augenblick der Ekstase bildet: »Die Urbilder sind um den Nimbus reicher als selbst der Eindrucksanlaß, den der Geist darin zu erfassen vermag.«[3] Auf die selbstgestellte Frage, worin denn der Nimbus seinen sachlichen Gegenstand habe, antwortet Klages mit dem »Fernzusammenhang von kosmischer Tiefe«.[4] Darin kommen nämlich alle Formen des Rausches und der Ekstase für ihn überein, daß sie die nahen, allzu nahen Dinge der alltäglichen Wahrnehmung in die Ferne rücken, in der dann die Einzeldinge in die Konstellation des raumzeitlichen Kosmos, des rätselhaften Universums eingehen.

Der »Eros der Ferne«, wie Klages im Anschluß an Alfred Schuler das Vermögen der auratischen Wahrnehmung nennt, entgrenzt die Zuwendung zum Einzelnen planetarisch. Vergegenwärtigung des Nimbus bedeutet in diesem Sinn das Erwachen aus der Vereinzelung zum geheimnisvollen Zusammenhang des Alls: »Zur Nähe gehört als ihr Gegenpol die wesenhaft niemals erreichbare Ferne.«[5] Auf ihre Wirklichkeit ist der Nimbus der Urbilder ein Siegel. In deren Anordnung gehört hier der Wald als Inbegriff des Naturschönen, analog zu den Dichtungen Shakespeares, Mörikes oder Eichendorffs, die gelegentlich für das Ästhetische in der Kunst stehen. Die Vergegenwärtigung des Daseins wird auf höchster Stufe durch Entfernung erreicht. Erst sie erschließt die raumzeitliche Tiefendimension der Welterfahrung.

In der ekstatischen Begegnung mit dem Naturschönen in Wald und Feld hat eine ganze Generation sich der ursprünglichen Homogenität von Mensch und Schöpfung vergewissern wollen, in exklusiven Augenblicken und deren beschwörenden Erinnerungsbildern. Möglicherweise noch aus den Jahren seiner Nähe zur Jugendbewegung — das könnte heißen, aus der Publikationszeit des »Kosmogonischen Eros« — datiert der Herausgeber Tillman Rexroth Aufzeichnungen Walter Benjamins mit dem Titel »Dispositionen der Wahrnehmung« aus dem Komplex der späteren »Einbahnstraße«, in denen dieser erstmals Beobachtungen notiert, die er in den dreißiger Jahren um den Begriff der Aura

Reinhold Rudolf Junghanns, Aus dem Lande Ur, Keim, o. J.

versammeln wird. In den frühen Notizen stehen die Sätze: »Was dem allerersten Anblick eines Dorfes, einer Stadt in der Landschaft den unvergleichlichen Ton verleiht, das ist, daß in ihrem Bild die Ferne ganz so gewichtig mitschwingt wie die Nähe. Noch hat diese kein Übergewicht durch die stete zur Gewohnheit gewordene Durchforschung erhalten. Haben wir einmal begonnen, uns im Ort zurecht zu finden, so kann jenes erste frühe Bild sich nie wieder herstellen.«[6] Aus der Nähe sieht man die Blätter der Bäume, Laub hingegen einzig aus der Ferne, heißt es dort auch zur Erläuterung, und vom Wanderer bei Sonnenaufgang wird gesagt, daß er den ganzen folgenden Tag über »die Souveränität eines unsichtbar Gekrönten« behalte.[7]

Als Benjamin 1931 in seiner »Kleinen Geschichte der Photographie« das Thema wieder aufnimmt, steht er den eigenen Anfängen kritisch gegenüber. »Jugend« sei der Fetisch einer Generation, die »das Vorgefühl der eigenen Schwäche tarnt, indem es kosmisch in alle Sphären schwärmt«, schreibt er 1933 im »Rückblick auf Stefan George«[8], in dessen früher Münchener Verehrer-Runde die »Kosmiker« Schuler und Klages philosophierten. Die verklärenden Worte »saugen die Aura aus der Wirklichkeit wie Wasser aus einem sinkenden Schiff« heißt es eher melancholisch als bissig im Photographie-Aufsatz; darauf dann ein Definitionsversuch: »Was ist eigentlich Aura? Ein sonderbares Gespinst von Raum und Zeit: einmalige Erscheinung einer Ferne, so nah sie sein mag. An einem Sommernachmittag ruhend einem Gebirgszug am Horizont oder einem Zweig folgen, der seinen Schatten auf den Betrachter wirft, bis der Augenblick oder die Stunde Teil an ihrer Erscheinung hat — das heißt die Aura dieses Berges, dieses Zweiges atmen.«[9]

Die Melancholie, mit der Benjamin hier und in seiner Arbeit über »Das Kunstwerk im Zeitalter seiner technischen Reproduzierbarkeit« (1934) das Absinken dieser Wahrnehmungsform zur Sprache bringt, ergibt sich aus der Entschlossenheit zur Zustimmung. In der Zertrümmerung der Aura findet er die Signatur des Zeitalters der Technik in der Hand der Massen. Die Überwindung von Einmaligkeit durch Reproduktion ist für diese eine physische und intellektuelle Überlebensfrage, und der Zugriff auf die Gegenstände aus nächster Nähe gehört zu den Grundbedürfnissen von Menschen, die über Jahrhunderte durch unnahbare Autorität aus der Ferne beherrscht wurden. Das Lüften der auratischen Hülle aus der Nähe zerstört das Geheimnis von Autorität.

»Die Aura einer Erscheinung erfahren, heißt, sie mit dem Vermögen belehnen, den Blick aufzuschlagen«, umschreibt Benjamin in seinen Baudelaire-Studien die Übertragung magischer Belehnungsformen auf die ästhetische Wahrnehmung;[10] auch hierin übrigens analog zu Klages und vielleicht in Erinnerung an dessen »Kosmogonischen Eros«, wo der Eros der Ferne den Geliebten — statt sich mit ihm zu mischen — mit einem »Auge des Alls« belehnt, um sich aus dessen unergründlichen Tiefen anblicken zu lassen.[11] In den Arbeiten seiner letzten Lebensjahre hat Benjamin diese Magie als eine parasitäre Teilhabe des Ästhetischen am Kult nur historisch gelten lassen wollen und für die Gegenwart verurteilt — unausgesprochen eine Auseinandersetzung mit den »Kosmikern« um Klages und mit der eigenen philosophischen Frühzeit.

Kein Zweifel, daß Benjamins Kritik die neureligiöse Rauschsehnsucht empfindlich trifft. Zu Recht hat er im Bündnis von Ekstase-Verlangen und Methode den ohnmächtigen Rettungsversuch von Erfahrungsformen gesehen, die für die Gegenwart nur noch um den Preis der Abwendung von der Wirklichkeit der technisch zivilisierten Welt und ihrer neuen Massenästhetik zu konservieren sind. Erschöpft sich aber der Urbilder-Eros von Klages in derart vergeblichen Anstrengungen, die beschädigte Welt durch Verkultung zu restaurieren? Schwerlich. Denn wie immer von Unvermögen geschlagen derartige Rückbildungsversuche auch sein mögen und für wie gefährlich sich die Bösartigkeit aus dem Ressentiment des Verlusts auch erwiesen haben mag, so bleibt doch der Wert von Texten wie den zitierten, daß sie unbestochen wie sonst wenige die Verlusterfahrungen zu Wort kommen lassen, die sich mit der Vernichtung überkommener Wahrnehmungswelten verbinden.

Noch vor dem »Kosmogonischen Eros« hat Klages in einer Abhandlung von 1913 über »Mensch und Erde« die globale Ruinierung der natürlichen Lebensbedingungen von Tier- und Pflanzenwelt beklagt: »Eine Verwüstungsorgie ohnegleichen hat die Menschheit ergriffen, die ›Zivilisation‹ trägt die Züge entfesselter Mordsucht, und die Fülle der Erde verdorrt vor ihrem giftigen Anhauch. So also sähen die Früchte des ›Fortschritts‹ aus.«[12] Dergestalt bildet sich auch für Klages — darin ein Denkbild Benjamins vorwegnehmend — die Aura um das Urbild im Augenblick eines unwiederbringlichen Verlusts. *Wald* im emphatischen Sinn ist demnach das Kennwort eines Anspruchs des Menschen auf Gleichstoffigkeit mit der Schöpfung, den er nicht aufgeben kann, ohne dem Opportunismus mit dem abstrakten Fortschritt von Naturbeherrschung zu verfallen; das Klagewort zugleich für einen Verlust und die Weigerung, zu verzichten, kein Kultwort also: »Wir brauchen es nicht zu entscheiden, ob das Leben über die Welt der Eigenwesen hinausreiche oder nicht, ob die Erde, wie es der Glaube der Alten wollte, ein lebendes Wesen oder aber (nach der Ansicht der Neueren) ein unfühlender Klumpen ›toter Materie‹ sei; denn soviel steht fest, daß Gelände, Wolkenspiel, Gewässer, Pflanzenhülle und Geschäftigkeit der Tiere aus jeder Landschaft ein tieferregendes *Ganzes* wirken, welches das Einzellebendige wie in einer Arche umfängt, es einverwebend dem großen Geschehen des Alls. Im Tönesturm des Planeten unentbehrliche Akkorde sind die erhabene Öde der Wüste, die Feierlichkeit des Hochgebirges, die ziehende Wehmut weiter Heiden, das geheimnisvolle Weben des Hochwaldes, das Pulsen seeblitzender Küstenstriche. Ihnen betteten sich ein oder es blieben träumend mit ihnen verschmolzen die ursprünglichen Werke der Menschen.«[13]

Auf noch andere Weise ist für den »Biosophen« Ernst Fuhrmann der Wald ein Symbol des Allzusammenhangs, unabhängig vom wirklichen Bestand noch bewaldeter Erdregionen. Die Natur sieht er in einem steten Prozeß der Wandlung durch Höherentwicklung und Steigerung ihrer Vermögen. Was wie Verlust aussieht, ist aus dieser morphologischen Perspektive lediglich ein Formenwechsel, an dessen Ende Gestalten stehen, die ihre Vorgänger in sich aufheben. So ist der Wald selbst ein Stadium im Weltzusammenhang, dessen Vergangenheit und Zukunft der Autor in einem viele tausend Seiten umfassenden Lebenswerk zu erzählen versucht hat. Wie für Klages und viele andere Zeitgenossen waren auch für ihn die Vernichtungsorgien des Ersten Weltkrieges der Anstoß zu einer Philosophie des Überlebens. In ihrem Mittelpunkt steht der Gedanke der Werterhaltung, mit dem er heroisch die physikalische Entropie bestreitet und die Schrecken der Vertilgung kompletter Völker und natürlicher Lebensräume relativiert. Gewiß, »man soll nicht vergessen, daß es auch eine fortgesetzte Geschichte der menschlichen Schande gibt«, schreibt Fuhrmann, doch selbstgewiß fährt er fort: »Die Natur läßt keinen der in ihr geschaffenen Werte verlorengehen. Sie kann nach Belieben zerstören, ausmerzen, sie kann Werte auf lange Frist unter Sedimenten begraben, aber sie kann und will nicht hindern, daß

Reinhold Rudolf Junghanns, Aus dem Lande Ur, Baum, o.J.

alle Werte in dem Rang, in dem sie bei Abschluß ihrer Phase gestanden haben, eines Tages zu weiterem Aufbau verwertet werden.«[14]

Die Theorie des Waldes in diesem Zusammenhang ist aber diese: Am Anfang war nur Wasser, und das einzige Leben darin Hydra, Korallenfauna. In langen Zeiträumen wuchsen die Kalkgebirge aus deren Ablagerungen, wie denn überhaupt durch die Verdichtung vieler Stoffe das Wasser immer schwerer geworden sei. Über diesen Wassern sei dann schließlich ein anderes, leichteres entstanden, die Luft: »In diesem Luftmeer wachsen die Korallen unverändert weiter und sind die Blätter der Bäume, Sträucher, Büsche und Gräser und Kräuter.«[15] Das gewaltige Œuvre Fuhrmanns — nur die knappe Hälfte davon ist in zwei Werk-Ausgaben gedruckt — häuft derartige Beschreibungen, die immer darauf hinauslaufen, die apokryphe Gegenwärtigkeit der Gesamtheit der Lebensformen in jeder ihrer einzelnen Gestalten nachzuweisen. Dazu ist eine Schule des Sehens nötig: »Wenn man sieht, daß der Wald ein neues Meer ist, das Meer des leichten Wassers, daß die Korallentiere mit ihren kleinen Armen immer die gleichen blieben, rote Korallen, grüne Korallen, dann kann man beginnen, den Wald zu sehen. Die zahllosen grünen Korallenkörper, im Herbst abfallend und neuen Stein bauend — das ist Wald. Wenn aber die Luft schwer und feucht wird, dann verwandelt sich der Wald wieder in das Meer.«[16] — Zu dieser Transformation analog schildert er auch die Tier- und Pflanzenwelt des Waldes als flüchtig verfestigte Augenblicke des allflüssigen Lebens. »So sind Flora und Fauna Zustände der großen Hydra« lautet sein Resümee[17].

Höhere Entwicklung und Steigerung erlangt in diesem Prozeß das Leben, indem es schneller und beweglicher werde: »Das Gefieder des Vogels ist das Laubwerk der Büsche und Bäume«[18], aus denen der Vogel seine Nahrung nimmt, und endlich ist auch der Mensch, recht besehen, nichts anderes als eine höhere Variation von Hydra und Wald: »Da ist irgendeine zunehmende Freiheit. Der Mensch trägt weiter die anfänglichen Korallenbänke als Knochenbänke in seinem Körper. In seinen Nieren trägt er die kleinen Meere, aber er muß sie von Vorräten der Flüsse und Meere immer wieder ergänzen. Und in seinen Lungen, schon nach innen gewendet, sind große Bäume, aber hin und wieder läßt er sie im Walde mit den großen Bäumen sich vereinen, um zu atmen.«[19] — Die Morphologie Fuhrmanns kennt kein Halten. So deduziert er, wie die Naturformen, auch die der Kunst nach dem selben Prinzip. Der Inbegriff des Lebens vor dem Wald war Hydra. Aus dem Wald kamen sodann Pflanzen, Tiere, Menschen. Zum Gedächtnis des verschwindenden Waldes bauen schließlich die Menschen ihre Architektur; die Chinesen etwa die Pagoden, »jene schlanken Türme mit vielen Dächern übereinander, welche wie die Jahreszweige der Tannen in gleichmäßigen Vielecken ausgebreitet sind. Und an die Enden dieser vielen Dachungen hing man kleine Glocken, um an das Singen der Vögel im Wald erinnert zu sein.«[20] Runde Bäume finden in der Romanik, Nadelhölzer in der Gotik ihr Denkmal, und das Licht der Apsis ist zum Zeichen der Unendlichkeit des Weges durch den Wald, der dennoch irgendwann aufhört wie das Leben. »Es ist jenes ungeheure Bedauern, den Wald verloren zu haben, aus dem die Menschen die Dome gebaut haben«, vermutet der Autor, wie denn der Wald in den mannigfaltigsten Rätselformen des Menschenlebens an die vergangene Wirklichkeit des Lebens erinnere, »Reliquien des Verlorenen«.[21]

Fuhrmann versteht sich als einen Wissenschaftler, der nur glaubt, was er sieht. So glaubt er an Reflexe des Waldes, wenn er in der Lunge Verästelungen sieht, und in den Wurzeln der Pflanzen findet er den nahrungsgierigen Tierrüssel eines Lebewesens, das seine Geschlechtsorgane — in Erinnerung an den animalischen Unterkörper — befruchtungsgeil in die Luft reckt. — Dergestalt wird die innere Einheit des Lebens noch einmal sinnenhaft erfahrbar, ein Versprechen, das die »Biosophie« dieses Autors für Künstler attraktiv gemacht hat. Seine Verehrer reichen von Bataille, der seinen Pflanzen-Essay mit Pflanzen-Fotos von Fuhrmann illustriert hat, bis zu Döblin, der Vorträge über ihn hielt und Arbeiten von ihm rezensierte. Das Schlußtableau von »Berge, Meere und Giganten« mit seiner Endzeit-Vision Eurasiens als gewaltiger Urwald- und Morastlandschaft, »wandlungssüchtig« das Wasser allüberall, »sehnsüchtig« zu verzehren die Gase der Luft darüber, die Menschen, »Schwall über Schwall«, eine amorphe, halb vegetabilisch, halb animalisch »dahintränende«, sich fortzeugende und wieder zerfallende Masse, ist aus dem Geist von Fuhrmanns kosmischer Erzählung: »Schwarz der Äther über ihnen, mit kleinen Sonnenbällen, funkelnden verschlackenden Sternhaufen. Brust an Brust lag die Schwärze mit den Menschen: Licht glomm aus ihnen«[23], so lauten die letzten Zeilen.

Die Bildhaftigkeit dieser Sätze ist eine zum Schein. Vorstellen läßt sich das nicht mehr. Tatsächlich sind denn auch Fuhrmanns Ableitungen und die Schau der Urbilder bei Klages — wie vergleichbar auch viele ungenannt gebliebene Texte über Wald und Welt — eher Wort-Felder als Aussagen über einen Gegenstand der Natur. Der Wald als kosmisches Gleichnis ist eine Sehnsuchtsgebärde der Sprache, literarisch durch und durch. So zitiert Klages mit Fug Eichendorff, der ihm das Unvorstellbare zu sagen helfen soll, Döblin legt beim Epos an, und Fuhrmann liest die Naturformen wie chemische Formeln, in denen Wald und Wasser Elemente sind, die in reiner Form womöglich kaum schon jemand sah.

Vom frühesten Anfang des Jahrhunderts datiert eine Dichtung Robert Walsers, »Der Wald« überschrieben, die, nachdem sie etüdengleich alle Vorstellungen durchassoziiert hat, die mit dem Wald verbunden zu werden pflegen, und alle einschlägigen Worte gesagt sind, davor resigniert, »das Schöne« mit Worten zu fassen. Das Schöne sei die Ruhe des Waldes. Dergestalt gibt sich der Naturgegenstand am Ende doch noch zu erkennen: eine Chiffre für Sprachferne, das Andere des logos, das doch erst mit diesem zusammen die Welt ausmacht. Walser schließt: »Ruhe, o wie schön ist sie; Ruhe und Wald sind ja eins! Das habe ich gewußt, und habe vielleicht gefehlt, wenn ich es dennoch unternommen habe, mit solcher Unruhe die Ruhe, den Wald zu beschreiben. Nun sage ich dem Wald aus dem Versteck aller meiner besten Gedanken lebewohl. Ich muß es. Daß der Wald so fest, so groß, so weitverbreitet, so mächtig, so stark und so voll Pracht ist, freut mich; ich wünsche den Menschen das gleiche.«[24]

Anmerkungen

1 Ludwig Klages, Vom Kosmogonischen Eros, 2. erw. Aufl., Jena 1926 (zuerst 1921, konzipiert 1918), S. 119 f.
2 Klages, ebd., S. 121
3 Klages, ebd., S. 121
4 Klages, ebd., S. 122
5 Klages, ebd., S. 98
6 Walter Benjamin, Dispositionen der Wahrnehmung, in: Gesammelte Schriften IV, Hg. Tillman Rexroth, Frankfurt 1972, S. 938; die Vorbemerkung des Herausgebers S. 937
7 Benjamin, ebd., S. 938
8 Walter Benjamin, Rückblick auf Stefan George, in: Gesammelte Schriften III, Hg. Hella Tiedemann-Bartels, Frankfurt 1972, S. 394
9 Walter Benjamin, Kleine Geschichte der Photographie, in: Gesammelte Schriften II, Hg. Rolf Tiedemann und Hermann Schweppenhäuser, Frankfurt 1977, S. 378
10 Walter Benjamin, Über einige Motive bei Baudelaire, in: Gesammelte Schriften I, Hg. Rolf Tiedemann und Hermann Schweppenhäuser, Frankfurt 1974, S. 646 f.
11 Klages, Vom Kosmogonischen Eros, S. 96
12 Ludwig Klages, Mensch und Erde (1913), in: Mensch und Erde. Fünf Abhandlungen, München 1920, S. 24
13 Klages, ebd., S. 25
14 Ernst Fuhrmann, Was die Erde will. Eine Biosophie (1930). Mit einem Nachwort von Gert Mattenklott und einer Bibliographie von Detlev Zabkar, München 1986, S. 17
15 Ernst Fuhrmann, Wald, in: Grundformen des Lebens. Biologisch-Philosophische Schriften. Ausgew. u. mit einem Nachwort von Franz Jung, Heidelberg und Darmstadt 1962, S. 47.
16 Fuhrmann, ebd., S. 47
17 Fuhrmann, ebd., S. 51
18 Fuhrmann, ebd., S. 48
19 Fuhrmann, ebd., S. 52
20 Ernst Fuhrmann, Der Dom, in: Sammelausgabe aus den Schriften von Ernst Fuhrmann Band I—X, Friedrichsegen 1931, Bd. X, S. 199 (auch als Sonderdruck, Braubach 1932)
21 Fuhrmann, ebd., S. 201
22 vgl. »Schriftsteller, Handleser, Sternleser«. Das Echo auf Ernst Fuhrmann, mitgeteilt aus Briefen und Aufzeichnungen von H. v. Hofmannsthal, Rilke, Pannwitz, Schmidt-Rottluff, Vogeler von Gert Mattenklott, in: Hofmannsthal-Blätter 30 (1985), S. 69—92; sowie Karl Blossfeldt 1865—1932. Das Fotografische Werk. Mit einem Text von Gert Mattenklott, München 1981, S. 39 f.
23 Alfred Döblin, Berge, Meere und Giganten, Freiburg 1978 (zuerst 1924), S. 511
24 Robert Walser, Der Wald. Fritz Kochers Aufsätze (1902), in: Gesamtwerk, Hg. Jochen Greven, Genf und Hamburg 1972, S. 107

Elmar Budde

Der Wald in der Musik des 19. Jahrhunderts — eine historische Skizze

Vorbemerkung

Jeder Musikliebhaber wird die Frage, ob zwischen dem Naturereignis Wald und der Klangwelt der Musik Beziehungen bestehen, spontan bejahen. Versucht man die Antwort genauer zu fassen, dann wird er mit Sicherheit auf die vielen Jägerchöre, Hornmusiken und Waldlieder des 19. Jahrhunderts verweisen. Vielleicht wird er sich an Salonstücke wie »Waldesrauschen« oder »Waldes Erwachen« erinnern, schließlich wird er romantische Musik und Wald überhaupt in eins setzen und als unübertroffenes Beispiel die Oper »Der Freischütz« von Carl Maria von Weber nennen. Hätte man einen Musikliebhaber vor vierzig oder mehr Jahren befragt, dann hätte er ähnliche Antworten gegeben. Freilich mit einer gravierenden Ausnahme: er hätte nicht von romantischer Musik und vom Wald schlechthin gesprochen, sondern ausschließlich vom deutschen Wald und von deutscher romantischer Musik, und der »Freischütz« wäre als Inbegriff deutscher Musik, deutschen Wesens und deutschen Waldes genannt worden. In einer im Jahre 1940 erschienenen Musikgeschichte kann man die folgenden Bemerkungen zu Webers »Freischütz« lesen: »Im ›Freischütz‹ herrscht deutsch-romantisches Erleben der Natur, genauer: des deutschen Waldes mit all seinen Heimlichkeiten und Unheimlichkeiten, seinem singenden Atem und geheimnisreichen Schweigen. Die handelnden Personen sind wie ihre aus dem Lied geborenen Gesänge Kinder des Waldes, sind Waldwesen ohne eigentliche Persönlichkeit, menschgewordene Verkörperungen naturhaften Seins.«[1] Die seltsame Personifizierung des Waldes, die schließlich die handelnden Personen zu bloßen Waldwesen verkümmern läßt, hat, wie wir sehen werden, seine Tradition. Hans Pfitzner bezeichnet in einer Programmeinführung, die er wenige Wochen vor Beginn des ersten Weltkrieges für die Kölner Maifestspiele verfaßte, den Wald als Hauptperson des »Freischütz«. »Die Hauptperson des ›Freischütz‹ ist sozusagen der Wald, der deutsche Wald im Sonnenglanz, von Hornklängen und Jagdlust belebt, der Wald in mitternächtigem Gewitter und finsterer verrufener Schlucht, im ersten Aufblitzen der Morgenfrühe, im traulichen Hereinrauschen in das abendlich stille Försterzimmer.«[2] Musik, Wald und deutsche Innerlichkeit scheinen, wie die beiden Zitatgruppen nahelegen, eine seltsame Symbiose zu bilden; eine Symbiose, die sich der rationalen Auflösung programmatisch widersetzt. Gleichwohl ist diese Symbiose, historisch gesehen, nicht von vornherein gegeben. Gerade in ihren ideologischen Eintrübungen bildet sie den Endpunkt einer historisch-gesellschaftlichen Entwicklung, die sich über nahezu hundert Jahre erstreckt hat. Die folgenden Anmerkungen versuchen, diese Entwicklung an einigen charakteristischen Punkten zu beleuchten. Dabei kann es nicht ausschließlich darum gehen, die ideologischen Pervertierungen herauszufiltern oder eine katalogartige Zusammenstellung von Waldmusiken zu geben. Zu fragen

Carl Lieber, Wolfsschlucht (Der Freischütz, Akt 2, Szene 6), Weimar 1824

ist vielmehr nach der Musik selbst, nach ihrem Anspruch, nach ihrer Vergangenheit und wenigstens andeutungsweise auch nach ihrer Struktur.

Der »Freischütz« von Carl Maria von Weber gilt auch gegenwärtig noch als eines der beliebtesten Repertoirestücke des Opterntheaters. Der Versuch, die Oper und ihre Musik als nationales Denkmal zu mißbrauchen, dürfte heute jedoch kaum noch gelingen. Wie einige Inszenierungen der vergangenen Jahre, so etwa Achim Freyers vielbeachtete Stuttgarter »Freischütz«-Inszenierung, demonstrieren, ist das Gegenteil der Fall. Heute entdeckt man in der Musik Webers psychische Abgründe und Dimensionen, die mit Waldesrauschen und trauter Heimlichkeit nichts gemein haben. Man versucht, jene romantischen Waldmusiken des 19. Jahrhunderts nicht nur neu zu verstehen, man ist auch gewillt, die unterschwelligen, dem Bewußtsein kaum zugänglichen Strukturen dieser Musik aufzudecken, deren Aussagewert nur zu oft psychoanalytischen Charakter hat. Nicht zuletzt dürfte auch die Renaissance der Musik Gustav Mahlers dazu beigetragen haben, daß dem gegenwärtigen Bewußtsein das Verhältnis von Musik und Natur wieder als Problem deutlich geworden ist. In Mahlers Sinfonien bildet der von ihm häufig verwendete Naturton immer eine Art Zerrbild zum sinfonischen Gestus. Die Naturstellen in seinen Sinfonien sind keine idyllischen Enklaven, auch wenn sie davon zu träumen scheinen; sie tragen vielmehr Male der Entstellung und der Deformation. Schon Mahlers Musik macht in erschreckender Weise deutlich, daß Natur und Wald nicht mehr Fluchtort oder Gegenbild, sondern Teil der Gesellschaft sind.

Musik als Tonmalerei

Der Versuch, die musikalisch-klangliche Darstellung des Waldes in der Musik des 19. Jahrhunderts zu erörtern, sieht sich sogleich in ästhetische Auseinandersetzungen verstrickt, die durch die beiden Gegenpole Musik als absolute Musik und Musik als Programmusik gekennzeichnet sind. Diese Auseinandersetzungen beunruhigen die ästhetisch-philosophische Literatur des gesamten 19. Jahrhunderts. Sicherlich bilden musikalische Waldschilderungen inhaltliche Schwerpunkte der Programmusik, doch lassen sie sich nicht auf die Programmusik insgesamt einschränken. Wald- und Naturdarstellungen finden sich vielmehr in sämtlichen musikalischen Gattungen, also auch in der sogenannten absoluten Musik, etwa der Sinfonik. Dabei bedarf es keines programmatischen Etiketts. Der musikalische Tonfall dieser Wald- und Naturdarstellungen ist von einer besonderen Charakteristik, die im Hörer unmittelbar die Empfindung von Natur oder Wald hervorruft. Damit ist bereits Entscheidendes angedeutet. Die Musik selber nimmt den Hörer gefangen. Sie ist nicht bildhaftes Gegenüber, vielmehr eine Form des Erlebens. Daß Musik optische und akustische Erscheinungsformen der Wirklichkeit abzubilden oder nachzuahmen versucht, hat eine sehr lange Tradition. Spätestens seit der Madrigalkunst des ausgehenden 16. und den Anfängen der italienischen Oper im frühen 17. Jahrhundert finden wir in der Geschichte der Musik eine schier unübersehbare Vielzahl an Versuchen und Möglichkeiten, Wirklichkeit musikalisch abzubilden. Vor allem waren es Schallereignisse wie Vogelrufe, Rascheln, Wispern, Signale, Donner, Rauschen des Windes oder des Meeres, die man als musikalische Figuren musikalisch einzufangen suchte. Doch schon in früher Zeit meldete sich die Kritik. Seit dem 18. Jahrhundert stritt man sich mit ästhetischer Spitzfindigkeit und Polemik über den Sinn und Unsinn abbildender Musik, das heißt über Tonmalerei. Schiller hielt die Jahreszeiten von Haydn für ein Machwerk. Auch Goethe verachtete die bloße Tonmalerei. In einem Brief vom Mai 1820 an seinen Freund Zelter schrieb er: »Töne durch Töne zu malen: zu donnern, zu schmettern, zu plätschern und zu patschen, ist detestabel.«[3] Trotz der ästhetischen Verdikte konnten sich die vielen musikalischen Seestürme, die unzähligen Jagd-, Gewitter- und Kriegsmusiken des Erfolgs beim Publikum sicher sein. Im Gegensatz zu Schiller war Goethe jedoch ein Mensch, der sich den sinnlichen Erscheinungsformen nicht zu entziehen vermochte. Und so hat er die Tonmalerei nicht kategorisch abgelehnt. Goethe ahnte vielmehr, daß die Musik auch als Malerei Empfindungsräume eröffnen könnte, freilich nicht, indem sie akustische Wirklichkeiten bloß verdoppelte. »Auf ihre Frage zum Beispiel«, so schreibt Goethe im Februar 1818 an den komponierenden Dilettanten Adalbert Schöpke, »was der Musiker malen dürfe? wage ich mit einem Paradox zu antworten Nichts und Alles. Nichts! wie er es durch die äußern Sinne empfängt darf er nachahmen; aber alles darf er darstellen was er bei diesen äußern Sinneseinwirkungen empfindet. Den Donner in Musik nachzuahmen ist keine Kunst, aber der Musiker, der das Gefühl in mir erregt als wenn ich donnern hörte würde sehr schätzbar sein [...] Das Innere in Stimmung zu setzen, ohne die gemeinen äußern Mittel zu brauchen ist der Musik großes und edles Vorrecht.«[4] Dennoch wird die Welt des Waldes in der Musik der Klassik und des ausgehenden 18. Jahrhunderts kaum beschworen, sieht man von den vielen Horn- und Jagdmusiken ab (etwa in Singspielen und Serenaden), die aber nie versuchen, den Wald im Sinne Goethes als Gefühl zu erregen; es werden immer nur akustische Signale, die Assoziationen auslösen, gesetzt.

Auch im frühen 19. Jahrhundert spielte der Wald als Topos weder im Lied noch in der Instrumentalmusik eine bedeutende Rolle. Das mag merkwürdig erscheinen, denn in der etwa gleichzeitigen romantischen Literatur ist der Wald ein zentrales Requisit. Auch die Verbindung von Wald und Musik findet zumindest als poetische Fiktion in der Literatur sehr viel früher ihren Niederschlag als in der Musik selbst; man denke etwa an Eichendorff, Wackenroder oder Tieck. Franz Schubert hat nur wenige Gedichte vertont, die den Wald besingen (zum Beispiel »Im Walde« von August Wilhelm Schlegel, bzw. ein Gedicht mit dem gleichen Titel von Ernst Schulze). Statt dessen bedeutet in Schuberts Liedern das Freie, das Draußen so etwas wie ein ständig wiederkehrender Wunschtraum. In dem Zyklus »Die schöne Müllerin« geht der Müller dem Bache nach, der ihn nicht nur in ungeahnte Fernen führt, ins utopische Irgendwo, sondern schließlich sein Grab wird. Das tragische Ende komponiert Schubert als Wiegenlied. Der Jäger hingegen, jener erfolgreiche Konkurrent des Müllers, ist im Wald zu Haus. Er gilt nicht nur als ein wohlsituierter Bürger; er ist, so würden wir heute sagen, ein Staatsbeamter. Er trägt eine Uniform, und diese Uniform ist grün. Das Grün, die Farbe des Waldes, ist Schuberts böse Farbe; er komponiert sie in den Todestonarten h-Moll und H-Dur. Schubert war Städter, er lebte in Wien. An den Wochenenden machte man mit Freunden zwar eine Kutschfahrt in den Wiener Wald; aber dann doch nur an den Waldrand. Der Wald war für Schubert eine schöne Kulisse, mehr nicht.

»Wenn sich rauschend die Blätter regen...«

Im Sommer 1821, zwei Jahre vor der Komposition der »Schönen Müllerin« von Schubert, wird im Königlichen Schauspielhaus am Gendarmenmarkt in Berlin zum ersten Mal der »Freischütz« von Carl Maria von Weber aufgeführt. Der Erfolg ist beispiellos: das Publikum war, wie die zeitgenössischen Kritiken bezeugen, wie berauscht. In der großen Szene der Agathe (»Wie nahte mir der Schlummer«) verschwand, wie Webers Sohn Max Maria später berichtete, »alle Opposition — überrascht, hingerissen folgten die eifrigsten Gegner Weber's dem allgemeinen unwiderstehlichen Strome. Orchester, Parterre, Logen, Gallerie fühlten den Duft der schönen Nacht, hörten das Rauschen der Bäume.«[5] Weber scheint in der Tat der erste Komponist gewesen zu sein, der in seiner Musik einen Ton getroffen hatte, der im Hörer Assoziationen auslöste, die ihm Natur und Wald scheinbar unmittelbar »empfindlich« machten. Es bedurfte nicht mehr des Bildes oder des erzählenden Wortes; man glaubte, die Luft des Waldes zu spüren, das Rauschen der Bäume zu hören. Eine solche Unmittelbarkeit des Empfindens ist Schuberts Musik fremd. Selbst wenn er Gedichte vertont, die vom Frühling, vom Sommer oder vom Bach erzählen, so wahrt Schubert doch immer zu den vorgegebenen Sprachbildern eine deutliche musikalische Distanz. Die innersprachliche Struktur seiner Musik geht nie zugunsten des Textes und seiner Inhalte verloren.

Bereits in der Ouvertüre zum »Freischütz« wird Webers Verfahren der musikalischen Naturdarstellung deutlich. Nach einer achttaktigen Unisono-Einleitung, die den Charakter einer weit ausholenden, aus dem Nichts kommenden Sprachgeste hat, erklingt vor dem Hintergrund einer ruhigen Achtel-Bewegung der Streicher ein Hornquartett.

Die Streicher formen auf der Basis einfacher Harmoniefolgen (Kadenz) einen harmonischen Klangraum (C-Dur), in dem die Hornmusik erklingt. Es entwickelt sich ein merkwürdig ambivalentes Verhältnis von Melodie (Hornmusik) und Begleitung (Streicher); die Hornmusik wird nämlich nicht begleitet, sie erklingt vielmehr in der Zuständlichkeit eines Klangraumes. Die Hornmusik selbst beruht auf einer sechzehntaktigen Periode, also einem sehr einfachen, der Volksmusik nahestehenden Formmodell. Der Schluß der Hornmusik geht unmittelbar in die Tremolofiguren der Streicher über, die wiederum in den Leitklang der Wolfsschluchtszene (a-c-es-fis) weitergeführt werden. Der Übergang geschieht abrupt, ohne modulatorische Vermittlung. Der Klang selbst wird aufgrund seiner eigenartigen Instrumentation als Farbklang und nicht als funktional bestimmbare Harmonie gehört. Weber hat den Klang musikalisch so disponiert, daß er recht eigentlich nur empfunden und gefühlt werden kann, seine theoretische Bestimmung ist nebensächlich. Man kann den Klang nicht verstehen, man muß ihn erleben. Ähnliches gilt, nur mit umgekehrtem Vorzeichen, für die Hornmusik. Ihre formale (Periode) und harmonische (Kadenz) Anlage ist so einfach, daß es des musikalischen Verstehens nicht bedarf; man glaubt, die Hornmusik als etwas längst Bekanntes zu erleben. Entweder läßt man sich auf dieses Erlebnis ein, oder aber die Musik bleibt einem verschlossen. Weber hat in den ersten 36 Takten der Ouvertüre gewissermaßen die Tag- und Nachtseite der Natur, genauer die des Waldes, komponiert. Das Helle und das Dunkle, das Schöne und das dämonisch Abgründige stehen sich unvermittelt als zwei Seiten der selben Sache gegenüber. Um dies zu ermöglichen, mußte Weber in die traditionelle Struktur der Musik eingreifen. Er mußte sie gleichsam entsprachlichen; er mußte musikalische Strukturen erfinden, die jenseits der Tradition die Unmittelbarkeit des Erlebens ermöglichen. Man muß sehen, daß sich die Musik gegenüber der Tradition vor allem in ihrer Struktur (zum Beispiel der Syntax) zu verändern hatte, wenn sie Wirklichkeiten wie zum Beispiel Wald oder Natur nicht nur abbilden, sondern als Stimmung oder Empfindung musikalisch erlebbar machen wollte. Gegenüber der klassischen Musik bedeutete dies nicht eine Differenzierung, sondern einen kaum zu überbrückenden Bruch, dessen Folgen man jedoch erst sehr viel später erkannte.

Weber hat nicht nur im »Freischütz«, sondern auch in anderen Opern (zum Beispiel »Oberon«, »Euryanthe«) den Wald als Naturereignis szenisch und musikalisch einbezogen. Aber wohl nur im »Freischütz« ist es ihm gelungen, jene klingenden Räume zu schaffen, die der Hörer als Natur zu erleben meint. Im Umkreis und in der Nachfolge Webers finden wir eine Vielzahl von Walddarstellungen in der Oper. Sind es doch insbesondere die romantischen Stoffe, die den Wald mit seinem Feenzauber, seiner dämonischen Dunkelheit und seinen Abgründen auf die Bühne bringen. Nicht zu vergessen sind die vielen Bühnenmusiken zu Theaterstücken (zum Beispiel Mendelssohn Bartoldys Musik zu Shakespeares »Sommernachtstraum«), die dem jeweiligen Bühnengeschehen ein musikalisch-klangliches Kolorit geben. Als bedeutendster Vertreter der romantischen Oper nach Weber gilt Heinrich Marschner. Seine Opern »Hans Heiling« und »Der Vampyr« enthalten einige charakteristische Waldszenen, deren Bühnenwirksamkeit nicht zu bestreiten ist. Indessen entbehrt die musikalische Umsetzung dieser Szenen jener Unmittelbarkeit, die Webers Freischütz-Musik kennzeichnet. Marschner schreibt eine traditionelle Bühnenmusik mit Jagdhornklang und dramatischen Einschüben. Seine Waldszenen sind eher Tableaus, die als musikalische Bilder dem Zuschauer und Zuhörer effektvoll präsentiert werden. Erst Richard Wagner hat Webers Intentionen aufgegriffen und zugleich aufs äußerste differenziert und vervollkommnet. Das gilt nicht nur im Blick auf Wald- oder Naturszenen, sondern im Blick auf das musikalische Drama schlechthin. Wagners Absicht war, um es thesenhaft zu formulieren, dem Bühnengeschehen eine unmittelbare Erlebnisform zu geben. Dazu bedurfte es der Musik, denn nur die Musik konnte, sofern sie sich ihrer Mittel und Möglichkeiten bewußt war, diese Unmittelbarkeit herstellen, konnte die Distanz zwischen Bühne und Zuschauer aufheben. Und so sind es vor allem die Wagnerschen Naturszenen, deren Musik eine Aura von Unmittelbarkeit evoziert, der sich der Zuhörer nur schwer entziehen kann. Aus der Fülle der Beispiele, die sich in Wagners Musikdramen finden (zum Beispiel die Tal-Szene im ersten Akt des »Tannhäuser«, der Ausritt zur Jagd zu Beginn des zweiten Aktes von »Tristan und Isolde« oder Siegmunds Gesang »Winterstürme wichen dem Wonnemond« aus dem ersten Akt der »Walküre«), kann das Waldweben aus dem zweiten Akt von »Siegfried« als exemplarisch für die musikalische Darstellung des Waldes bezeichnet werden. Im Waldweben hat Wagner gleichsam sämtliche musikalische Topoi aus der Tradition musikalischer Naturdarstellungen herausgefiltert und sie zugleich in einen Symbolzusammenhang gestellt, in dem Wald und Natur, Ursprünglichkeit und Sentimentalität, Mütterlichkeit und Liebe, Naivität und jugendliche Kraftmeierei sich zu einem rational kaum noch aufzulösenden Empfindungskomplex vereinigen. In der Wagner-Nachfolge begegnet man kaum einer Wald-Komposition, die sich dieser oder ähnlicher Topoi nicht mehr oder weniger bediente (zum Beispiel die Märchenoper »Hänsel und Gretel« von Engelbert Humperdinck).

Das sogenannte Waldweben im zweiten Akt von »Siegfried« umrahmt als Musik Siegfrieds Kampf mit dem Drachen. Die dramaturgische Anlage dieser Szene ist von Wagner psychologisch genau kalkuliert. Der Naturbursche Siegfried hat den Zwerg Mime verjagt; er befindet sich im Wald vor der Höhle Fafners. Er blickt in die Baumwipfel. Tiefe Stille, so Wagners Regieanweisung, umfängt ihn; er träumt von seiner Herkunft, von seiner Mutter.

Schließlich schweigt Siegfried. Die Musik steigt leise und zart in Dreiklangsbrechungen aufwärts. Sie wendet sich von G-Dur über C-Dur nach E-Dur, das wie ein farbiges Leuchten im wiegenden Neunachtel-Takt einsetzt: »Wachsendes Waldweben« (vgl. Notenbeispiel).

Die Musik bewegt sich und verharrt doch zugleich in einem raumhaften Zustand. Zeit hebt sich auf in der Zuständlichkeit einer Stimmung, einer Empfindung. Die Empfindungswelt Siegfrieds überträgt sich auf den Zuhörer; schließlich träumt auch er, wie Siegfried zu träumen scheint. »Siegfrieds Waldeinsamkeit«, so berichtet Carl Friedrich Glasenapp von der ersten Aufführung des »Siegfried« am 16. August 1876 in Bayreuth, »versetzte alle Hörer in ein weltentrücktes wonniges Träumen; aus den Wipfeln der Bäume, dem Rauschen ihrer Blätter, dem Gesang ihrer Vögel, dem Rieseln der Quellen schien Natur selber, Wald und Sonnenschein, zu heimlichem Flüstern Stimme zu gewinnen.«[6]

In die flirrenden Tremoli der Streicher, die, wie Wagner seiner Frau Cosima gegenüber geäußert hat, den Wald darstellen[7], klingt plötzlich eine Vogelstimme hinein. Die Natur tönt nicht nur, sie beginnt zu sprechen. Doch Siegfried vermag die Vogelstimme nicht zu verstehen; er glaubt, der Vogel erzähle ihm von seiner Mutter. Die gleiche Szene mit der Musik des Waldwebens und des Waldvogels wiederholt Wagner, nachdem Siegfried den Drachen getötet hat. Siegfried hat vom Blut des Drachens geleckt; unvermutet kann er die Sprache des Waldvogels verstehen, der ihm vom Nibelungenhort, dem Tarnhelm, dem Ring und schließlich, nachdem er auch Mime erschlagen hat, von Brünnhilde erzählt. Der Stimmungszauber des voraufgegangenen Waldwebens findet also seine Erklärung; die Natur weiß, was Siegfried träumt, er träumt von Macht und Liebe.

Die Musik des Waldwebens umfängt den Hörer wie ein klingender Raum. Sie enthebt ihn der Gegenwart und scheint ihn für den Augenblick einer Ewigkeit in einen Zustand zu versetzen, in dem ihm Natur als Tröstung und Erfüllung seiner Wünsche vorgegaukelt wird. »In der Sentimentalität nun, welche dem Zuhörer die sinnende Stimmung des Helden unter des Waldwebens Zauber doch unwillkürlich erregt, scheint der moderne Mensch auch die zarte Naturtröstung, die dort für Siegfrieds Seele Stimme und Leben gewinnt, einigermaßen mitempfinden zu können; und damit öffnet sich ihm dann schon ein waldumrauschtes Tor in den wahren Genuß des Kunstwerks, ein Tor, welches die Musik aus ihren Wundertönen ihm baut, die ja eben als jene lebendige Stimme der Natur in dieser Kunstschöpfung Wagners unmittelbar und spezifischer als irgend eine andere erschallt.«[8] Diese Sätze, deren ideologische Implikationen dem Autor sicherlich nicht unbedingt bewußt waren, schrieb Hans von Wolzogen, der von Wagner inaugurierte Chefredakteur der »Bayreuther Blätter«, drei Jahre nach der ersten Bayreuther Aufführung des Ring-Zyklus. Der moderne Mensch, der Kulturmensch, findet also durch die Musik zur Natur zurück; die Musik selbst erschließt ihm »gleichsam das innerste Wesen der Natur.«[9] Damit offenbart die Musik dem Menschen zugleich, wie die Wagner-Hermeneuten folgern, sein eigenes inneres Wesen. Wald, Natur, Musik und Wesensschau werden programmatisch ineinander geblendet. Schließlich verschwimmen die Begriffe und ihre ursprünglichen Inhalte in einem weltanschaulichen Nebel, der sich dem analytischen Verstand bewußt entzieht. Die Wege in die Höhen und Tiefen des Irrationalen beginnen sich abzuzeichnen. Und so kommt Wolzogen nach der Beschreibung des Waldwebens und Drachenkampfes zu der folgenden national eingefärbten Schlußfolgerung, in der der Autor nun doch seine Karten aufdeckt: »Dies alles schaue und fühle man und erkenne darin die einzig überzeugend wahre, lebendige Antwort auf die uns heute so bangsam sich aufdrängende und uns in so trübselige Verwirrung setzende Frage: was denn nun eigentlich deutsch sei? — Ja, dies ist deutsches Wesen; und mehr noch: in diesem deutschen Wesen erkennen wir auch das echte Wesen der Menschlichkeit wieder.«[10]

Ähnliche Gedanken wurden bereits sehr viel früher von Wagner unzweideutig formuliert. Im Frühjahr 1841 hatte die Pariser Oper angekündigt, sie werde den »Freischütz« von Weber in französischer Sprache aufführen. Statt der gesprochenen Dialoge sollten Rezitative eingefügt werden, deren Bearbeitung Hector Berlioz besorgt hatte. Wagner lebte zu dieser Zeit in Paris. Als Bewunderer Webers glaubte er, das Pariser Publikum vor einer derartigen Entstellung warnen zu sollen. Wagner geht in seinem Pamphlet, das in der Nummer 34/35 der »Gazette musicale« erschien, aber noch weiter. Nachdem er die Sage vom Freischütz erzählt hat, gibt er zu, daß die Weberschen Melodien auch in Frankreich beliebt seien; auch Franzosen trällern den Jungfernkranz. »Aber«, fährt Wagner fort, »versteht ihr wohl, was ihr singt? — ich bezweifle es sehr. Worauf sich mein Zweifel gründet, ist aber schwer zu sagen, gewiß nicht minder schwer, als diese euch so fremdartige deutsche Natur zu erklären, aus welcher jene Klänge hervorgingen, und fast würde ich glauben, wieder beim ›Walde‹ anfangen zu müssen, den ihr aber eben nicht kennt. Das ›Bois‹ ist etwas ganz anderes, fast ebenso verschieden, wie eure ›Rêverie‹ von unsrer Empfindsamkeit. Wir sind wirklich ein sonderbares Volk: ›Durch die Wälder, durch die Auen‹ rührt uns zu Tränen, während wir trockenen Auges statt auf ein gemeinsames Vaterland auf vierunddreißig Fürstentümer um uns blicken.«[11] Weil die Franzosen das deutsche Wesen, das im »Freischütz« verborgen liegt, nicht verstehen, haben sie die Oper bearbeitet, haben aus Volkstänzen Ballette gemacht, haben den Naturton der Musik in die Sphäre der städtischen Zivilisation eingesperrt etc. etc. Trotz allem, Wagner wünscht auch den Franzosen ein echtes »Freischütz«-Erlebnis; die Voraussetzung ist eine originalgetreue Aufführung. Er ist der Meinung, daß sie vielleicht dann etwas mehr von dem ahnen würden, was deutsch ist. Sicherlich hat Wagner recht, aber in einer Weise recht, wie er es kaum gewollt haben mag. Und so kommt er schließlich zu dem Schluß: »Ach! Wolltet und könntet ihr unsern wahren ›Freischütz‹ hören und sehen, vielleicht empfändet ihr dann das, was jetzt mich als trübe Besorgnis erfüllt, eurerseits als eine freundliche Ahnung von dem besonderen Wesen des innig beschaulichen Geisteslebens, welches der deutschen Nation wie ein Erbmal eingeboren ist; ihr würdet euch mit dem stillen Hang befreunden, der den Deutschen aus seinem, fremden Einwirkungen übel und ungeschickt nachgebildeten großstädtischen Wesen zur Natur hinzieht, in die Waldeinsamkeit lockt, um dort jene wunderbaren Urempfindungen sich immer wieder neu zu erwecken, für die selbst eure Sprache keine Worte hat, die aber jene geheimnisvoll lauten Töne unseres Weber ebenso deutlich kundgeben, als eure prächtigen Dekorationen und narkotischen Opernkünste sie euch — leider! — notwendig wieder verwischen und unkenntlich machen müssen. Und doch! Versucht es, durch diese sonderbare Dunstatmosphäre hindurch unsern frischen Wälderduft einzuatmen.«[12]

»Waldszenen«, »Waldesrauschen«, »Waldeinsamkeit« . . .

Daß Musik und Natur in einer merkwürdigen, bisweilen religiös anmutenden Verklärung in eins gesetzt werden, ist seit Rousseau ein ästhetisches Wunschbild, das nicht nur den Philosophen des deutschen Idealismus vorschwebte, sondern das in hohem Maße

vor allem die literarische Romantik des ausgehenden 18. und des frühen 19. Jahrhunderts bewegte. In den Schriften Wackenroders, Tiecks und Hoffmanns finden wir eine Fülle von Hinweisen auf eine ins Zukünftige gedachte Musik, in der Gefühl und Natur,

Richard Wagner, Siegfried, 1876

Religion und Kunst zu einem utopischen Ganzen sich vereinigen. Musik, das ist das leuchtende und doch auch nächtliche Reich der Natur, aber auch das Land des Sinnens und Träumens. In der Musik lauschen wir der Sprache der Himmelsgeister, wir erblicken in ihr »zauberisches Geisterwesen« und »luftige, schöne Wolkengestalten«; und doch bleibt die Musik »das allerunbegreiflichste, das wunderbar seligste, das geheimnisvollste Rätsel.«[13] Die Träume der Romantiker finden in der Musik freilich erst sehr viel später ihre Erfüllung. Zunächst ist es wohl die Oper, die mit der Vielzahl ihrer szenischen, bildhaften und klanglichen Möglichkeiten und Mittel sich dem Romantischen öffnet und damit zugleich, wie Webers »Freischütz« demonstriert, der Musik neue Wege und Perspektiven zeigt. Die Instrumentalmusik folgt zunächst nur zögernd. Sicherlich lassen sich in Beethovens Pastoralsinfonie Ansätze zu einer musikalischen Naturdarstellung entdecken, die über das bloße akustische Abschildern von Naturereignissen hinausgehen. Beethoven selbst hat der Sinfonie nicht ohne Absicht die Bemerkung beigegeben: »Mehr Ausdruck der Empfindung als Malerei«. Gleichwohl steht Beethovens Sinfonie in einer Tradition, die weit ins 18. Jahrhundert zurückreicht. Der gleichen Tradition ist auch noch Louis Spohr mit seiner Sinfonie »Die Weihe der Töne« (1832) verpflichtet. Der Sinfonie liegt ein Gedicht von Carl Pfeiffer als Programm zugrunde. Der erste Satz schildert in einem pastoralen F-Dur das Erwachen der Natur; in den zugrundeliegenden Gedichtzeilen heißt es unter anderem: »Ihn [den Menschen] grüßt die Nachtigall mit Liebestönen, es rauscht der Wald ihm Harmonien zu, des Zephyrs Säuseln füllt die Brust mit Sehnen, des Baches Wellen flüstern ihn zur Ruh.« Obwohl das Gedicht vom rauschenden Wald spricht, so bleibt der Satz selbst doch insgesamt ein traditioneller Sinfoniesatz. Ähnliches dürfte für Mendelssohn gelten, dessen Sinfonien, trotz programmatischer Titel, der Tradition des Klassizismus verbunden sind, selbst wenn zum Beispiel im Trio der »Italienischen Sinfonie« die Hörner eine Art Waldmusik anstimmen, die klingt, als befalle Mendelssohn »im italienischen Paradiese eine recht deutsche Sehnsucht nach dem lieben Grün der Wälder seiner Heimat.«[14]

Anders verhält es sich in der solistischen Klaviermusik. Seit Beginn des 19. Jahrhunderts gewinnt das sogenannte Charakterstück, das man später auch als lyrisches Klavierstück bezeichnet, an Gewicht. Gegenüber der traditionellen Klaviersonate ist ein

Charakterstück von überschaubarer Kürze. Sein Anspruch besteht darin, eine bestimmte Atmosphäre, ein Bild oder einen spezifischen Charakter musikalisch einzufangen und zum Erklingen zu bringen. Das Besondere der jeweiligen Komposition wurde immer durch einen Titel angedeutet (zum Beispiel Impromptu, Moment musical, Nocturno, Lied ohne Worte, Albumblatt). Charakterstücke komponierte man weniger für den Konzertsaal, sondern mehr für das häuslich private Musizieren; die spieltechnischen Schwierigkeiten einer solchen Komposition waren zumeist auch dem Dilettanten erreichbar. Gerade aufgrund seiner einheitlichen und charakteristischen Grundstimmung, seiner pointierenden Gestik und seiner Kürze entwickelte sich das Charakterstück zum beliebtesten musikalischen Genre des 19. Jahrhunderts. Zu seiner weiten Verbreitung hat mit Sicherheit das klavierspielende Bürgertum entscheidend beigetragen, in dessen Wohnungen spätestens seit der Jahrhundertmitte das Klavier zum verpflichtenden Möbel geworden war. Da das Charakterstück sich primär als Ausdruck des Subjektiven, des Privaten begreift, schwankt es seit seinen Anfängen zwischen hohem künstlerischen Anspruch auf der einen und sentimentaler Innerlichkeit auf der anderen Seite.

Schon früh finden wir unter den Charakterstücken Kompositionen, die zum Beispiel vor dem Hintergrund einer fiktiven Hornmusik (Hornquinten, etc.) die Sphäre des Waldes als muntere Jagd oder als liebliche Idylle entstehen lassen (zum Beispiel Felix Mendelssohn Bartholdy, »Lieder ohne Worte«, erstes Heft, op. 19, Nr. 3 und Nr. 4). Wir haben es mit kleinen musikalischen Bildern zu tun, die dem Hörer Natur als Empfindung vorgaukeln. Schumann war wohl einer der ersten Komponisten, der in einer ernst zu nehmenden Weise die poetische Idee eines Klavierstücks auch im Titel zum Ausdruck brachte. Die neun Klavierstücke der »Waldszenen« op. 82 (1848/1849) bilden einen Zyklus von Charakterstücken, der, wie die einzelnen Titel andeuten, einen Gang durch den Wald schildert, vom Eintritt bis zum Abschied. »Der Zauber der Waldromantik Eichendorffs lebt in jeder Note. Verträumter Hörnerklang empfängt uns beim ›Eintritt‹; wie ein Echo ferner Jagd tönt es [...], ›Jäger auf der Lauer‹ führt schärfere Akzente ins Treffen. Am Weg blühen ›Einsame Blumen‹. Eine seltene Farbenkunst zeichnet hier mit ein paar Strichen, einer rührend schlichten Melodie und der primitivsten akkordlichen Untermalung, eine Naturskizze, die Schwindsche Waldwinkel vor uns entstehen läßt. Unheimlich realistisch erscheint die ›Verrufene Stelle‹, deren erschreckende Poesie in dem als Motto vorangestellten Vers Hebbels düster aufsteigt. Sonnenschein liegt über der ›freundlichen Landschaft‹, die sich in hellstes B-Dur-Gewoge gekleidet hat. Abenteuerliches geht in der ›Herberge‹ vor. Tief im verborgensten Waldesdunkel aber läßt der ›Vogel als Prophet‹ seine rätselhafte Stimme ertönen. Lebensfrische pulst durch die Es-Dur-Fanfaren des ›Jagdliedes‹, während im ›Abschied‹ noch einmal aller Waldzauber auflebt und das Herz mit Sehnsucht erfüllt.«[15] Schumanns Klavierzyklus bedeutet mehr als eine idyllische Bilderfolge. Bereits die symmetrisch proportionierte Anlage des Zyklus verweist auf die symbolhafte Komplexität des Ganzen. Die »Waldszenen« mit ihren freundlichen Ausblicken, den bösen Jägern, den einsamen Blumen und jener verrufenen Stelle, in der eine Blume Menschenblut getrunken hat, stellen recht eigentlich eine Folge psychischer Zustände dar. Der Wald ist für Schumann — im Sinne der literarischen Romantik — ein Symbol des Psychischen, ein Symbol des Unbewußten.

Ganz anders geartet, kompositorisch unkompliziert, jedoch geprägt von den virtuosen Möglichkeiten des virtuosen Klavierspiels, ist Franz Liszts Konzertetüde »Waldesrauschen«. Wir sehen vor uns den gefeierten Virtuosen, der im Salon oder Konzertsaal wie ein Magier seinen Zauberkasten öffnet und die Zuhörer hypnotisch in seinen Bann zieht. Das Rauschen des Waldes scheint dem Klavier zu entströmen; der Wald muß dem Klangrausch des Klaviers seinen Namen leihen. Hier wird nicht Natur als Empfindungsraum suggeriert, hier zaubert der virtuose Magier mit Dreiklangsbrechungen, eingeflochtenen Vorhalten und melodischen Figuren ein Klanggemälde, das sich, nachdem es verklungen ist, wie ein Traumbild ins Nichts wieder auflöst. Schumanns psychologisierende »Waldszenen« bedeuten in der Geschichte des Charakterstücks eher eine Ausnahme. Das virtuose Klavierstück vom Typus des Lisztschen »Waldesrauschen« hat dagegen eine kaum zu überschauende Fülle von Wald-Kompositionen nach sich gezogen. Die Virtuosität wird freilich auf ein für den Dilettanten erreichbares Niveau zurückgenommen; dennoch bleibt der Anschein von Virtuosität bestehen. Kompositionen, die einträgliche Erfolgsstücke wurden (zum Beispiel »Frühlingsrauschen« von Chr. Binding oder »Waldesrauschen« von Fr. Braungardt), sind allemal nach der Methode komponiert, möglichst virtuos und rauschend zu klingen, dabei aber leicht spielbar

Philipp Otto Runge, Die Lehrstunde der Nachtigall, 1802

zu sein. Hinzu kommen häufig noch erleichternde Bearbeitungen und Transpositionen, so daß auch der bescheidenste Anfänger sich vor seinen Zuhörern als Virtuose fühlen kann. Wichtig ist allein, den Zuhörer zu beeindrucken. Der Komponist, das heißt der Produzent von Charakter- und Salonstücken, liefert dem Dilettanten gewissermaßen die erfolgversprechenden Versatzstücke. Die Kompositionen sind von der gleichen Schablonenhaftigkeit wie jene unsäglichen Öldrucke an den Wänden des Salons oder der guten Stube. Diese Bilder stellen als Waldszenen, in die zumeist noch ein röhrender Hirsch eingefügt ist, gewissermaßen die optischen Pendants zum akustischen Waldrauschen dar, das die höhere Tochter dem Klavier entlockte.

Aber der Wald rauscht nicht nur; er ist, wie man in vielen romantischen Erzählungen lesen und auf vielen Bildern sehen konnte, auch eine Stätte der Innerlichkeit, des Heimlichen, der Andacht. Diese Idyllen konnte sich die Salonmusik nicht entgehen lassen, zumal Wagner in seinem Waldweben und im Siegfried-Idyll bereits die musikalischen Modelle für derartige Gefühlsräume vorgeführt hatte. Und so finden wir in der Musik der zweiten Hälfte des 19. Jahrhunderts außer den virtuos rauschenden Wäldern auch eine Vielzahl von Waldidyllen, kurze gefühlsbetonte Kompositionen, die zumeist aus einer Mischung von trivialer Religiosität und sentimentalem Ausdruck bestehen. Gerade der vermeintlich hohe ästhetische Anspruch dieser Kompositionen läßt sie nur zu oft zu Gebilden untersten Kitsches verkommen. Die folgende zufällige Zusammenstellung einiger Titel bedarf keines Kommentars, die Titel sprechen eine unzweideutige Sprache. »Waldesstille« (Edvard Grieg); »Die Waldkapelle« (Albert Jungmann); »Waldstimmen« (Jungmann); »Des Wanderers Traum« (Brinley Richards); »Morgenwanderung im Walde« (Georg Lange); »Im Buchenhain« (Franz Spindler); »Wald-Idyll« (Adolf Jensen); »Auf stillem Waldespfad« (Richard Strauss); »Waldmärchen« (Jungmann); »Des Waldblümleins Sehnsucht« (M. Koennemann), etc. etc. Die Aura, die diese und andere Kompositionen auszustrahlen vorgeben, wird schließlich durch Titelblätter noch unterstrichen; das Gefühl des Spielers wird also auch optisch eingefangen und entsprechend der Musik in ein bildhaftes Klischee gezwängt! In der zweiten Jahrhunderthälfte sind klavieristische Wald-Kompositionen »wie Pilze aus der Erde geschossen, und es wäre ebenso aussichts- wie zwecklos, auch nur auf die hervorstechendsten dieser Erscheinungen des nähern eingehen zu wollen.«[16]

»Willkommen, mein Wald ...«

Wir erwähnten bereits, daß in der Orchestermusik der ersten Jahrhunderthälfte nur relativ wenig Kompositionen nachzuweisen sind, die über die tradierten Typen der Tonmalerei hinaus sich ausdrücklich der musikalischen Darstellung des Waldes widmen. Das hat viele Gründe. Der gewichtigste dürfte in der Tradition der klassischen Sinfonik zu suchen sein, die bis weit ins 19. Jahrhundert hineinreicht und sich der musikalischen Programmatik weitgehend widersetzt. Erst mit der ästhetisch-literarischen Rechtfertigung der Programmusik durch Franz Liszt sowie der Erweiterung und Differenzierung des Orchesterapparats durch Richard Wagner wurde gewissermaßen der Weg frei gemacht für eine Situations- und Erlebnismusik, die sich dem Bildhaften zu öffnen vermochte. Dabei ist immer wieder zu bedenken, daß die eigentlichen Voraussetzungen zu dieser Entwicklung im Zurücktreten des Sprachcharakters der Musik begründet liegen. Da jede Gesellschaft die Sprache spricht, in der sie sich zu artikulieren vermag, ist das Zurücktreten des Sprachcharakters der Musik durchaus als Spiegelbild einer sich verändernden Gesellschaft zu interpretieren. Musik begreift sich nicht mehr in der diskursiven Offenheit von Erleben und Verstehen. Sie beansprucht weniger und zugleich mehr. Als Kunstwerk im emphatischen Sinne will sie ausschließlich erlebt sein. Die negative Konsequenz dieser Entwicklung ist jener Hörer, der in einem vorsprachlichen Dämmerzustand Musik als Resonanzraum seiner eigenen Innerlichkeit erlebt.

Unter dem Einfluß von Liszt und Wagner hat Joseph Joachim Raff eine Sinfonie (op. 153) komponiert, der er den Titel »Im Walde« gibt. Dem sinfonischen Verlauf liegt eine Art Stimmungsprogramm zugrunde. Der erste Satz schildert die Eindrücke und Empfindungen während eines Tages im Walde. Der zweite Satz ist überschrieben »In der Dämmerung«. Der dritte Satz beginnt zunächst in der Waldnacht (»Stilles Weben der Nacht im Walde«); plötzlich bricht die wilde Jagd herein, an der sich merkwürdigerweise Wotan und Frau Holle beteiligen. Das ganze Spektakel endet mit dem Anbruch des neuen Tages. Überhaupt scheinen Waldsinfonien sich auch international einer zunehmenden Beliebtheit erfreut zu haben. Der Engländer John Lodge Ellerton komponierte eine Waldsinfonie. Sein Landsmann Alfred Holmes schrieb eine Orchestersuite, die sich speziell dem Schwarzwald widmet, der übrigens schon im 19. Jahrhundert ein bei Engländern beliebtes Touristenziel war. Der dritte Satz der ersten Sinfonie des Dänen Victor Emanuel Bendix ist überschrieben: »Nächtlicher Gang durch den Wald«. Als »Natursinfonie« bezeichnet Siegmund von Hausegger eine dreisätzige Sinfonie

mit großem Schlußchor. Der Franzose Vincent d'Indy komponierte eine sinfonische Dichtung mit dem Titel »La forêt enchantée«. Nicht zu vergessen sind die beiden tschechischen Komponisten Anton Dvorak und Friedrich Smetana. Gerade der letztere

Richard Strauss, Eine Alpensinfonie, Opus 64, 1915

hat mit seinem Sinfoniezyklus »Mein Vaterland«, der die beiden sinfonischen Dichtungen »Die Moldau« und »Aus Böhmens Hain und Flur« enthält, Weltruhm erlangt. Den meisten der erwähnten Wald-Kompositionen liegt ein Programm zugrunde, auch wenn es zuweilen versteckt ist. Als charakteristisches Beispiel sei die sinfonische Dichtung »Der Wald« von Alexander Glasunow erwähnt. Die Musik »schildert das Düster des Waldes zu nächtiger Stunde, wenn die Bäume seltsame Formen annehmen und geheimnisvolle Laute von fern an unser Ohr dringen. Auf einmal wird es lebendig: es sind die phantastischen Bewohner des Waldkönigreichs, die sich zu nächtlichem Feste versammeln. Der Lärm nähert sich, es beginnt ein wilder Tanz [. . .]. Beim Nahen der Morgenröte beruhigt sich die Orgie allmählich. Der Tag bricht an. In der Ferne ertönt eine Hirtenflöte. Die Vögel begrüßen den Morgen mit frohem Zwitschern.«[17] Die Waldesnacht mit ihren Dämonen und Spukgestalten hat die Komponisten immer gereizt. Man konnte einerseits die Phantasie der Zuhörer sehr leicht entfachen, andererseits seine Kunst der instrumentalen Effekte zeigen.

Den Schlußpunkt in der Geschichte der spätromantischen Programmsinfonik bildet gewissermaßen die »Alpensinfonie« von Richard Strauss, die im Kriegsjahr 1915 zum ersten Mal aufgeführt wurde. Die Sinfonie schildert eine Bergwanderung. Der Gesamtverlauf ist wie ein Panorama, wie ein musikalisches Photoalbum angelegt. Die einzelnen Stationen der Bergwanderung sind jeweils durch Überschriften angezeigt. Und natürlich geht der Wanderer auch eine Wegstrecke durch den Wald, ehe er die Wasserfälle überquert. Strauss komponiert keine Stimmungsmusik im Sinne Wagners oder seiner Nachfolger, vielmehr geht es ihm um konkrete akustische Schilderungen. So wie er Wasserfälle und Gewitter hörbar macht, so läßt er beim Eintritt in den Wald die Blätter rauschen (Streicher), während die Hörner und Posaunen die dunklen Schatten hinzusetzen. Auch einen Vogel hört man zwitschern, ähnlich wie in Wagners Waldweben; doch der Vogel hat nichts mitzuteilen, er zwitschert (vgl. Notenbeispiel).

Sicherlich war es vor allem die Programmusik des 19. Jahrhunderts, die sich ausdrücklich dem Wald widmete und eine Unzahl musikalischer Bilder hervorgezaubert hat. Indessen entdeckte man im 19. Jahrhundert auch in der sogenannten absoluten Musik den Wald, hörte die Blätter rauschen und glaubte, in diesem Rauschen einen Widerhall seines Wesens zu erkennen; wieder die

Gleichsetzung von deutschem Wesen, deutscher Musik und deutschem Wald. Vor allem in den vielen Konzertführern, die mit der endgültigen Etablierung des bürgerlichen Konzertbetriebs in Mode kommen, können wir eine Fülle von Einführungen in Sinfonien entdecken, die die Musik im Kontext eines fiktiven Programms, das sich der schreibende Autor ausdenkt, kommentieren. Dabei geht es nicht darum, die Musik (zum Beispiel Mozart, Beethoven oder Schubert) im Sinne ihrer kompositorischen Intentionen verständlich zu machen, vielmehr versuchen die Einführungen, die Musik zu poetisieren, sie mit einem Stimmungsbericht zu versehen. Als paradigmatisch für diese Rezeptionsform dürften die Einführungen gelten, die Bruckners Sinfonien erfahren haben. Sie reichen von national eingefärbten Naturschilderungen bis zu pseudoreligiösen Wortexegesen. Selbst gegenwärtig ist das Verständnis der Brucknerschen Sinfonien immer noch durch kommentierende Wortverkrustungen stark beeinträchtigt. Einer thematischen Konzertführeranalyse der vierten Sinfonie Anton Bruckners, der Sachlichkeit nicht abzusprechen ist, hat der Autor eine allgemeine Einführung vorangestellt, in der die Sinfonie sogleich in jenen schon mehrfach erwähnten ideologischen Kontext gestellt wird, in dem Begriffe wie Wald, Friede, Gottesdienst, Natur zu einem irrationalen Begriffsnebel verschmelzen. Man möchte fragen, ob die Sinfonie von derartigen Einführungen unberührt bleiben kann. »Das Werk ist eine Waldsinfonie, aber aus viel tieferem Geiste als die bekannte von Raff, die eine galante französische Romantik entwickelt. Die Brucknersche Sinfonie hat durchaus deutschen Charakter: er sehnt sich nach dem Wald, seiner Heimlichkeit, seinem tiefen Frieden in Klängen, die an Steffen Hellers trauliche Klavierszenen ›Im Walde‹ erinnern. Mehr noch, Bruckner hält im Wald, wie das altgermanische Heidentum, seinen Gottesdienst, er geht durch die Reihen der erhabnen Stämme mit Versen des Dichters im Kopf: ›Du hast deine Säulen dir aufgebaut und deine Tempel gegründet‹. Ihm ist im Sinne jener alten Zeiten, wo wir Deutschen noch ein Waldvolk waren, der Wald das herrlichste Gotteshaus, der schönste Dom, den der Herr der Welten sich selbst gebaut.«[18]

Neben der Oper sowie der solistischen und orchestralen Instrumentalmusik werden seit den dreißiger Jahren des 19. Jahrhunderts auch das Lied und die sich mächtig ausbreitende Chormusik zu einem Spiegelbild bürgerlicher Träume und Waldromantik. In beiden Gattungen (ähnliches konnten wir in der solistischen Klaviermusik beobachten) gibt es einerseits Gesänge von einer betulichen Beschaulichkeit (zum Beispiel Robert Franz, Franz Silcher), andererseits aber auch solche, die psychische Zustände in die Symbolik von Wald und Natur einkleiden (zum Beispiel Robert Schumann, Johannes Brahms). In den meisten Liedern und Chören bestimmt der zugrundeliegende Text den inhaltlichen Rahmen der Komposition. Der Wald wird beim Namen genannt, der Hörer weiß, worum es geht. Gleichwohl haben aber auch die Lied- und Chorkompositionen über den erzählenden und schildernden Text hinaus musikalische Topoi entwickelt, die, ähnlich wie in der Instrumentalmusik, Wald und Natur klanglich suggerieren. Zunächst wollen wir uns den Liedern zuwenden; sind es doch gerade die Liedkompositionen, die zur Verbreitung der romantischen Naturlyrik (zum Beispiel Eichendorff) so entscheidend beigetragen haben. Wir deuteten bereits an, daß Schubert kaum Gedichte vertont hat, die den Wald als Stimmungsraum besingen. Selbstverständlich finden wir bei Schubert eine Fülle von Jagdmusiken und Hornquinten, aber kaum ein musikalisches Nachzeichnen einer Waldstimmung oder eines Blätterrauschens. Schubert hat die Sprachnormen der Musik nie zugunsten eines bloßen Stimmungszaubers zurücktreten lassen oder gar außer Kraft gesetzt. Das sollte sich indessen schon bald ändern. Die Liedkomponisten entdecken die romantische Waldlyrik; die Komponisten versuchen, über die melodische Deklamation hinaus auch die Bild- und Klangwelt dieser Lyrik zu musikalisieren. Aufgrund der virtuosen Erweiterung des Klavierspiels einerseits und der neuartigen Klangwelten der romantischen Oper andererseits zeigten sich für die Liedkomponisten neue musikalische Perspektiven. Als einer der ersten Komponisten wäre (außer Carl Maria von Weber) Felix Mendelssohn Bartholdy zu nennen, der einige Waldlieder komponierte, die sowohl von einem differenziert-brillanten Klaviersatz bestimmt sind, einem Klaviersatz, der auch seine »Lieder ohne Worte« so unvergleichlich charakterisiert, als auch durch die üblichen Anklänge an Jagdmusiken und beschauliche Choralsätze. Im Lied ist wiederum eine merkwürdige Zeitverzögerung gegenüber der literarischen Romantik zu beobachten, die ja auch die programmatische Opern- und Instrumentalmusik kennzeichnet. Dabei darf man nicht vergessen, daß viele der romantischen Gedichte als fiktive Lieder, die zum Beispiel innerhalb einer Erzählung oder eines Romans eine Art lyrisch-musikalischen Ruhepunkt bilden, erfunden worden sind. In Eichendorffs frühem Roman »Ahnung und Gegenwart« (1812) finden sich zum Beispiel Natur- und Waldgedichte, die von den Romanfiguren als Lieder gesungen werden. Der Leser war gezwungen, sich eine Phantasiemusik, eine Art romantischer Metamusik, zu imaginieren. Erst sehr viel später wurden die Eichendorff-Gedichte von Komponisten wie Mendelssohn Bartholdy und Schumann aufgegriffen (Schubert hat kein Gedicht von Eichendorff vertont), um als Lieder zum Inbegriff des Romantischen schlechthin zu werden.

Zu erwähnen ist Schumanns Liederzyklus op. 39 nach Gedichten von Eichendorff aus dem Jahre 1840, einer Folge von zwölf Liedern, die Schumann unter dem Titel »Liederkreis« zusammenfaßte. Allein fünf Lieder des Zyklus beruhen auf Gedichten, die unmittelbar den Wald in seiner symbolhaften Vieldeutigkeit als Ort der Verzauberung und des Untergangs (»Waldgespräch«), als nächtliche Stimmung (»Mondnacht«), als Ruinenromantik (»Schöne Fremde«), als zwielichtiges Geschehen zwischen Freundschaft und Verrat (»Zwielicht«) und schließlich als Vision eines Märchens aus uralten Zeiten (»Im Walde«) beschwören. Nicht nur sind es die Tonarten (zum Beispiel E-Dur, H-Dur, e-Moll, A-Dur), die die einzelnen Lieder in einen Bedeutungszusammenhang stellen. Vor allem aufgrund komplizierter kompositorischer Konstruktionen, die wiederum von merkwürdigen Irritationen durchzogen sind (wie zum Beispiel minimalen Varianten, harmonischen Überblendungen und Verschiebungen), werden Eichendorffs Gedichte in unverwechselbare musikalische Klangräume getaucht; die Gedichte selbst, so will es scheinen, beginnen zu klingen. Die Lieder »bringen ein Potential der Gedichte heraus, jene Transzendenz zum Gesang, die entspringt in der Bewegung über alles bildhaft und begrifflich Bestimmte hinweg, im Rauschen des Wortgefälles.«[19]

Gedichte, die den Wald und die Natur besingen, haben bis ins frühe 20. Jahrhundert hinein das Interesse der Komponisten gefunden. Doch nur wenige Komponisten (wie zum Beispiel Brahms, Wolf oder Mahler) haben sich frei machen können von jenen musikalischen Klischeeanwendungen, die sich im 19. Jahrhundert als musikalische »Naturtopoi« ausgebildet hatten. Selbst ein Komponist wie Richard Strauss, von Pfitzner soll hier nicht die Rede sein, hatte Probleme, sich diesen Klischees zu entziehen. Ähnlich wie im Bereich des Charakterstücks, das heißt der Salonmusik, finden wir in der zweiten Hälfte des 19. Jahrhunderts eine kaum zu überschauende Zahl von sentimentalen und verkitschten Waldliedern. Häufig sind die Lieder nichts weiter als kommentierende Gesänge zu einem Klavierstück. Auch die Textdichter, sofern man sie überhaupt als solche bezeichnen kann, bedienen sich der gleichen Klischees wie die Musiker. Es ist heute kaum vorstellbar, daß ein Lied, das mit dem folgenden Vers beginnt: »Willst beten Du, geh' in den Wald, wo Du mit Gott alleine. Hat Dir das Schicksal Schmerz gebracht, geh' in den stillen Wald und weine«, und das von Eugen Rodominsky als op. 112 komponiert wurde, am Ende des 19. Jahrhunderts so beliebt war, daß es in verschiedene musikalische Sammelbände aufgenommen wurde, unter anderem in das »Füllhorn der edlen deutschen Musica«.

Neben den Liedkompositionen hat schließlich auch die Chormusik, in der besonderen Form des Männerchors, an der Verbreitung von vaterländischer Waldmusik beigetragen. Die Ursprünge dieser Entwicklung und öffentlichen Verbreitung sind einerseits in den Liedertafeln zu suchen (die erste wurde von Zelter im Jahre 1809 gegründet), zum anderen aber hat die deutsch-nationale Bewegung nach den Freiheitskriegen, die ja vor allem von Studenten getragen wurde, ganz entscheidend die Publizität der Männerchöre beeinflußt. Doch so freiheitlich und liberal die Gedichte und deren Vertonungen ursprünglich gestimmt waren (man denke etwa an die Gedichte von Theodor Körner und deren Vertonungen von Carl Maria von Weber), so reaktionär, wald- und bierselig ist der Tonfall der Chorkompositionen aus späterer Zeit. Selbst in Mendelssohns berühmten Chören »Wer hat dich, du schöner Wald ...« und »O Täler weit, o Höhen«, die zum Inbegriff deutscher Männerchormusik wurden, kann man bereits jene fatale Tendenz beobachten, die kompositorische Simplizität als volkstümlich und naturnah ausgibt. Von den Abgründen und Doppeldeutigkeiten der Eichendorffschen Texte ist bei Mendelssohn kaum etwas zu spüren. Sofern man Einfachheit und Natur unwidersprochen gleichsetzt, dann ist in der Tat für Komplexität kein Platz mehr. Schließlich wurde Komplexität, wie die jüngere Geschichte lehrt, sogar als Naturferne, als die Natur Zersetzendes denunziert. Die musikalische Grundhaltung der Mehrzahl der Chorkompositionen, die nach 1871 Deutschland überschwemmten, ist einerseits Andacht und Frieden im Walde, andererseits aber auch mutige Haltung und Kraft, zu deren Symbolisierung man nicht nur der Eiche, sondern der Baumstämme schlechthin bedurfte. Ein Auszug aus dem Männergesangs-Katalog (Gießen 1900) von Ernst Challier zeigt einen winzigen Ausschnitt aus der Vielzahl der Männerchorkompositionen, die um 1900 den Wald zum Gegenstand nicht nur des gemeinsamen Singens, sondern auch der gemeinsam verbindlichen Haltung machen, nämlich ein Deutscher zu sein.

Schlußbemerkung

Die Musik des 19. Jahrhunderts hat, wie der kurze geschichtliche Abriß deutlich zu machen versuchte, eine Vielzahl von Kompositionen hervorgebracht, die den Wald besingen oder ihn als Empfindungsraum imaginieren. Dabei lassen sich verschiedene Tendenzen und Entwicklungen beobachten — musikalische und gesellschaftliche. Zu den gewichtigsten und folgenreichsten Veränderungen in der Musik zählt das ständige Zurücktreten des musikalischen Sprachcharakters, ein Zurücktreten, das ursächlich mit einem veränderten musikalischen Anspruch verbunden ist. Während in der Klassik das musikalische Verstehen grundsätzlich die Voraussetzung zum Erleben von Musik war, wird nun das bloße Erleben zum ausschließlichen Zentrum der Musik. Die Musik, so will es die ästhetische Utopie, soll fähig werden, unmittelbare Ausdrucksformen zu finden, die aufgrund ihrer Unmittelbarkeit zum reinen Erlebnis werden. Das Gefüge der Musik hatte sich, um diese Ansprüche einzulösen, gegenüber der Klassik zu ändern. Im Bereich der musikalischen Syntax und der motivisch-thematischen Differenzierung ist eine ständige Vereinfachung, um nicht zu sagen, Simplifizierung zu beobachten, während sich die klanglich-instrumentale Außenseite der Musik zunehmend kompliziert. Die Musik öffnet sich zwar den Bildern, den Phantasien und den Erlebnisräumen, doch vor Dilettantismus ist sie kaum noch geschützt. Die Musik läßt den Wald rauschen, und der Dilettant tut es nicht minder.

Freilich hat die Musik sich auch immer wieder auf ihre Tradition, auf ihren professionellen Anspruch besonnen und sich zur gesellschaftlichen Usurpation quergestellt. Auch in Mahlers Sinfonien kann man den Wald rauschen und das Posthorn blasen hören. Aber dieses Rauschen und Blasen haben die Zeitgenossen Mahler von Anfang an verübelt; man hat ausgerechnet ihm Dilettantismus vorgeworfen. Man empfand dieses Rauschen plötzlich nicht mehr als Waldesstimmung, sondern als etwas Schneidendes, als

Schmerz. Auch das Posthorn signalisierte nicht mehr fröhliches Einverständnis, sondern Verlust und Untergang. Der Ruhezustand im dämmrigen Halbdunkel des Waldes war ein für allemal dahin; dennoch mußten Jahrzehnte vergehen und unvorstellbare Ereignisse eintreten, bis man das endgültig begriff. Es ist sicherlich kein Zufall, daß eine der Schlüsselkompositionen der neuen Musik den Wald zur Szenerie hat, nämlich das Monodram »Erwartung« aus dem Jahre 1909 von Arnold Schönberg. Die »Erwartung« gilt auch heute noch als eine der rätselhaftesten, der analytischen Ratio kaum zugänglichen Kompositionen. In drei Szenen wird der Weg einer Frau durch einen dunklen Wald geschildert. Die Frau sucht ihren Geliebten, den sie schließlich beim Verlassen des Waldes ermordet auffindet. Der Weg der Frau durch den finstern Wald ist begleitet von Träumen, Ängsten und Halluzinationen. Die Frau »wird der Musik gleichsam als analytische Patientin überantwortet. Das Geständnis von Haß und Begierde, Eifersucht und Verzeihung und darüber hinaus die ganze Symbolik des Unbewußten, wird ihr abgedrungen.«[20] Der Wald also als Symbol des Unbewußten, der inneren Abgründe, aber auch des kommenden Schreckens. Schönberg hat in der »Erwartung« eine Musik erfunden, die selbst aus Schockgesten und Körperzuckungen zu bestehen scheint, eine Musik, in der Angst und Schrecken sich zum Symbol des modernen Menschen polarisieren. Der Weg in den Wald bedeutet Abstieg in das Labyrinth der Psyche. Im gleichen Jahr, in dem Schönberg die »Erwartung« komponierte, erschienen Stefan Georges Übertragungen aus Dantes »Göttlicher Komödie«. Dem ersten Gesang gibt George die Überschrift: »Die Verirrung im Walde«; der Dichter verläßt die gesicherte Straße, in der Finsternis des Waldes findet er den Weg ins Inferno, den Weg in die Hölle.

»Es war inmitten unsres wegs im leben.
Ich wandelte dahin durch finstre bäume
Da ich die rechte strasse aufgegeben.

Wie schwer ist reden über diese räume
Und diesen wald. den wilden rauhen herben.
Sie füllen noch mit schrecken meine träume.«

Anmerkungen

1 Otto Schumann, Geschichte der deutschen Musik, Leipzig 1940, S. 262
2 Hans Pfitzner, Webers »Freischütz«, Geleitwort zu meiner »Freischütz«-Aufführung in den Maifestspielen zu Cöln den 11. Juni 1914, in: Gesammelte Schriften, Bd. 1, Augsburg 1926, S. 81
3 Briefwechsel zwischen Johann Wolfgang von Goethe und Carl Friedrich Zelter, hg. von Ludwig Geiger, Bd. 2, Leipzig o. J., S. 56
4 Johann Wolfgang von Goethe, Briefe, Hamburger Ausgabe, Bd. 3, Hamburg 1965, S. 419 f.
5 Max Maria von Weber, Bericht über die Uraufführung des »Freischütz«, in: Carl Maria von Weber, Der Freischütz. Texte, Materialien, Kommentare, hg. von A. Csampai und D. Holland, Hamburg 1981, S. 101
6 Carl Friedrich Glasenapp, Das Leben Richard Wagners, Bd. 5, Leipzig 1912, S. 293
7 »Die Streicher sind wie der Wald, und die Bläser wie die Vögel darin«, in: Cosima Wagner, Die Tagebücher, Bd. 2, 2. Aufl., München 1982, S. 625
8 Hans von Wolzogen, Wagners Siegfried, Leipzig 1879, S. 74
9 Friedrich von Hausegger, Musik als Ausdruck, Wien 1887, S. 214
10 Wolzogen, Wagners Siegfried, S. 71
11 Richard Wagner, ›Der Freischütz‹. An das Pariser Publikum, in: Gesammelte Schriften, hg. von Julius Kapp, Bd. 8, Leipzig o. J., S. 14
12 Wagner, ebd., S. 20
13 vgl. Rudolf Schäfke, Geschichte der Musikästhetik in Umrissen, Berlin 1934, S. 348 f.
14 August Wilhelm Ambros, Die Grenzen der Musik und Poesie, Leipzig 1855, S. 176
15 Walter Dahms, Schumann, Berlin 1916, S. 289
16 Otto Klauwell, Geschichte der Programm-Musik, Leipzig 1910, S. 185
17 Klauwell, ebd., S. 352
18 Hermann Kretzschmar, Führer durch den Konzertsaal, 4. Aufl., Leipzig 1913, S. 780
19 Theodor W. Adorno, Zum Gedächtnis Eichendorffs, in: Noten zur Literatur, Frankfurt/M. 1958, S. 135
20 Theodor W. Adorno, Philosophie der neuen Musik, 2. Aufl., Frankfurt/M. 1958, S. 45

Ernst Challier, Großer Männergesang-Katalog, 1900

Annemarie Hürlimann

Die Eiche, heiliger Baum deutscher Nation

Die deutsche Eiche! Daß Mensch und Baum eine Seelenverwandtschaft verbindet, ist eine alte Weisheit, daß ein Baum aber eine Nationalität haben soll, mutet eher seltsam an. Und doch ist die Verquickung von »deutsch« und »Eiche« ein Gemeinplatz geworden. Obwohl die Eiche ihrer Herkunft und Natur nach ein Baum des Südens ist, soll sie angeblich deutsche Eigenart geradezu ideal verkörpern. Wenn sie sich auf nordischer Erde erst einmal durchgesetzt hat, gedeiht sie zwar langsam, aber stetig. Sie bildet einen starken Stamm, schlägt tiefe Wurzeln und strebt zugleich dem Lichte zu. Sie trotzt allen Stürmen und überlebt viele ihrer Waldgenossen um Jahrhunderte. Ihr Aussehen, kräftig, kernig und knorrig, läßt Sturheit und Unempfindlichkeit vermuten. Doch der Schein trügt. Theodor Lessing beschreibt dies in seinem 1926 erschienenen Essay »Deutsche Bäume« treffend: »Wenn man von Deutschland spricht, so denkt man an die Eichen. Ich wüßte auch kein Natursymbol, darin ich so unmittelbar das Wesen deutscher Erde fände. Man sagt, die Eiche, welche Wiege und Sarg zahlloser deutscher Geschlechter gegeben hat, sei der stärkste aller Bäume; aber das ist nur wahr in dem Sinne, wie der Elefant das mächtigste aller Geschöpfe ist. Er ist zugleich das verletzlichste, das langmütigste und schutzbedürftigste. Es gehören zunächst ganz seltene Glücksumstände dazu, daß eine kleine Eiche groß wird.«[1]

Als am Ende des 18. Jahrhunderts die Förster den Untergang des durch wirtschaftliche Ausbeutung und langsames Wachstum bedrohten Eichenwaldes voraussagten, begann die Eiche ein eigentümliches Eigenleben in den Köpfen der Deutschen zu führen, als gälte es, zumindest ihre Idee zu retten. Will man die Geschichte der Eiche als nationales Kult- und Kultursymbol aufspüren, so muß man in die Zeit zurückgehen, als der Wunsch nach einem volkssouveränen, einheitlichen Staat als Gegenpol zum feudalistischen System immer stärker wurde. Da sich aber in Deutschland eine solche Nation wegen der vielen Kleinstaaten politisch nicht verwirklichen ließ, besann man sich auf das gemeinsame geistig-kulturelle Erbe, das sich in Sprache, Sitten und Geschichte manifestierte. Die Kulturnation war wichtiger als die Staatsnation, eine Vorstellung, die für die Bildung des deutschen Nationalbewußtseins weitreichende Folgen hatte.

Der Rückgriff auf die Vergangenheit war auch ein Rückgriff auf die nordisch-mythische Vorzeit, die man anhand überlieferter Texte zu erforschen suchte. In jener vorchristlichen Zeit glaubte man die Ursprünglichkeit und Lebenskraft der eigenen Kultur gefunden zu haben. Die Eiche war eines der Urbilder dieser naturreligiösen Welt, sie gehörte zur Suche nach der verlorenen Zeit. »Die Eiche«, bemerkt Friedrich Gottlieb Klopstock in seiner »Deutschen Gelehrtenrepublik« (1774), »war bei unseren Vorfahren mehr als etwas Symbolisches; sie war ein geheiligter Baum, unter dessen Schatten die Götter am liebsten ausruhen.« Die Eiche war nicht nur der Ruheplatz der Götter, sie war das Bild der Gottheit selbst, die es zu verehren und zu schützen galt. Unter ihr wurden mit dem Segen der Götter Gerichts- und Volksversammlungen gehalten, wurde über Leben und Tod entschieden. Der Eichenhain war die Kultstätte der Germanen, in der der schönste und stattlichste Baum Donar, dem gefürchteten Gott des Donners und des Blitzes, geweiht war.[2] Bonifatius und andere Missionare fällten im 8. Jahrhundert des Donars heilige Eiche, doch es gelang ihnen nicht, die heidnischen Bräuche ganz auszurotten, so daß Heidnisches neben Christlichem bestehen blieb, Marieneichen neben Teufels- und Hexeneichen, Bäume des christlichen Kultes neben Bäumen der heidnischen Naturreligion, eine Verquickung, wie sie auch bei Herder vorkommt, wenn er Luther mit dem »mächtigsten Eichbaum, deutschen Stammes, Gottes Kraft« vergleicht. Diese heidnisch-christliche Tradition gab der Eiche eine inhaltliche Vielschichtigkeit und einen Bedeutungsreichtum, die es im späten 18. Jahrhundert ermöglichten, sie in den Dienst des nationalen Bewußtseins zu stellen.

Klopstock war wohl der erste, der die Eiche mit dem vaterländischen Gedanken in Verbindung brachte. Vom Pietismus geprägt, begeisterte er sich für die alten überlieferten Quellen der nordisch-heidnischen Vorzeit, in denen er eine poetische Sprache gefunden zu haben glaubte, die dem Deutschen näher stand als die klassischen Texte. Nach dem Vorbild der ossianischen Heldengesänge, in denen die Eiche als der Heldenbaum schlechthin verherrlicht wird, dichtete er für sein eigenes Vaterland. Dieses wollte er nicht als abstrakten Wert verstanden haben, sondern als

Kraft, die im Innersten erfahren und empfunden werden konnte. Die Eiche war eines der Bilder, in die er die religiösen Gefühle kriegerischer Vaterlandshelden hineinzauberte. In »Hermanns Schlacht — ein Bardiet« (1769) verwandelt er die Druiden und Barden, eigentlich Priester und Sänger der Kelten, in patriotische Verkünder. Sie kränzen die Krieger mit dem heiligen Laub der Eiche, sie singen »O Vaterland, o Vaterland, [...] du gleichst der dicksten, schattigsten Eiche, im innersten Hain, der höchsten, ältesten, heiligsten Eiche, o Vaterland!«[3] Der Teutoburger Wald, in dem sich die Germanen von den Römern befreiten, wird zum heiligen Hain, zum geweihten Vaterlandsboden.
Nicht nur Hermann trat mit seinen Mitkämpfern in den geweihten Wald, sondern Klopstock selbst gründete 1772 mit seinen Dichterfreunden im Weender Eichenhain den Göttinger Bund, in dem sie dem Vaterland, der Religion und der Freiheit schwärmerisch Treue schworen. Glaube und Vaterland reichten sich hier die Hand. »Das ewige Rauschen im Hain, das Silbergewölk und die Eiche, die wir schon hunderttausendmal gehabt haben, und dieses glauben sie neu zu machen«,[4] spottete Georg Christoph Lichtenberg vergeblich, denn Klopstock und seine Nachfolger streuten die Saat aus, aus der die Eiche als nationales Symbol zur vollen Größe emporwuchs. Der Eichbaum wurde zum Sinnbild eines jeden Mannes, der sich nach Freiheit, Einheit und Stärke sehnte. Aus männlichen Kehlen hallte es: »Freiheit! Freiheit! Hörst Du tönen aus dem alten Eichenhain.«[5]
In diese Suche nach deutscher Eigenständigkeit mischte sich um 1800 auch das Gedankengut der französischen Revolution. Als Zeichen der Freiheit, wie sie mit den Bürgerrechten proklamiert wurde, pflanzte man in ganz Frankreich auf vielen Dorfplätzen junge Eichen. Solche Freiheitsbäume wurden trotz behördlicher Verbote auch in Deutschland, insbesondere im Rheinland, errichtet.[6] In der Verehrung der Eiche als Sinnbild der bürgerlichen Freiheiten waren sich Frankreich und Deutschland zu dieser Zeit sehr verwandt. Brentano schrieb 1802 in seinem »Godwi«: »[...] der kräftigste Teil des Waldes, ein kleiner Eichenhain. Alle Stämme waren voll gesunden Lebens, wie eine Versammlung der Bürger einer großen Republik standen sie da, alle voll Selbstgefühls und eigenen Sinnes, doch nur *eine* Absicht.«[7]
Die deutsche Eiche, Zeichen der Sehnsucht nach Freiheit und Einheit, vereinte so zwei sich widersprechende Bedeutungen auf sich: einmal ein konservativ-idealisiertes Moment, das sich in der Verherrlichung der heidnisch-christlichen Vergangenheit ausdrückte, zum anderen ein progressives Moment, dem die bürgerlichen Ideale der französischen Revolution zugrunde lagen. Gleichzeitig verkörperte sie im deutschen Bewußtsein all das, was nicht fremd, insbesondere nicht französisch war, etwas, was es um jeden Preis zu verteidigen galt. Die Eichen waren die stolzen Grenzwächter deutscher Besitzungen. In der »Hermannschlacht« (1808), seinem »Geschenk an die Deutschen«, einem Gleichnis aus der Vergangenheit auf die Gegenwart, nennt Heinrich von Kleist den Eichenhain den stillen Ort, an dem die »wackren Söhne Teuts« den Sieg über die Feinde feiern. Bei den Eichen, den Bäumen »grauen Alters«, sollen die Krieger stehen, um mit Hilfe Wodans das befreite Germanien zu schützen — ein romantisches Wunschbild eines unter Napoleon leidenden deutschen Patrioten, die Eichen als Sitz von Vaterlandsliebe und Franzosenhaß.
Die Verehrung der Eiche erreichte während der von einem schwärmerisch-religiösen Vaterlandsgefühl getragenen Befreiungskriege einen folgenreichen Höhepunkt. Als 1813 der preußische König Friedrich Wilhelm III. seine Leute mit dem Aufruf »An mein Volk!« zum Kampf gegen Frankreich aufforderte, fühlten sich die in geistiger und seelischer Verwandtschaft verbundenen Männer in ihrem nationalen Selbstbewußtsein so gestärkt, daß sie bereit waren, dem feindlichen Massenheer die Stirn zu bieten. Die Eiche, der charakterstarke reckenhafte Baum aus alten Zeiten, war ihr Vorbild, ihr Seelenbaum, Gefährte all derer, die opferbereit und gotterfüllt den heiligen Kampf fürs Vaterland aufnahmen.
Diese Haltung läßt sich beispielhaft an Georg Friedrich Kerstings Doppelbild »Theodor Körner, Friesen und Hartmann auf Vorposten« und »Die Kranzwinderin« von 1815 aufzeigen. Der Künstler, selber aktiv am Krieg beteiligt, kleidet seine drei am Eichenwald ruhenden Kampfgefährten in die schwarz-rot-goldene Uniform des Lützowschen Freikorps und verziert sie mit dem mit patriotischem Eichenlaub geschmückten Eisernen Kreuz, das der König jedem, ob Soldat oder General, adlig oder bürgerlich, für Verdienste im Kampf ums Vaterland verlieh. Friesen, mit einer Büchse bewaffnet, steht an eine Eiche gelehnt, während seine Freunde ihm gegenüber entspannt vor einem Eichenstamm sitzen. Körner blickt versunken vor sich hin, Hartmann, friedlich eine Pfeife rauchend, wendet seinen Blick direkt dem Be-

schauer zu und hat ein Gewehr in seinem rechten aufgestützen Arm liegen.

Kersting hat seinen Freunden ein Denkmal gesetzt und zugleich den Eichen die Weihe gegeben. In ihnen liegt die Symbolkraft des patriotischen Gedankens, sie stehen für das »erwachende deutsche Nationalgefühl«.[8] Die mächtigen, unverrückbaren Baumstämme und das reiche Laub der Eichen bilden Säulen und Dach einer Architektur, die, von Licht durchflutet, an ein Gotteshaus denken läßt. »Zum Eichenwald, zum Eichenwald, wo Gott in hohen Wipfeln wallt«, wie es in Max von Schenkendorfs Vaterlandsgedicht von 1814 heißt. Die einander gegenüberstehenden Bäume bilden eine offene Pforte, an der die drei Helden auf Einlaß zu warten scheinen. Der Eichenhain als heilige Halle, in der es das Vaterland gegen den Feind zu verteidigen gilt, der Eichenwald als Heimat und Kriegsort. Neben Klopstocks Erbe findet hier auch das sentimental pathetische, für die Symbolik der Eiche geradezu programmatische Gedicht »Die Eichen« von Theodor Körner seinen bildnerischen Ausdruck:

[...] und der Vorwelt kräftige Gestalten
sind uns noch in eurer Pracht enthalten [...]

[...] Doch um das Verhängnis unbekümmert
hat vergebens euch die Zeit bedroht,
und es ruft mir aus der Zweige Wehen:
Alles Große muß im Tod bestehen!

Und ihr habt bestanden! Unter allen
grünt ihr frisch und kühn mit starkem Mut [...]

[...] Schönes Bild von alter deutscher Treue,
wie sie bessre Zeiten angeschaut,
wo in freudig kühner Todesweihe
Bürger ihre Staaten festgebaut.
Ach, was hilft's, daß ich den Schmerz erneue?
Und doch alle diesem Schmerz vertraut,
Deutsches Volk, du herrlichstes von allen,
Deine Eichen stehn, Du bist gefallen!«

Kersting hat mit diesem Gemälde nicht nur ein typisch romantisches Freundschaftsbild, sondern auch eine sentimentalische Idylle, ein patriotisches Ideal geschaffen, wie es sich im Bewußtsein vieler Deutscher in der Folgezeit festsetzte. Karl Förster

Georg Friedrich Kersting, Theodor Körner, Friesen und Hartmann auf Vorposten — Die Kranzwinderin, 1815

empfand dies so: »Die drei kräftig gehaltenen Kampfgenossen ruhen im Schatten eines Eichenwaldes [...] Das sind deutsche Eichen und deutsche Helden! So mußten die edlen freiwilligen Kämpfer für Freiheit und Vaterland aussehen! So und nicht anders [...] Wir sehen den hohen Geist, der riesenhaft und gewaltig durch Deutschland zog und die Gemüter bewegte und Arme stählte und die Hände bewaffnete und ein großes aufgeregtes Volk Wunder über Wunder that.«[9]

Das zweite Bild, »Die Kranzwinderin«, ist ein Memento mori und Erinnerungsbild. In den starken Eichenstämmen, zu Gedenkstätten, Sinnbildern der Treue und Liebe fürs Vaterland geworden, sind die Namen der drei gefallenen Helden verewigt, eingeritzt wie von einem Liebenden. Die Bäume versinnbildlichen die Unbezwingbarkeit der Vaterlandshelden, das Fortdauern ihrer Ideale nach dem Tode: »Wachse Du Freiheit der deutschen Eichen, wachse empor über unsere Leichen.«[10] Daß die Eichen wachsen, dafür sorgt die lebenspendende Quelle, an der die weiß gekleidete junge Frau sitzt und still und hingebungsvoll die Todes- und zugleich Siegeskränze für die Gefallenen windet. Auch hier steht Klopstock Pate: »Flechtet, Mädchen, das heilige Laub des Eichenhains für die Schläfe des Siegers.«[11] In ihrer jungfräulichen Unschuld erinnert die Frau an Maria und Germania, »die teure, wundersame, goldlockigte Jungfrau Germania«,[12] wie sie auch Friedrich Overbeck und Philipp Veit in ihren Bildern darstellten. Maria und Germania, Religion und Nation, sie bringen »unter grünen Eichen auf dem Altar des Vaterlandes dem schützenden Gotte die fröhlichen Opfer.«[13]

Wie mannigfaltig und weitgefächert die Eiche als Symbol während der Befreiungskriege verwendet wurde, kann in Kerstings Diptychon nur erahnt werden. Sie steht für religiöse Vaterlandsliebe verbunden mit der naturrechtlichen Freiheitsvorstellung mythischer Vorzeit, für Heldenmut, Stärke und Mannhaftigkeit, für Befreiung von Fremdherrschaft und Kampf um nationale Einheit, für die Gunst des Monarchen gegenüber seinen Untertanen. Die heilige Eiche deutscher Nation war der Weggenosse all derer, die sich nach innerer Freiheit und äußerer Einheit sehnten, daran glaubten und deswegen nicht aufhörten, ihren Freiheitsbaum unentwegt zu pflanzen, zu feiern und zu weihen. Sie war Träger einer unerfüllten Sehnsucht, einer patriotischen Hoffnung, die sich nicht selten über die politischen Wirklichkeiten hinwegzusetzen vermochten.

Dieser nationale Wunschtraum äußerte sich vor allem in den Feiern, die nach den Befreiungskriegen, zur Zeit der Restauration, immer häufiger begangen wurden und die Ausdruck dafür waren, daß die Nationalbewegung trotz Verboten lebendig geblieben war. »Wir setzten ihn, den Baum der Hoffnung, den Baum der Stärke, den Baum der Freiheit, wir schwören standhafte Treue allen deutschen Brüdern, die mit uns einen Sinn, ein heiliges Streben teilen, und rufen in froher Begeisterung ein Hoch der deutschen Freiheit.«[14] Feierlich schwärmerisch feierten die Jenenser Studenten und Turner Anfang 1816 den Sieg der Deutschen über Napoleon bei Belle-Alliance. Nach der Pflanzung des Baumes streuten die Professoren drei Hände Erde auf die Wurzeln, und die Frauen schmückten ihn mit farbigen Bändern. Gottesdienst und Vaterlandslieder umrahmten das Fest. Etwas später schenkten die Frauen der Stadt den Studenten eine schwarz-rot-goldene Trikolore mit einem goldgestickten Eichenzweig, die Fahne, die in der Folgezeit eine wichtige Funktion bei den Manifestationen patriotischer Gefühle hatte.

Solche Zeremonien, anfänglich vor allem von kleinen, jedoch einflußreichen bürgerlichen Gruppen wie den Turn-, Studenten- und Sängervereinen gefeiert, wurden nach 1815 immer lauter für das ganze Volk gefordert, zum Beispiel von Ernst Moritz Arndt und von Friedrich Ludwig Jahn. Feiern seien, so schrieb dieser, »ein Bedürfnis des Menschen, der das Geistige in einem vermittelnden Sinne reiner erkennt, das Übersinnliche in einer sinnlichen Vergegenwärtigung sich tiefer ins Herz prägt [...]. Das Geistige, in Verbindung mit einem in die Augen fallenden Sinnbilde gebracht, erfaßt den ganzen Menschen [...].«[15] Ein solches Sinnbild war die Eiche, sie gehörte zu den vertrauten Bildern des germanisch-christlichen Erbes, als Baum der Kraft und des Heldenmuts war sie allgemein verständlich, mit ihr, sei es in Form eines Zweiges, eines Kranzes oder eines ganzen Baumes, konnte sich jeder emotional identifizieren, sie wurde als deutsches Zeichen für Freiheit, Einheit und Brüderlichkeit besungen: »Wir pflanzen die Eiche, den heiligen Baum, den König der Sträuche im luftigen Raum: ein fröhliches Zeichen, ein Denkmal der Ehre den Jahren, die weichen, erwachs' er und währe Jahrhunderte durch« (Arndt).[16] Eichenkränze schmückten die Menschen bei Umzügen und öffentlichen Feiern, die Siegeskränze der für das Vaterland gestählten Turner waren aus Eichenlaub. Beim Wartburgfest von 1817, als man sich des 300. Jahrestages der Reformation erinnerte, wurde zu Beginn des Gottesdienstes der deutsche Eichenwald gepriesen. Während des Hambacher Festes von 1832, der ersten von der demokratisch-nationalen Bewegung getragenen Feier, hatten die Männer auf dem Barett ihrer altdeutschen Tracht Eichenlaub, und in mehreren Reden wurde die Stärke der deutschen Eiche als Vorbild für die Kraft und den Willen zur nationalen Einheit heraufbeschworen.

Einen wichtigen Anlaß, solche nationalen Feste zu feiern, bildeten auch die neuen Nationaldenkmäler, die zu wahren Kultplätzen, zu Stätten der nationalen Erhebung wurden. »Der heilige Hügel mit dem deutschen Wald, in dem Chöre widerhallen, die nationale Lieder sangen und auf Eide der Brüderlichkeit respondierten.«[17] Arndt stellte sich zum Beispiel als Denkmal für die Völkerschlacht von Leipzig ein Kreuz auf einem Erdhügel vor, umgeben von einem Eichenhain, der als Friedhof für große Deutsche dienen sollte, ein Denkmal, das zugleich »ächt germanisch und ächt christlich«[18] sein sollte. So ähnlich muß wohl auch der Burschenschaftler und Schriftsteller Karl Follen 1818 für das Hermannsdenkmal empfunden haben: »Der alte Hermann regt sich wild / der Freiheitsgott im Eichengrab / [...] Am Bundesbanner wonnevoll / Kreuz, Schwert und Eichen glühen.«[19]

Diese Beispiele zeigen, daß während der Befreiungskriege und unmittelbar danach die Eiche in eine idealisierte Welt der Freiheits- und Einheitsmetaphern eingebettet wurde, die in der Folge das vaterländische Fühlen und Wollen prägten. Auch nach 1815 blieb der Eiche eine widersprüchliche Bedeutung erhalten. Sie wurde mit Konservativem und Revolutionärem aufgeladen und konnte von Monarchisten wie Republikanern vereinnahmt werden. Wann immer eine Gruppe, gleich welcher politischen Prägung, versuchte, ihre Einheitsvorstellungen auszudrücken, die Eiche gehörte mit zur Symbolik, die die Sehnsüchte und Hoffnungen objektivieren und ihnen Dauer und Bestand verleihen sollte.

Dieser Widerspruch läßt sich an zwei Germania-Darstellungen des Malers Philipp Veit aufzeigen. 1834—36 schuf Veit als rechten Teil seines Freskos »Einführung der Künste durch das Christentum« eine jungfräulich madonnenhafte Germania. Am Stamm einer dicken Eiche sitzend, das Schwert auf ihren Knien, den Schild neben sich aufgestellt, trägt sie, wie einen Heiligenschein, eine Eichenkrone auf ihrem Haar. Versonnen schaut sie auf die Kaiserkrone zu ihren Füßen, ein Hinweis darauf, daß das Kaiserreich eine Möglichkeit für die Einheit und Freiheit Deutschlands sein könnte.

Wie anders mutet die Germania an, die Veit 1848 als Transparent für die Paulskirche in Frankfurt schuf. Obwohl die Attribute zum Teil die gleichen geblieben sind, ist diese Gestalt die Allegorie der Revolution. Aufrechtstehend schaut sie zuversichtlich in die Ferne, hält das Schwert kampfbereit in der einen, die wehende schwarz-rot-goldene Trikolore in der anderen Hand. Auf dem Kopf trägt sie den Eichenkranz, und zu ihren Füßen liegt eine gesprengte Fessel, Zeichen der erlangten Freiheit im Sinne der Französischen Revolution, Absage an das Kaiserreich. Heinrich Heines Wunsch, die Eichenwälder endlich zu Barrikaden für die Befreiung der Welt zu machen,[20] findet hier seine symbolisch-bildnerische Umsetzung. Veit läßt in diesen beiden Bildern den Eichenkranz als Krone des Regenten von Gottes Gnaden sowie als Kranz des Volkes, das seine natürlichen Grundrechte fordert, erblühen.

Die verschiedenen Zusammenhänge, in denen die Eiche im 19. Jahrhundert als nationales Kultursymbol auftrat, könnte man am Eichenkranz der Germania verfolgen: Als Schmuck germanischer Gestalten wie Priesterinnen (vgl. Abb. S. 142), die im mythi-

Philipp Veit, Germania, 1834—36

Philipp Veit, Germania, 1848

schen Germanien die naturrechtliche Einheit und Freiheit darstellen, dann während der Befreiungskriege als Krone der jungfräulich romantischen Germania, idealisiertes Wunschbild der geweiht-geheiligten Nation. Im Vormärz und in der Revolution von 1848 kamen beide Aspekte vor und wurden je nachdem, wie man sich die Einheit Deutschlands vorstellte, monarchistisch oder republikanisch besetzt (Veit). Als 1871 die lang ersehnte Einheit Deutschlands Wirklichkeit geworden war, wenn auch unter anderen Vorzeichen als ursprünglich erhofft, bekam der Eichenkranz auf Germanias Haaren eine eindeutigere Aussage. Germania, die Allegorie der deutschen Einheit, die Vermittlerin zwischen Vergangenheit und Gegenwart, deutschem Nationalgefühl und neu gegründetem Reich, die mythische Frauengestalt, die als Dienerin des Kaisers jedem Einheit und Freiheit versprach, trug stolz ihren Siegeskranz. Einer Walküre ähnlich kämpfte sie mit Schwert und Schild gegen den Feind und trug ihre eichenbekrönten Helden in die kaiserliche Walhalla. Diese Germania wurde die nationale Leitfigur im Kaiserreich. In Stein gehauen ist sie im Niederwalddenkmal, der Wacht am Rhein, verewigt worden (vgl. Abb. S. 57): Die Schutz- und Trutzgöttin wendet sich mit theatralischem Gestus nach Westen, dem Feinde zu und wacht über den Sieg Germaniens. Der Eichenkranz auf ihrem wallenden Haar ist die Krone der Macht, nicht mehr die der Sehnsucht und Hoffnung. Diese Personifikation deutscher Wünsche wurde die volkstümliche weibliche Gestalt, die immer dort anzutreffen war, wo das Reich sich repräsentativ zur Schau stellte, wie bei den unzähligen nationalen Festzügen, Manifestationen militärischer Macht und historischen Pathos'. Die eichenbekränzte Germania hielt meist auf einem mit Eichengirlanden geschmückten Wagen hof, gefolgt von ihren Schützlingen, den vielen ursprünglich liberalen Gruppen wie Turnern und Studenten, die die Eiche schon lange zu ihrem Symbol gemacht hatten. Nicht nur der Eichenkranz auf den Locken der deutschen Pallas Athene diente im Kaiserreich zur Legitimierung der Macht. Im neu gegründeten Reich, das die Geschichte Deutschlands von der germanischen Vorzeit über das Mittelalter zu den Befreiungskriegen in einem mythisch-allegorischen Tableau vivant, in einem Triumphzug historischer Ganzheit und Kontinuität darzustellen pflegte, wurde auch die Eiche ein Teil dieses Ganzen. Sie gehörte zum geschichtlichen Selbstgefühl der Nation. Allgemein verständlich war sie Ornament und Symbol zugleich. Popularisierung und Trivialisierung einerseits, Mythisierung im Zeichen der Macht andererseits. Eiche, Eichenlaub und Eichenkranz waren aus dem politischen, kulturellen und alltäglichen Leben des kaiserlichen Deutschland nicht mehr wegzudenken: Sieger- und Ehrenkränze für militärische, körperliche und künstlerische Verdienste, Eichenpflanzungen bei nationalen Denkmälern, Eichengirlanden bei Festen, Ornament für Wertpapiere, Münzen, Briefmarken, Werbung usw. Bismarck, der drei Eichenblätter in seinem Wappen trug, wurde mit der Kraft und Stärke der Eiche in Verbindung gebracht, »es schlinge stolz und kühn um deutsche Heldenstirnen sich deutsches Eichengrün.«[21] Er verschenkte als Gegengabe für besondere Huldigung junge Eichenbäume aus dem Sachsenwald, die gepflanzt und zu Bismarck-Denkmälern geweiht wurden, ähnlich den Donar- oder Wodaneichen der Vorzeit.

Die Eiche war eine deutsche Selbstverständlichkeit, ein Massenornament und Massensymbol, zu dem sich der Angehörige der Nation, auf seine eigene Weise verkleidet, in starrer Beziehung sah, wie Elias Canetti in »Masse und Macht« schreibt. Doch die »Offenheit ins Unendliche, die Dichte und das Wachstum,«[22] die für Wandel und Veränderung wichtig gewesen wären, konnte die Eiche nicht mehr in Anspruch nehmen, sie veränderte das Bewußtsein nur noch rassistisch-ideologisch. Diese Ideologisierung fand im Dritten Reich ihren Höhepunkt, als die Eiche gänzlich für die Blut- und Bodenmythologie, für das »arische Urmonopol« vereinnahmt wurde. Alfred Deterings Buch »Die Bedeutung der Eiche seit der Vorzeit« (1939) gibt davon Zeugnis:

»An Hand der Belege der Vorgeschichtsforschung, der Sprachwissenschaft, der Mythologie, der Volkskunst und des Volksbrauches konnten wir mit Hilfe der Eiche als ›Leitgestalt‹ eine heimische Überlieferung aus Vorzeittagen bis in die Gegenwart verfolgen und darin eine Fähigkeit nordrassischer Menschen zum beharrlichen Festhalten an Glaubensvorstellungen erkennen. [...] Seit 1933 läßt sich offensichtlich eine erhöhte Verwendung der Eiche als Sinnbild erkennen [...] Die Sieger der olympischen Spiele 1936 krönte nach altem Brauch, der auf den Turnvater Jahn zurückgeht, ein Eichenkranz, die Besten unter ihnen erhielten als Gabe des deutschen Volkes ein Eichbäumchen. [...] Das Hoheitszeichen der Nationalsozialistischen Deutschen Arbeiter Partei zeigt einen fliegenden Adler, der in seinen Fängen einen Eichenkranz hält [...]. Dieses Zeichen wurde zugleich das Hoheitszeichen des Dritten Reiches, des Reiches, das seine Ehre wiederherstellte, des Reiches, das wieder in Freiheit lebt und in Stärke.«[23]

Auch Caspar David Friedrichs Eiche wurde völkisch interpretiert und als Bild für die »heroische Gesinnung des Deutschen« heraufbeschworen, der »ungebeugt und trotzig die eisige Strenge fremder Willkürherrschaft überdauert.«[24] Fremdenhaß und rassisches Bewußtsein, zwei Regungen, die der Deutsche auf dem Weg seiner Identitätssuche oft in die Eiche hineinprojiziert hatte, pervertierten im Dritten Reich endgültig zum faschistischen Glaubensbekenntnis.

Und wie steht es mit der Eiche in der Nachkriegszeit? Die Deutschen tun sich heute noch schwer mit diesem Symbol, mit dem sie in einer Art »liaison dangereuse« stehen, einem Verhältnis von Anziehung und Abstoßung, Liebe und Haß, denn die Eiche verkörpert etwas, was zugleich bewahrt und aufgegeben werden will, deutsche Eigenart und deutsche Unart. Wenn zum Beispiel ein Restaurant mit guter deutscher Hausmannskost »Die deutsche Eiche« heißt, oder wenn »Der Spiegel« Helmut Kohl als eichen-

Titelblatt »Der Spiegel«, 26. Januar 1987

bekränzten Sieger porträtiert, schwingen hinter Humor oder gar Selbstironie Distanzierung und gleichzeitig unbeholfene Anbiederung mit. Künstlern fällt die deutsche Geschichtsbewältigung im Zeichen der Eiche ebenfalls schwer. So ist es Martin Walser in seinem 1962 geschriebenen Stück »Eiche und Angora — Eine deutsche Chronik« nicht gelungen, die Eiche aus den gängigen nationalen Klischeevorstellungen zu befreien. Und kann in Arnulf Rainers Übermalung amerikanischer Eichenarten des Künstlers Unbehagen über die »Verbindung von Botanika und Nationalismus im Verbalismus der ›deutschen Eichen‹« und die damit verbundene Erinnerung an das Eichenlaub als Ausdruck »deutscher Aggressionsheroik« wirklich nachvollzogen werden (vgl. S. 246, 247)? Was beabsichtigte Joseph Beuys, als er Kassel in seiner fünfjährigen Aktion »Stadtverwaldung statt Stadtverwaltung« mit 7000 Eichen bepflanzen ließ? Eine pathetisch einfache Gebärde, Wiederbelebung eines deutschen Mythos, Regression in die barbarischen Wälder der Germanen, romantische Sentimentalität oder Solidarisierung mit den Grünen? Er wollte die Eiche von der Symbolik des Kaiserreiches und des Nationalsozialismus entlasten, sie als Baum verstanden haben, der wie kein anderer religiöse, geistige und historische Assoziationen provoziert und auch die deutsche Frage aufwirft, die »im Zusammenhang mit den Fragen, die viele als spirituelle Grundfragen in sich bergen«, gelöst werden könnte.[25] Er sah sie als Freiheitsmetapher, nicht im politischen Sinn wie zur Zeit der Befreiungskriege, sondern als Bild der ständigen Erneuerung, als »Zeitskulptur«, die fortwährend in Bewegung ist und Energien in sich birgt, die jenseits von Ideologie und selbstquälerischer deutscher Identifizierung auf Menschliches schlechthin weisen. 7000 Eichen war für ihn der symbolische Beginn eines Unternehmens, »das Leben der Menschheit zu regenerieren innerhalb des Körpers der menschlichen Gemeinschaft, und um eine positive Zukunft in diesem Sinne vorzubereiten.«[26] Mag man Beuys auch nicht folgen, so lohnt es sich zumindest, darüber nachzudenken, wie sich in seiner Aktion Natur und Kultur im Bild der Eiche begegnen.

Anmerkungen

1 Theodor Lessing, Deutsche Bäume, in: Derselbe: Ich warf eine Flaschenpost ins Eismeer der Geschichte, Darmstadt und Neuwied 1986, S. 305
2 vgl. Reallexikon zur deutschen Kunstgeschichte, Stuttgart 1958, Bd. 4, S. 906—921
vgl. Paul Wagler, Die Eiche in alter und neuer Zeit, Berlin 1891; vgl. Hanns Bächtold-Staubli (Hg.), Handwörterbuch des deutschen Aberglaubens, Berlin, Leipzig 1929—30, Bd. 2, S. 645—655
Oft wird Donar mit Wodan gleichgesetzt, z. B. in Kleists Hermannschlacht: »Denn Wodan ist, das ihr's nur wißt, ihr Römer, der Zeus der Deutschen, Herr des Blitzes.«
3 Friedrich Gottlieb Klopstock, Hermanns Schlacht — ein Bardiet, Leipzig 1839, S. 90
4 vgl. Albrecht Schöne, Gedichte aus dem Göttinger Hain, Göttingen 1972
5 Friedrich Christian Schubart (1786), zit. nach: Caspar David Friedrich, Ausstellungskatalog Hamburger Kunsthalle, Hamburg 1974, S. 46
6 vgl. Arnold Rabbow, dtv-Lexikon politischer Symbole, München 1970; vgl. Suzanne Anderegg, Der Freiheitsbaum. Ein Rechtssymbol im Zeitalter des Rationalismus, Zürich 1968, S. 93; vgl. George L. Mosse, Die Nationalisierung der Masse, Berlin 1976, S. 57
7 Clemens Brentano, Godwi, Werke, Bd. 2, München 1963, S. 251
8 Eckart Klessmann, Die Welt der Romantik, München 1969, S. 256; vgl. dazu auch Friedrich Möbius, Die Eichen in Caspar David Friedrichs Gemälde »Abtei im Eichwald« (1810), in: Hannelore Gärtner (Hg.), Caspar David Friedrich — Leben, Welt, Diskussion. Berlin (Ost) 1977, S. 163—168
9 zit. nach: Klaus Lankheit, Das Freundschaftsbild der Romantik, Heidelberg 1952, S. 106
10 Inschrift auf Theodor Körners Grab bei Wöbbelin; vgl. Hans-Kurt Boehlke (Hg.), Wie die Alten den Tod gebildet, Kassel 1979, S. 192
11 Klopstock, Hermanns Schlacht, S. 45
12 Heinrich Heine, Deutschland — Ein Wintermärchen, Caput XIV, 110—111
13 Ernst Moritz Arndt, Geist der Zeit, Berlin 1913, S. 85
14 Gust Schneider, Die Burschenschaft »Germania« zu Jena, Jena 1897, S. 40
15 Friedrich Ludwig Jahn, Deutsches Volkstum, Schulausgabe, Berlin 1913, S. 83—85
16 zit. nach: Wagler, Die Eiche in alter und neuer Zeit, S. 104
17 Mosse, Die Nationalisierung der Masse, S. 60
18 zit. nach: Reinhold Grimm, Jost Hermand, Deutsche Feiern, Wiesbaden 1977, S. 11
19 vgl. Wallfahrtsstätten d. Nation, Frankfurt a. M., 1971, S. 10
20 zit. nach: Helmut Bock (Hg.), Unzeit des Biedermeiers, Leipzig, Jena, Berlin 1985, S. 17 f.
21 Wagler, Die Eiche in neuer und alter Zeit, S. 105
22 Elias Canetti, Masse und Macht, Frankfurt M. 1985, S. 187
23 Alfred Detering, Die Bedeutung der Eiche seit der Vorzeit, Berlin 1939, S. 139—143
24 Kurt Wilhelm-Kästner, Caspar David Friedrich und seine Heimat, Berlin 1940, S. 59
25 Johannes Stüttgen (Hg.), Joseph Beuys. 7000 Eichen. Ein Arbeitspapier der FIU, Bielefeld 1982, S. 8
26 Fernando Groener, Rose-Maria Kandler (Hg.), 7000 Eichen. Joseph Beuys, Köln 1987, S. 16, S. 23—61

Friedrich Rothe
Deutscher Wald um 1900

Von der Gründerzeit mit ihrem Historismus und Exotismus, in denen sich die Erneuerung der Reichsidee und Sehnsucht nach Weltherrschaft widerspiegelten, ging der Weg nicht stracks zurück in das enge Dunkel des deutschen Waldes, aus dem die Generation der Jugendbewegung Pathos und Begeisterung für den Weltkrieg bezog. Erst in der unmittelbaren Vorbereitung des Krieges wurde der Wald zu einem Inbegriff deutscher Art, die hartnäckig gegen westliche Zivilisation und die Gefahr aus dem Osten verteidigt werden mußte. Es bezeichnet den geistigen Zustand Deutschlands dieser Jahre, daß Ludwig Ganghofer, der Lieblingsschriftsteller des Kaisers, auch zum bevorzugten Kriegsberichterstatter avancierte, der bei seinen Reisen an die Front alle nur erdenklichen Bequemlichkeiten genoß, wenn er dort seine Jagdschriftstellerei ausübte.
Ein kleines Büchlein von Alfred Lichtwark »Makartboquet und Blumenstrauß« aus dem Jahre 1894 bezeugt vielmehr, daß es am Ende der Gründerzeit auch Urbanität und Bescheidenheit in Deutschland gegeben hat, welche Hoffnung auf einen Wandel zum Besseren sich mit der Liebe zum Strauß aus wild gewachsenen Blumen und der Entdeckung schleswig-holsteinischer Bauerngärten aus der Barockzeit verband. Die Großstadt erscheint hier nicht als gottverlassenes Inferno, dem nur ein Strafgericht wie bei Sodom und Gomorrha ein Ende setzen kann. Lichtwark plädiert für eine Versöhnung der Großstädter mit der sie umgebenden Natur. Das Nachdenken über den Blumenstrauß ist dazu ein erster Beginn.
Aber auch der Verleger Georg Hirth, der mit seinem Prachtwerk »Das deutsche Zimmer der Gotik und der Renaissance« die Geschmacksverwirrung der Gründerzeit kodifiziert und für die Weiterverbreitung bis in die Provinz gesorgt hatte, versucht mit seiner Zeitschrift »Jugend« (1896) einen Weg zu beschreiben, der aus der erstarrten Monumentalität der Gründerjahre herausführt. Ist es auch nur Legende, daß der rührige Verleger auf einem Spaziergang beim Blick auf die Waldlichtung »Jugend« in der Umgebung von München den zugkräftigen Titel für seine neue Zeitschrift gefunden haben will[1], ist doch soviel wahr, daß die »Jugend« in ihren ersten Jahrgängen eine großstädtische Liberalität ausstrahlt, die wir auch heute bei einem Familienblatt bemerkenswert fänden. Es wimmelt nur so von Nymphen und Faunen; Doppelmoral, aristokratischer Standesdünkel und die feinen Manieren der Aufsteiger, die den Hochmut der Etablierten zu übertrumpfen versuchen, werden verspottet. All dies jedoch ohne die Schärfe und Bissigkeit der polizeiwidrigen Satiren des »Simplicissimus«. Typisch für die Genüßlichkeit der »Jugend«, die sich dem heroischen Ernst der Gründerzeit entgegenstellt, ist eine Illustration von Angelo Jank, der nackte Damen der Gesellschaft beim

Angelo Jank, Im Zwielicht, um 1897

Fidus, Walpurgisopfer, 1894

neckischen Balgen vor einem Faun im Zwielicht zeigt². Genuß bereitet das Quidproquo von Mythologie und gesellschaftlichem Status, der spielerisch außer Kraft gesetzt wird. So endet denn auch die poetische Paraphrase der Illustration mit dem ernüchternden Hinweis auf ein »verrissenes Strohhutgeflecht«, das zurückbleibt und den Gegenwartsbezug dieser Peep-Show-Szenerie betont. Waldrand und Lichtung sind Orte, Zwischenbereiche, an denen sich die sexuelle Phantasie ausleben und das im Alltag Verdrängte ein Scheinleben führen darf.

Lebensängstliche, regressive Vorstellungen wie in dem Waldgedicht von Felix Lorenz, der klagt: »Es ist ein Wald mit unermessener Tiefe,/Drin meiner Kindheit helle Glocken hängen,/Drin sich die Stimmen meiner Heimath drängen,/Die Stimmen, die so gern zur Umkehr riefen./Ich aber darf nicht nach den Glocken lauschen. [...]«³, sind eine Ausnahme, die ins Auge fällt. Hier ist schon etwas von der später weit verbreiteten rabiaten Zivilisationskritik zu spüren, die das unendliche Dunkel des Waldes als Stimme der Heimat, der reinen, unverdorbenen Kindheit zum Leitbild gesellschaftlicher Umkehr verklärt; sie fand ihren Gipfel im Jagdgesetz der Nationalsozialisten, das bekanntlich, was den Schutz des Wildes angeht, das strengste auf der ganzen Welt gewesen ist.

Schon die eckige, großformatige Runenschrift, mit der Fidus seine Illustration »Walpurgisopfer« (erschienen 1897) versieht, fällt aus dem Rahmen der Zeitschrift, die ihre Bedeutung als Experimentierfeld für die lockeren, organischen Ornamente des »Jugendstils« gewonnen hat. Ernst wie die Unterschrift ist auch das Opfer, das der Ritter der verführerischen Hexe darbringen soll. Die Straffheit der Bäume und der Haltung des hoch gerüsteten Mannes signalisieren die Gefahr, die abgewehrt werden muß. Fidus, der sein Ideal natürlicher Nacktheit nur an Kindern zu demonstrieren vermag, stellt nackte Frauen im Wald, natürlich mit Ausnahme der Mütter, als Versucherinnen dar, die an das Triebhafte im Mann appellieren, um ihn zu sich hinunter zu ziehen. So bleibt auf diesem Blatt unentschieden, ob die Hexe selbst das Walpurgisopfer wird, das auf dem Holzstoß verbrannt wird, oder ob der Ritter ihr seine Sittlichkeit, die durch das Weiß seines Mantels und seines Pferdes im Hintergrund symbolisiert wird, opfert. Das am Boden liegende Schwert läßt hoffen, daß zumindest die Unberührtheit des Mannes keinen Schaden nimmt.

Fidus' Vorstellungen vom natürlichen Leben sind von Sexualangst geprägt, die in seinen regressiven Darstellungen des Waldinneren eine Beruhigung sucht. Es sind Fluchtversuche zurück in den bergenden Mutterleib, die Mutter aber wird mit blinder Aggressivität nach außen verteidigt. Der sanfte Fidus tritt im Ersten Weltkrieg unerbittlich für den Siegfrieden ein und bringt seine mit vielen Postkarten propagierte Lebensreform in Einklang mit den ausschweifendsten Plänen der Obersten Heeresleitung.

Man hat Heinrich Vogeler als Doppelgänger von Fidus bezeichnet, der ihm an Herkunft und lebensreformerischem Mystizismus bis zu seinem pazifistischen Manifest an den deutschen Kaiser im Ersten Weltkrieg aufs Haar gleiche. Aber gerade die unterschiedliche Auffassung der Waldthematik macht einen gravierenden Unterschied deutlich. Betrachtet man Vogelers Radierung »Prinzessin im Wald« zusammen mit dem etwa gleichzeitig entstandenen »Walpurgisopfer«, zeigt sich, daß beide Künstler das Verhältnis von Natur und Gesellschaft schon recht frühzeitig kontrovers behandelten. Bei Vogeler bedroht der Wald die Mädchenfrau, während bei Fidus die nackte Unholdin geradezu als symbiotischer Teil des Waldes den Mann zu unterwerfen versucht. Bei der »Prinzessin im Wald« symbolisiert der Wald ein dunkles

Heinrich Vogeler, Prinzessin im Wald, o. J.

Verhängnis, das die Frau an der Entfaltung ihrer Körperlichkeit ebenso hindert wie an der Einnahme einer Rolle im Sozialen. Der Wald bietet hier keine regressive Verlockung; er hat nichts Bergendes, sondern signalisiert Bedrohung und Gefahr.

Von der Literaturkritik nicht beachtet, aber seit seinem ersten Erscheinen 1911 von Millionen gelesen: »Die Heilige und ihr Narr« von Agnes Günther. Dieses Buch, halb Märchenbuch, halb Gesellschaftsroman in der Tradition von Eugenie Marlitt, versammelt Sehnsüchte und Ängste, die sich mit dem deutschen Wald verbinden, wie in einem Kompendium: Waldweihnacht, die alte Burg in Waldeshöhe, das Waldwiesenidyll und zuletzt, als geheimer Zielpunkt des Ganzen, das Mausoleum auf der Insel eines Waldsees, ein Ort, an dem die Tote auch weiterhin das Rauschen der Bäume hört. Der Roman ist durchsetzt mit erlesenen Bildern einer neoromantischen Ritterwelt, und es fällt nicht schwer, sich als Erzählerin dieser Geschichte einer der Vogelerschen Prinzessinnen vorzustellen. Die Szenen im Wald eröffnen eine Sphäre antizivilisatorischer Eigentlichkeit, in der ursprüngliche Menschlichkeit und Kunst mit der Natur im Einklang stehen. Der Held des Romans, Harro in rauher Lodenjoppe, ist denn auch gutmütiger Waldschrat und Künstler, der die sensible Aschenbrödelprinzessin vor den bösen, unverständigen Leuten im Schloß beschützt. Ein Schuß aus dem Wald, es herrscht eine Stimmung, die wie eine Reminiszenz an Eichendorffs »Zwielicht« wirkt, beendet eine Familienidylle, die von Anfang an bedroht war und keine Zukunft hat. Denn voller Todessehnsucht geht es Agnes Günther bei ihrem Werk um Darstellung eines Sterbens, eines Lebens im Tode, das ins Jenseits strebt. Einzige Aufgabe, die den Überlebenden bleibt, ist die Errichtung eines Grabmals, dessen Sinn nicht Erinnerung, Andenken an die Verstorbenen ist, sondern Befriedigung für eine Frau, die sich nur im Tode erfüllen kann. Zwischen geheimnisvollem, verschneitem Winterwald und dem marmornen Grabmal am Ende vollzieht sich ein Kreislauf des Todes, dessen Symbol, der Wald aus Tannen und Fichten, das Geschehen des Romans imprägniert.

In den neu errichteten Landschulen und den verschiedenen Gruppierungen der Jugendbewegung, von denen der Wandervogel am bekanntesten geworden ist, erfuhr der antizivilisatorische Affekt in der Intelligenz und der heranwachsenden Generation um 1900 eine beträchtliche, damals auch großes Aufsehen erregende praktische Wendung. Tausende von Jugendlichen sagten ihren Elternhäusern den Kampf an, organisierten eigene Versammlungen und Diskussionen, suchten herauszufinden, was der Jugend gemäß sei. Gesunde Ernährung und Kleidung, Freikörperkultur, Bekenntnis zur Männerliebe, Wandern, Spiele und Tanz, auch Philosophie und Kunst waren wichtige Diskussionsgegenstände. All dies wurde nicht nur diskutiert, die Ausübung war das wichtigste und aufregendste. Die deutsche Romantik, eine Periode der Geistesgeschichte, von der sich die Realpolitik nach 1871 und der sie begleitende Positivismus auf nahezu allen Gebieten der Kultur besonders deutlich unterschied, wurde wiederentdeckt. Aber ungeachtet der gemeinsamen Vorliebe war es schon eine Frage, ob man die kurze Phase der Frühromantik zum Orientierungspunkt nahm oder sich mit der patriotischen Linie der Befreiungskriege begnügte — Johann Gottlieb Fichte und Turnvater Jahn. Die Illustration »Heimkehr der Turner unter Jahn und Friesen von der Hasenheide«, die Ferdinand Staeger 1913 für das XII. Deutsche Turnfest herausbrachte, macht erschreckend deutlich, wieweit tatsächlich der Selbstformierungsprozeß der bürgerlichen Jugend zum Eintritt in den Weltkrieg gediehen war. Eine Reihe engumschlungener Knaben wird von zwei päderastischen Übervätern vom Kampfplatz in die Stadt zurückgeführt; angesichts dieser innigen Harmonie von Jugendlichkeit und männlicher Autorität kein Wunder, daß die Bürger freudig ihre Zylinder schwenken. Das Treffen auf dem Hohen Meißner 1913 war der Höhepunkt dieser Bewegung unter der bürgerlichen deutschen Jugend. Man hatte diesen Berg ausgewählt, weil er in Deutschlands Mitte lag, aber auch weil in seiner Umgebung die Brüder Grimm nach Märchen gesucht hatten: er war der Berg eines Märchenwaldes. Bei diesem Treffen entschied sich unmißverständlich, daß der größte Teil der Versammelten bereit sei, wenn das Vaterland riefe.

Die Naturschwärmerei der Wandervögel hat man oft als Sentimentalität verspottet. Wenn es nur dies wäre, könnte man zur Tagesordnung übergehen. Gefährlich war diese Begeisterung für das Reine und Unberührte, weil sie die Wahrnehmung der eigenen Aggressivität und die Auseinandersetzung mit ihr verhinderte. Die Liebe zur Natur war eben nicht rein, sondern lediglich Kompensation für ein Verlangen nach Destruktion, das verdrängt werden mußte. Die zahllosen begeisterten Kriegsfreiwilligen von 1914 waren in diesem Sinn keine betrogenen Jugendlichen, deren selbstloser Idealismus ausgebeutet wurde, sondern im bruchlosen Übergang von der Friedenszeit in den Krieg kam eine Aggressionsbereitschaft zum Zuge, die davor im Hang zur Schwärmerei für die Natur und einen verstiegenen Idealismus abgewehrt worden war.

Ein Beispiel für dieses konformistische Agieren im Einklang mit den Trieben sind die »Briefe aus dem Feld« von Franz Marc, die der Piper Verlag heute noch »zu den Schätzen der deutschen Literatur des 20. Jahrhunderts« rechnet. Marcs Tierbilder, insbesondere seine Rehe, besaßen schon sehr bald eine große Anziehungskraft, sie waren so volkstümlich, daß die Nationalsozialisten seine Werke bei der Ausstellung »Entartete Kunst« auf dem Weg durch die Provinz wieder entfernten. Marc wird als der Romantiker unter den expressionistischen Künstlern geschätzt, der bei den Tieren noch die Reinheit der Schöpfung fand und darzustellen vermochte, die den Menschen im Fortgang der Zivilisation verlorengegangen ist. Hatte Marc schon im »Blauen Reiter« (1912) den wilden Künstlern attestiert, daß »ihre neuen Gedanken besser töten als Stahl«[4], fühlt er an der Front als Meldereiter einer Artillerieeinheit »den Geist, der hinter den Schlachten, hinter jeder Kugel schwebt, so stark, daß das Realistische, Materielle ganz verschwindet. Schlachten, Verwundungen, Bewegungen wirken alle so mystisch, unwirklich, als ob sie etwas ganz anderes bedeuteten«[5]. Gegenüber seiner Frau, die offensichtlich sehr früh ernsthaft an Sinn dieses Krieges zweifelt, entwickelt er die Rechtfertigung: »Lieber Blut als ewig schwindeln; der Krieg ist ebenso Sühne als selbstgewolltes Opfer, dem sich Europa unterworfen hat, um ›in's Reine‹ zu kommen mit sich. Alles, was drum und dran ist, ist gänzlich häßlich; aber die hinausziehenden und die sterbenden Krieger sind *nicht häßlich*. [...] Sieh lieber ganz weg vom Krieg, [...] wenn Du ihn nicht ertragen kannst, aber erkläre ihn nicht für eine — Dummheit!«[6] Noch kurz vor seinem Tode im März 1916 zweifelt er »keine Minute am Fall von Verdun und dem darauf folgenden Einbruch in das Herz des Landes«[7]. Bei Ernst Jünger, der sich 1913 bei der Fremdenlegion zum Einsatz in Afrika bewarb, als er noch Gymnasiast in Hannover war, wäre diese männliche Sprache weniger verwunderlich. Daß sie auch einem Franz Marc zur Verfügung stand, läßt etwas ahnen von dem Destruktionspotential, das damals in Deutschland vorhanden war; an ihm hatten auch Künstler der Avantgarde Anteil.

»Ein toter Wald. Alles ist zerschossen, abgehauen und abgesägt. Hüllenloses Erdreich, aus dem sich nur ab und zu ein paar kranke Bäume erheben. Zu Hunderten liegen noch die gefällten, entästeten, zersägten Stämme mit halb schon verwitterter Rinde am Boden herum. Eine zerfallene Feldbahn führt quer hindurch.

Der tote Wald:

Durch eure Macht, durch euer Mühn
bin ich ergraut. Einst war ich grün.
Seht meine jetzige Gestalt.
Ich war ein Wald! Ich war ein Wald!

Der Seele war in meinem Dom,
ihr Christen hört, ihr ewges Rom,
In meinem Schweigen war das Wort.
Und euer Tun bedeutet Mord!

Fluch euch, die das mir angetan!
Nie wieder steig' ich himmelan!
Wie war ich grün. Wie bin ich alt.
Ich war ein Wald! Ich war ein Wald!

(Die Erscheinung verschwindet.)«[8]

Ist es auch nur ein toter Wald, der am Schluß der Tragödie »Die letzten Tage der Menschheit«, die Karl Kraus 1919 veröffentlichte, am Boden liegend, seine Stimme erhebt, besteht jedoch kein Zweifel, daß zumindest in Mitteleuropa mit dem Ersten Weltkrieg auch die Herrlichkeit des Waldes zugrunde ging. Die wiederholte Klage »Ich war ein Wald! Ich war ein Wald!« zieht einen Schlußstrich unter einen irreversiblen Prozeß. In der zweiten Strophe nimmt Kraus mit dem Wald als Dom der Seele und seinem Schweigen als dem Ursprung des Worts noch einmal das Waldthema der deutschen Romantik auf, aber es erklingt als ferne Erinnerung. Der Wald verflucht die Menschen, die mit der Zerstörung sich selbst nicht weniger geschadet haben als der Natur, die sie als Material ausschlachteten.

Den unwiderruflichen Verlust des Ursprungs, den Übergang in eine neue Zeit, wollten Konservative aller Schattierungen nicht wahrhaben und arbeiteten mit dem Beginn der Weimarer Republik an einer Restauration des guten Alten, das es nicht mehr gab, nicht mehr geben konnte. Es endete mit dem Bau von KZs und einer forcierten Errichtung von Naturschutzgebieten.

Anmerkungen

1 vgl. A. de Nora, Am Färbergraben, Leipzig 1932, S. 5 f.
2 Jugend, Nr. 42/1897, S. 175
3 Felix Lorenz, Der Wald, in: Jugend, Nr. 25/1898, S. 423
4 Der Blaue Reiter, Dokumentarische Neuausgabe, Hg. Klaus Lankheit, München, Zürich 1979, S. 28 f.
5 Franz Marc, Briefe aus dem Felde, Hg. Klaus Lankheit, München 1985, S. 11
6 Marc, ebd., S. 60
7 Marc, ebd., S. 149
8 Karl Kraus, Die letzten Tage der Menschheit, Wien 1919, S. 635

Volker Graf, Werner Graf

Auf dem Waldlehrpfad

> »Im Walde da liegt verfallen
> Der alten Helden Haus,
> Doch aus den Toren und Hallen
> Bricht jährlich der Frühling aus.«
>
> *Eichendorff,* Trost

Der Wald als Erzieher

Einzelne Bäume sind beschildert, botanische Namen und Fachtermini sind auf Holztafeln gepinselt, Fakten über Alter, Jahresringe, Höhe etc. werden mitgeteilt, Bewohner des Waldes werden vorgestellt (Wann erwacht der Grünspecht am 21. 6. ?), natürlich fehlt nicht lexikalisches Wissen über die durchschnittliche Staubabsorption eines mittleren Baums (Buche leistungsfähiger als Fichte!), die Sauerstoffproduktion ist exakt berechnet, der Wasserkreislauf ist bunt ausgemalt: Wir begehen einen der über tausend Waldlehrpfade der Bundesrepublik Deutschland. An der Kehre des Zick-Zack-Weges ist ein Bildstock errichtet. Im Relief sehen wir eine Idylle, Bäume, Sträucher, Gräser, ein Häschen und ein Fuchs (der Polizist des Waldes). Waagerechte, gestrichelte Linien zerlegen das Bild, am rechten Rand ist das Aufbauschema des idealen Mischwaldes eingetragen:
Herrschende Oberschicht
Kämpfende Mittelschicht
Dienender Unterstand
Strauchschicht
Der hierarchische Aufbau wird als gleichsam natürlich dargestellt, noch unterstrichen durch die korrespondierenden Attribute »herrschen« und »dienen«. Sind wir ins Mittelalter versetzt? Der »Unterstand« gehört in die Feudalordnung, der Überbau ist jedoch nach dem Schichtenmodell sortiert. Gegen wen kämpfen sie denn, die Mittelschichten, gegen oben oder gegen unten, oder konkurrieren sie nur untereinander? Ganz unten, das wird »Strauchschicht« genannt, wir assoziieren Strauchdieb, die legendären Räuber lauern im dunklen Wald den reichen Kaufleuten auf. Vom Lumpenproletariat bis zur herrschenden Klasse hat jeder seinen Platz, im Wald als Abbild der Gesellschaft.

Abbild der Gesellschaft? Der Wald hat bei Linken ein schlechtes Image, einzig die ideologiekritische Beschäftigung mit dem Wald scheint einigen nicht suspekt. Im Wald Fortschritt oder Emanzipation finden? Ausgeschlossen! Ihr Ort ist die Großstadt, Roseggers Waldbauernbub ist ein Synonym für weltfremde Zurückgebliebenheit. Die Waldverbundenheit gilt sogar als »ideologische Falle«, in die die Jugendbewegung hineinwanderte und als HJ wieder herauskam. Wer sich heute noch oder schon wieder solchen romantischen Sehnsüchten hingibt, der erscheint politisch zwielichtig. Sie verweisen auf Heimatromane, in denen Besitzverhältnisse verteidigt werden. Bitte sehr, wir lesen bei Ganghofer: Im »Edelweißkönig« erzählt beispielsweise »das Veverl« — die von sich sagt, daß alles Denken in ihr in den Wald zurückgehe — dem Dori die nachgelassene Waldweisheit des Vaters, dem es im Himmel nicht gefallen kann, »wann kei Wald net droben is«:

»Oft hat er gsagt zu mir: der Wald is grad wie a Gschichtenbuch. Lesen muß man halt können. Und der Wald, mit seine Bäum und Pflanzln is grad wie d'Welt mit ihre Menschen, hat er gsagt. Wie sich d'Leut plagen müssen um ihr Brot, hat er gsagt, und grad wie die einen reich werden und die andern arm, und wie's halt d'Leut

Der Aufbau des Mischwaldes, Tafel am Waldlehrpfad auf dem Leutenberg bei Tuttlingen

im Leben haben oder treiben, hat er gsagt, so geht's mit die Bäum im Wald und überall, wo ebbes wächst im Boden.«[1]
Und dann schließt das Veverl Anschauungsunterricht an für den Dori. In einem Buchenstamm sieht sie einen Bauern, der immer dicker und reicher wird, der »allen Grund [...] um sein Hof ummi« aufkauft, der die andern »drucken« kann, der aber auch als »Bäuml« klein anfing, jedoch fleißig, sparsam und hinterher war. Und dann zeigt das Veverl dem Dori einen »dürren Lärchenbaum«, neben der Buche, »noch net alt und is schon krank von unt auf«, der hatte nicht aufgepaßt und war faul gewesen, bis die Buche über ihn kam. Im Schatten der Buche macht das Veverl »magere Ahornsbaumerln« aus, die »richtigen Tagwerksleut«. Schließlich wird Dori auf die gute Gemeinschaft des Efeus, der dankbaren Seele, mit dem Baum aufmerksam gemacht. Und endlich warnt das Veverl vor »Geißblattstäudl und Jelängerjelieberpflanzl«, diesen heimtückischen Schmarotzern, die zutraulich, scheinheilig daherschleichen, bis sie ein »Bäuml beim Zwickl« haben usw. usw. Muß dazu nicht gesagt werden: Es werden in plattesten Analogieschlüssen Wald und Gesellschaft parallelgeschaltet, was einmal mehr beweist, daß alle Naturbilder nicht zur Erkenntnis der gesellschaftlichen Verhältnisse beitragen, sondern zu ihrer Verschleierung? Die Funktion dieser trivialen Walddichtung ist immer dieselbe: Den sozial Benachteiligten wird entweder selbst die Schuld an ihrer Lage aufgebürdet, oder es wird die Ungerechtigkeit und Ungleichheit als natürlich und unveränderbar hingestellt, und zugleich werden in solchen Büchern die in Wirklichkeit unerfüllten Wünsche in billiger Fiktion befriedigt. Der triviale Wald harmonisiert gesellschaftliche Gegensätze, er absorbiert potentiell oppositionelle Kräfte, und er stabilisiert Herrschaftsverhältnisse, die nur Scheinbefriedigung zulassen, während sie Mensch und Natur in Wirklichkeit zerstören.
So viel zu Ganghofer. Wir haben andere Waldliteratur im Kopf. Die »schwarzen Wälder« Brechts lassen sich nicht so abtun. Und überhaupt kennen wir Bäume nicht nur aus Büchern — noch ist es nicht soweit! Als Kinder spielten wir Jungen an den schulfreien Nachmittagen im Wald.
Wir pirschten auf einem Geheimweg durchs Unterholz, also durch die »Strauchschicht«. Hinter herabhängenden Traufästen war der Anfang unseres Schleichweges versteckt. Es gab Banden, sie hätten uns angreifen oder verfolgen können: für einen solchen Fall wäre es ideal gewesen, augenblicklich verschwinden zu können und auf unserem Geheimweg Land zu gewinnen. Meistens schlichen wir im Indianermarsch auf unserem (Kriegs-)Pfad durch den Wald, kletterten von Zeit zu Zeit auf eine Tanne, um Aussicht zu halten, und stellten uns die wildesten Geschichten vor. Damit wären wir wieder bei den Büchern. Übrigens waren wir unter uns, ohne Erwachsene, im Grundschulalter. Wahrscheinlich, wir wissen es nicht mehr, durften wir »offiziell« nicht ins »Holz«, wie der Onkel vom Dorf sagte, und nicht zur Burgruine, sondern nur ins Baumgut der Großmutter des Freundes, aber der Wiesenweg dorthin war lang und langweilig.
Wir waren die Honberg-Bande. Unser Phantasie- und Aktionsraum war der Wald. Neben dem Bücherwald spielte also von Anfang an auch der wirkliche Wald eine Rolle. Kein Leser glaubt oder übernimmt unverändert, was er liest, vielmehr vergleicht er die literarischen Bilder mit seinen eigenen Beobachtungen. Erst das Resultat dieser vergleichenden Prozedur, die ihre Energie aus dem Wunschpotential bezieht, ergibt dann das Waldbewußtsein. Eine Ideologiekritik an Ganghofer verfehlt deshalb die Einstellung der Menschen. Die Liebe zum Wald ist komplizierter zusammengesetzt. Erinnerungen an romantische Lieder und an die Honberg-Bande werden im Protest gegen die Waldzerstörung aktualisiert und politisiert.
»Was wir sind, sind wir durch den Wald!« Solche und ähnlich überschwengliche Bekenntnisse waren zu lesen und zu hören, als vor einigen Jahren das Waldsterben zum Skandalthema der Saison wurde. Ist diese Waldverbundenheit nicht überraschend und erklärungsbedürftig? Im Atomzeitalter soll der Wald Existenzgrund, Erziehungsprogramm, Sozialisationsinstanz sein? »Wir stammen vom Walde ab; denn in ihm und von ihm lebten unsere Vorfahren!« Solches wurde ganz ernsthaft in der Presse zwischen Autotests und Raketenrüstung vorgetragen, als wäre die Verkündigung eines Waldmythos selbstverständlich in einem Volk von Autofahrern. Handelte es sich um eine kollektive Regression zum Höhlenmenschen? Oder erkannten die Menschen schlagartig, was im technischen Fortschritt falsch gelaufen war? Jedenfalls war der »Wald im Kopf« plötzlich eine Tatsache, obwohl er in keiner Sozialisationstheorie der letzten Jahrzehnte auch nur erwähnt worden wäre. Die massenhafte »Betroffenheit« und die Empörung, die durch Schadensberichte über den Wald ausgelöst wurden, erstaunte vor allem im Vergleich zu der Interesselosigkeit oder Resignation, mit der Hiobsbotschaften über Boden- und

Wasservergiftung, ja sogar Meldungen über lebensbedrohende Auswirkungen der Luftverschmutzung für Kleinkinder in der Öffentlichkeit aufgenommen bzw. übergangen wurden. Das Waldsterben dagegen wurde zum Massensymbol für die Bedrohung des menschlichen Lebens überhaupt.

Wir haben nun einen Verdacht, der uns zugleich hoffnungsvoll stimmt: Moderne, gegenwärtige Menschen, Deutsche zumal, sind in ihren Vorstellungen nicht so angepaßt, wie ihr Verhalten vermuten läßt, sie denken beispielsweise wesentlich intensiver in literarisch geprägten Naturbildern als es die öffentliche Meinung erwarten läßt. Weder die Werbung noch der Medienverbund haben das Bewußtsein total unter Kontrolle, vielmehr liegen Bilder wie etwa die Waldvorstellungen als Assoziationsmaterial bereit, das eine eigenwillige und durchaus kritische Verarbeitung von wesentlichen Fragen des Lebens und Sterbens wie auch großer Gefühle wie Angst und Hoffnung ermöglicht. Viel weniger als befürchtet ist das moderne Bewußtsein mit der allgegenwärtigen Public-Relations-Realität identisch, die das angerichtete Chaos von Technik, Umweltzerstörung, Beruf, Arbeitslosigkeit, Rüstung, Armut verschwinden läßt in der Rede von Leistung, Glück, Freiheit und Konsum...

Die Reaktion, die das Waldsterben auslöste, und die Breite und Intensität des Protestes gegen diese Naturzerstörung weisen auf eine unerwartete Vitalität des Waldes in der Sozialisation hin, die die Entwicklung der Wahrnehmung und das Selbstbewußtsein mitbestimmt. Aspekte der historischen und biographischen Genese von Waldvorstellungen müssen im Hinblick auf eine literarische Anamnese interpretiert werden; denn die Intention kann nur heißen, den Waldmythos kritisch aufzuklären, ohne ihn rational zu eliminieren: der schwer faßbare utopische Rest, die Hoffnung auf eine Einheit von Leben und Natur, die im Protest gegen das Waldsterben aufblitzte, muß umfunktioniert werden, ohne im Namen der Natur den gesellschaftlichen Fortschritt, die Zivilisation und Kultur zu denunzieren. »Politische Romantik« heißt die Befürchtung und der Vorwurf. Uns geht es dagegen um den utopischen Kern eines konservativen Motivs.

Der Wald als Abbild der Gesellschaft. Was auf dem Waldlehrpfad und in der Trivialliteratur zur Einübung in soziale Ungleichheit verkommt, das ist für den Philosophen Kant nicht weniger als die Utopie der Gleichheit. Weil die Menschen in wilder Freiheit nicht lange nebeneinander bestehen könnten, so lautet Kants Gedanke, müssen sie eine bürgerliche Vereinigung bilden. »Allein in einem solchen Gehege, als bürgerliche Vereinigung ist, tun eben dieselben Neigungen hernach die beste Würkung: so wie Bäume in einem Walde, eben dadurch daß ein jeder dem andern Luft und Sonne zu benehmen sucht, einander nötigen, beides über sich zu suchen, und dadurch einen schönen geraden Wuchs bekommen; statt daß die, welche in Freiheit und von einander abgesondert ihre Äste nach Wohlgefallen treiben, krüppelig, schief, und krumm wachsen.«[2]

Im Wald erziehen sich die Bäume gegenseitig zu schönem, geradem Wuchs. Der Wald ist hoffnungsvolles »Vorbild« einer gegenseitigen Erziehung ohne Erzieher. War es nicht so, als wir uns als Kinder in den Wald absetzten — ohne Erwachsene? Kant entwirft eine Gesellschaft nach dem Bild des Waldes, aber freilich ist dies auch bereits der Kulturwald, der dem Selbstverständnis des Bürgertums angeglichen ist. Listig fordert Kant das nur im Kulturwald verwirklichte bürgerliche Ideal eines Wachstums in Freiheit und Gleichheit auch für die Gesellschaft. Die aufgeklärten Pädagogen dagegen trauen dem Wald der Aufklärung nicht, jedenfalls wollen sie ihm die Kinder nicht ohne Aufsicht überlassen. Der Wald und die Gesellschaft sind nicht von sich aus schon ein natürliches »Gehege«, in ihnen droht Verwilderung. Deshalb wird die Natur pädagogisiert zur Schonung, zum Garten, zur Baumschule. Nur dann kann der Wald als Vorbild für das moderne Schulwesen eingesetzt werden.

Die Natur, meint der Pädagoge Weisse, setzt uns auf die »Welt, wie die Bäumchen; wir keimen und wachsen«.[3] Aber was würde aus uns werden ohne Erziehung? »... wilde Bäume, Holzäpfel, oder so was Bitteres oder Saures«, sagt Lottchen treuherzig auf. Und Karl hat sein Pensum auch gelernt, er weiß von wilden Menschen, die nichts kennen als was ihnen »die Befriedigung ihrer Begierden lehrt«. Die guten Lehrer, setzt nun Weisse wieder ein, »das sind die Gärtner, die euch die guten Reiser einpfropfen. Von den Bäumen, die schon die schönsten Früchte tragen, oder deutlicher zu reden, von den Männern, die die Welt durch ihre Weisheit und Erkenntnis, durch ihr Nachdenken und Forschen erleuchtet, die sie uns mündlich oder schriftlich bekannt gemacht haben oder noch bekannt machen, borgen eure Lehrer dasjenige, was sie nicht ihr eigner Fleiß gelehrt, und pfropfen oder flößen es euch wieder durch fleißigen Unterricht ein, bis euer Verstand durch sie aufgeklärt, der Wahrheit selbst nachforscht, das Schöne

vom Falschen, das Gute vom Bösen unterscheiden lehrt, darnach wählt, und so Herr seines eignen, oft verkehrten Willens wird: dann aber die erlangte Wissenschaft und Kenntnis auch wieder andern mitteilt. Glücklich, wenn ihr euch diese guten Pfropfreiser jetzt zu eigen macht, die guten Lehren über eure Wildheit und den natürlichen Hang, keine oder wohl schlechte Früchte zu tragen, siegen laßt, und lauter gute und herrliche Früchte bringt!«
Der bio-pädagogische Lerngang durch das Baumgut der Aufklärung belehrt ausführlich über die der Vernunft gemäße Notwendigkeit, Bäumchen zu beschneiden. Aber nicht nur sie:
»Auch hier, meine Kinder, sagte ich, findet der Vergleich mit der jugendlichen Erziehung sehr statt. Eure Neigungen und Begierden, die, wenn man sie, ohne sie zu beschneiden oder gar zu unterdrücken, fortwachsen ließe, würden oft die größten Auswüchse werden, eure moralische Schönheit verderben und keine oder doch schlechte Früchte hervorbringen. Wenn man ihren schwelgerischen Wuchs aber verhindert, und sie in ihren Schranken hält, werden sie oft die herrlichsten Tugenden.«
Das Beschneiden und das Veredeln von Bäumen geben das Gleichnis ab für die Bildung junger Bürger, nicht das Vertrauen auf die Entfaltung der Natur zeichnet den Erzieher aus, seine Tätigkeit wird mit der Notwendigkeit planvoller Korrektur des Wachstumsprozesses legitimiert. Konsequent wählt Weisse für die Bebilderung Obstbäume und nicht beispielsweise Eichen, er führt seine Zöglinge nicht in den Wald, sondern in den Garten. Nicht nur der Urwald, selbst der Kulturwald scheint sich gegen Weisses Pädagogik zu sperren. Denn für Kinder kann der Wald eine unübersichtliche Wildnis sein. Von dieser Wildnis will Weisse seine Zöglinge fernhalten.
Dieser wilde Wald war bis ins Mittelalter historische Realität, der Urwald. Mit dem realen Verschwinden des wilden Waldes, der Kultivierung der Forste also bis hin zu den heutigen Monokulturen (eine Tafel auf dem Waldlehrpfad preist die Massennutzung der Fichte), wandelte sich die Einstellung zum Wald. Was im Mittelalter die Menschen mit Angst erfüllte und sie den Wald meiden hieß, die Abwesenheit der menschlichen Zivilisation, diese vermeintliche Natürlichkeit weckte seit der Romantik Sehnsüchte und zog die Menschen an, die sich kulturkritisch von den Errungenschaften der aufgeklärten Menschheit abwandten.
Im 20. Jahrhundert suchte die Reformpädagogik wieder die Natur. Als Vorbild diente Hermann Lietz in seinem Roman »Emlohstobba« das rauhe natürliche Leben der Holzfäller. In einem Bericht über das erste Jahr im »deutschen Landerziehungsheim Ilsenburg« im Harz, das Lietz 1898 gegründet hatte, nannte er zwei Gründe für die erfolgreiche pädagogische Arbeit:
»1. Die Natur hier ist herrlich: Vor uns die Berge, an unserm Wohnhaus die Ilse mit Wasserfall, das Ufer bewaldet, schöne Gärten, Wiesen, Felder, gesundeste Luft, helle, geräumige, hohe, luftige Wohnräume.
2. Unser Leben ist ganz der Natur außer uns und in unsern Kindern gemäß. Diese sind ausnahmslos gut geartet, normal beanlagt, organisch gesund, entwicklungsfähig. [...] Alle gehen mit Lust an die Arbeit, spielen gut, fröhlich, verträglich; baden sich gerne; wandern und radfahren tüchtig.«[4]
Zentrale Motive der Reformpädagogik klingen an: Der Wald wird zur Werkstatt, die Natur ist keineswegs Metapher pädagogischer Praxis, sie wird bearbeitet. Die Romantik ist Kulisse, die Axt wird bedenkenlos an die Bäume gelegt. Aber die tätigen Menschen, diese wettergebräunten Holzfäller — »gesund«, »natürlich«, »hart« wird formuliert —, spielen auch Klavier oder Violine. Musische und praktische Bildungsziele werden als natürlich geadelt, der Kritik verfällt im »Stutzer«, dieser »blassen schwächlichen Zierpuppe«, die städtische Zivilisation.
Die reformpädagogische Abkehr vom bürgerlichen Leben wirkt romantisch wie die Schilderung des Wohnhauses am Wasserfall, am bewaldeten Ufer, zwischen Gärten, Wiesen und Feldern, man hört geradezu die Mühle klappern und den Wald rauschen. Auch das Wandern mag nun jeden an wohlbekannte Gedichte und Lieder erinnern. In der Kunst der Romantik wird jedoch nie ein wirklicher Wald dargestellt, das Bild vom Wald ist poetisch bestimmt, die Heimat der Seele in einer ästhetischen Landschaft.
Eichendorff hat lyrisch die Vorstellung von der Erziehung durch den Wald geprägt, für ihn ist er der »Hort«, in dem sich das »Wesentliche« des Menschseins in der Opposition zur städtischen Äußerlichkeit bilden kann. In dem Gedicht »Der Jäger Abschied«, mit den berühmten ersten Zeilen

»Wer hat dich, du schöner Wald,
Aufgebaut so hoch da droben?«

und dem plötzlich wieder aktuell gewordenen Refrain »Lebe wohl, du schöner Wald!« heißt es:

»Banner, der so kühle wallt!
Unter deinen grünen Wogen
Hast du treu uns auferzogen,
Frommer Sagen Aufenthalt!
Lebe wohl,
Lebe wohl, du schöner Wald!

Was wir still gelobt im Wald,
Wollens draußen ehrlich halten,
Ewig bleiben treu die Alten:
Deutsch Panier, das rauschend wallt,
Lebe wohl,
Schirm dich Gott, du schöner Wald!«

»Deutsch Panier« behalten wir im Sinn, zur nationalen Qualität des Waldes kommt unten Canetti zu Wort, die Kritik am Lernziel, dem Treuegelöbnis ans Alte, soll uns hier nicht ablenken; frappant ist doch zunächst das pädagogische Verhältnis des Romantikers zum Wald: der Wald hat uns aufgezogen, er ist also an die Stelle gesetzt, an der Eltern oder Schule oder Kirche hätten erwartet werden dürfen. Die Romantik entdeckte den Wald als poetische Sozialisationsinstanz.
Wogegen sich die Walderziehung wendet, was also mit »draußen« gemeint ist, wird in einem weiteren »Abschied«-Gedicht deutlich — auch hier die ersten Zeilen als Erkennungsmelodie:

»O Täler weit, o Höhen,
O schöner, grüner Wald,
Du meiner Lust und Wehen
Andächtger Aufenthalt!«

Wir haben es also wieder mit einem Gedicht zu tun, das jeder kennt, ein Befund, der — nebenbei bemerkt — für die Frage der Massenwirksamkeit des romantischen Waldbildes sehr erheblich ist.

»Da draußen, stets betrogen,
Saust die geschäftge Welt«

Eine Art ideologische Stereotype könnte die wertende Opposition von Stadt und Wald im Bewußtsein der Deutschen sein, denn sie wird in unzähligen Gedichten und Liedern variiert: die bürgerliche Existenz in der Stadt ist die äußerliche Wirklichkeit, die Heimat der Seele, der eigentlichen Werte dagegen ist der romantische Wald.

»Da steht im Wald geschrieben
Ein stilles, ernstes Wort
Von rechtem Tun und Lieben,
Und was des Menschen Hort.
Ich habe treu gelesen
Die Worte schlicht und wahr,
Und durch mein ganzes Wesen
Wards unaussprechlich klar.«

Im poetischen Wald ist die Lehre vom richtigen Leben aufgezeichnet, sie erschließt sich dem romantischen Leser. Für Eichendorff ist mit dem Wald die Erinnerung an Kindheit und Jugend verwoben. Das »Draußen« bezeichnet nicht nur eine räumliche Distanz, sondern auch eine zeitliche: der Erwachsene blickt aus der Fremde auf eine verlorene Zeit zurück. Das Waldesrauschen erinnert an deren Harmonie und die Einheit von Außen und Innen, die das Kind empfand. Eichendorff hängt am Alten, seine Sehnsucht ist rückwärtsgewandt, aber diese romantische Utopie immunisiert ihn gegen vorbehaltlose Anpassung an das bürgerliche Geschäftsleben und gegen bedingungslose Unterordnung im preußischen Staat: so konnte er etwas Menschliches »bewahren«.
In der Phase des Erwachsenwerdens kann der Wald Jugendlichen, die sich nicht in die vorgefundenen Lebensverhältnisse einpassen wollen, Orientierung bieten. An einem Gymnasium in Steglitz entstand 1895, von dem Lehrer Hermann Hoffmann initiiert, der Wandervogel. Die Wanderlust traf das Bedürfnis einer Generation, im Wandern drückte sich ein Körpergefühl und eine geistige Haltung aus, der Auszug aus den Städten war Protest und Suche nach einem neuen Menschen in der Naturerfahrung. Aus einem elitären Anfang, bis 1913 waren Mädchen und Volksschüler nicht zugelassen, wurde die breite Jugendbewegung, deren Denken und Empfinden in die Reformpädagogik einging, wo dann beispielsweise unter dem Titel »natürliche Erziehung« Koedukation und Gemeinschaftsschulen gefordert wurden. Die Institutionalisierung des Wandertags im deutschen Schulwesen verdanken wir der Pädagogisierung jugendbewegter Waldliebe.
In der literarischen Tradition des Waldmotivs ist freilich diese Körperertüchtigung kein Thema. Bei Stifter ist der Wald das Vorbild für die sittliche Entwicklung des Menschen. »Mir ist, als

gäbe es gar kein Draußen, gar keine Menschen, als die hier, die sich lieben, und Unschuld lernen von der Unschuld des Waldes.«[5] Der »Hochwald« ist menschlicher Binnenraum, dagegen herrscht draußen, in der »Welt der Menschen«, der Krieg, »wo das kostbarste und kunstreichste Gewächs, das Menschenleben, mit eben solcher Eil' und Leichtfertigkeit zerstört wird, mit welcher Müh' und Sorgfalt der Wald die kleinste seiner Blumen hegt und auferzieht.«[6] Dieser Krieg reicht dann bis ins Waldversteck herein und zerstört menschliches Glück, das dort noch möglich erschienen war.

Zu Stifters genauen Waldbeschreibungen fällt uns ein Schreibspiel ein, das zum Repertoire der Jungscharlager gehörte: ein Stück Waldboden, ca. 20 cm im Quadrat, sollte ganz genau beschrieben werden. Die Aufmerksamkeit auf die Wunder im Kleinen lenken, vielleicht hat uns die Ideologie bereits damals gestört, vielleicht zweifelten wir auch an der gerechten Punkteverteilung für diese Aufgabe, jedenfalls waren ein Quiz oder erfundene Geschichten populärer, aber einige Blätter kritzelten wir auf dem Bauch liegend trotzdem voll. Allerdings prägte die kontemplative Waldbetrachtung die Jungscharlager keineswegs, die großen Ereignisse waren der Indianertag (jeder Stamm baute ein verstecktes Lager im Wald und suchte das der Gegner, um sie zu überfallen) oder die Schnitzeljagd, auch den ganztägigen Wandertag haben wir noch lebhaft in Erinnerung. Eine besondere Rolle war dem Wald bei der Mutprobe zugedacht: diejenigen, die zum erstenmal dabei waren, wurden nachts alleine in den Wald gesetzt. Allerdings blieb den Jungen von der Honberg-Bande unklar, wovor sie eigentlich Angst haben sollten. Es war eher langweilig, einige schliefen ein.

Der Leiter jener CVJM-Zeltlager beim Landheim auf der Heide zwischen Kiefernwäldern prangerte übrigens immer »das verweichlichte Autofahrersöhnchen« an. Genuß war verpönt, wie es die Reformpädagogen verkündeten. Das Ferienerlebnis in der frischen Luft und das Waschen im kalten Quellwasser, das sind Werte, wie sie für Landerziehungsheime propagiert wurden. Seit Anfang des zwanzigsten Jahrhunderts wurde in Schullandheimen und regelrechten Waldschulen die Natur zum Medium körperlicher und seelischer Ertüchtigung.

Die erste Waldschule entstand 1904 außerhalb von Berlin im Grunewald. Der Unterricht wurde in ca. 70 Waldschulen, die bis zum Beginn der 30er Jahre eingerichtet wurden, meistens für einige Zeit (vier Wochen bis sechs Monate) aus der Stadt ausgelagert, um die Gesundheit der Schüler mit Bewegung, Sport, frischer Luft und gutem Essen zu stärken. Einige Waldschulen waren zum Übernachten eingerichtet, sie wurden damit Schullandheimen oder, wenn ärztliche Überwachung dazukam, Sanatorien ähnlich.[7] Der Aufenthalt in der Natur war — typisch für die Reformpädagogik — mit der Ächtung »städtischer« Suchtmittel wie Nikotin und Alkohol verbunden. Bei uns war es übrigens umgekehrt: Wir fuhren mit dem Fahrrad aus der Stadt hinaus in den Wald, um dort heimlich unsere ersten Zigaretten zu rauchen.

Ernst Wiechert, der Sohn eines Försters, ein anderer literarischer Wald- und Zeitzeuge, radikalisierte eine Tendenz, die in der kulturkritischen Haltung immer angelegt war, nämlich die Abkehr von der Zivilisation, die Flucht zurück in einfache, natürliche Verhältnisse. Im »Einfachen Leben« zieht der Held, Thomas von Orla, in die Wälder, um ein neues Leben anzufangen, weil er, der Weltkriegsoffizier, in den politischen, wirtschaftlichen und moralischen Verhältnissen der Weimarer Republik nicht zurechtkommt. Der Wald als Exil. Übrigens war auch der CVJM-Leiter, der mit der Jungschar hinaus in die Wälder zog, Offizier gewesen, allerdings im Zweiten Weltkrieg und bei der Waffen-SS. Er kannte die russische Taiga. Der Krieg versetzte viele Städter unserer Elterngeneration in den Stand von Waldbewohnern zurück. Verwurzelt wie Bäume, sangen die Nazis, verteidigen Soldaten die Heimat.

Wir, die Honberg-Bande, verteidigten die Burgruine im Wald. Eine Gruppe schlich sich an, die andere paßte hinter den Mauerresten der ehemals ausgedehnten Anlage auf. An einer Stelle konnte man von einem Baum aus auf die Ringmauer springen. Bei einem solchen Sprung stürzte einmal ein älterer Junge ab und brach sich eine Hand. Das Burgtor konnte offen gestürmt werden, allerdings waren dort Posten einzukalkulieren. Dann konnten wir durch verschiedene Schießscharten klettern, freilich nur, wenn man unbemerkt in ihre Nähe kam, und schließlich konnte noch aus dem Burggraben durch Löcher in den Hof hineingekrochen werden. Am besten waren die Stellen, wo sich die Bäume bis dicht an die Mauer heranlehnten. In der Schonung, wo ungefähr 10 m hohe Fichten noch sehr eng standen, konnten wir sogar, von einem Wipfel zum andern schaukelnd, von einem Baum zum andern springen: Bäumchenwandern hieß diese Fortbewegungsart. Von unten waren wir nicht zu entdecken.

Auch die Reformpädagogik ist nicht frei von verdächtig paramilitärischen Tönen. Unter dem Titel Natur werden rigide moralische Forderungen erhoben, die in Richtung Selbsterprobung, -überwindung, -verzicht, -unterdrückung eine »masochistische Tendenz«[8] einschlagen. Im Landerziehungsheim herrscht Zucht und Ordnung: Der Stundenplan, den Hermann Lietz mitteilt, bietet keine Lücken für Individuelles: 5.30 Uhr Wecken und Waschen unterm Ilsefall, so geht es los, Frühsport, Unterricht, Andacht, Arbeit, Singen, Sport, Wandern, Garten- oder Werkstattarbeit, Nach- und Vorarbeiten, so wird es ohne Pause Abend, die Zöglinge, so vermerkt er, schlafen recht früh ein. Diese Härte des Erziehungsprogramms wird bei Lietz germanisierend und deutschtümelnd umrankt, und die Auswahl ist offen antisemitisch: Juden wurden nicht aufgenommen!
Elias Canetti verknüpft in einem genialen Einfall die Deutschen, das Heer und den Wald: »Das Massensymbol der Deutschen war das Heer. Aber das Heer war mehr als das Heer: es war der marschierende Wald.«[9] Gerade das »Rigide und Parallele der aufrechtstehenden Bäume, ihre Dichte und ihre Zahl erfüllt das Herz der Deutschen mit tiefer und geheimnisvoller Freude«. Der Deutsche erlebt im Wald die Aufnahme ins Heer voraus. »Im Wald standen schon die anderen bereit, die treu und wahr und aufrecht waren, wie er sein wollte, einer wie der andere, weil jeder gerade wächst, und doch ganz verschieden an Höhe und an Stärke. Man soll die Wirkung dieser frühen Waldromantik auf den Deutschen nicht unterschätzen.« Canetti bezieht sich auf den einheitlichen Nadelwald (der Kant zu einer gesellschaftlichen Hoffnung anregte). Doch die militärische und nationalistische Vorliebe für den Wald desavouiert ihn nicht, er entzieht sich solcher Ideologisierung. Denn es gibt nicht *den* Wald, es gibt diverse Wälder, nach Klima, Lage, Verwertung...: vom tropischen Regenwald zum borealen Nadelwald, vom »geschichteten« Mischwald zum gleichartigen Kulturwald (»Reinbestand«), zu Weihnachtsbaumplantagen, zu kümmerlichen Stadtwäldchen... Und es gibt verschiedene Waldvorstellungen. Die Funktion des Waldes in der Bewußtseinsgeschichte ist nicht eindeutig zu definieren, trotzdem ist er kein Wechselbalg, seine Ambivalenz ist von anderer Qualität. Exemplarisch wird seine Doppelrolle im Märchen, also am Märchenwald, der nie realistisch bestimmt und uns allen dennoch von Kindheit an unheimlich vertraut ist.

Aus dem Lex-Film »Ewiger Wald«, 1936. Regie: *Graf von Pestalozza*

Auf unserem Waldlehrpfad fehlt der Hinweis nicht, den Weg nicht zu verlassen. Rotkäppchen bekam diese Mahnung bekanntlich auch zu hören — und befolgte sie nicht. Zu verlockend war die Rede des Wolfes: »Sieh einmal die schönen Blumen, die ringsumher stehen, warum guckst du dich nicht um? ich glaube, du hörst gar nicht, wie die Vöglein so lieblich singen? du gehst ja für dich hin, als wenn du zur Schule gingst, und ist so lustig haußen im Wald.« Im Wald wird der Konflikt zwischen Lust und Verbot ausgetragen. Mit Rotkäppchen können sich die zuhörenden Kinder verführen lassen, ohne geängstigt zu werden. Der Wald ist verlockend, der Weg der Tugend kann verlassen werden, gerade weil das Blumensuchen zum Verführungsarrangement gehört, ohne jedoch manifest sexuell bestimmt zu sein. Die literarisch-phantastische Auseinandersetzung mit der verbotenen Lust dient nach Bettelheim der sexuellen Entwicklung des Kindes, indem es mit der unheimlichen eigenen Triebhaftigkeit in der Beschäftigung mit dessen Symbol, dem unheimlichen Wald, vertraut wird.[10]

Nicht das Verbot, sondern das Tun und Miterleben des Verbotenen, die Beschäftigung mit dem unheimlichen Heimlichen machen die Lese- oder Zuhörlust. Diese Ambivalenz des Märchenwaldes — also der ersten intensiven Begegnung des Kindes mit dem Wald — gibt möglicherweise das Modell für die spätere Funktion des Waldes in der Sozialisation ab und reizt die Erzieher zur Pädagogisierung. Doch Symbol und Wirklichkeit funktionieren nicht so, wie die Pädagogik will.

Die Honberg-Bande war irgendwann nicht mehr attraktiv. In der höheren Schule — in der Volksschule waren die Geschlechter getrennt unterrichtet worden — gab es auch Mädchen. Als erste tauchte Bärbel an der Hand von Rudi im Wald auf. Es begannen andere Spiele. Auf der Straße in der Stadt, in der Schule oder gar zu Hause lief nichs, das pädagogische Auge wachte. Jedenfalls war es in den fünfziger und sechziger Jahren noch so. Aber es gab den Wald und die Burgruine.

Andere kletterten über einen Zaun ins Trümmergrundstück, das hatte denselben Effekt. Es geht um Freiräume, also um Raum, der frei von Erwachsenen ist. Und weil aus einem Wald, selbst wenn er eine monokulturelle Holzplantage ist, die Natur nie so restlos eliminiert ist wie aus der durchfunktionalisierten Stadt, bleibt im Wald ein Rest Wildheit erhalten, und damit bleibt er ein Sozialisationsterritorium, wo der pädagogische Imperialismus noch Lücken hat, wo Platz ist für Phantasien, Wünsche, Ängste, Utopien, Projekte, Spiele, Kämpfe, Lust, Gewalt usw., wo also noch etwas entstehen kann. Und wenn es soweit ist, müssen wir es in die Stadt tragen.

Nachtrag: Die Mitglieder der hochgerüsteten Honberg-Bande verweigerten später den Militärdienst.

Anmerkungen

1 Ludwig Ganghofer, Edelweißkönig, Berlin 1919, S. 193—197
2 Immanuel Kant, Idee zu einer allgemeinen Geschichte in weltbürgerlicher Absicht, S. 40, in: Werke in zehn Bänden, Hg. Wilhelm Weischedel, Bd. 9, Darmstadt 1975, 4. Aufl., S. 31—50
3 Christian Felix Weisse, Über die Vergleichbarkeit der Erziehung mit der Baumzucht (1791), zit. nach: Katharina Rutschky (Hg.), Schwarze Pädagogik. Quellen zur Naturgeschichte der bürgerlichen Erziehung, Frankfurt 1977, S. 125—128
4 Hermann Lietz, zit. nach: Wilhelm Flitner u. Gerhard Kudritzki, Die deutsche Reformpädagogik, Bd. I, Düsseldorf 1961, S. 78 f.
5 Adalbert Stifter, Der Hochwald, S. 147, in: Gesammelte Erzählungen, Hg. Walter Hoyer, Bd. 1, Leipzig 1954, S. 67—172
6 Stifter, ebd., S. 83
7 Vgl. Wolfgang Scheibe, Die reformpädagogische Bewegung 1900—1932, Weinheim 1969, S. 293; Karl Triebold, Die Freiluftschulbewegung. Versuch einer Darstellung ihres gegenwärtigen internationalen Standes, Berlin 1931
8 Hermann Röhrs, Die Reformbewegung. Ursprung und Verlauf in Europa, Hannover 1980, S. 163
9 Elias Canetti, Masse und Macht, 1. Bd., München 1976, 2. Aufl., S. 190 f.
10 Bruno Bettelheim, Kinder brauchen Märchen, München 1980, S. 109

Marie-Louise Plessen

Vom Nutzwald zum Lustwald

Seit die ersten Siedler den natürlichen Waldbestand in Mitteleuropa durch Holznutzung erschlossen haben, hat der Wald neben seiner Hauptfunktion als Energieversorger die Rolle des Lieferanten wichtiger chemischer und technischer Ausgangsstoffe für unterschiedlichste Gewerbezweige übernommen. Eine rationell betriebene Forstwirtschaft mit Anweisungen für den Waldbau, die die unkontrollierte Nutzung einschränken und der bedrohlichen Holzverknappung entgegensteuern sollte, beruhte auf Empfehlungen der aufgeklärten Cameralwissenschaft[1].
Im forstpolizeilichen Jahreskalender war die Holzwirtschaft mit strengen Nutz- und Schonzeiten vorgeschrieben. In allen Waldsachen übte der Landesherr die hohe Gerichtsbarkeit aus und besorgte »alles dasjenige, was die Wohlfahrt des Landes bey dem Forstwesen erfordert.«[2] Inhaber des Aufsichtsamtes über die Stadtwaldungen waren die *Holzherren* oder *Holzgeber*. Sie überwachten die gemeinschaftliche Nutzung des Waldes und die Regelung und Sicherung der Brennholzversorgung. Zuwiderhandlungen gegen die forstpolizeilichen Verfügungen standen unter hohen Geldstrafen und mußten von den *Waldhütern* der Obrigkeit gemeldet werden.
Das »vollständige Forst-Fisch- und Jagd-Lexicon« von 1772, »in welchem alle bey dem Forst-Fisch- und Jagdwesen vorkommene Kunstwörter erkläret« werden, führt unter dem Titel »Macht-Wald- und Forstordnungen« folgende Rechte auf, die der Landesherr und seine Beauftragten wahrnahmen: »Die Hut- Trift- und Waydgangsgerechtigkeit, und die Macht, zuzulassen und zu verhüten und zu verbieten, mit gehütetem Vieh in die Wälder oder Forst zu fahren; Das Recht zu erlauben, die Schweine in die Eichelmast zu schlagen; Das Recht, Eicheln und wildes Obst zu lesen, und Haselnüß zu brechen; Das Recht, das dürre Holz aus dem Walde zu führen oder scheitern zu lassen; Die Grasgerechtigkeiten, welche ohne dessen Erlaubniß und sonderbare Berechtigung niemand vornehmen oder ausüben darf; Das Recht, die Bienen im Wald einzufangen und das Honig auszunehmen; Das Recht, Forststeine zu setzen, oder Wald- und Holzmarkungen aufzurichten; Das Recht, die Geiß, Schaaf und andere Thiere, die denen Wäldern durchaus schädlich, von denselben abzuhalten und zu verbieten, daß sie nicht in die Forst getrieben werden.«[3]

Die althergebrachten Hut- und Triftrechte waren streng geregelt, da die Waldweide einen wichtigen Teil der Ernährungsbasis für Bauern und städtische Ackerbürger ausmachte. Die Bauern hielten sich jedoch in den wenigsten Fällen an die Auflagen der landesherrlichen Gerechtigkeiten. Die Ratsprotokolle der Städte überliefern zahlreiche Delikte von »Waldfrevel« wegen Überweidung, so daß die Abschaffung des Weidegangs immer dringlicher gefordert wurde. Als Folge der drohenden Holznot durch unzureichende Schutzmaßnahmen für die Schonung und Pflege der durch Kahlfraß und Kahlschlag gefährdeten Wälder entwickelte sich ein Bewußtsein für Vorbeugemaßnahmen gegen den Raubbau an Holz, das nach und nach Eingang in die Forstwirtschaft fand.
Die Waldungen, heißt es in dem von Johann Friedrich Stahl zwischen 1763 und 1769 in zwölf Bänden herausgegebenen »Allgemeinen oeconomischen Forst-Magazin«, seien ein wichtiger Gegenstand für den Cameralisten, »weil sie eine beträchtliche Quelle der Einkünfte für den Staat abgeben«. Für die notwendigen Daten über die Holzkonsumtion, das »gerechte Verhältnis der Waldungen im Lande in Ansehung der Bevölkerung« und Kenntnisse über die Bodenbeschaffenheit empfahl sich die Anlegung von Übersichtskarten der »in den Waldungen befindlichen Flüsse, Bäche und Seen, wie nicht weniger der Dörfer und einzelnen Wohnungen, besonders aber der mit denen Waldungen in Zusammenhang stehenden Werken von Bergwerkern, Metallhämmern, Glaßhütten, Theer- und Pechhütten, Pottaschen- und Kühnrußhütten, Schneidemühlen und alle anderen dergleichen Werke«; »In solchen Waldungen, die von grossen Städten entfernt liegen, und wo gar keine Flösse und Schwemme statt finden können, müssen aufmerksame Finanzcammern das Holz durch Anlegung von Bergwerken, Kupfer- Messing- und Eisenblechhämmern, Stahlhütten, Spiegelfabriken, Glaßhütten und dergleichen zu nutzen suchen. Der Vorteil davon ist gedoppelt, weil sowohl dadurch das Holz seinen Werth findet, als auch der Nahrungsstand erweitert, und das Geld im Lande behalten wird«.

Ferdinand Hodler, Augustine am Waldrand spazierend, 1885

Die Verwendungsnachweise der Holzarten lesen sich wie ein Kompendium der Berufe und Gewerbeformen, die die Waldwirtschaft der Landeskultur liefert, wenn sie dafür Sorge trägt, den Wald als wertvollen Rohstofflieferanten richtig zu nutzen. Die Aufzählung der Handwerkshölzer erweist sich zugleich als Spiegel der Artenvielfalt des Mischwaldes, wie sie in unseren heute vorherrschenden Monokulturen kaum vorstellbar wären: Die Eiche wird zum Haus-, Schiffs-, Orgel- und Wasserbau verwandt, der Wagner gebraucht sie zu Achsen, Naben, Speichen, Deichseln, Pflugrinden; der Glaser als Fensterrahmen, Färber und Gerber bedienen sich der Rinde, der Schreiner verfertigt eichenes Hausgerät; die Ulme wird zu Wagnerarbeiten und als Bauholz, ebenso zum Instrumentenbau, zu Brunnenröhren, Mühl- und Wasserrädern und Schaufeln verwendet; die Rotbuche zu Schlittenkufen, Sattelbäumen und Kummethölzern; die Esche als Schiffs- und Zimmererholz und für die Artillerie; die Tanne und Fichte als Zimmer-, Schreiner- und Böttcherholz; die Lärche zu Bierfässern; die Linde verarbeiten die Dreher, Böttcher, Korb- und Siebmacher; aus ihrer Rinde werden Matten und Seile hergestellt; der Weidenbaum wird für Faschinen und Hopfenstangen verwendet; der Ahorn von Büchsenschiftern und Instrumentenbauern; die Rinde der Erle benutzen die Hutmacher, ihr Holz die Pulvermüller und Wasserbauer.

Zu den ältesten privilegierten Waldberufen gehörten die *Zeidler.* Sie gewannen Honig und Wachs von wilden Bienenstöcken. »Die Zeidler waren sehr berühmte Bienen-Männer und Bienenwärter, und hatten gewisse Landgüter, worauf das Recht ruhete, daß niemand als sie im Walde Bienen halten durfte . . . Sie waren mit ihrem Honighandel, dessen Gebrauch zu alten Zeiten anstatt des Zuckers eingeführt war, aller Orten zollfrey. Man bediente sich auch des Honigs zur Verbesserung des Geschlechts [. . .].«[4] Wie alle Gewerbe unterstand die *Zeidlerei* der Forstpolizei, die die Angaben kontrollierte.

Den *Flößern* boten die Stämme, die über weite Strecken geflößt wurden, jahrhundertelang einen Erwerb, bis die Flußverbauung im späten 19. Jahrhundert neue Energiequellen erschloß und die Flößerei unmöglich machte.

Zu den ärmsten der armen *Waldsassen* zählten die *Holzhauer:* sie schlugen, besonders im Winter, die Stämme aus den Wäldern. Zugleich beschafften sie Brennholz für öffentliche Gebäude, Klöster, Schulen und das für die Ziegelbrennerei und die Errichtung von Kohlmeilern notwendige Holz.

Nicht weniger ärmlich als die Holzhauer waren die *Harzreisser, Pechler* oder *Pechhauer* gestellt, die das Harz aus den Stämmen der Fichten, Kiefern und Tannen gewannen. »Das Harzen und Scheelen der stehenden Bäume in den Waldungen/ in sonderheit an dem jungen wachsigen Holz ist ohne Unterschied der Zeiten allermänniglich verbotten/ den obrigkeitlich bestellten Harzer ausgenommen«, verfügte die Lindauer Forstordnung von 1749. Durch Einschnitte am Fuße des Baumes gewannen sie den Saft, der zu trockenem Pech oder zu Harz gesotten wurde. Er diente als Verbindungsstoff zur Herstellung von Terpentin, Kolophonium, Firnis und Lacken. Wegen des hohen Holzverbrauchs für den Betrieb der Pechhütten konnten sie nur in waldreichen Gegenden wie in Thüringen ihren Beruf ausüben. Das Pech wurde zum Verteeren von Schiffen (Schiffpech), der beim Pechbrennen als Abfallprodukt anfallende Ruß als schwarze Farbe von Buchdruckern, Malern, Färbern, Tuchmachern und Tischlern verwendet. Neben den Pechhütten errichteten die *Kienölbrenner* oder *Teer-*

schweler Kienrußhütten, in denen Kienruß als Leuchtstoff gewonnen wurde. Die dabei entstehenden Rückstände wurden als Wagenschmiere genutzt.

Die meisten der Waldberufe waren mit Verbrennungsprozessen verbunden. So laugten die *Aschenbrenner* zur Gewinnung von Pottasche kalciumkarbonathaltige Asche aus verbranntem Holz, Reisig und Stöcken, die für die Glasherstellung, zum Seifensieden und zum Bleichen von Geweben verwendet wurde. Für ihr Gewerbe benötigten sie große Holzmengen, was in der Nähe von Glashütten zu Waldverwüstungen und Holzmangel führte.

Da die Waldordnungen vornehmlich der Verhinderung von Ödholzschlägen dienten, »ist es schwerlich anzuraten, daß man das Holz durch Pottaschensieden, Theeröfen, Pech- und Kühnrußhütten und dergleichen consumieren läßt [...] Nur alsdann kann das Theerbrennen beybehalten werden, wenn es lediglich aus denen alten Stämmen und Wurzeln gemacht wird, oder wenn man es als eine Nebenbenutzung bey dem Verkohlen des Tannen- und Kiefernholzes zu erhalten weiß.«[5]

Die in Meilern gebrannte Holzkohle, die die *Köhler* herstellten, war ein wichtiger Rohstoff für die Eisen- und Berghüttenindustrie beim Schmelzen, Zubereiten und Zurichten von Metallen der Gold- und Silberverfertigung und all derjenigen Berufe, die mit Schmiede- und Schmelzprozessen arbeiteten. Die zur Gewinnung des Büchsenpulvers gebräuchlichen Kohlen wurden aus Weiden, Hasel und Kreuzbeerholz gebrannt.

Das Nutzprinzip im Umgang mit der Natur liegt um die Wende des 18. zum 19. Jahrhundert im Widerstreit mit dem Lustprinzip. Während die Aufklärungsliteratur den Nutzwert des Waldes für die bestmögliche Erschließung seiner Wirtschaftsquellen herausstellt, »damit das Geld im Lande behalten wird«, zeigen die Programme der durch den englischen Naturidealismus beeinflußten romantischen Landschaftsgärten in Deutschland die Romantisierung des Waldes und der mit ihm verbundenen Berufe im entfremdeten Bezug zu seiner tatsächlichen Verfassung. In den Landschaftsgärten wird der Wald mit seinen Wildrevieren als Teileinheit eines Gesamtkunstwerkes zum *Waldpark* gestaltet, in dessen lieblichen Hainen sein Besitzer nach Geschmack promenieren und die Natur nach Gutdünken und Bildungsstand zum *Bild von Natur* verbessern kann. In der Nähe großer Städte, deren Weichbild sich beständig erweitert, wird er zur Erholungszone gelichtet. Der Schöpfer des Englischen Gartens vor München, Friedrich Ludwig von Sckell, schrieb 1818, er solle »zum traulich geselligen Umgang und der Annäherung aller Stände dienen, die sich im Schoße der schönen Natur begegnen«.

Die Visionen einer aufgeschmückten Kulturlandschaft zum Zwecke der Landesverschönerung, wie sie der große Gartentheoretiker C. C. L. Hirschfeld in seiner fünfbändigen Theorie der Gartenkunst (1779—1785) formulierte, lösen sich immer mehr von den realen Funktionen des natürlichen Nutzwertes. Unter dem Einfluß des von Edmund Burke geprägten Landschaftsgartens der Gefühlsästhetik entstehen im England des ausgehenden 18. Jahrhunderts Gärten, die in Deutschland im Empfindsamkeitskult der Aufklärung ihre Form finden. Für die literarisch vermittelte Naturbegeisterung, vor allem durch Goethes »Wahlverwandtschaften« beeinflußt, ist die Parkanlage im *Seifersdorfer Tal* bei Dresden beispielhaft, das schon in der ersten Beschreibung von 1792 als Muster für die Verdrängung des aufklärerischen Impulses galt. Das Wald- und Wiesental an der Röder nördlich der Stadt mit einer Vielzahl unverbundener Stimmungsbauten ohne einheitliches Programm war eine Schöpfung des als Gartenkünstler dilettierenden Grafen Hans Moritz Brühl und seiner Frau[6].

Ein weiteres Beispiel für die Verdrängung und Überschichtung der aufklärerischen Prinzipien, wie sie zuvor die Cameralwissenschaft für das Merkantilsystem entwickelt hatte, zugunsten des Lustprinzips der Naturanschauung, sind die zur Kurzweil der Hofgesellschaft errichteten theatralischen Kulissendörfer. Im Landschaftspark Hohenheim bei Stuttgart, 1776—1783 durch Herzog Karl Eugen von Württemberg angelegt, entstand ein ganzes englisches Dorf mit Kaufladen, Rathaus, Schule, Apotheke, Mühle und Meierei. Mitglieder des Hofstaates verkleideten sich als Bauern, Hirten, Mägde, Schulmeister, Müller oder als Ratsherren und *spielten* die Vermischung der Stände, wie Hirschfeld es auch als Programm für die Volksgärten angeregt hatte. »Diese Volksgärten sind, nach vernünftigen Grundsätzen der Polizey, als ein wichtiges Bedürfnis des Stadtbewohners zu betrachten ... die verschiedenen Stände gewinnen, indem sie sich mehr einander nähern, auf der einen Seite an anständiger Sittsamkeit und scheuloser Bescheidenheit, und auf der andern an herablassender Freundlichkeit und mittheilender Gefälligkeit. Alle gelangen hier ungehindert zu ihrem Rechte, sich an der Natur zu freuen.«[7]

1778 wurde im Garten von Hohenheim sogar eine Köhlerhütte als Reminiszenz auf die romantische Existenz im Walde errichtet. Allerdings diente sie nicht lieblichen Schäferspielen, sondern sie enthielt die kunstvoll gestaltete Privatbibliothek der Franziska Gräfin von Leutrum, zu deren Lust die Anlagen entstanden waren; der Heuschober barg einen Billardsaal, und das Milchtrinken im großen Schweizerhaus galt als Inbegriff der Rückkehr zur gesunden Natur. Diese Architekturen waren flankiert von gebauten Zitaten aus dem Codex der römischen Ruinen. Hier dienten Büsche und Bäume nur noch der Abgrenzung und Einrahmung jener idealisierten Naturbilder.

Auch Hermann Fürst von Pückler schuf seine Parkanlagen von Muskau in Schlesien hinter der Stadt als Steigerung von »verbesserter« Natur vor der idealisierten Industrielandschaft eines Alaunbergwerks mit Stollen und Schächten, Kurbad und Kurhaus, Trinkhallen, Herbergen, Mineral- und Moorbädern, Wachsbleiche, Bergwerk und Brennerei: Kultur in Verbindung mit Natur wird hier, jenseits ökonomischen Nutzwertes, als museale Kulisse erlebt.

In Schwetzingen, der Gartenresidenz des Kurfüsten Karl Theodor von der Pfalz, der die Anlagen von dem jungen Friedrich Ludwig von Sckell gestalten ließ, entstand 1776—1779 in Zusammenarbeit mit dem Hofbaumeister Nicolas de Pigage ein *Baummuseum* (Arboretum Theodoricum) als Tempel der Waldbotanik, ein Vorbote der Musealisierung der Artenvielfalt des Waldes, geschmückt mit den Büsten der größten Naturforscher. Äußerlich war die fensterlose Rotunde mit Baumrinde verkleidet, ähnlich wie sich in zahlreichen Gärten der Romantik roh gezimmerte Einsiedeleien größter Beliebtheit als Ziel der Spaziergänge in die Zuflucht gebildeter Innerlichkeit erfreuen.

Die Gartenkunst der fortgeschrittenen Industriegesellschaft ist sich bereits des moralischen Wertes der schwindenden Naturlandschaft bewußt und fordert die Verschränkung beider Prinzipien — des Nutzens und der Lust, »ohne der natürlichen Schönheit durch zu ausgedehnte Kultur Abbruch zu thun«[8] — sogar zum Ausgleich sozialer Gegensätze für die Beschwörung einer mit der Naturzerstörung zu versöhnenden Welt.

Anmerkungen

1 Die erste umfassende forstwissenschaftliche Schrift »Sylvicultura oeconomica« verfaßte H. C. von Carlowitz im Jahre 1713
2 Allgemeines oeconomisches Forst-Magazin [...] gesammelt von einer Gesellschaft deren ordentliches Geschäft ist, Waldungen zu gewinnen, zu benutzen und zu erhalten, hg. unter der Aufsicht Johann Friedrich Stahls. Frankfurt—Leipzig 1763—1769
3 Onomatologia Forestalis-Piscatorio Venatorio. Oder vollständiges Forst-Fisch- und Jagd-Lexicon in welchem alle bey dem Forst-Fisch- und Jagdwesen vorkomme Kunstwörter erkläret, Frankfurt und Leipzig 1772, S. 943
4 Allgemeines oeconomisches Forst-Magazin, ebd.
5 ebd.
6 vgl. für die folgenden Ausführungen Adrian von Buttlar, Der Landschaftsgarten, München 1980
7 C. C. L. Hirschfeld, Theorie der Gartenkunst, 5. Bd., Leipzig 1785, S. 68/69
8 Gustav Meyer, Lehrbuch der Schönen Gartenkunst. Berlin 1860, S. 82

Rainer Graefe

Baum, Wald, Kirche

»Unter luft'gen Buchenhallen
Wird dein Haupt und Auge klar
Orgelklänge hörst du schallen
Durch die Wölbung wunderbar
Von den stolzen Tempelhallen
Auf der weiten Gotteswelt
Ist's der grüne Wald vor allem
Der das Herz gefangen hält.«

Heinrich Zeise, 1850

Der deutsche Wald als Kirche, dieses immer noch populäre Bild entstand durch die Umkehrung des Bildes von der gotischen Kirche als steinernem Wald.
Schon im 18. Jahrhundert war die Vorstellung verbreitet, die gotische Kirche sei ursprünglich eine architektonische Nachahmung der Vegetationsformen des Waldes gewesen, dessen Baumstämme durch ihre Säulen, dessen Blätterdach durch ihre Gewölbe und dessen ragende Wipfel durch ihre Fialen und Turmhelme imitiert worden seien. Diese baugeschichtliche »Waldtheorie« stammte nicht aus Deutschland, wurde hier aber mit besonderer Begeisterung aufgenommen. Die Dichter der deutschen Romantik wandelten das Bild um und prägten die — seitdem längst in die Umgangssprache eingegangene — Metapher vom Wald als natürlichem Dom.

Lebender Baum und Kirche

Heute noch finden wir in manchen Dörfern nebeneinander zwei Gemeindebauten, die nach Herkunft und Bauweise kaum gegensätzlicher sein könnten: die Dorfkirche und die geleitete Linde[1], der nach uraltem, schon vorchristlichen Brauch die Äste künstlich zu einem waagerechten, von Balken und Säulen gestützten Laubdach gezogen sind. Diese Bauwerke aus lebenden Bäumen zeugen ebenso von der Hartnäckigkeit, mit der die bekehrten germanischen Stämme an Althergebrachtem festhielten, wie von der Gewandtheit, mit der die Kirche heidnische Überlieferungen, die nicht zu unterdrücken waren, in eigenes Brauchtum integrierte.

Heidnische Baumverehrung und Vegetationskulte hielten sich lange. Bis ins 11. Jahrhundert mußten immer wieder kirchliche Verbote gegen magische Handlungen an heiligen Bäumen ausgesprochen werden. Noch zu Anfang des 12. Jahrhunderts ließ Erzbischof Unwan von Bremen »die Haine, welche die Marschbewohner seines Sprengels in törichter Verblendung besuchten, niederhauen und davon Kirchen neu bauen«[2]. Durch Übernahme und Umwandlung derartiger Baumkulte entstanden eigenartige Verbindungen zwischen Kirchengebäuden und lebenden Bäumen.

Die Linde, als Baum der Göttin Freyja vormals Gegenstand besonderer Verehrung und als Dorfbaum traditioneller Ort der Tänze, Versammlungen und Gerichtsverhandlungen, behielt eine zentrale Bedeutung im Gemeindeleben, nun allerdings in einer engen Anbindung an den kirchlichen Bereich. Der Maientanz um die Linde, einst heidnisch-kultisches Frühjahrsbrauchtum, wurde zum Kirchweihtanz. Gemeindeversammlungen und Niedergerichte fanden jetzt unmittelbar nach dem Gottesdienst statt, wobei in manchen Orten eine besondere Glocke am Kirchturm die Männer zum Ding unter der geleiteten Linde zusammenrief (so noch 1850 in Basdorf). Die Lindenlaube wurde sogar als Kirchenraum benutzt. Gottesdienste unter dem Laubdach geleiteter und frei wachsender Linden kamen im gesamten deutschen Sprachgebiet vor. Schon in der Mitte des 13. Jahrhunderts hatte Berthold von Regensburg in seiner Heimat von Lindenbäumen herab gepredigt[3]. Luther predigte unter den Kirchhoflinden von Ringthal im sächsischen Erzgebirge[4]. In Westfalen werden manche geleiteten Bäume heute noch »Pastorenlinde« und »Kanzellinde« genannt und erinnern so an ihre frühere, offenbar gewohnheitsmäßige Verwendung. Unter der geleiteten Linde in Unterwörnitz (Nordwürttemberg) wurde mehrfach, zuletzt 1898[5] beim Umbau der Kirche, wochenlang der Gottesdienst abgehalten.

Diese Bedeutung, die die Linde in vielen Dörfern bis weit ins 19. Jahrhundert behielt, verlor sich in den Städten bereits im 16. Jahrhundert. Welche Verehrung der Baum aber auch hier noch genoß, macht die Empörung deutlich, die die städtischen

Schützengesellschaften mit ihren Trinkgelagen und Tanzvergnügungen in speziell dazu herangezogenen Lindenlauben auslösten. Konrad Gessner berichtet 1559: »Aufgrund der pietätlosen Verwendung des Baums bezeichnet die ältere Generation solche Linden als schimpflich Kraut.«[6]

Sonderbarer noch als dieses einträchtige Neben- und Miteinander von Kirche und ehemals heidnischem Baumheiligtum ist die Hereinnahme von Bäumen in den Innenraum von Kirchen. Schon früh scheint es üblich geworden zu sein, an Bäumen Marienbilder anzubringen, anfangs vielleicht, um zuvor schon verehrte Bäume mit dem christlichen Glauben zu verbinden. Um Bäume, deren Marienbild sich als wundertätig erwiesen hatte und die zum Ziel von Wallfahrten geworden waren, wurden Kirchen herumgebaut. Frühestes Beispiel ist die Wallfahrtskirche »Maria zum Nußbaum« in Höchstberg bei Neckarsulm, wo gegen Ende des 13. Jahrhunderts Baum und Gnadenbild in den Altar eingebaut worden sein sollen[7]. Seit dem frühen 14. Jahrhundert stand mitten in der Klosterkirche Heiligelinde in Ostpreußen ein mit Silber überzogener Lindenbaum mit Marienbild[8]. Ein entsprechender, aber künstlicher »eingebauter Baum« befand sich am Hochaltar (um 1516 bis 1520) in Stift Zwettl, wo eine 20 Meter hoch ins Chorgewölbe aufragende geschnitzte Eiche auf die Gründungslegende verwies[9].

Offenbar aus Sorge, der Baum selbst könne anstelle des Marienbilds zum Gegenstand eines immer noch latent vorhandenen heidnischen Baumkults werden[10], blieben solche umbauten Bäume lange jedoch Ausnahme. Gewöhnlich wurde bei gleichen Wallfahrtsgründungen das Marienbild vom Baum in eine bereits bestehende oder eine eigens gebaute Kirche überführt, der Baum nicht selten beseitigt. Kirchennamen wie Marienbaum, Mariabuchen, Marialinden, Maria Tann oder Mariengrün erinnern daran[11].

Erst im Zuge der Gegenreformation machte die Kirche sich die volkstümliche Baumverehrung wieder durch Einbau zunutze. Allerdings sind auch aus dieser Zeit noch kirchliche Edikte gegen Wallfahrten zu Bäumen bekannt[12]. Vor allem im süddeutschen Raum wurde innerhalb eines begrenzten Zeitraums — kurz vor Ende des dreißigjährigen Kriegs bis etwa 1725 — eine ganze Anzahl von Kapellen und Kirchen um Bäume herumgebaut. Entweder kam dabei der Baum in die Mitte des Raums hinter dem Altar zu stehen, oder er wurde in den Altar eingebaut wie beispielsweise

Ehemalige Wallfahrtskirche Maria-Buch bei Neresheim. Stuckrelief in der Abtei Neresheim

in Maria-Birnbaum (1661), wo sich ein Stück des Baumstamms heute noch in der Altarrückwand befindet.

Bei manchen Kirchen ließ man den Wipfel des lebenden Baums sogar oben aus dem Dach herausragen. In der Wallfahrtskirche auf dem Schönenberg bei Ellwangen steht heute noch die Tanne, an der 1638 ein Marienfigürchen angebracht worden war. Der zu einem Kreuz umgeformte Wipfel hatte beim ersten Kapellenbau über das Dach geschaut[13]. In Maria-Buch bei Neresheim reichte die Krone der Buche über das Dach der 1663 gebauten Kapelle und seit etwa 1710 über das Dach einer größeren Kirche hinaus. 1796 brannte die Kirche mit dem immer noch lebenden Baum ab[14]. Auch bei Maria-Hilf auf dem Welschenberg bei Mühlheim/Donau ragte die Krone des umbauten Eichbaums aus dem Dach der ersten Kapelle von 1652. Beim Neubau der Kirche 1756 wurde der Baum ganz in den Chor einbezogen. Seine abgestorbenen Äste, übrigens nach Art geleiteter Linden von vier Marmorsäulen gestützt, wurden nun mit silbernen und goldenen Blättern und Eicheln versehen[15].

Beim protestantischen Kirchenbau kommt in gleicher Zeit ebenfalls ein Beispiel umbauter Bäume vor. Die als »Hütte Gottes« bezeichnete evangelische Kirche im schlesischen Oderwald bei Tzicherzig wurde ca. 1660 um zwei Eichen herumgebaut, deren Kronen das Schilfdach beschirmten. Einer der Stämme trug die Kanzel[16]. Ob bei diesem Bau an das Bild der biblischen Laub-

Eichenkapelle in Allouville, Frankreich, um 1820

hütten gedacht war oder ob sich hier bereits eine ins Sentimentalische gewendete Naturverehrung äußerte, welche dem Baum selbst als einem Stück urwüchsiger Natur galt[17], ist unklar. Für letzteres scheinen die gleichzeitigen, in Deutschland, England und Frankreich bezeugten Einbauten in hohle Bäume zu sprechen, welche zu profanen und zu kirchlichen Zwecken erfolgten[18]. Eine derartige, besonders kuriose Baumkirche entstand 1696 in Allouville in Frankreich. In einer hohlen Eiche von 11 Meter Umfang wurde unten eine Kapelle eingerichtet, die der Notre Dame de la Paix geweiht war, darüber ein kleiner, über eine Treppe zugänglicher Wohnraum für den Einsiedler, der die Kapelle betreute. Diese Einbauten wurden bekrönt von einem steinernen Glockenturm, der die — im Jahre 1822 noch grünende — Baumkrone überragte[19].

Astwerk und Walddämonen spätgotischer Kirchen

In der deutschen Spätgotik bemächtigt der Wald sich in seltsamer Weise der Kirchengebäude. Die Architektur bildet Pflanzen nicht mehr als bloß schmückendes Beiwerk ab, sondern scheint sich selbst in steinerne Vegetation zu verwandeln. Diese Umdeutung von Bauformen in Naturformen setzt in der Mitte des 15. Jahrhunderts zunächst bei den Kleinarchitekturen der Kirchenausstattung ein — kleinen Nachbildungen, die, frei von den konstruktiven und funktionalen Zwängen der Großarchitektur, Idealbilder von Architektur darstellen[20]. Bei diesen Miniaturgebäuden der Sakramentshäuser, Altäre, Reliquiare und Monstranzen werden Säulen zu Baumstämmen und Dienste, Rippen, Maßwerk und Fialen zu Ästen und Zweigen umgestaltet, so daß das eigenartige Bild einer weitgehend oder gar vollständig aus lebenden Bäumen gebildeten, gewachsenen Architektur entsteht[21].

Die eigentliche Architektur vermag — schon aus Gründen des Aufwands — diese Vegetabilisierung nur andeutungsweise nachzuvollziehen. Plastisches Astwerk erscheint nur bei manchen Kirchen und bei ihnen auch durchweg nur an Teilen: außen vor allem an Portalen, selten an Stützpfeilern, Fenstermaßwerk oder Türmen, innen vor allem an den Gewölben[22].

Daß diese Astwerkformen nicht etwa die Vegetation des mittelalterlichen Gartens andeuten[23], sondern den wild wachsenden Wald, ist bei der Marienkirche in Pirna am deutlichsten erkennbar. Neben dem mittleren Chorfenster ragen zwei steinerne Baumstämme schräg aus der Wand und enden oben an den gekurvten Rippen des Chorgewölbes (1539—46). An den Stämmen klettern zwei nackte, behaarte Gestalten, an der Südseite ein Mann, an der Nordseite eine Frau. Es handelt sich um »Wildleute«, urtümliche, dämonische Gestalten, die nach dem Glauben des Mittelalters im finsteren, undurchdringlichen Wald wohnen. Sie lieben den Sturm, können ganze Bäume ausreißen und fügen den Menschen Schaden zu. Ein Zottelfell bedeckt ihren ganzen Körper und läßt lediglich Gesicht, Hände, Füße, Knie und, bei den Wildfrauen, die Brüste unbedeckt. In diesen bedrohlichen Gestalten verkörpert sich die Furcht vor dem Wald als wildem Ort, vor der noch nicht beherrschten und nicht verstandenen Natur[24].

In der Stadtkirche in Pirna befanden sich bis zum Jahre 1791 zwölf weitere Figuren von Wildleuten an den Gewölben von Chor und Langhaus[25]. Die Kirche war also mit einer ganzen Horde von Walddämonen bevölkert. Darstellungen von Wildleuten erscheinen um 1500 auch bei anderen Kirchen an Portalen, Fenstern, Gewölben und Innenausstattungen[26]. Bei Tilman Riemenschneiders Münnerstädter Altar erscheint ein solches Waldwesen sogar als die zentrale Figur: Der Körper der büßenden, von sechs Engeln zum Himmel emporgetragenen Maria Magdalena ist mit dem Fell einer Wildfrau bewachsen. Es erinnert drastisch an die überwundenen niedrigen Leidenschaften der ehemaligen Sünderin[27].

Eine schlüssige Erklärung für dieses Eindringen des Waldes in die spätgotische Kirchenkunst ist durch die komplexen, auch widersprüchlichen Vorstellungen der Zeit erschwert. Die Bedeutung der Wildleute läßt sich beispielsweise gegensätzlich interpretieren: Im Volksglauben sind sie zu Beginn des 16. Jahrhunderts noch real vorhandene, gefürchtete Wesen. Auch die Kirche predigt noch die Existenz dieser Waldteufel[28]. Im höfischen Leben haben sie hingegen schon seit dem 14. Jahrhundert eine zunehmend positive Wertung als Inbegriff von Kraft und Fruchtbarkeit erfahren und werden in der darstellenden Kunst längst als eher drollige Gestalten in einer Waldidylle vorgestellt[29]. Die beiden Wildleute und das Astwerk in Pirna sind dementsprechend einerseits als Abwehr und Bannung bedrohlicher Naturkräfte, als »Bewältigung des Dämonischen an einem geheiligten Ort« gedeutet worden[30]; andererseits wurden sie auch als burleske Adam- und Eva-Gestalten, als »Paraphrase des Sündenfalls im märchenhaften Wildleutestil« verstanden[31].

Daß der Wald gerade jetzt zum Thema sakraler Baukunst werden kann, hängt jedenfalls mit einschneidenden Änderungen im Verhältnis von Mensch und Natur zusammen. Der Wald, ehemals als dunkel, öde und wild empfunden, wird gerade erst ästhetisch erfaßt. Er beginnt, seine Schrecken zu verlieren und seine Schönheiten zu offenbaren. Dürers Landschaftsaquarelle von 1494/95 und Altdorfers Donaulandschaft von 1522 geben Waldlandschaften erstmals überhaupt um ihrer selbst willen wieder. Im sakralen Bereich muß das Bild des Waldes aber etwas zu vermitteln gehabt haben, das über sich selbst hinauswies. Die Schrecken der ungezähmten Natur werden dies kaum noch gewesen sein. Andere vegetabile Dekorationen wie Rankenmalereien und plastisches Rutenwerk stellen in Kirchen des 14. und 15. Jahrhunderts offen-

Matthäus Ensinger, Astwerk an der südlichen Vorhalle des Münsters in Ulm, vor 1463

sichtlich Bilder des Paradiesgartens oder der Himmelslaube dar[32]. Das Astwerk des Waldes sollte sicherlich ähnliche Vorstellungen wecken. Im Bild dieses Waldparadieses sind aber, in für uns schwer nachvollziehbarer Weise, Elemente der Baumverehrung und Reste abergläubischer Furcht vor dunklen Naturgewalten noch ebenso enthalten wie bereits Ansätze einer ganz irdischen Naturaneignung[33].

Ob die Innenräume spätgotischer Hallenkirchen mit ihren schlanken Pfeilern und den aus ihnen emporwachsenden Gewölberippen auch ohne entsprechende Ausgestaltung ganzheitlich das Bild von »Wald« evozieren sollten, ist nicht hinreichend geklärt[34]. Bei den Astwerkkrippen des Eichstätter Doms sind die Ecksäulen als Baumstämme ausgebildet. Sie setzen sich oberhalb der Rippenansätze fort und scheinen die Wölbflächen zu durchstoßen. Gleiche, aber freistehende Baumsäulen kommen in Kirchen gar nicht und in profanen Bauten nur ein einziges Mal vor. In der böhmischen Burg Bechyn steht in einem Raum ein naturalistischer steinerner Baum als Mittelpfeiler und streckt seine Äste unter die Gewölbegrate (1515)[35]. Immerhin zeigen diese beiden Beispiele, daß Säulen nicht nur in Kleinarchitekturen als Baumstämme vorstellbar waren. Die Vermutung, das Bild des »Säulenwaldes« sei trotz des üblichen Verzichts auf vegetabile Formgebung generell gemeint gewesen, gewinnt außerdem durch die in manchen Kirchen auffällig isoliert, »mitten im Raum« hinter dem Altar stehenden Einzelpfeiler eine gewisse Wahrscheinlichkeit. Sie sind verschiedentlich als Baumdarstellungen mit besonderer theologischer Bedeutung interpretiert worden[36]. Für einen solchen Naturbezug könnten die eingebauten lebenden Bäume sprechen, die später noch an gleicher Stelle zu stehen kommen. Die künstliche Eiche des spätgotischen Schnitzaltars in Stift Zwettl läßt sich vielleicht als eine Übergangsform zwischen diesen lebenden Bäumen und jenen Mittelpfeilern ansehen.

Die gotische Kirche als Nachahmung des Waldes

Die Vorstellung, die gotische Baukunst sei durch Nachahmung der Vegetationsformen des Waldes entstanden, wird von der deutschen Astwerkgotik ausgelöst. Noch während ihrer Entstehungszeit, im frühen 16. Jahrhundert, scheinen ausländische Besucher diese letzte — und neuartige — Erscheinungsform des gotischen Ornaments als restliche Spuren einer ursprünglichen

Perino de Vaga, Das Wunder der Brot- und Fischvermehrung (Ausschnitt), vor 1540

Hans Krumpper, Paulanerkirche St. Karl Borromäus München, 1621—23
J. F. C. Dauthe, Innenraum der Nikolaikirche Leipzig, 1785—87

Bauweise mißverstanden zu haben. Um 1510 schreibt ein unbekannter italienischer Autor in einem Brief an Papst Julius II. oder Leo X. über die Baukunst der Deutschen: »Übrigens soll ihre Architektur folgenden Ursprung haben: Sie entstand aus ungefällten Bäumen, deren Äste, zusammengebogen, und -gebunden, ihre Spitzbogen ergaben.«[37]

Wird hier die Gotik von Bauten aus lebenden Bäumen hergeleitet, so ist, unabhängig davon[38], in Italien bald auch die Vorstellung vom Wald als Ursprungsort feststellbar. Frühestes, bisher anscheinend übersehenes Zeugnis ist eine vor 1540 entstandene Tuschezeichnung von Perino de Vaga[39], welche das Wunder der Brot- und Fischvermehrung wiedergibt. Der Ort des Geschehens, die biblische Wüste, ist hier — wie öfter auf Bilddarstellungen des 15. und 16. Jahrhunderts — zur Wildnis des Waldes geworden. Dieser Wald stellt zugleich aber, und das ist gänzlich neu, eine mehrschiffige, gewölbte Hallenkirche vor. Ihre äußeren Säulenreihen sind aus Laubbäumen, die mittlere Reihe ist aus Palmen gebildet, deren regelmäßige Wipfel die Ausformung der Gewölbe begünstigen und die außerdem auf die Palmbaum-Säulen des Salomonischen Tempels anspielen dürften[40]. Durch die in Italien wenig übliche Hallenform war für den zeitgenössischen Betrachter der Bezug auf die Gotik des Nordens offenkundig.

Auch in Frankreich kommen gleiche Vorstellungen schon im 16. Jahrhundert auf, erstmals nachweislich bei Philibert de l'Orme, der 1567 an die Spätgotik anknüpft: »Wäre es nicht angenehm, über den genannten Säulen Äste zu sehen, die sich miteinander verbinden und Gewölbe und Bögen bilden?«[41] De l'Ormes Entwurf eines neuen Säulentypus, der als Baumstamm mit belaubten Aststümpfen und mit einem Kapitell aus einer kleinen gestutzten Laubkrone ausgebildet ist, stellt den Versuch dar, Spätgotisches und Klassisches zu vereinen[42]. In Zusammenhang mit derartigen Säulen taucht auch bei de l'Orme das Bild des Waldes auf: »Die Säulenhalle, wie ich sie mir vorstelle, würde gewissermaßen einen kleinen Wald darstellen.«[43]

Eine aus lebenden Bäumen gewachsene Hallenkirche zeigt erneut eine Radierung von Jacques Callot (1625). Vor dieser bisher ebenfalls unbeachteten Waldkirche sitzt Bischof Nikolaus Franz von Toul, Sohn von Franz IV. von Lothringen. Auch hier sind den nordischen Laubbäumen Palmen beigesellt, die auf die 1604 durch Villalpandos neu aktivierte Templum-Salomonis-Vorstellung verweisen[44]. Derartige Palmensäulen kommen tatsächlich zur gleichen Zeit zwar nicht in französischen, aber in deutschen Kirchen vor. Als naturalistischer Palmbaum war die Mittelstütze der (1902 abgebrochenen) Paulanerkirche St. Karl Borromäus in München gestaltet (von Hans Krumpper, 1621—23). Eine hölzerne Palmenstütze mit Kruzifix stand mitten in der 1656 gebauten Kirche in Kriegsheide. Ebenso wie bei der erwähnten, um zwei Eichen herumgebauten Kirche in Oderwald handelte es sich um eine der evangelischen Grenzkirchen, die nach der Kirchenreduktion Schlesiens (1654—68) provisorisch auf katholischem Gebiet errichtet wurden, in diesem Fall durch Umbau einer Scheune[45].

Während diese mittig aufgestellten, einzelnen Palmbäume anscheinend die Siegespalme Christi vorstellen sollten, war mit den Palmensäulen der spätgotischen Nikolaikirche in Leipzig und der Kirche in Zwönitz (1688—92) wieder das Bild des Salomonischen Tempels gemeint. In Leipzig wurden 1662—68 alle Pfeilerschäfte in der Art von Palmbäumen bemalt[46], in Zwönitz wurden die Emporenstützen als Palmen ausgebildet[47].

Jean-François Félibien vergleicht 1699 die gotischen Gewölbe und Säulen mit Ästen und Stämmen von Bäumen. In Äußerungen der Folgezeit verbinden sich nun immer häufiger die Assoziationen »Baum« und »Wald« mit der Gotik. William Stukeley gibt 1724 den Ursprungsspekulationen eine neue Wendung mit der Annahme, »daß die Idee von einer Allee von Bäumen gewonnen ist, deren sich berührende Kronen von den Gewölben merkwürdig nachgeahmt werden«. Francis Hutcheson weist 1725 auf die Analogie zwischen Waldesdüster und Gotik hin. Nach H. Le Blanc (1733) ahmte die Gotik dementsprechend das Dämmerlicht keltischer Waldheiligtümer nach, welche auch Germain Boffrand (1745) als das Vorbild der gotischen Kirchen annimmt. William Warburton führt 1751 aus: »Denn warum waren die Bogen spitz, wenn nicht die Werkleute jene Kurve nachahmen mußten, welche die Äste, die sich überschneiden, bilden? Oder konnten die Säulen anders als in Schäfte aufgespalten sein, wenn sie die Stämme einer Baumgruppe darstellen sollten? Nach dem gleichen Grundsatz waren die ausgebreiteten Verzweigungen von Steinwerk in den Fenstern und die farbigen Scheiben in den Zwischenräumen geformt; jene sollten die Äste, diese das Laub eines leichten Gehölzes darstellen, und beide dienten dazu, das düstere düstere Licht zu schaffen, das andächtige Schauer einflößt.«[48]

Marc-Antoine Laugier, von dessen Schriften die Gotikrezeption in Deutschland nachhaltig geprägt wird, fügt diesen gotischen Nachahmungstheorien dann nichts eigentlich Neues mehr hinzu. In seinen »Observations sur l'architecture« von 1765 wiederholt Laugier die These, daß Baumalleen Vorbilder der gotischen Kirchen gewesen seien und macht für Bauten im gotischen Stil den — vermeintlich neuen — Vorschlag, den Innenraum wie einen Palmenwald auszubilden: »Ich stelle mir vor, wenn in einer Kirche die Säulen aus grossen Palmbäumen bestünden, die ihre Äste rechts und links ausbreiteten, und dadurch den Bogen des Gewölbes vorstellten; so würde diess eine erstaunliche Wirkung thun [...].«[49] Diese eigenartige Idee, die ursprüngliche Nachahmung nordischer Bäume bei Neubauten mit Palmensäulen in Erinnerung zu rufen, wird nur von zwei deutschen Architekten aufgegriffen: Bei der Neugestaltung des Innenraums der Leipziger Nikolaikirche (1785—97) schmückt Johann Friedrich Carl Dauthe die Gewölberippen über ionisch kannelierten Säulenschäften mit plastischen Palmenblättern. Laugiers Einfluß auf diese schöne Innenarchitektur ist belegt[50], außerdem wird aber auch die frühere Ausmalung als Anregung gedient haben. Karl Friedrich Schinkel, der sich selbst mit gotischen Waldtheorien befaßt hat[51], fertigt mehrere Entwürfe von Gewölben in Palmenform an, darunter 1810 den Entwurf zu einem Mausoleum für Königin Luise. Durch Palmblätter an den Gewölberippen sollte nach Schinkels Worten »die Empfindung eines schönen Palmenhains erweckt werden«[52].

Die einzigartige Begeisterung, mit der die deutsche Romantik sich der Gotik zuwendet, bezieht den Wald als ihren Ursprung ein. Dabei verbinden sich ein wiedererwachendes Nationalbewußtsein, dem die Gotik zum Inbegriff deutschen Wesens wird, mit einer religiös gefärbten Naturschwärmerei, die in der unberührten, vom Menschen noch nicht verdorbenen, »wahren« Natur das Göttliche sucht. Bereits 1772 verherrlicht Goethe in seiner Erwin von Steinbach gewidmeten Schrift »Von deutscher Baukunst«[53] den Straßburger Münsterturm als »hocherhabenen, weit verbreiteten Baum Gottes (...) mit tausend Ästen, Millionen Zweigen, und Blättern wie der Sand am Meer«. Wilhelm Heinse wendet diese Metapher 1780 in eine Theorie konkreter Naturnachahmung: »und woher soll sonst ein Turm seinen Ursprung in der Natur haben, als von einem hohen Baum? [...] Was sind Kuppeln hernach anders als Linden- und Eichengewölbe? Oder glaubt ihr, daß Kunst für sich bestehen könnte, ohne Abbildung, Nachahmung der Natur?«[54] In ähnlicher Weise äußert sich beispielsweise 1780 Johann Georg Sulzer, der den Wald als »Originalmuster« der Gotik bezeichnet[55], oder Friedrich Wilhelm Schelling, der auf dem Prinzip der Naturnachahmung sogar ein ganzes Lehrgebäude der Architektur aufbaut: Da in der Gotik »die Pflanzenwelt unverändert durch die Kunst zum Vorbild wird«, erreiche sie nicht den gleichen Rang wie die klassische Baukunst. Denn diese »spricht [...] die Natur vollkommener aus und verbessert sie gleichsam.«[56]

Ansonsten verdrängt in der Romantik der assoziative Vergleich solche naturalistischen Deutungen[57]. Der Natur- und Völker-

Walter Leistikow, Wald, um 1899

kundler Georg Forster vergleicht 1791 die Säulen des Kölner Domchors mit »den Bäumen eines uralten Forstes«[58]. Nach August Wilhelm Schlegel ist die Gotik »gleichsam eine vegetabilische Architektur«[59]. Hegel betont um 1820, daß der Waldvergleich nicht wörtlich zu verstehen sei: »Doch damit soll nicht gesagt sein, daß die gotische Architektur sich Bäume und Wälder zum wirklichen Vorbild ihrer Formen genommen habe.«[60] Die fortschreitende Forschung zwingt die Historiker bald ohnehin zur Aufgabe der Waldtheorien. Bereits um 1820 äußert Christian Ludwig Stieglitz die Vermutung, daß das spätgotische Astwerk »den Gedanken erzeugt habe, die Entstehung der Gotik darin zu suchen«. Stieglitz folgert, daß die »Idee der Herleitung der deutschen Kunst aus den Wäldern und von der Pflanzennatur« falsch sei[61].

Aber auch entgegen baugeschichtlicher Erkenntnis bleiben Waldtheorie und Waldvergleich bemerkenswert lebendig. August von Kreling malt 1849 Erwin von Steinbach im Buchenwald (Abb. S. 175). Den Blick sinnend ins Geäst gerichtet, beschließt der große Baumeister gerade, genau so das Straßburger Münster einzuwölben. Hinter ihm betrachtet ein junges Paar bedeutungsvoll die Dreipaßform eines Blattzweiges[62]. Um 1899 verfertigt Walter Leistikow ein Bild mit dem Titel »Wald«, das als gotische Architektur mit denselben Formelementen für die »Lustigen Blätter« (Nr. 26, 1899) parodiert wird. Gerstenberg interpretiert 1913 die Spätgotik als »Versuch, die aus der Naturumgebung bekannte Unendlichkeit des durchgängig zusammenhängenden Raums in die Kunst zu übertragen«. Bisher habe man die »Assoziation mit dem Wald [...] nur nach der grob gegenständlichen Seite hin interpretiert«[63]. Oswald Spengler geht im »Untergang des Abendlandes« (1918—22) ausführlich auf die Waldtheorie ein. Er bezieht sie nicht mehr nur auf die Gotik, sondern auf die Spätformen aller Baustile überhaupt: »Der unendliche, einsame, dämmernde Wald ist die geheime Sehnsucht aller abendländischen Bauformen geblieben.«[64] Noch Ernst Bloch kann auf die Metapher von der »Waldfülle der Kathedrale« nicht verzichten, obwohl, wie er einräumt, der gotische Dom inzwischen »bis zum Überdruss einem Wald verglichen« wurde[65].

Der deutsche Wald als Kirche

Das Erlebnis des deutschen Waldes wird in der Dichtung erstmals von Ludwig Tieck eingehend dargestellt[66]. Im Roman-Fragment »Franz Sternbalds Wanderungen« (1798) führt die Handlung immer wieder in den Wald als Ort inniger Traulichkeit und poetisch verklärter Kindheitserinnerung, als eine traumhaft-magische Seelenlandschaft, in die Sternbald voller Sehnsucht eintaucht: »Er trat in den Wald mit einer Empfindung, wie man einen heiligen Tempel betritt.«[67] Der Wald als heiliger Ort, als Kirche, erscheint in beständig neuen Wendungen. »Plötzlich war es Mondschein. Wie vom holden Schimmer erregt, klang von allen silbernen Wipfeln ein süßes Getöne nieder; da war alle Furcht verschwunden: der Wald brannte sanft im schönsten Glanze, und Nachtigallen wurden wach, und flogen dicht an ihm vorüber, dann sangen sie mit süßer Kehle, und blieben immer im Takte mit der Musik des Mondscheins. Franz fühlte sein Herz geöffnet, als er in einer Klause im Felsen einen Waldbruder wahrnahm, der andächtig die Augen zum Himmel aufhob und die Hände faltete. Franz trat näher: Hörst du nicht die liebliche Orgel der Natur spielen? sagte der Einsiedel, bete, so wie ich.«[68]

Eine frühere Schilderung in Tiecks Briefroman »William Lovell« (1795/96) zeigt den Ursprung dieser Naturbilder noch deutlicher. Amalie Wilmont preist »dunkle Alleen mit hohen Bäumen, die sich oben wie ein Dach einer Kirche wölben«[69]. Die Herkunft aus den naturalistischen Gotikdeutungen ist offensichtlich. Auch in den zahlreichen Naturschilderungen anderer romantischer und nachromantischer Dichter wie Brentano, Hölderlin, Eichendorff, Mörike oder Storm wird der Wald in Bildern beschrieben, wie sie zuvor schon umgekehrt in Zusammenhang mit gotischer Architektur verwendet wurden[70]:

»Schon streckten dort gleich Säulen der Kapelle
ans Laubgewölb' die Tannenstämme sich;
Dann war's erreicht, und wie an Kirchenschwelle
Umschauerte die Schattenkühle mich«
(Storm, Der Waldweg, 1852).[71]

Das Bild vom Wald als Kirche erfährt dabei manche eigentümliche Abwandlung. Heinrich von Kleist erweitert das Bild auf die gesamte Natur: »Große, stille, feierliche Natur, Du, Kathedrale der Gottheit, deren Gewölbe der Himmel, deren Säulen die Alpen, deren Kronleuchter die Sterne sind [...].«[72] Annette von Droste-Hülshoff verwendet es mit entgegengesetzter Blickrichtung:

»So tausendarmig ward noch nie gebaut
Des Münsters Halle, wie im Heidekraut
Gewölbe an Gewölben sich erschließen,
Gleich Labyrinthen ineinander schießen;
So tausendstimmig stieg noch nie ein Chor,
Wie's musiziert aus grüner Heid hervor [...]«[73]

Noch Nietzsche beschreibt den grünen Wald als »Heiligtum der Natur [...] mit hehren Schattengewölben«[74]. 1897 gebraucht Fontane das Bild der Kirche im »Stechlin« allerdings, um sich über diese Art der Naturhuldigung zu mokieren. Auf den begeisterten Ausruf, wie sehr doch die Kastanienallee einem Kirchenschiff gleiche, erfolgt die Antwort: »Ich finde die Wendung etwas trivial für einen Ministerialassistenten.«[75]

Das Bild vom Wald als Kirchenhalle, die man andachtsvoll durchschreitet, um die Einheit von Mensch und Natur in einer sinnerfüllten Welt zu erleben, ist mit zunehmender Naturbeherrschung und Naturausbeutung längst fragwürdig geworden[76].

Schon in den Landschaftsbildern des literarischen Biedermeier kündigt sich die wachsende Bedrohung der Natur durch Nützlichkeitsdenken und technischen Fortschritt an. Der Wald wird nicht mehr als Heiligtum beschrieben, er wird »zum Laub- oder Nadelwald, zur Schonung, zum Aufschlag«[77], zum »Eichenbestand von tadelloser Schönheit, der die holländische Marine mit Masten versieht«[78].

Die beharrliche Waldfrömmigkeit der Deutschen trotz dieser Entwicklungen bedenkt Robert Musil in seiner Geschichte »Wer hat dich, du schöner Wald...?« mit resigniertem Spott. Dem Bild der Waldkathedrale hält er die »Beobachtung« entgegen, »daß ein Wald meist aus zwei Bretterreihen besteht, die oben mit Grün verputzt sind«. Hier waltet der Förster seines Amts als »Forstmissionar, der einfältigen Herzens den Bäumen das Evangelium des Holzhandels predigt«[79].

Anmerkungen

1 Rainer Graefe, Geleitete Linden, in: Daidalos 23 (15. März 1987), S. 16—29
2 Dieter Hennebo, Gärten des Mittelalters, Bd. 1 von: D. Hennebo, A. Hoffmann, Geschichte der deutschen Gartenkunst, 3 Bde., Hamburg 1962, S. 18; Hans Lorenzen, Der Baum im deutschen Volkstum, Leipzig 1941, S. 7
3 Graefe, Geleitete Linden, S. 29
4 Eduard Mielck, Die Riesen der Pflanzenwelt, Leipzig/Heidelberg 1863, S. 45
5 Graefe, Geleitete Linden, S. 29
6 Diethelm Fretz, Konrad Gessner als Gärtner, Zürich 1948, S. 51 f.
7 Albert Walzer, Wallfahrtskirchen mit eingebautem Baum, in: Württembergisches Jahrbuch für Volkskunde 1/1955, S. 90—116
8 Der Baum wurde 1526 anläßlich der Reformation entfernt. E. T. A. Hoffmann, Die Elixiere des Teufels, Berlin 1924, S. 9; Walzer, Wallfahrtskirchen, S. 95—96
9 Friedrich und Helga Möbius, Bauornament im Mittelalter, Wien 1974, S. 237 f.; Karl Oettinger, Laube, Garten und Wald, in: Festschrift für Hans Sedlmayr, München 1962, S. 201—228 (S. 216 f.)
10 Walzer, Wallfahrtskirchen, S. 116
11 Walzer, ebd., S. 95
12 1657 Edikt des katholischen Rats von Biberach gegen die Wallfahrt zum großen Buchenbaum bei Westerflach (Walzer, Wallfahrtskirchen, S. 116, Anm. 76)
13 Walzer, S. 90
14 Walzer, ebd., S. 91 und 115
15 Abriß der Kirche 1811 (Walzer, ebd., S. 91—92)
16 Alfred Wiesenhütter, Protestantischer Kirchenbau des Ostens, Leipzig 1936, S. 51—52
17 Hella Müller, Natur-Illusion in der Innenraum-Kunst des späten 18. Jahrhunderts, Dissertation Göttingen 1957, Typoskript, S. 176
18 Beispiele bei Mielck, Die Riesen der Pflanzenwelt
19 A. L. Marquis, Notice sur le Chêne-Chapelle d'Allouville..., in: Mémoires de la Société Linéenne de Paris, Bd. 1, Paris 1822, S. 495—501
20 Norbert Nußbaum, Deutsche Kirchenbaukunst der Gotik, Köln 1985, S. 274
21 Beispiele in: Margot Braun-Reichenbacher, Das Ast- und Laubwerk, Nürnberg 1966; Anneliese Seeliger-Zeiss, Lorenz Lechler von Heidelberg und sein Umkreis, Heidelberg 1967
22 Zu Entstehung, Verbreitung und Deutung des spätgotischen Astwerks: Eva Börsch-Supan, Garten-, Landschafts- und Paradiesmotive im Innenraum, Berlin 1967, S. 173 ff.; Braun-Reichenbacher, Das Ast- und Laubwerk; Joachim Büchner, Ast-, Laub- und Maßwerkgewölbe

23 der endenden Spätgotik, in: Festschrift Karl Oettinger, Erlangen 1967, S. 265—301; F. u. H. Möbius, Bauornament im Mittelalter, S. 204 ff.; Nußbaum, Deutsche Kirchenbaukunst, S. 273 ff.; Oettinger, Laube, Garten und Wald; Ernst Ullmann, Geschichte der deutschen Kunst 1470—1550. Architektur und Plastik, Leipzig 1984, S. 81 ff.
23 wie beispielsweise von Karl Oettinger angenommen (Laube, Garten und Wald)
24 Will-Erich Peuckert, Deutscher Volksglaube im Spätmittelalter, Stuttgart 1942, S. 67 ff.; Friedrich Möbius, Beobachtungen zur Ikonologie des spätgotischen Gewölbes in Sachsen und Böhmen, in: Evolution Générale et Développements Régionaux en Histoire de l'Art, Tome 1, Budapest 1972, S. 557—567; F. u. H. Möbius, Bauornament im Mittelalter, S. 201 ff.
25 Möbius, Beobachtungen zur Ikonologie, S. 557; F. u. H. Möbius, Bauornament im Mittelalter, S. 202
26 Figuren von Wildleuten beispielsweise am Portal der Schloßkirche in Karl-Marx-Stadt; an der Kanzel der Annakirche in Annaberg (F. Möbius, Beobachtungen zur Ikonologie, Anm. 9); paarweise über Fenstern und Portalen der Johanneskirche in 'sHertogenbosch, Niederlande (F. u. H. Möbius, Bauornament im Mittelalter, S. 203); an einer Chorwange unbekannter Herkunft aus dem späten 14. Jahrhundert (Der Parler und der schöne Stil 1350—1400, Ausstellungskatalog Köln 1978, Bd. 3, S. 110 f.); als Schlußsteine im Chorgewölbe der Marienkirche in Torgau (F. u. H. Möbius, Bauornament im Mittelalter, Abb. 151); als Gewändefiguren am Portal von San Gregorio in Valladolid, Spanien (Timothy Husband, The Wild Man, New York 1980, S. 4 und Fig. 7)
27 »Maria Magdalena, von welcher er [Jesus] sieben böse Geister ausgetrieben hatte« (Markus 16,9; Lukas 8,2). Eine gleiche Darstellung der Maria Magdalena als Wildfrau zeigt eine Zeichnung von Jörg Schweiger von 1510—20 (Husband, ebd., S. 28 und 100 f.)
28 F. Möbius, Beobachtungen zur Ikonologie, S. 55; Peuckert, Deutscher Volksglaube, S. 83
29 Reiner Dieckhoff, Zeitbewußtsein und Naturerfahrung im 14. Jahrhundert, in: Die Parler, Bd. 3, S. 67—93 (S. 89 ff.); Joachim Gaus, Die Urhütte. Über ein Modell in der Baukunst und ein Motiv in der bildenden Kunst, in: Wallraf-Richartz-Jahrbuch, Bd. XXXIII, Köln 1971, S. 7—70 (S. 52)
30 F. Möbius, Beobachtungen zur Ikonologie, S. 560 ff.; F. u. H. Möbius, Bauornament im Mittelalter, S. 204 ff.; Norbert Nußbaum, Spätgotische Dreistützenbauten in Bayern und Österreich, Köln 1982, S. 190
31 Eva Börsch-Supan, Garten-, Landschafts- und Paradiesmotive, S. 238
32 Oettinger, Laube, Garten und Wald; Büchner, Ast-, Laub- und Maßwerkgewölbe
33 Braun-Reichenbacher, Das Ast- und Laubwerk, S. 89; Nußbaum, Spätgotische Dreistützenbauten, S. 190; Arnold Hauser, Sozialgeschichte der Kunst und Literatur, München 1975, S. 275
34 Zu diesem Fragenkomplex ausführlich: Nußbaum, ebd., S. 188 ff.
35 Börsch-Supan, Garten-, Landschafts- und Paradiesmotive, S. 175 f.; F. u. H. Möbius, Bauornament im Mittelalter, S. 240 f.
36 Z. B. bei Erich Bachmann, Felsengarten Sanspareil. Burg Zwernitz, München 1970, S. 59 f., Anm. 13. Hierzu auch Nußbaum, Spätgotische Dreistützenbauten, S. 194 f.
37 zit. nach Georg Germann, Neugotik. Geschichte der Architekturtheorie, Stuttgart 1974, S. 27; vgl. G. Germann, Einführung in die Geschichte der Architekturtheorie, Darmstadt 1980, S. 100
38 Die Denkschrift wurde 1733 erstmals veröffentlicht (H. Müller, Natur-Illusion, S. 167)
39 European Drawings 1375—1825, Ausstellungskatalog New York/Oxford/Toronto 1981, S. 45—46 (Nr. 19)
40 Zur Palmenornamentik als Anspielung auf den Salomonischen Tempel: H. Müller, Natur-Illusion, S. 162 f.; Börsch-Supan, Garten-, Landschafts- und Paradiesmotive, S. 172
41 De l'Orme, Architecture, 1567; zit. nach G. Germann, Neugotik, S. 27
42 Erik Forssman, Säule und Ornament, Uppsala 1956, S. 81 f.
43 zit. nach Forssman, ebd., S. 82; vgl. dazu H. Müller, Natur-Illusion, S. 164; Gaus, Die Urhütte, S. 18
44 Börsch-Supan, Garten-, Landschafts- und Paradiesmotive, S. 180; H. Müller, Natur-Illusion, S. 33 und 162
45 Zur Paulanerkirche St. Karl Borromäus: Max Hauttmann, Geschichte der kirchlichen Baukunst in Bayern/Schwaben und Franken/1550—1780, München/Berlin/Leipzig 1921, S. 121 f. und Tafel 8; zur Kirche von Kriegsheide: Wiesenhütter, Protestantischer Kirchenbau, S. 51 f.; Alfred Wiesenhütter, Der evangelische Kirchenbau Schlesiens, Düsseldorf 1954, S. 28 f.

46 Heinrich Magirius, Die Nikolaikirche zu Leipzig (Das christliche Denkmal, Heft 111), Berlin 1979, S. 17
47 Börsch-Supan, Garten-, Landschafts- und Paradiesmotive, S. 181
48 Alle Beispiele und Zitate nach G. Germann, Neugotik, S. 27—28; zu gotischen Waldtheorien vgl. auch: Jurgis Baltrušaitis, Die Legende von der gotischen Architektur, in: ders., Imaginäre Realitäten, Köln 1984, S. 90—113; Erwin Panofsky, Sinn und Deutung der bildenden Kunst, Köln 1978, S. 206 f.; Jan Pieper, Steinerne Bäume und künstliches Astwerk. Die gotischen Theorien des James Hall, in: Bauwelt 10, 1982, S. 328—331
49 nach der deutschen Ausgabe von 1768, zit. nach H. Müller, Natur-Illusion, S. 162
50 Magirius, Die Nikolaikirche, S. 18 ff.
51 vgl. Schinkels Kommentare zu A. Hirts »Baukunst« von 1809 in: Gœrd Peschken, Das Architektonische Lehrbuch, München/Berlin 1979, S. 29
52 zit. nach G. Germann, Neugotik, S. 84; weitere Palmsäulenentwürfe: Peschken, ebd., Abb. 214, 253
53 Johann Wolfgang Goethe, Von deutscher Baukunst, in: Von deutscher Art und Kunst. Einige fliegende Blätter, Hamburg 1773 (eigentlich 1772), S. 120—136 (S. 127)
54 zit. nach H. Müller, Natur-Illusion, S. 173
55 G. Germann, Neugotik, S. 28
56 Philosophie der Kunst, 1802/03, gedruckt 1809, zit. nach H. Müller, Natur-Illusion, S. 174
57 G. Germann, Neugotik, S. 30
58 Georg Forster, Ansichten vom Niederrhein . . ., 2 Teile in zwei Bänden, Berlin 1791, I, S. 70 ff.
59 H. Müller, Natur-Illusion, S. 174
60 G. W. F. Hegel, Vorlesungen über die Ästhetik II, Bd. 14 der Werke in zwanzig Bänden, Frankfurt/M. 1970, S. 336
61 Fußnote in der deutschen Ausgabe von Francesco Milizia, Principj d'Architettura Civile (1781) von 1824; zit. nach H. Müller, Natur-Illusion, S. 171
62 Norbert Götz, Kirche, Tempel, Burg, in: Der Traum vom Raum, Ausstellungskatalog Nürnberg 1986, S. 437—449 (S. 444, Nr. 150)
63 Kurt Gerstenberg, Deutsche Sondergotik, Darmstadt 1969, S. 138; ähnlich noch: Adolf Reinle, Zeichensprache der Architektur, München/Zürich 1984, S. 18—19
64 Oswald Spengler, Vom Untergang des Abendlandes, München 1979, S. 508 f.; vgl. Paul Frankl, The Gothic. Literary Sources and Interpretations [. . .], New Jersey 1960, S. 739 ff.
65 Ernst Bloch, Das Prinzip Hoffnung, 2. Bd., Frankfurt/M. 1979, S. 842 und 847
66 Andreas Müller, Landschaftserlebnis und Landschaftsbild. Studien zur deutschen Dichtung des 18. Jahrhunderts und der Romantik, Hechingen 1955, S. 175
67 Ludwig Tieck, Schriften, Bd. 15, Berlin 1829, S. 36
68 Tieck, ebd., S. 84
69 zit. nach G. Germann, Neugotik, S. 30
70 Darauf hat erstmals Hella Müller (Natur-Illusion, S. 179) aufmerksam gemacht. Vor Tieck findet sich die Verbindung vom Wald mit der Kirchenarchitektur bereits 1753 bei Salomon Geßner (»das dichte Gewölb zitternder Blätter« — A. Müller, Landschaftserlebnis, S. 40) und 1777 bei J. H. Merck (»das hohe Gewölb des Waldes« — H. Müller, Natur-Illusion, S. 236, Anm. 74)
71 zit. nach: Der Wald, München/Zürich 1984, S. 80
72 zit. nach: A. Müller, Landschaftserlebnis, S. 203
73 zit. nach: A. Müller, ebd., S. 229
74 aus: »Autobiographisches aus den Jahren 1856—1869«, zit. nach: Der Wald, S. 124
75 Theodor Fontane, Gesammelte Werke in zwei Bänden, Wiesentheid 1949, II, S. 93
76 Rainer Graefe, Naturbeherrschung und Naturgenuß, in: Mitteilungen des Instituts für leichte Flächentragwerke, Universität Stuttgart, Band 27 »Natürlich Bauen«, Stuttgart 1980, S. 46—53
77 Bernd Kortländer, Die Landschaft in der Literatur des ausgehenden 18. und beginnenden 19. Jahrhunderts, in: A. H. von Wallthor und H. Quirin (Hg.), Landschaft als interdisziplinäres Forschungsproblem, Kolloquiumsbericht, Münster 1977, S. 36—44 (Zitat S. 42)
78 Annette von Droste-Hülshoff, Westfälische Schilderung, 1845; zit. nach Kortländer, Die Landschaft, S. 43
79 Robert Musil, Wer hat dich, du schöner Wald . . .? in: Nachlaß zu Lebzeiten, Gesammelte Werke, Bd. 7, Hamburg 1978

Inken Nowald

Wie Maler den Wald gesehen

»Lieber, hast Du ›Franz Sternbalds Wanderungen‹, herausgegeben von [Ludwig] Tieck, gelesen? Mich hat nie etwas so im Innersten meiner Seele ergriffen, wie dies Buch«, schrieb 1798 — im Jahr des Erstdrucks — Philipp Otto Runge an seinen Freund Johann Heinrich Besser.[1] Das Buch ist ein Künstlerroman: Franz Sternbald, der schwärmerisch-träumerische Held, ist Maler. Die Handlung des Buches »besteht aus einer lockeren Folge einzelner Episoden, unterbrochen von eingeschobenen Erzählungen, Gedichten, Kunstbetrachtungen und vor allem Landschaftsschilderungen, die zur Allegorie des Unendlichen erhoben werden«. Es sind Beschreibungen, die Seh-Eindrücke und Empfindungen verknüpfen. Wolken, Mondschein, Nebel, Schatten, Gespenster und immer wieder — fast leitmotivisch — der Wald werden als Ausdruck einer unstillbaren Sehnsucht des Wanderers beschworen. Als Maler findet Sternbald für diese Sehnsucht ein Ziel: er »will das Undarstellbare malen, er wünscht sich ›ein Werk hinzuzaubern, das gleichsam ein Bild der Unendlichkeit ist‹.«[2]

Tiecks Buch hat Fragecharakter. Was kann Kunst sein, welchen Inhalt soll sie haben? Für Runge wirkte die Lektüre von »Sternbalds Wanderungen« wie eine Initialzündung, er dachte weiter und wurde zum Wortführer der Erneuerung der Kunst durch die Landschaftsmalerei: »[...] es hat noch keinen Landschafter gegeben, der eigentliche Bedeutung in seinen Landschaften hätte, der Allegorien und deutlich schöne Gedanken in eine Landschaft gebracht hätte. [...] Wem schweben nicht die deutlichsten Gedanken vor der Seele? Entsteht nicht ein Kunstwerk nur in dem Moment, wann ich deutlich einen Zusammenhang mit dem Universum vernehme? [...] Solch ein Gefühl muß also dem Gegenstand noch vorausgehen; [...] es drängt sich alles zur Landschaft, sucht etwas bestimmtes in dieser Unbestimmtheit und weiß nicht, wie es anzufangen? [...] Ist denn in dieser neuen Kunst — der Landschafterey, wenn man so will, — nicht auch ein höchster Punkt zu erreichen? [...] Ich will mein Leben in einer Reihe Kunstwerke darstellen; wenn die Sonne sinkt und wenn der Mond die Wolken vergoldet, will ich die fliehenden Geister festhalten; wir erleben die schöne Zeit dieser Kunst wohl nicht mehr, aber wir wollen unser Leben daran setzen, sie würklich und in Wahrheit hervorzurufen.«[3]

Runges Utopie wurde schon wenig später Wirklichkeit: die Landschaft wurde Träger umfassender neuer inhaltlicher Programme. Caspar David Friedrich malte 1808 ein reines Landschaftsbild als Altarblatt. Die deutsche Landschaftsmalerei hatte in der Hierarchie der Bildgattungen einen neuen Stellenwert erreicht. Allerdings nicht unwidersprochen: als Friedrich das »Kreuz im Gebirge« (Tetschener Altar) der Öffentlichkeit vorstellte, teilte sich die Kunstwelt in zwei Lager. Runge und Friedrich kannten sich. 1801 hatte Runge ihn zum ersten Mal in Greifswald besucht, und sie standen bis zu Runges frühem Tod in Verbindung. Die tiefgreifenden Folgen dieser Begegnung und den inneren Zusammenhang einiger zentraler Bildgedanken bei Runge und Friedrich hat die Forschung ausführlich gewürdigt (Jörg Traeger, Werner Sumowski). Doch gibt es einen grundsätzlichen Unterschied zwischen den beiden Künstlern. Runge meinte eine Landschaftsmalerei als umfassende, durch elementare Symbole strukturierte Kunst. Er wollte die Kräfte der Natur in Form der Allegorie ins Bild bringen. So gerät ihm auch der Wald zum Bild einer elementaren Naturkraft, die in Analogie zum Menschen gesehen wird. 1805 entstand die Zeichnung »Quelle und Dichter« — Runge beschreibt sie in einem Brief vom 29. März 1805 an Ludwig Tieck: »Ich habe neulich eine Landschaft komponiert. [...] Es ist eine Einsicht in einen jungen Buchenwald, hinter welchem die Sonne untergeht. [...] Ein Sänger ist in den Wald geeilt und wird ergriffen von dem tönenden Raum des Waldes.«

Dem Dichter hat Runge die Eiche zugeordnet, die Quellnymphe lagert unter einer Buche, zwischen beiden das Wasser mit spielenden Kindern. Luft und Wasser, kaltes Licht und warme Tiefe, Eiche und Buche, wie Mann und Weib, Himmel und Erde sind ineinander verwoben. »Ich vergleiche die Stellung des Dichters zu den Blumen mit der Empfindung bei untergehender Sonne, wo die Seele sich ohne Aufhören sehnt, in den Glanz hin sich zu stürzen...«[4]

Für Runge sind Kunst und Religion kraft ihres Ursprungs wesensverwandte seelische Ausdrücke, die nicht voneinander zu scheiden sind. Die neue Landschaftsmalerei sollte Zeugnis ab-

legen vom Zusammenhang des Menschen mit dem All und Gott und die ewige Harmonie sinnbildhaft vergegenwärtigen.
Friedrich dagegen ist Landschaftsmaler im engeren Sinne. 1808 malte er das »Kreuz im Gebirge«[5] als Altarbild. Auf einem steilen von Tannen umstandenen Felskegel steht ein Kreuz mit dem Heiland (eine Skulptur) im Abendlicht. An die Stelle der christlichen Legende trat der Mythos der Natur. Menschliches Gemütsleben und Naturleben durchdringen sich in der Landschaft. Das Naturleben wird dem menschlichen Erleben als gleichwertig beigesellt, sie sind eine Einheit. Mensch und Natur sind in allen Äußerungen verwandt, da sie ihren Ursprung im ewigen Schöpfer haben; sie sind zwei verschiedene Formen ein und desselben. So sind die Darstellungen der natürlichen Landschaft auch Zustandsschilderungen der menschlichen Seele. Das in der Natur Gesehene wird zum Gleichnis. Friedrich bevorzugt ganz besonders einzelne, einsame Bäume, Waldstücke oder Wälder, die er im Wechsel von Tages- und Jahreszeiten zeigt und damit im ewigen Kreislauf der Natur: sie sind ihm Metaphern des Seins. Sterben im Endlichen heißt Werden für das Unendliche. Eine im Sturm gebrochene Tanne ist Gleichnis für den gebrochenen Menschen, und die immergrünen Tannen deuten auf den gläubigen Menschen hin. Bei Friedrich steht alles im wesenhaften Zusammenhang mit dem Gesetz des Lebens, dem Stirb und Werde. Ein kahler Baum im Sommer ist abgestorben; in einer Winterlandschaft umschließt er das Sterben im Herbst und das Wiedererstehen im Frühling. Aber die Bedeutung einzelner Motive ist ambivalent: Wald und Winterlandschaft erweisen sich auch als Todesfallen.
In der Ausstellung patriotischer Kunst 1814 in Dresden stellte Friedrich das Bild »Der Chasseur im Walde«[6] aus (Abb. S. 139). »Einem französischen Chasseur, der einsam durch den beschneiten Tannenwald geht, singt ein auf einem alten Stamm sitzender Rabe sein Sterbelied« — schrieb der Kritiker der Vossischen Zeitung. Hier ist der immergrüne Baum nicht mehr ein Symbol christlicher Lebenshaltung. »Der Fichtenwald bedeutet das geschlossene Zusammenstehen der Patrioten im Befreiungskrieg, das dem französischen Chasseur den Untergang bringen wird. Der Schnee ist wohl nicht als Todessymbol auf den Chasseur zu beziehen, sondern bezeichnet eher die deutschen Zustände vor der Befreiung. Die jungen Fichten neben den Baumstümpfen bedeuten das Heranwachsen einer neuen Generation nach den Opfern des Krieges« — so deutet Börsch-Supan das Bild.[7]

Die Entdeckung der Natur, ihre Verwandlung in Landschaft hat sich über Jahrhunderte vollzogen. Nicht kontinuierlich, manchmal in großen Sprüngen. Es war ein langer, komplizierter Kulturprozeß, und es war ein Gemeinschaftswerk verschiedener europäischer Nationen.
Natur-Erfahrung und Ich-Erfahrung und deren wechselseitige Durchdringung sind das große Thema der europäischen Landschaftsmalerei. Wie in ihrer Geschichte Landschaft Kunst wird, ist oft beschrieben worden. Viele Autoren haben versucht, die Beziehung dieser Kunstgattung zu Philosophie, Religion, Literatur und Naturwissenschaften zu erhellen.
Sehr früh schon begleiteten Reflexionen von Künstlern und Theoretikern diese Bildwerke. Der Hamburger Katalog zur Caspar David Friedrich-Ausstellung von 1974 vesammelte eine überzeugende Auswahl, die von Petrarcas Beschreibung seines Aufstiegs auf den Mont Ventoux am 26. April 1336 bis zu den 1831 veröffentlichten »Neun Briefen über Landschaftsmalerei« von Carl Gustav Carus reicht. Gemeinsam ist all diesen Zeugnissen — trotz ihrer zeitlichen und entwicklungsgeschichtlichen Unterschiede — die Parallelität der Erfassung der Welt und des Ichs. Angelangt auf dem Gipfel des ersehnten Berges schließt Petrarca die Augen: »Ich war zufrieden, diesen Berg gesehen zu haben und richtete mein inneres Auge auf mich selbst.«[8] Die Fernsicht wird von der Innensicht verdrängt. »Natur- und Ich-Erfahrung, beim Dichter des 14. Jahrhunderts von einander abgesondert, kommen später allmählich aufeinander zu. Das Ich-Erlebnis öffnet sich der Landschaft, während deren Vokabeln — Baum und Berg, Strom und Abgrund — zu Metaphern des subjektiven Empfindens umgeprägt werden.«[9]
Diese Metaphern des subjektiven Empfindens waren Teile eines intakten Kommunikationssystems. Und doch hat der Gang in die Natur oder, mit Rousseau zu sprechen, »Zurück zur Natur«, Metaphern erzeugt, die ambivalent sind, uneindeutig, mit Vorsicht zu verwenden. Besonders deutlich wird dies am Beispiel des Waldes. Was Petrarca als schmerzlich beschrieben hat, ist fast fünfhundert Jahre später für Caspar David Friedrich zum kategorischen Imperativ seiner künstlerischen Tätigkeit geworden: Fernsicht und Innensicht schließen sich nicht mehr aus, sondern bedingen sich. Innen und Außen stehen in ständiger Kommunikation: »Der Maler soll nicht bloß malen, was er vor sich sieht, sondern auch, was er in sich sieht [...]«[10]

Moritz von Schwind, Nixen, einen Hirsch tränkend, o. J.

Bäume, einzeln oder in Gruppen, sind von Anfang an dabei, seit sich der Blick der Künstler auf die Natur richtet, seit Natur zur Landschaft und Landschaft zur Kunst wurde. Der Baum als Sinnbild des Lebens (der Mensch als Baum, Lebensbaum, Weltenbaum — kaum eine Kultur spart dieses Gleichnis aus) gewinnt in der Darstellung des Waldes eine Intensivierung und bildkräftige Zuspitzung, die ihm eine ganz besondere Stellung innerhalb der landschaftlichen Motive einräumt. Und es waren nicht nur deutsche Künstler, die sich mit großem Interesse dem Wald zuwandten — man denke nur an das Holland des 17. Jahrhunderts oder an die Landschafter der Schule von Barbizon, die den Wald zu ihrem Atelier machten. Den einzelnen Baum als charaktervolle Individualität und den Wald als geheimnisvolle Welt von Lebewesen wählten so unterschiedliche Künstler wie Hercules Seghers und Theodore Rousseau, wie Ruisdael oder Corot zu ihrem Thema. Aber keine Kunstepoche hat mit solcher Vehemenz und Breite den Wald in Besitz genommen wie die deutsche Malerei im 19. Jahrhundert. Keine andere Epoche hat ihr Welterlebnis so oft im Wald versinnbildet. Wie kommt es zu dieser Obsession? Ist der Wald wirklich der Gefühlslebensraum der Deutschen, wie er uns in den unterschiedlichsten Bildphantasien und Deutungen von Altdorfer bis Anselm Kiefer gemalt ist?

Bis 1945 wurde die Einschätzung, dieser oder jener Künstler sei *der* Maler des deutschen Waldes gewesen, wie ein Adelsprädikat verliehen. Für Richard Muther war ein solcher Künstler vor allem Moritz von Schwind: er »erzählte von der Ruhe und dem Frieden deutscher Wälder. [...] Seine Landschaften sind mehr gefühlt, geliebt als beobachtet, aber doch von ganz moderner Naturempfindung durchsättigt. Das Waldweben hatte kein Deutscher damals mit dieser Intimität erfaßt. [...] ›Da gehet leise nach seiner Weise der liebe Herrgott durch den Wald‹. [...] Schwind lebte mit der Natur. Tanneck hieß das kleine Landhaus, das er sich am Starnberger See erbaute, und frischer Ozongeruch, das Rauschen deutscher Wälder strömt aus seinen Bildern. [...] Als er starb, waren die Waldhornklänge der Romantik verklungen. [...] Keinem erschien die liebliche Waldfee, die ihm erschienen war.« (1894)[11] Und Max von Boehn schrieb in seinem 1921 herausgegebenen Spitzweg-Buch: »Wenn man heute einmal [...] sich auf die Künstler zu besinnen versucht, die im letzten Jahrhundert das deutsche Wesen am treffendsten zum Ausdruck gebracht haben, so werden auch dem, der mit der Kunst dieses Zeitraums nur oberflächlich vertraut ist, sofort drei Namen einfallen: Ludwig Richter, Schwind und Spitzweg. [...] Wer ihr Werk im Ganzen zu betrachten versucht, dem wird sich immer wieder der Eindruck des Deutschen aufdrängen, deutsch im Sinne des seelischen Gehalts, den sie zum Ausdruck bringen.« Und er bekannte, Spitzwegs Waldlandschaften seien »Dichtungen auf den deutschen Wald, den Spitzweg verherrlicht hat, wie kaum ein anderer«. Spitzweg sei »die Darstellung des Mysteriums, das sich für die deutsche Seele mit dem Begriff Wald verbindet« gelungen.[12]

1937 erschien ein schmales Bändchen von Hubert Schrade »Baum und Wald in Bildern deutscher Maler«, in dem die Affinität der Deutschen zum Wald als das Weiterleben eines urgermanischen Mythos erklärt wird: heilige Scheu und Schauer vor der Natur machte die Bäume und den Wald zum Sitz der Götter. Und wenn auch das Christentum diesen Glauben ausgerottet hat, »Bäume und Wälder blieben für die Deutschen verehrungswürdig.« Für Schrade ist es eine spezifisch »deutsche Fähigkeit, das atmende Leben von Welt und Wald und Baum in der Heiligkeit seines Eigenseins zu gestalten.«[13]

Auch Hermann Weigert führte in seiner »Geschichte der deutschen Kunst von der Vorzeit bis zur Gegenwart« deutsches Wesen bis zu den Germanen zurück: »Dazu kommt, daß die nordische Landschaft anders erlebt wird, als die südliche. Tacitus hat den Norden ›ungestalt‹ gescholten. Er meint damit nicht nur den vielen Nebel und die lange Dämmerung, er empfindet, daß hier nicht jede Gestalt sonnenklar vor dem Auge steht, daß das Wesentliche hier überhaupt nicht die Gestalt ist, sondern das, was zwischen dem Gestalteten lebt und es umwebt. Bestimmend für den Norden erschien den Römern und erscheint uns der Wald. Der aber ist nicht die Summe seiner Gestalten, der Bäume, sondern das Waldweben, das Raunen und Rauschen zwischen den Wipfeln, das Dämmern zwischen den Stämmen, das unsichtbare, nur ahnbare Leben und Wachsen insgesamt.« (1942)[14]

Seit dem Ende des Dritten Reiches ist die deutschsprachige Kunstgeschichtsschreibung vorsichtiger mit dem Begriff »deutsch« geworden. Wir tun uns schwer mit nationaler Identität oder gar dem Bekenntnis zum homo teutonicus — und das aus gutem Grund. Als Erben des Elends, das im deutschen Namen verursacht wurde, reagieren wir empfindlich auf solche Setzungen. Zuviel ›Teutsches‹ monierte Werner Spiess in seiner Besprechung der Präsentation von Kiefer und Baselitz 1980 im deutschen Pavillon zur Biennale in Venedig. Eine vorwegnehmende Rüge, die mögliche Kritik von außen abfangen sollte? Typisch deutsch? Die Sinneinheit ›deutscher Wald‹, diese Gefühlsseelenlage wird auch von außen als typisch deutsch verstanden: vor einigen Jahren befragte ein deutschfreundlicher italienischer Journalist seine Landsleute für den »Corriere« nach den Deutschen und landete bei fast allen Gesprächspartnern verblüffend schnell in den Selva Oscura, die schon Tacitus beschrieben hat. Und Black Forest ist eine Gedanken- und Bildassoziation, die einem oft begegnet — und durchaus nicht als Vorwurf — wenn man sich in angelsächsischen Ländern bewegt. Deutschland ein Waldmärchen, wo »das Schöne nur des Schrecklichen Anfang« (Rainer Maria Rilke) ist? Lina Wertmüllers Film ›Pasqualino Siebenschönheiten‹ (1975) zeigt in der Anfangssequenz einen deutschen Wald, zeigt Schönheit, Harmonie, Waldleben im Morgenlicht und zeigt den Tod, den Mord, die Erschießung von Juden. Zeigt die teilnahmslose Natur als Tatort. Zeigt im filmischen Nacheinander das Schöne und das Schreckliche, die als potentielle ambivalente Kräfte in vielen Walddarstellungen der Maler spürbar sind. Und auch für den eher konservativen Briten Kenneth Clark ist der »waldgeborene Expressionismus« eine typisch deutsche Spielart der Kunst: »Die beiden Maler, bei denen diese Einstellung zur Natur in ihrer reinsten Form Ausdruck findet, kamen aus den Wäldern, die Rhein und Donau umsäumen. Es sind Grünewald und Altdorfer.« In Altdorfer sieht Clark überhaupt den »deutschesten aller Maler, denn obwohl sein Blick tief in den Wald des Nordens mit seinem Rankengewirr und seinem Niederholz, mit seinen Tümpeln und emailhaft schimmernden Moosen eingedrungen war, betrachtete er alles mit einer gewissen Gemütlichkeit und Behaglichkeit, wie durch die Scheiben eines Hüttenfensters, während Grünewald starren Blicks inmitten seiner Schrecknisse umherwandert.«[15] Das Gemütliche und das Schreckliche als zwei Seiten einer Erfahrung. Der Schweizer Johannes Gachnang nahm eine Anselm Kiefer-Ausstellung 1979 zum Anlaß, über das Verhältnis der Schweizer zur deutschen Kultur und über »Deutschland ganz allgemein, die Vergangenheit und jüngste Geschichte dieses Landes« nachzudenken. Um den Gefühls- und Erfahrungshorizont dieses deutschen (Wald-)Malers darzustellen, bedient er sich eines Zitats aus »Masse und Macht« (1960) von Elias Canetti: »Das Massensymbol der Deutschen war das Heer. Aber das Heer war mehr als das Heer: es war der marschierende Wald. In keinem modernen Lande der Welt ist das Waldgefühl so lebendig geblieben wie in Deutschland. Das Rigide und Parallele der aufrechtstehenden Bäume, ihre Dichte und ihre Zahl erfüllt das Herz der Deutschen mit tiefer und geheimnisvoller Freude. Er sucht den Wald, in dem seine Vorfahren gelebt haben, noch heute gern auf und fühlt sich eins mit den Bäumen. [...] Der Knabe, den es aus der Enge zu Hause in den Wald hinaustrieb, um, wie er glaubte, zu träumen und allein zu sein, erlebte dort die Aufnahme ins Heer voraus. Im Wald standen schon die anderen bereit, die treu und wahr und aufrecht waren, wie er sein wollte, einer wie der andere, weil jeder gerade wächst, und doch ganz verschieden an Höhe und an Stärke. Man soll die Wirkung dieser frühen Waldromantik auf den Deutschen nicht unterschätzen. In hundert Liedern und Gedichten nahm er sie auf, und der Wald, der in ihnen vorkam, hieß oft ›deutsch‹.«[16]

Schon im frühen 16. Jahrhundert, wo in der bildenden Kunst Landschaft aus ihrer Nebenrolle herauswächst, gibt es mit der ersten Häufung des Waldmotivs sehr unterschiedliche Projektionen. Einmal ist der Wald das Reich der Fabelwesen, der Satyrn, der Wilden, der Dämonen und Hexen, die im Schutz der dichtgedrängten Stämme ihr Unwesen treiben: der Wald ist Ort der Heimlichkeit, abgeschieden vom organisierten Leben der Menschen. Aber der Wald ist auch der Lebensraum für Fromme und Einsiedler. Er bietet Schutz vor der Welt und die Möglichkeit zu Andacht und Einsamkeit, jedoch er ist nicht öde. So werden Heilige im Wald dargestellt, die nach der Legende in der Wüste lebten. Das bedeutet: der Einsiedler ist den Menschen entrückt, aber nicht dem Leben. Er ist allein, aber um ihn ist kraftvolles Wachstum, Werden und Vergehen.

Bei Altdorfer kämpft der »Heilige Georg« 1510 (München, Alte Pinakothek) mit dem Drachen im Wald, und dieser Wald füllt das ganze Bild. Mensch und Tier verlieren sich fast im üppig wuchernden Blattwerk und zwischen den Stämmen. In diesem bizarr versponnenen Waldlabyrinth gibt es an einer Stelle einen Durchblick zum Waldrand und auf ein Stückchen Himmel. Aber die Forschung hat diesen Durchblick als spätere Zutat (möglicherweise von Altdorfer selbst) erkannt.[17] In der ursprünglichen Fassung waren Heiliger und Untier ganz im Dickicht des Waldes gefangen. Im Dickicht des Waldes wie im Dickicht des Lebens.

Umdeutungen von tradierten Bildmotiven sind typisch für die deutsche Kunst des frühen 16. Jahrhunderts. Durch die Einbettung der Geschichte in einen Wald entsteht ein neuer Bedeutungszusammenhang. Auch Lucas Cranachs Holzschnitt »Predigt Johannes d. T. im Walde« von 1516 ist solch ein Beispiel: Es ist die »Verwandlung der biblischen Wüste in einen deutschen Wald. [...]. Die hagere Gestalt des Täufers [...] wirkt, wie sie zwischen den Baumstämmen erscheint, wahrhaft als ein Wesen des Waldes. [...]. Das Heiligtum, dahin das Volk zieht, um von den Geheimnissen Gottes zu hören, ist der Wald.«[18] Zu dieser Zeit wird auch das Thema der »Flucht nach Ägypten« umgedeutet zur »Rast auf der Flucht nach Ägypten«, und die Rast findet mal im Schutz eines großen Baumes, mal im Innern eines (deutschen) Waldes statt. Der Wald erfährt schon hier eine Bedeutungstiefe, ähnlich der der programmatischen Landschaftsmalerei bei Runge und Friedrich. So malte Altdorfer auch schon heroische einzelne Bäume, die das Schicksal des Menschen begleiten oder widerspiegeln, und er malte die ersten Nur-Landschaften. So sind bereits um 1500 Themen und Bedeutungen berührt, die um 1800 wieder aktuell und dann allerdings radikaler bearbeitet wurden. Bei den spätromantischen Malern Ludwig Richter und Moritz von Schwind hat sich Friedrichs Strenge ins Schlichte, Biedermeierliche gewandelt. Wie Friedrichs Kunst wurzelt auch die von Richter im Religiösen. Doch während bei Friedrich alles zu bohrenden Fragen führt, antwortet Richter mit dem Trost der Kunst. Er ist fromm, und für ihn ist die »Kunst nur der beseelte Widerschein der Natur aus dem Spiegel der Seele«. So kommt er zu der Einsicht: »Weder der große erhabene, noch der wilde Stil in der Landschaftsmalerei ist meinem Charakter angemessen; mir paßt eher das Reizende, Liebliche und Enge.«[19] Das ist ein äußerster Gegenpol zu Friedrich. Friedrichs radikale Bildgestalt verweigerte den Seelentrost — und zeitgenössische Reaktionen (zum Beispiel auf den »Mönch am Meer«) bezeugen, daß das auch so verstanden wurde. Richters Programm ist das Gegenteil. Ausgerechnet in Rom wird ihm deutlich: »Es ist gewiß gut für den Landschafter, wenn er die Volkssagen, Lieder und Märchen seiner Nation studiert. Er sieht darin den Geist des Volkes, welcher mit diesen Sagen seine Umgebungen belebt. Die örtlichen Sagen und auch Märchen knüpfen sich fast immer gerade an solche Gegenstände, welche in der Natur unser Gemüt am wunderbarsten erregen. [...]. Wie herrlich [ist] in den Märchen das geheimnisvolle Waldesdunkel [...] aufgefaßt, [sind] in den Sagen: alte Burgen, Klöster, einsame Waldgegenden, sonderbare Felsen dargestellt! Köhler, Schäfer, Pilger, schöne Jungfrauen, Jäger, Müller, Ritter, Nixen und Riesen, das sind die natürlichen, romantischen Personen, welche in jenen Sagen spielen.«[20]

Es ist konsequent, daß Richter auf weitere Reisen in den Süden verzichtete. Aber er zog jedes Jahr, sobald es die Witterung erlaubte, mit seiner Familie nach Loschwitz bei Dresden in ein Häuschen am Waldrand. Waldwanderungen allein oder mit Freunden durchziehen wie ein roter Faden seine Tagebucheintragungen.

1846 sah er Wagners Tannhäuser. Stoff und Musik ergriffen ihn so, daß er den Versuch wagte, die musikalische Stimmung auf die Leinwand zu übertragen. Nach seinem Zeugnis war es vor allem die Schlußszene zum 1. Akt, in der Schalmeienklang und Hirtenlied den wiederkehrenden Frühling begrüßen und von fern Glocken und Pilgergesang zu hören sind. So entstand »Brautzug im Frühling« (Dresden, Staatliche Kunstsammlungen). Aus dem Dämmer eines Eichenwaldes tritt ein Brautzug in mittelalterlicher Tracht hinaus in den Sonnenschein. Tanzende Kinder, springende Hündchen, jubelnde Hirten und hüpfende Häschen, ja jedes Blättchen verkündet die Botschaft: das Leben ist schön. Einklang zwischen Mensch und Natur. An still leuchtenden Tagen oder im milden Abendlicht lösen sich alle Ungereimtheiten des Lebens in harmlos freundlicher Idyllik. Das Vollglück in der Beschränkung – so hat Jean Paul die Idylle definiert.[21] Richter hat sich dazu bekannt und im Wald den Raum gefunden, in dem solche märchenhafte Poesie leben kann, wo heiterer Friede in der Natur und in der Seele des Menschen sich ergänzen. Wie der Sohn berichtete, hätten auch Richter die politischen Stürme der Jahre 1848/49 nicht ganz unberührt gelassen: er trat 1848 dem Dresdner Freikorps, der »Akademischen Legion der Schüler der Kunstakademie« bei. Doch sah er sich außerstande, mit einem Gewehr zu hantieren. Er erbat Dispens vom Waffendienst und »versenkte sich mit der Phantasie nun wieder ganz in die friedliche Waldeinsamkeit seiner heiligen Genoveva, die er [...] für den sächsischen Kunstverein radierte [Abb. S. 225]. Als Pendant [...] entstand eine zweite Waldszene, ›Rübezahl in Köhlertracht, Mutter und Kinder erschreckend‹. Diese Radierungen beschäftigten ihn bis ins nächste Jahr hinein. An demselben Tage, an welchem in Dresden der blutige Maiaufstand von 1849 ausbrach, Trommeln in den Straßen rasselten und Barrikaden gebaut wurden, stand Richter im Hauspelz vor dem Arbeitstisch, ätzte die Platten seiner friedlichen Idyllen und ließ sich in dieser delikaten Arbeit durch den Tumult draußen nicht stören.«[22]

Die Wendung zur Idylle hat auch Moritz von Schwind vollzogen. Graf Schack, der 34 Bilder von ihm erwarb, berichtet: »Schwind, der sich seiner Bedeutung sehr wohl bewußt war, sagte einmal zu mir, er glaube der einzige zu sein, der einen Wald malen könne. [...] Und so wie Weber der spezifisch deutsche Komponist ist, muß Schwind der spezifisch deutsche Maler genannt werden. Vor seinen Schöpfungen glauben wir Luft aus den deutschen Eichenwäldern einzuatmen.«[23] Um die ganze Poesie des deutschen Waldes fühlbar zu machen, bedarf Schwind der Menschen/Märchengestalt. Nixen, Einsiedler, Elfen, Gnome und Berggeister: Schwinds Wald ist bevölkert (vgl. Abb. S. 156, 159, 198). Hier hausen Lebewesen, Kinder des Waldes, geborene oder gewordene.

Mit Schwinds Tod waren die Waldhornklänge der Romantik verstummt – aber der Wald blieb ein fesselndes Thema für die Maler. Bei Spitzweg ist die beschauliche Behaglichkeit schon ins Zwiespältige gebrochen. Spitzwegs Menschen sind Eindringlinge im Wald. Sie erleben die Natur nicht mehr als beseeligende Nähe, sondern als fremd und irritierend. Idealität und Realität prallen oft pointenhaft zugespitzt aufeinander.

Idealität und Realität, Böcklins Zauber, Klingers Chaos, Menzels Skepsis und Alltag und Waldmüllers Prosa, die den Wald durch Demokratisierung entzaubert, bestimmen das Waldbild zum Ende des Jahrhunderts.

Doch die Höhlen der Innerlichkeit, die den Wald als Abbild dessen, was das Gemüt bewegt, die ihn als Lebensschauplatz und als Symbolfeld für das Treiben der Seele verstanden, wurden nie ganz zugeschüttet. Auch im 20. Jahrhundert haben sich Künstler obsessionell diesem Thema verschrieben. Bei Max Ernst und Richard Oelze gleichen die Waldbilder Entdeckungsfahrten ins Unbewußte. Es sind Wälder der Verwandlungen, der unaufhörlichen Metamorphose. Es sind urweltliche Wälder, wo Tiere und Pflanzen eine ununterscheidbare Gattung sind. Es sind unruhige, drängende, wuchernde Wälder aus tausend Träumen und Heimlichkeiten: der Blick in den Wald korrespondiert mit dem Blick ins Ich. Aber der Wald läßt nicht nur dem Bedürfnis nach Poesie und Irrationalem großen Spielraum, er ist auch – vor allem für Armando und Anselm Kiefer – der Ort der Auseinandersetzung mit der deutschen Geschichte. Kiefer malt historische Ereignisse

Armando, Waldig, 1982

wie die Hermannsschlacht im Teutoburger Wald (Abb. S. 234) als subjektive Vergegenwärtigung, wobei »die historische ›Wahrheit‹ relativiert, unterminiert und enttabuiert wird.«[24] Für Armando ist der Wald ein Ort des Schreckens, ein Tatort. Er beschuldigt die teilnahmslose Natur: »Auf was es schließlich hinausläuft, ist natürlich die Fassungslosigkeit, wenn man an eine Stelle kommt, von der man weiß, was da stattgefunden hat. Du schaust die Bäume an, von denen du weißt: die haben es gesehen. Und dann, meistens stehen sie ja herrlich da, die Nase im Wind. Es ist der Kampf, der Gegensatz zwischen Natur und Kultur. Was sich da abgespielt hat, so eine Kriegshandlung, das gehört zur Kultur im weitesten Sinne. Und das spielt sich ab in der Natur.«[25]

Für Kiefer wie für Armando ist der Wald Schauplatz der Geschichte, einer verdrängten Geschichte, der sie sich auf sehr unterschiedliche Weise nähern. Armando stellt nie eine bestimmte historische Situation dar, sondern den Wald als Tatort, der sein Geheimnis behält, das auf ihm lastet (vgl. Abb. S. 278, 279). Sein Wald ist nicht Ereignisraum, sondern Stimmungsraum, durchtränkt von Gefühlen und Emotionen. Das verbindet ihn mit den frühromantischen Malern, obwohl er die auf ein jenseitiges Leben gerichtete Todessucht bei Caspar David Friedrich gegen die Totschlagerfahrung im Zweiten Weltkrieg eintauschte.

Kiefers Wald dagegen ist Besinnungsraum: ein geschichtliches Ereignis wird in einen sehr subjektiven ideengeschichtlichen Kontext gebracht. Er zwingt dabei das »Vergangene in all seiner widersprüchlichen, auch undeutlichen Präsenz« herbei und setzt »auf die Offenheit und Vieldeutigkeit, die Geschichte als reales Geschehen einmal hatte.«[26]

Die Spannung zwischen Vergangenheit und Gegenwart kommt bei Armando wie bei Kiefer zum Tragen. Bei Armando ist es Trauerarbeit, die melancholisch stimmt, aber doch entlastet. Kiefer löst vielschichtige oft zwiespältige Gefühle aus und »zwingt uns, den Prozeß der Auseinandersetzung mit dem Faschismus neu zu eröffnen«.[27]

Der grundsätzliche Widerspruch zwischen Natur und Kultur ist auch das Hauptthema von Jochen Gerz. Viele seiner Arbeiten handeln von der Schwierigkeit des Menschen sich von den Kulturerrungenschaften zu lösen und von seiner Sehnsucht, ganz bei sich zu sein. In der Photo/Text Arbeit »Die Erfindung der Welt« (1985) zeigt er seltsam ferngerückte Wälder, Waldränder, gereiht, gekippt und kopfstehend. Sie sind nicht deutlich, nicht erreichbar und verschmelzen mit Nebelwänden, Wolkenbänken und dem Horizont. Zivilisationsferne Wälder. Aufgenommen in Britisch-Kolumbien, denn man muß heute sehr weit reisen, um urweltliche Wälder in den Blick zu bekommen (Abb. S. 308, 309). Das Gefallen an der Bilderwelt nährt sich aus einem düstern Trotz gegen das Wissen, denn man muß alles vergessen, um sich den Bildern zu überlassen — schrieb Walter Benjamin. Und Jochen Gerz: »Was können wir tun, ohne rot zu werden? Was tun wir, wenn wir nicht schlafen können? Geschichten erzählen (und das wollen wir tun).«[28]

Anmerkungen

[1] Philipp Otto Runge, Hinterlassene Schriften. Herausgegeben von dessen ältestem Bruder, 2 Bde., Hamburg 1840 und 1841 (Nachdruck Göttingen 1965, 2 Bde.), Bd. II, Hamburg 1841, S. 9

[2] Kindlers Literatur Lexikon, Bd. 9, München 1974, S. 3662

[3] Runge, Hinterlassene Schriften, Bd. I, Hamburg 1840, S. 7

[4] Quelle und Dichter 1805. Feder in Schwarz, Pinsel in Grau über Bleistiftspuren. 50,9 × 67,1 cm. Hamburger Kunsthalle. Das vollständige Zitat in dem Brief lautet: »Ich habe neulich eine Landschaft componirt, worin sich dieses (das Verhältniß des Lichtes zu den Farben) deutlich ausspricht. Es ist eine Einsicht in einen jungen Buchenwald, hinter welchem die Sonne untergeht, so daß wie ein grün wogendes Licht in dem ganzen Raume webt. Ein Sänger ist in den Wald geeilt und wird ergriffen von dem tönenden Raum des Waldes; er faßt den Zweig einer *Eiche*, durch welche sich ein Kind mit der Leyer in den Wald geschwungen, um nachzueilen. Die Eiche ist der Vorgrund und ihre eckigen Zweige brechen aus dem Buchenwalde heraus, beleuchtet mit dem Sänger von dem kalten Lichte der blauen Luft. Auf der anderen Seite unter einer *Buche* liegt eine Nymphe an der Quelle, in welcher sie mit den Fingern spielt; aus den Blasen schwimmen Kinder hervor und gleiten im Vordergrunde durch einen Bogen, den Schilf und Blumen über sie wölben, und in welchem zwei sich wiegen, zum Wasserfall, wo sie verschwinden; ergreifen im Heruntergleiten noch eine Blumenranke, die sich dem Sänger um den Fuß schlingt, und ziehen ihn damit nach sich zurück. Das Ganze setzt sich auseinander in Luft und Wasser, kalte Fläche des Lichts und warme Tiefe, in dem schwimmenden Reiz der Farbe und die Gestalt oder Blume, in Eiche und Buche, wie Mann und Weib, wie Himmel als das erleuchtete Licht der See und Erde, und die Antwort der Quelle. — Ich vergleiche die Stellung des Dichters zu den Blumen mit der Empfindung bei untergehender Sonne, wo die Seele sich ohne Aufhören sehnt, in den Glanz hin zu stürzen, wir aber, wenn wir uns umsehen, die Blumen und die Kinder erblicken als die lieblichsten Gestalten; könnte er aber die Gestaltung und das Wesen der *ewigen* Blume erblicken, er würde nie zurückkehren —.« Runge, ebd., Bd. I, S. 245

[5] Das Kreuz im Gebirge (Tetschener Altar). Öl auf Leinwand, 115 × 110,5 cm, oben abgerundet. Der zum Bild gehörige Rahmen wurde nach Angaben Friedrichs geschnitzt. Dresden, Staatliche Kunstsammlungen, Gemäldegalerie. Alle Angaben nach: Helmut Börsch-Supan/Karl Wilhelm Jähnig, Caspar David Friedrich, Gemälde, Druckgraphik und bildmäßige Zeichnungen, München 1973 (Werkkatalog) Kat.Nr. 167. Eine Kurzbeschreibung und Deutung des Bildes, die Friedrich formulierte, hat Christian August Semler für einen Aufsatz im ›Journal des Luxus und der Moden‹ von 1809 benutzt: »Beschreibung des Bildes. Auf dem Gipfel steht hoch aufgerichtet das Kreuz, umgeben von immergrünen Tannen, und immergrüner Epheu umwindet des Kreuzes Stamm. Strahlend sinkt die Sonne, und im Purpur des Abendrotes leuchtet der Heiland am Kreuz. Beschreibung des Rahmens. Der Rahmen ist nach Herrn Friedrichs Angabe von Bildhauer Kühn gefertigt worden. Zur Seite bildet der Rahmen zwei gotische Säulen. Palmzweige steigen daraus empor und wölben sich über dem Bilde. In den Palmzweigen sind fünf Engelköpfe, die alle anbetend niederschauen auf das Kreuz. Über dem mittelsten Engel steht in reinsten Silberglanze der Abendstern. Unten ist in länglicher Füllung das allsehende Auge Gottes, vom heiligen Dreizack eingeschlossen mit Strahlen umgeben. Kornähren und Weinranken neigen sich zu beiden Seiten gegen das allsehende Auge und deuten auf Leib und Blut dessen, der an das Kreuz geheftet ist. Deutung des Bildes. Jesus Christus, an das Holz geheftet, ist hier der sinkenden Sonne zugekehrt, als das Bild des ewigen allbelebenden Vaters. Es starb mit Jesu Lehre eine alte Welt, wo die Zeit, wo Gott der Vater unmittelbar wandelte auf Erden. Diese Sonne sank, und die Erde vermochte nicht mehr zu fassen das scheidende Licht. Da leuchtet vom reinsten edelsten Metall der Heiland am Kreuz im Golde des Abendrots und widerstrahlt so in gemildertem Glanz auf Erden. Auf einem Felsen steht aufgerichtet das Kreuz, unerschütterlich fest wie unser Glaube an Jesum Christum. Immergrün, durch alle Zeiten während, stehen die Tannen um das Kreuz, wie die Hoffnung der Menschen auf ihn, den Gekreuzigten.« (zitiert nach Börsch-Supan/Jähnig, C. D. Friedrich, S. 74)

[6] Der Chasseur im Walde (Ein beschneiter Tannenwald, Tannenwald mit Raben). Öl auf Leinwand. 65,7 × 46,7 cm. Privatbesitz. Börsch-Supan/Jähnig, ebd., S. 207

[7] Börsch-Supan/Jähnig, ebd., S. 327

[8] zitiert nach: Caspar David Friedrich 1774–1840, Ausstellungskatalog Hamburger Kunsthalle, Hamburg 1974, S. 9

[9] Werner Hofmann, Zur Geschichte und Theorie der Landschaftsmalerei, in: C. D. Friedrich 1774–1840, S. 9

[10] zitiert nach Börsch-Supan/Jähnig, C. D. Friedrich, S. 46

[11] Richard Muther, Geschichte der Malerei im XIX. Jahrhundert, 3 Bde. München 1893 und 1894, Bd. 1 1893, S. 252 ff.

[12] zitiert nach: Jens Christian Jensen, Carl Spitzweg. Zwischen Resignation und Zeitkritik, Köln 1975, S. 18

[13] Jensen, ebd., S. 4 f.

[14] Hans Weigert, Geschichte der deutschen Kunst. Von der Vorzeit bis zur Gegenwart, Berlin 1942, S. 39

[15] Kenneth Clark, Landschaft wird Kunst, Köln 1962, S. 35 ff. (Originalausgabe: Landscape into Art, London 1949)

[16] Johannes Gachnang, Anselm Kiefer (Aus einer Eröffnungsrede). Vom Verhältnis der Schweizer zur deutschen Kultur und einer »neuen Malerei«, in: Kunst Nachrichten, 15. Jg. Heft 3, Mai 1979, S. 57 ff.

[17] Albrecht Altdorfer, Drachenkampf des heiligen Georg, Pergament auf Lindenholz, 28,2 × 22,5 cm, München, Alte Pinakothek. Vgl. Katalog Altdeutsche Malerei, Alte Pinakothek München, München 1963, S. 29

[18] Hubert Schrade, Baum und Wald in Bildern deutscher Maler, München 1937, S. 10, Abb. Nr. 7

[19] Ludwig Richter, Lebenserinnerungen eines deutschen Malers. Selbstbiographie nebst Tagebuchniederschriften und Briefen, hg. und ergänzt von Heinrich Richter. 6. Aufl., Leipzig 1909, S. 178 u. 489

[20] Richter, ebd., S. 519

[21] Brautzug im Frühling. Öl auf Leinwand. 93 × 149 cm, Dresden, Staatliche Kunstsammlungen, Gemäldegalerie Neue Meister.
Jean Paul, Vorschule der Ästhetik, XII. Programm, § 73, in: Jean Paul, Werke, Darmstadt 1962, Bd. 5, S. 260 f.

[22] Richter, Lebenserinnerungen, S. 404

[23] Verzeichnis der Schack-Galerie, Mit Erläuterungen ihres Begründers und Äußerungen der Künstler, hg. von Ludwig Justi, 4. Aufl., München 1930, S. 43 u. 53

[24] Günther Gercken, Schlachtfelder und Zeitschrunden, in: Ausstellungskatalog Armando, Kunstverein Hamburg, Hamburg 1985, S. 12

[25] Der Nachhall der Vergangenheit. Martijn Sanders im Gespräch mit Armando, in: Armando, 100 Zeichnungen 1952–1984, Ausstellungskatalog Museum Boymans-van Beuningen Rotterdam, Rotterdam 1985, S. 14

[26] Georg Bussmann, Hakenkreuze im deutschen Wald, Faschistisches als Thema der Neuen Malerei, in: Inszenierung der Macht, Ausstellungskatalog NGBK, Berlin 1987, S. 316

[27] Bussmann, ebd., S. 317

[28] Jochen Gerz, Die Erfindung der Welt, Ausstellungskatalog Stadtgalerie Saarbrücken, Saarbrücken 1985

Karl Friedrich Wentzel

Hat der Wald noch eine Zukunft?

Seit 1981 bringen die Medien vermehrt alarmierende Berichte über »Sauren Regen«, Schwefeldioxyd, Stickoxyde, Ozon und andere Schadstoffe in der Luft mit der Folge Tannensterben, dann auch Fichtensterben, schließlich Waldsterben schlechthin. Zwar kannten das die Bewohner der Industriegebiete schon lange. Daß die Krankheit jetzt aber auch fernab von Großstadt und Schwerindustrie gelegene Räume ergriffen hat und ganz besonders auf den Höhen unserer Mittelgebirge wütet, wo die waldreichen Luftkurorte Gesundung und Erholung bieten, ist tief in das Bewußtsein der Menschen eingedrungen.

Die Bevölkerung Mitteleuropas ist aufgeschreckt. Nachdem die Schäden anschaulich im Fernsehen gezeigt und kommentiert, von der Wissenschaft weitgehend ergründet, von den Behörden mit der Verschärfung oder Neufassung von Gesetzen und Vorschriften zur Verhütung von Luftverunreinigungen aus Kraftwerken und Kraftfahrzeugen beantwortet wurden und sich viele Leute selbst im nächsten Wald oder beim Urlaub etwa im Harz, dem Fichtelgebirge oder Schwarzwald überzeugen konnten, fragt niemand mehr: ist der Wald wirklich in Gefahr? Jedermann weiß inzwischen: Der Wald wird praktisch überall durch die weit verteilten Immissionen erreicht und mehr oder weniger beschädigt. Zwar streiten die Wissenschaftler und noch mehr — wie heute allgemein üblich — viele selbsternannte »Fachleute« über Einzelheiten, aber die Hälfte der Bäume in den Wäldern ist erkrankt, ja stellenweise sterben schon ganze Bestände flächenweise.

Wer derzeit über den Wald schreibt oder eine Ausstellung veranstaltet, kann an dieser Situation nicht einfach vorbeigehen. Mit Recht erwarten die Leser oder Besucher eine Orientierung über den aktuellen Stand der Dinge, insbesondere Antwort auf die bange Frage, wie wird es weitergehen? Hat der Wald noch eine Zukunft?

Der Wald ist der wichtigste Umweltschützer

Im Jahre 1947 gründeten weitsichtige Forstleute und Politiker aus aktuellem Anlaß eine Schutzgemeinschaft Deutscher Wald. Ihre Mitglieder haben sehr zur Aufklärung über die Bedeutung der Walderhaltung auf einer wesentlichen Teilfläche des Landes beigetragen.

Der Spaziergänger oder Wanderer, Urlauber oder Erholungsuchende weiß heute, daß der Wald nicht nur ein Produktionsbetrieb und Wirtschaftsobjekt, sondern vor allem ein Schutz- und Sozialfaktor ist. Er liefert ständig den natürlichen und umweltfreundlich nachwachsenden Rohstoff Holz, dazu unbemerkt viel Sauerstoff zur Erneuerung der Luftzusammensetzung. Wald und Holz bieten auch rund 750 000 Menschen in unserem Land einen Arbeitsplatz.

Der Wald ist ein wichtiger Klimaregler, er beruhigt Sturm und Wind, filtert die Verunreinigungen aus der Luft und mindert Temperaturextreme. Er schützt vor Lawinen und Steinschlag, bewahrt den Boden vor Verwehung und Erosion, speichert das Niederschlagswasser, reguliert und streckt den Abfluß. Er gestaltet die Landschaft, ist die naturnächste und sicherste Heimstätte für viele selten gewordene Tiere und Pflanzen und wichtiger Freizeitraum für die Menschen. Fürwahr, der Wald ist unersetzliche Grundlage unserer Landeskultur.

Künstlerspende für den deutschen Wald, *Eugen Kirchner,* Wer hat dich du schöner Wald, 1924

Wer den Anfang nicht kennt, kann das Ende nicht begreifen

Der römische Historiker Plinius, der 79 n. Chr. beim Ausbruch des Vesuvs in Pompeji ums Leben kam, war zu Anfang unserer Zeitrechnung als Soldat am rheinischen Limes stationiert. Wir verdanken ihm die Feststellung »Wälder bedecken das ganze Germanien, sie verbinden die Kälte mit dem Dunkel«. Wald ist das natürliche Kleid unserer Heimat. Wollten wir Menschen ihn nicht daran hindern, er würde in fünfzig bis zweihundert Jahren alle nicht von Wasser und Hochgebirge eingenommenen Flächen zurückerobern.

Auch Tacitus fand den Wald in Germanien keineswegs erfreulich. Seine Meinung lautete: »Silva horrida — schrecklich ist der Wald.«

Zwei Drittel sind vor allem in den großen Rodungsperioden zwischen 800 und 1300 n. Chr. abgehackt und der landwirtschaftlichen Nutzung zugeführt worden. Gut 15 % davon wurden mittlerweile bebaut. Betrachtet man sie aus der Luft, so sieht man hauptsächlich Dachziegel, Beton und Asphalt. Das ist die »versiegelte Landschaft«. Sie läßt den Niederschlag nicht in die Böden dringen, vermehrt damit Hochwasser und Überschwemmung und erhöht die Temperaturschwankungen.

Doch die verbleibenden dreißig Prozent haben sich vornehmlich in den bergigen Lagen bis heute erhalten. Allerdings hat der Wald ein schweres Schicksal hinter sich. Bis auf wenige Flächen, die als »Wildbann« für die Jagd geschützt waren, gab es um die Mitte des 18. Jahrhunderts fast nur noch ausgeplünderte und praktisch holzleere Kahlflächen. Ihr Bild war jedoch vielfach von vereinzelt stehenden bizarren Baumgestalten geprägt, die als «Mastbäume» für Vieh und Wild oder zur Samenverbreitung stehen blieben. Zur Abholzung und Waldverwüstung hatte der enorme Bedarf an Brennholz und Bauholz für Wohnungen, Möbel, Werkzeuge, Schiffe und Fahrzeuge geführt. Aber noch mehr Holz und Holzkohle als dies verschlangen die Metallverhüttung, Glas- und Salzgewinnung. Holz war damals die einzige Wärmeenergiequelle. Erst als der »schreckliche Wald« zerstört war, erkannte man, daß der Verlust noch viel schrecklicher war. Im Jahre 1713 veröffentlichte der sächsische Oberberghauptmann Hannß Carl von Carlowitz das älteste Lehrbuch der Forstwirtschaft »Sylvicultura oeconomica oder Anweisung zur Wilden Baum-Zucht nebst gründlicher Darstellung des grossen Holtz-Mangel«. Dort findet sich der denkwürdige Satz: »Mit Fug und Recht können die Wälder vor eine Krone der Berge, vor eine Zierde der Felder, vor einen Schatz des Landes und vor eine mit Nutz vermengte Sinnen-Lust angegeben und gerechnet werden« (S. 357). Die Seite endet mit den schönen deutschen Reimen

«Wer gesund, Saltz, Holtz und Sonnen,
tägliches Brot mag bekommen,
der soll weiter nichts klagen
sondern Gott Danck darum sagen.«

Die »Holznot« galt noch im 18. Jahrhundert als größter wirtschaftlicher und sozialer Engpaß. Aber sie führte zum völligen Neuaufbau der deutschen Wälder. Er wurde durch Übergang der Landwirtschaft auf Stallhaltung des Viehs und künstliche Düngung sehr erleichtert. Bis dahin hatten die Bauern ihre Schweine, Kühe, Ziegen, Schafe und Hühner zur Ernährung in die Wälder getrieben, wo sie die natürliche Verjüngung aus Samenabfall völlig verhinderten. Gleichzeitig wurde der Laub- und Nadelfall aus den Wäldern als Einstreu und Winterfutter in die Ställe gebracht. Das führte zur Verarmung der Waldböden. Auch die Landwirtschaft war früher ein großer Waldschädling.

Etwa um das Jahr 1900 war das umfangreiche Wiederanpflanzungsprogramm vollendet. Es ist eine der ganz großen Kulturtaten in unserem Land und verdient als überzeugendes Beispiel für frühen oder tatkräftig vorsorgenden Umweltschutz genannt zu werden. Bei dem Wiederaufbau ist das Verhältnis zwischen Laubwald und Nadelwald genau umgekehrt worden. Die ursprüngliche Waldzusammensetzung bestand aus zwei Dritteln Laubwald, heute haben wir zwei Drittel Nadelwald. Dies hat zwei Gründe: Auf den Kahlflächen und Heiden sind Nadelbäume leichter zu kultivieren und gegen Gefahren hochzubringen als Laubbäume, und außerdem verlangte die Wirtschaft hauptsächlich Nadelholz.

Der Neuaufbau der Wälder wurde mit strengen Forstgesetzen gesichert. Sie führten Rodungs- und Verwüstungsverbote, Wiederaufforstungspflicht und pflegliche Nutzungsregeln ein, die von den Behörden erzwungen werden können. Es gibt kein Eigentum, über das der Besitzer so geringe Verfügungsgewalt hat wie über den Wald. Das ist für den Umweltschutz notwendig.

Architektonische Kunstwerke der Natur

Man muß sich bei einer Beurteilung dieser Behandlung der Wälder bewußt sein, daß sie das reichhaltigste und höchstentwickelte Ökosystem auf unserem Planeten Erde darstellen. In Abhängigkeit von Klima, Relief und Bodenbeschaffenheit haben die Wälder sehr verschiedene Gestalt und Zusammensetzung. Gemeinsam ist diesen Lebensgemeinschaften der dreidimensionale Raum, in dem eine Art »Hausklima« ausgebildet ist, in dem es sich leben läßt. Hier gedeihen Hunderte oder gar Tausende verschiedener Pflanzen- und Tierarten miteinander auf vier Etagen übereinander im Wurzel-, Boden-, Stamm- und Kronenraum.
Alle diese Lebewesen brauchen saubere Luft. Vor allem die grünen Pflanzen, denn ihre für das Leben auf der Welt fundamentale Photosynthese zur Bildung organischer Substanz ist ein außerordentlich störempfindlicher mikrochemischer Vorgang in den Blattorganen. Verändert man das natürliche Luft-Milieu durch Immission chemisch aggressiver Luftverunreinigungen, so wird je nach deren Art, Kombination miteinander und speziellen Wirkungsmechanismen letztlich die Assimilation blockiert. Das führt über längere Zeit zu einem Siechtum der Bäume und Zerfall der Waldökosysteme. Steht der Wald wirklich vor dem Ende? Es wäre in der Tat schrecklich, allerdings in genau entgegengesetztem Sinn wie es Tacitus vor 2000 Jahren empfunden hatte.

Schäden von den Karpaten bis zu den Vogesen, von den Alpen bis zum Skagerrak

Die Erkrankungen zeigen sich in Ausbleichung oder Verfärbung des Blattgrüns, vorzeitigem Abfall der Nadeln und Blätter, dünner Belaubung und Ausfall der empfindlichsten Bäume in den Wäldern, die mit der Zeit licht und durchsichtig werden und ihre Struktur, Vitalität und Stabilität verlieren. Immer beginnt es an den windexponierten Waldrändern, vorspringenden Bergflanken und Kuppen sowie aus dem Kronendach herausragenden Bäumen. Das ist ein deutliches Zeichen, daß der Angriff aus der Luft erfolgt.
Die Regierungen von Bund und Ländern stellen mit den Forstbehörden zusammen jährlich im Spätsommer auf Probeflächen in einem 4 × 4 km-Raster die Schäden fest. Im Jahre 1982 wurden 8 %, im Jahre 1983 schon 34 %, im Jahre 1984 dann 50 % der Bäume in den Wäldern als nicht voll belaubt ermittelt. Der schnelle Schädigungsfortschritt hat sich dann verlangsamt, denn 1985 brachte die Inventur über das ganze Bundesgebiet 51,9 % und 1986 schließlich 53,7 % als krank eingeschätzte Bäume. Bei diesen Daten handelt es sich um Ergebnisse einer allgemeinen optischen Gesundheitsbonitur, in der auch etwaige Folgen von Witterungsextremen oder Schädlingsbefall stecken. Sie können nicht streng von Luftverunreinigungswirkungen getrennt werden. Deshalb sprechen wir auch von einem Ursachenkomplex, in dem die Immissionen der großflächig auslösende Schadfaktor sind.
In den Wäldern hat es immer Schäden durch natürliche Ursachen gegeben. Dazu zählen Sturm und Wind, Blitz, Eis, Schnee, Hagel und Frost, Hitze- und Dürreperioden, Wild, Insekten, Pilze, Bakterien und Viren, gelegentlich auch forstwirtschaftliche Maßnahmen.
Selbstverständlich gibt es auch weiterhin derartig bedingte Schadwirkungen, und das auch ohne wesentliche Beteiligung von Luftverunreinigungen. Aber sie alle können nur örtlich begrenzt auftreten. Es gibt keine Seuche, die ganz verschiedene Baumarten gleichartig und gleichzeitig befällt. Frost oder Trockenheit tritt nicht auf den Berghöhen und in den Ebenen gleichermaßen auf und ein Nährstoffmangel kann auch nicht plötzlich auf ganz unterschiedlichen Böden verteilt sein. Die Erkrankung kennt keine politischen Grenzen, dehnt sich über Berge und Täler, Kalk- wie Sandböden, Nadel- und Laubbäume. Insgesamt sind in Mitteleuropa derzeit etwa 7 Millionen ha Wälder erkrankt, exakt in dem am stärksten industrialisierten Großraum der Erde. Wer mag da noch an Zufall glauben? Geographische Schwerpunkte der Walderkrankung sind schon seit 1955 die Höhenlagen über 700 m im Erzgebirge, Isergebirge, Riesengebirge, Heiligkreuzgebirge (Lysogory), Fichtelgebirge, im Frankenwald, Steinwald, Bayerischen Wald, Schwarzwald, Harz, in den Sudeten, Beskiden, Vogesen, der Rhön. Seit 1985 ist auch der Nordrand der Alpen betroffen. Geringere Schäden weisen im allgemeinen die Beckenlagen entlang größerer Flüsse sowie das norddeutsche Flachland auf. Die räumliche Verteilung zeigt, daß die Schäden vor allem in emittenten-fernen Mittelgebirgen auftreten. Hier werden Schwefeldioxid-Konzentrationen zwischen 10 und 40 Mikrogramm im Jahresmittel, im Erzgebirge bis 90 µg/m^3, mit allerdings Halb-

stundenspitzenwerten bis 800 μg SO_2 gemessen, dazu Ozonkonzentrationen zumeist zwischen 30 und 80 μg mit Spitzenwerten im Tagesmittel bis 300 μg.
Von den Walderkrankungen sind also seit dreißig Jahren nicht mehr besonders die Wälder in den Industriegebieten betroffen, sondern im Gegenteil die in den bisherigen »Reinluftgebieten«. Der plötzliche Wandel steht in unabweisbarem Zusammenhang mit dem technischen Übergang auf hohe Schornsteine und Abführung gewaltig angewachsener Abgasmassenströme von Schwefeldioxyd, Stickoxyden und Kohlenwasserstoffen. Nach gemeinsamer Aussage:

1. der Schadbilder (Symptome), ihrer Verteilung im Gelände und Intensitätsabhängigkeit von Relief, Exposition zur Windfrequenz, Alter und Lichtungsgrad der Wälder;
2. ihrer unterschiedlichen Entwicklungsdynamik bei den einzelnen Baumarten in den verschiedenen Höhenlagen;
3. einer ungefähren Emissionsverdoppelung mit Fernverteilung von Schwefeldioxyd und Stickoxyden seit dreißig Jahren und
4. den vorliegenden Immissionsmeßergebnissen in den beschädigten Wäldern

sind verschiedene Immissionstypen der Luftverunreinigung die Primärursache der großflächigen mitteleuropäischen Walderkrankungen. Im östlichen Teil dominiert eindeutig Schwefeldioxyd, im westlichen Teil hat sich ein $SO_2/NO_x/O_3$-Kombinations-Typ entwickelt, der durch Entfaltung synergistischer Wirkungen offenbar noch gefährlicher ist. Beide jedoch schwächen die Vitalität der Wälder so weit, daß sie auch gegen die natürlichen Gefahren wie Frost, Trockenheit, Insekten anfällig werden oder ihnen nicht mehr widerstehen können. Einzig wirksame Therapie auf Dauer ist somit die Reduktion der Luftverunreinigung.
Im übrigen wird die Holzqualität durch Immissionswirkungen nicht beeinträchtigt. Zwar haben die Bäume infolge herabgeminderter Assimilation engere Jahrringbreiten als normal und auch die Holzfeuchte ist geringer, was aber keinen Einfluß auf die technische Verwertbarkeit hat. Hallimasch und Nutzholzborkenkäfer befallen die erkrankten Bäume nur kurzfristig als Sekundärschädlinge, solange ein hoher Holzfeuchtesatz vorhanden ist. Die Folgeschäden durch organische Holzzersetzer sind denjenigen gleich, die auch ein normaler Einschlag waldfrisch gesunden Holzes bei nicht sachgemäßer langer Lagerung aufweist. Rechtzeitig, also kurz vor dem Exitus, eingeschlagene Stämme sind somit voll nutzbar.

Wirkungsgeschichte der Immissionsschäden

Zweimal seit der letzten Eiszeit ist der Wald in Deutschland wiedererstanden. Als es vor 12 000 Jahren wieder wärmer wurde, wanderten viele vom Eis vertriebene Baumarten mit ihren Begleitpflanzen aus den Refugien Südfrankreich, Italien, Balkan und Mittelrußland wieder in die mitteleuropäische Tundra bei uns zurück. Diese Wiederbesiedlung verdanken wir dem gemäßigten Klima mit ausreichenden Sommerniederschlägen, das die Bodenfruchtbarkeit bewahrte.
Die Naturwälder verschwanden in der Holznot des Mittelalters. Als Kulturwälder oder Forsten wurden sie innerhalb von einhundertundfünfzig Jahren wiederaufgebaut. Das Verdienst kann außer dem Klima auch der landeskulturellen Einsicht und traditionellen Waldverbundenheit der deutschen Menschen zugeschrieben werden. Auch das ist ganz offenbar eine Voraussetzung für die Existenz von Wäldern, wie ihr dauerhafter Verlust in so vielen anderen Ländern beweist. Jetzt, weitere hundert Jahre später, schwebt das Damokles-Schwert der Luftverunreinigung als menschgemachter Feind über der Restbewaldung unseres Landes. Wie groß ist die Gefahr? Auch zur Beantwortung dieser Frage kann die Geschichte viel beitragen, denn der Feind ist altbekannt. Wiederum kann Plinius als Kronzeuge herangezogen werden. Er berichtet in seiner berühmten Historia Naturalis von verderblichem Rauch aus den Silberhütten des Altertums in Hispania. Solche gab es auch bei uns bis noch vor wenigen Jahrzehnten. Wir können viel daraus lernen.

Das Beispiel Harz

In der forstlichen Fachliteratur liest man erstmalig um die Mitte des 19. Jahrhunderts über Waldverwüstungen und Vergiftung von Menschen und Tieren durch Luftverunreinigung. Anschaulich berichtet der Forstadjunkt Gustav Rettstadt 1845 »Über die Einwirkung des Rauches der Silberhütten auf die Waldbäume

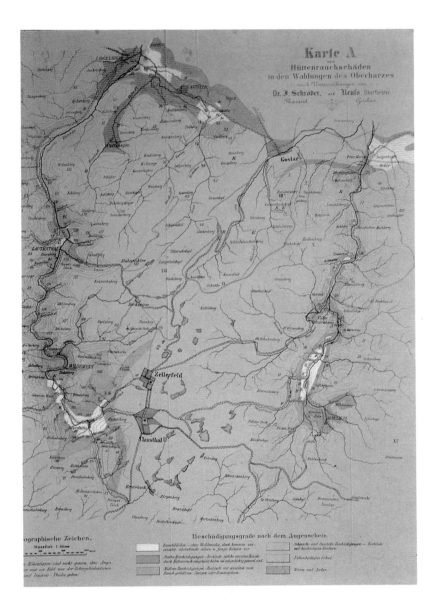

Kopie nach *Julius von Schroeder* u. *Carl Reuß,* Immissionsschadenskartierung Oberharz, 1883

und den Forstbetrieb« in der »Allgemeinen Forst- und Jagdzeitung«. Es gebe ausgedehnte »Rauchblößen« in den Tälern von Oker und Innerste im Oberharz. Auch Menschen und Tiere litten stark unter »Contractionen« der Gelenke, Koliken und Vergiftungen. An der Silberhütte Altenau seien Vögel gelähmt von den Bäumen gefallen, nachdem sie mit Bleistaub bedeckte Früchte gefressen hätten. Die Hirsche trügen hier »monströse Geweihe« mit total verbogenen Stangen, und das Weidevieh habe den «Kopfjammer«.

Ähnliche Schilderungen kennen wir aus der Umgebung von Freiberg in Sachsen und Stolberg bei Aachen. Die Forstschulen und Forstvereine besuchten die Schadflächen und diskutierten leidenschaftlich über Ursachen und Reichweite der Schädigung, die Möglichkeiten zur Verhütung und die Zweckmäßigkeit von in der örtlichen Praxis entwickelten Methoden zur Sanierung und Wiederaufforstung der Schadflächen. Die Bekämpfung der Rauchschäden wurde schon in dem 1878 erschienenen Lehrbuch »Der Forstschutz« von Professor Dr. Richard Heß in Gießen zu einem festen Bestandteil der Ausbildung deutscher Forstleute.

Die weltweit erste umfassende Untersuchung der Ursachen und landeskulturellen Auswirkungen von Immissionen in einem großen Waldgebiet erschien 1883 in Berlin: »Die Beschädigung der Vegetation durch Rauch und die Oberharzer Hüttenrauchschäden« von Professor Dr. Julius von Schröder aus Tharandt und Oberförster Carl Reuß aus Goslar. Sie ermittelten 4500 ha beschädigte Wälder in den Talzügen der Innerste und Oker sowie im Nordrand des Harzes aufgrund optischer Ansprache der Bestände und chemischer Nadelanalysen, gegliedert in drei Schadstufen, davon 358 ha totale Blößen ohne Pflanzenwuchs.

Das 340 Seiten dicke Buch enthält bereits Buntbilder der typischen Schadsymptome an den Blättern verschiedener Waldbäume, eine Fülle origineller Beobachtungen und Erfahrungen sowie praktische Vorschläge für technische Abhilfe in den Industriebetrieben und waldbauliche Anpassungsmaßnahmen.

Die Abbildung zeigt deutlich, daß die Schadwirkung auf die Talzüge begrenzt war. Der von den alten Emissionsquellen sich mit der Entfernung schnell abstufende Schädigungs-Gradient ist das beste Unterscheidungsmerkmal zwischen den sogenannten «klassischen Rauchschäden« und den heutigen weiten Immissionswirkungen. Bis etwa 1960 hielten sich die Luftverunreinigungsprobleme in Grenzen.

Absolute Rauchblöße, Eisenerzröstanlage Biersdorf, Siegerland, 1956

Die Stolberger Schrottlandschaft

Die alten Schadflächen sind nach Stillegung der Hütten in den Waldtälern und ihrer Verlagerung in die Kohleabbaureviere oder Seehäfen rasch wieder in Kultur gebracht worden. Das gilt bis auf kleine aus historischen Gründen erhaltene Reste auch für die total entwaldeten und sich durchweg mit dem Bereich akuter Schädigung durch hohe Konzentrationen deckenden Rauchblößen. Fährt man heute in den Harz, so findet man in den Tälern kaum noch Nachwirkungen der früheren Verwüstung durch Immissionen. Auch die am übelsten in Mitleidenschaft gezogenen Flächen tragen infolge der beispielhaften Wiederaufforstungsleistungen der deutschen Forstwirtschaft mittlerweile wieder ertragreiche Wälder.

Andererseits sind im Harz jetzt die Wälder der Höhenlagen über 700 m, in der Abbildung beispielsweise am unteren rechten Bildrand bei Stieglitzeck, schwer erkrankt. Sie blieben im vorigen Jahrhundert so gut wie verschont. So muß inzwischen eine entscheidende Veränderung der Gefährdungs-Situation eingetreten sein. Es fällt wirklich schwer, den Grund nicht in dem buchstäblich himmelweiten Unterschied zu suchen: Vor hundert Jahren hatten die Silberhütten noch keine oder nur ganz kurze Schornsteine, jetzt leben wir im Zeitalter der Abgasmassenferntransporte!

Wer die immissionsvergifteten Wälder sieht, fragt sich weniger nach dem verlorenen Holzertrag als vielmehr nach dem landeskulturellen Verlust und den ästhetischen Einbußen. So auch schon die 16. Versammlung Deutscher Forstmänner zu Aachen, als sie am 5. September 1887 eine Exkursion in den Stadtwald von Eschweiler unternahm. Hiervon gibt in dem Buch »Untersuchungen über die Einwirkung schwefliger Säure auf die Pflanzen« von Professor Dr. A. Wieler aus dem Jahre 1905 der ausführliche Bericht des Exkursionsleiters Oberförster Oster Kunde. Er bescheinigt dem kleinen Orte Stolberg im Indetal, 10 km östlich von Aachen gelegen, »auf geringer Fläche einen Reichtum von industriellen Etablissements, wie wohl kaum ein anderer Ort Deutschlands. Über 200 Essen senden dort täglich den Rauch von 1 Million kg Kohlen in die Atmosphäre. Ganz besonders reiche Quellen der schädlichen Säuredämpfe aber sind die Zink- und Bleihütten Birkengang und Münsterbusch, mehrere Glashütten und die Fabrik chemischer Produkte Rhenania.«

Der auf dem von der Stadt Stolberg unmittelbar nach Nordosten in Hauptwindrichtung ansteigenden Hang gelegene Eschweiler Stadtwald wurde 1840 bis 1870 durch extrem hoch konzentrierte Immissionen total ruiniert. Die Abbildungen zeigen eine photographische Aufnahme des Geländes 1956 und zwei Kartierungen

Historische Rauchblöße Eschweiler Stadtwald mit Industrieanlage Stollberg 1956

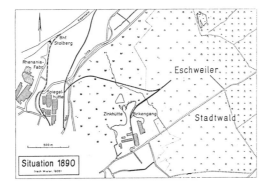

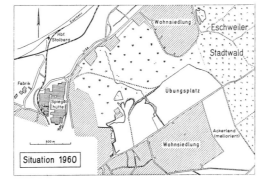

Kartierung des durch Luftverunreinigung entstandenen Unlandes, 1890 und 1960

im zeitlichen Abstand von siebzig Jahren. Aus einem Vergleich beider Karten, dem Exkursionsbericht 1887, den Untersuchungen Wielers 1905 und meinen örtlichen Aufnahmen 1960 ergab sich folgender Tatbestand:

Im Jahre 1890 war eine Wüstfläche von 309 ha Ausdehnung vorhanden, davon 182 ha zerstörter Wald und 127 ha unbrauchbar gewordenes Weideland und Acker. Sie ist in Karten und Flurbüchern seither als Ödland verzeichnet. Auf weiteren 25 ha erstreckten sich damals noch die Gebäudeanlagen der Zinkhütte Birkengang.

Meine Kartierung 1960 erbrachte noch 119 ha Ödland, die sich aus 94 ha der alten Blöße und 25 ha Abbruchfläche, dem von der Zinkhütte etwa 1920 verlassenen Gelände, zusammensetzen.

Somit haben wenigstens 200 ha Waldfläche von der Mitte des vorigen bis über die Mitte dieses Jahrhunderts infolge Immissionszerstörung ungenutzt bloßgelegen. Im Jahre 1944 war noch eine der letzten großen Schlachten des Zweiten Weltkrieges darüber hin- und hergegangen, aber zu zerstören war hier (im Gegensatz zur alten Kaiserstadt Aachen oder dem nahen Hürtgenwald) wirklich nichts mehr!

Am 15. Mai 1987 führte ich fünfzig Diplomingenieure der Technischen Hochschule Aachen in einer Exkursion auf das historische Verwüstungs-Areal. Wir stellten fest, daß das vor genau hundert Jahren von Oberförster Oster überlieferte Schadensbild auf gut 80 ha immer noch unverändert ist. Zwar haben sich Häuser und Gärten von den Rändern her auf die alte Blöße vorgeschoben, wobei der schwermetallreiche Boden einfach mit deren Erdaushub »melioriert« wurde. Außerdem wurde am heutigen Westrand des nach Osten zurückgenommenen Eschweiler Stadtwaldes ein größerer Teil zu militärischen Zwecken eingezäunt, aber noch immer trägt eine große Fläche das Bild der »Schrottlandschaft«, entweder mehr oder weniger unbegrünt mit dem Galmei-Veilchen als Zeigerpflanze oder mit kniehoch verholztem Heidekraut (Calluna) bedeckt. Vereinzelt stehen auch noch bizarr verformte »Kriech-Eichen« in der Heide. So nannte schon Wieler 1905 die von der Immission jahrzehntelang zurückgestutzten Stockausschläge des ursprünglichen Eichenwaldes. Solche Eichen mit verlorengegangenem Höhenwachstum vereinigen sich am heutigen Westrand des Stadtwaldes zu Gespensterwald-Beständen. Man hat sie als historisches Denkmal extremer Immissionswirkung bewußt erhalten, während der hinter ihnen liegende Hauptteil des Stadtwaldes mit viel Mühe inzwischen forstlich neu aufgebaut worden ist, jedoch allenthalben auch heute noch unverkennbare Anzeichen der früheren Mißhandlung trägt. Das Beispiel Eschweiler Stadtwald stellt eindringlich unter Beweis, daß die Luftverunreinigung durchaus in der Lage ist, Teile unserer Heimatlandschaft nachhaltig zu verwüsten, wenn man sie gewähren läßt.

»O Erzgebirg wie bist Du schön«

In der Zeitschrift SILVA 1922 (S. 61) schreibt der Forstrat C. Gerlach, ein um die Jahrhundertwende sehr bekannter Rauchschadensfachmann, er habe zwischen Sayda und Ullersdorf im Erzgebirge an einer Jagd teilgenommen und dabei unzweifelhaft Industrieabgase riechen können. Er sei der Herkunftsrichtung nach Süden bis auf die Berghöhe nachgegangen und habe unter Zeugen festgestellt, daß der Kohlenrauch aus 25 km Entfernung von den Braunkohlengruben bei Brüx über den Gebirgskamm (hier 800 m Höhe) geweht würde, wobei die Abgase 550 m steigen und dichte Bewaldung passieren müßten, ehe sie überhaupt nach Sachsen hereinkommen könnten. Die Bevölkerung kenne das gut: »In Böhmen kochen sie wieder Kaffee, sagt man hierzulande.« Gerlach schließt seine Mitteilung mit der Frage: »Wenn der Industrierauch so große Hindernisse überwindet und so große Entfernungen zurücklegt, sollten da nicht die Abgase in unserem industriereichen Sachsenland das Absterben der Tanne, die sich hier am Ende ihres natürlichen Verbreitungsgebietes befindet, neben etwaigen anderen Ursachen mitverschulden?«
Fünfundsechzig Jahre nach dieser Vermutung bleibt nur die betrübte Feststellung: Gerlach hat recht gehabt. Dafür gibt es inzwischen nicht nur erdrückende luftanalytische Nachweise. Die schrecklichen Schäden im Erzgebirge oder auch im Riesengebirge verdienen schon seit 1960 keinen anderen Namen als «Waldsterben». Ihre Immissionsvergiftung ist von den altrenommierten forstwissenschaftlichen Forschungsinstituten in Tharandt und Prag fortlaufend untersucht, seit dreißig Jahren gut dokumentiert, ja zum Teil treffend prognostiziert und überzeugend mit der Fernwirkung massiver SO_2-Abgasströme belegt worden, wie sie in Berlin, der DDR und dem Grenzraum zur Bundesrepublik aus den SMOG-Alarmen der letzten Winter gut bekannt ist,

Zerfallende Fichtenbestände im Erzgebirge, 1980

hier allerdings hauptsächlich aus den Braunkohlen-Abbaugebieten Halle-Leipzig bzw. Cottbus-Lausitz stammend. Dabei erwiesen sich die windgepeitschten, frostgefährdeten und nebelreichen Mittelgebirgshochlagen als besonders empfindlich.
Nach den tschechoslowakischen Untersuchungen besteht ein deutlicher Zusammenhang zwischen dem Mittelwert der SO_2-Konzentration über zwei Jahrzehnte in den Wäldern, deren Höhenlage über dem Meeresspiegel und ihrer Lebensfähigkeit. Die Fichtenbestände im Erzgebirge zerfallen vom Abschluß der Dickungsphase an bei SO_2-Konzentrationen zwischen 90 und 20 $\mu g/m^3$ in zehn bis vierzig Jahren um so schneller, je höher sie liegen. Der Schädigungsgrenzwert beträgt in den Lagen des natürlichen Fichtenvorkommens zwischen 10 und 15 μg, in den klimatisch günstigeren Lagen darunter zwischen 15 und 20 μg So_2/m^3 Luft. Bei einer Belastung mit 90 μg sterben die Bestände oberhalb 1000 m in 5 bis 10 Jahren, unterhalb von 600 m Höhe in 20 bis 30 Jahren. Bei einem »Angebot« von 20 μg bleibt bis etwa 600 m Höhe eine Forstwirtschaft mit Fichte möglich, in den Berglagen darüber treten Zuwachsverluste und vorzeitiges Ab-

sterben empfindlicher Einzelbäume bis zum Bestandeszerfall auf. Der Gradient wird somit von Klima und Witterungsextremen mitbestimmt. Aber Schadensursache sind dennoch allein Immissionen, denn bis etwa 1950 grünten hier selbst auf den höchsten Gipfeln (Keilberg 1244 m, Fichtelberg 1214 m) gesunde und ertragreiche Fichtenwälder. Die besonders immissionsempfindliche Weißtanne allerdings war schon Jahrzehnte vorher ausgefallen. Insgesamt sind auf den Kammlagen des Erzgebirges über 700 m beiderseits der sächsisch-böhmischen Grenze im Laufe der letzten dreißig Jahre etwa 60 000 ha Fichtenbestände abgestorben. Auf dem Gebiet der DDR wurde sofort nach dem Zerfall wiederaufgeforstet, obwohl kaum zu erwarten ist, daß diese Waldjugend den Immissionen länger als vierzig Jahre standhalten wird. In der ČSSR haben die Förster das Wettrennen mit dem Tod der Wälder verloren. Zwar mag die Hälfte der hier besonders exponiert liegenden Leichenwälder inzwischen wiederbepflanzt sein, auf der anderen Hälfte von rund 20 000 ha aber mußte die Forstwirtschaft praktisch aufgegeben werden. So weit das Auge reicht, dehnt sich hier trostlose Grassteppe mit bleichen Baumgerippen. »In zwanzig Jahren ist die Braunkohle im Egergraben erschöpft«, heißt es, »solang hat alles keinen Zweck.« Und dann, wenn überhaupt, wird die Wiederbewaldung sehr schwierig und teuer werden. Die ökologischen, wirtschaftlichen und sozialen Verluste sind kaum zu beziffern.

Auch die Struktur der Waldböden ist stark beeinträchtigt. Die hohe SO_2-Deposition und Freilage hat sie extrem versauert, nährstoffarm gemacht und verdichtet, aber — abgesehen von Abflußrinnen — nicht erodiert, da sich unter den hohen Niederschlägen allgemein ein üppiger Grasfilz gebildet hat, der die Krume festhält. Deshalb ist auch eine Wiederaufforstung überall möglich geblieben und gelingt auch (noch!) regelmäßig, wenn die Wurzelkonkurrenz der zum Teil meterhoch verdämmenden Gräser einige Jahre verhindert wird.

Nicht die weitgehende chemische und physikalische Bodendegradierung behindert oder verhindert demnach so sehr das Gedeihen der Wälder wie der direkte Gasangriff auf die Blattorgane. Dies erkennt man auch deutlich an der erst im Alter von zehn bis zwanzig Jahren schnell abnehmenden Benadelung und Wüchsigkeit der neu gepflanzten Kulturen. Aber natürlich kommt eins zum anderen. Jedenfalls geben die vielseitigen praktischen Erfahrungen der Forstleute manche überzeugende Antwort auf wesentliche Fragen, die das Waldsterben stellt. Es sind oft gerade die Details, die uns zur Ergänzung und Abrundung unserer heutigen Untersuchungen fehlen.

Zukunftsprognose für die Wälder

Belehrende Rückblicke können wir auch in die alten Industriegebiete werfen, wobei ein Vergleich etwa mit dem Erzgebirge allerdings berücksichtigen muß, daß sie klimatisch begünstigt sind. Im nur 50 m über dem Meeresspiegel liegenden Ruhrgebiet tragen die Kiefern einen ganzen Nadeljahrgang mehr und die Wälder zeigen einen wesentlichen Zuwachsaufschwung, seit die SO_2-Belastung infolge der »Hochschornsteinpolitik« von 170 µg (1965) auf 80 µg/m^3 im Jahresmittel (1980) gedrosselt worden ist. In Oberschlesien dagegen ist die Waldbelastung durch massive Ausweitung des SO_2-Emissionsvolumens in der gleichen Zeit stark erhöht worden.

Die Geschichte lehrt also, daß der Wald selbst schwere Verwüstungen und lange Erkrankungen überwinden kann, und das um so schneller, je gründlicher die Ursachen beseitigt und die Folgen repariert wurden. Dies gilt auch für die Luftverschmutzung. Selbst Wälder, die jahrzehntelang unter starker Immissions-Einwirkung dahinsiechten, sind nach Stillegung der Abgasquelle zu normaler Jahrringbreiten-Ausbildung zurückgekehrt. Eine solche Wiederbelebung des Wachstums schwer erkrankter Bäume habe ich selbst mehrfach an demontierten Industrieanlagen nachweisen können. Die Abbildung zeigt ein Beispiel.

Zwar sind in Deutschland immissionsverwüstete Waldflächen bekannt, deren Wiederaufforstung Jahrzehnte unterblieb und große Probleme aufwarf, jedoch kein Fall, in dem die Bestandeszerstörung und Bodenschädigung eine Wiederbegründung von Wald völlig unmöglich gemacht hätte. Es gibt solche Wüst- oder Karstflächen allerdings in anderen Klimaten, so in Südeuropa, wo der Mutterboden nach dem Immissionstod der Wälder bis auf den nackten Fels abgeschwemmt wurde.

Der Mensch kann helfen, aber nicht die Natur reparieren. So möge niemand glauben, mit einer Wiederaufforstung zerstörter Wälder sei gleich auch die ursprüngliche ökologische Qualität und Wuchspotenz wiederhergestellt. Das kann je nach dem Grad und der Dauer der Beeinträchtigung des Standortes Wald-Gene-

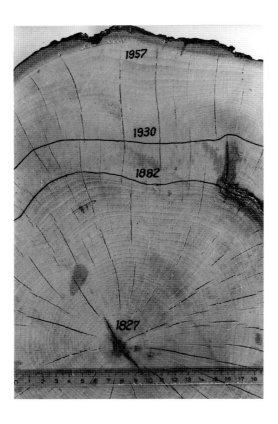

Jahrringe einer 134jährigen Buche mit vermindertem Wachstum zwischen 1882 und 1930 wegen Nähe einer Zinkhütte, Bergisch Gladbach, 1957

rationen dauern, mancherorts sogar überhaupt ausgeschlossen sein.

Trotzdem aber können wir aus unserem Wissensstand eine Folgerung ziehen, die auch von der Tendenz der Waldschadenserhebungen 1982 bis 1986 bestätigt wird: Die Wälder sind auf den Höhen unserer Mittel- und Hochgebirge in weitaus größerer Gefahr als in den niederen Berglagen und Ebenen. Für letztere, und das ist die Masse unserer Wälder, steht kein »Waldsterben« in Aussicht, sofern ihnen weiter die intensive waldbauliche Betreuung erhalten bleibt. Wenn es nicht gelingt, die Immissionsbelastung wesentlich zu senken, werden wir allerdings mit lichteren, durchsichtigeren Waldstrukturen in Beständen rechnen müssen, die nicht mehr die bisher üblichen Umtriebszeiten erreichen. Alte Bestände werden rar werden, aber der Wald schlechthin wird unter großen Opfern erhalten werden können, jedenfalls vorerst noch.

Weitaus kritischer muß die Zukunft der Wälder auf den Gebirgshöhen beurteilt werden. Die neue Dimension und Reichweite der Immissionen bedroht vor allem die Waldgrenze in den Alpen. Wir sehen die Gefahren, können sie aber noch gar nicht voll ermessen, da die vorstehend genannten Erfahrungen aus der Geschichte nicht im Hochgebirge gewonnen wurden, wo die Luft bisher hervorragend sauber war. Bleibt der Luft-Angriff, wie er sich heute darstellt, so werden die Wälder in den Hochlagen der Mittelgebirge und Alpen erzgebirgsähnlich verwüsten, die Waldgrenze im Hochgebirge wird sinken. Das bedeutet vermehrte Erosion, Vermurung der Täler, Lawinen, schließlich Verlust von wertvollem Lebensraum.

Aber das Waldsterben ist keineswegs ein unabänderliches Schicksal. Das Problem ist erkannt. Seine auslösende Ursache ist die Luftverunreinigung in vielerlei Gestalt. Abhilfe ist möglich. Auch die technischen Mittel dafür sind vorhanden, allerdings kann die Großfeuerungs-Verordnung zu ihrer Durchsetzung nur ein Anfang sein. Was fehlt, waren mindestens ein Jahrhundert lang die richtigen politischen Entscheidungen zur rechten Zeit. Sie müssen in *allen* Industrieländern konsequent durchgesetzt werden.

Unsere Wälder können die Luftverunreinigung nicht verhindern, aber sie helfen unter Selbstaufopferung, die Luft zu säubern, die wir verschmutzen. Es wird mindestens noch zwanzig Jahre dauern, bis die Luft wieder so rein ist, daß die Wälder ungehindert gedeihen können. Bis dahin müssen wir hartnäckig Waldsubstanz zu erhalten suchen, unentwegt pflegen, wiederaufforsten, gezielt düngen, mag es noch so teuer werden und sogar stellenweise, wie im Erzgebirge, sinnlos erscheinen. Am politischen Horizont zeichnet sich neuer hoher Subventionsbedarf ab für einen unersetzlichen Kulturträger. Der Staat hat dies Debakel zugelassen. Gefordert ist die Politik.

Ich zweifle nicht, daß das Ziel erreichbar ist. Wenn wir nicht resignieren, werden auch Wald und Forstwirtschaft nicht am Ende sein.

H.-D. Kittsteiner

Waldgänger ohne Wald
Bemerkungen zur politischen Metaphorik des Deutschen Waldes

Das emotionale Verhältnis einer Nation zu ihrem Wald bemißt sich nicht danach, wieviel Quadratkilometer sie davon noch besitzt, und wieviel längst gerodet ist und Äckern und Wiesen, Städten und Dörfern, Eisenhütten und Ölraffinerien, Eisenbahnen, Autobahnen und Flughäfen Platz gemacht hat. Würde man die Sache so ansehen, könnte man bei den Deutschen kein besonderes Verhältnis zum Wald entdecken, das sie von anderen Völkern unterschiede. Tatsächlich: wenn eines Tages Historiker nach einem Symbol für die Bundesrepublik suchen, so werden sie nicht auf die Eiche, sondern auf den Volkswagen stoßen, auf die Idee der allgemeinen Motorisierung. Nicht der Baum stand im Mittelpunkt des Lebens, sondern der Käfer, der Schädling. Sie würden aber auch feststellen können, daß dies alles mit schlechtem Gewissen geschehen ist. Landschaften wurden zweckmäßig zersiedelt — aber der Wald lebte fort im Heimatfilm. Maßnahmen gegen das »Waldsterben« (ein deutsches Wort) kommen nur langsam voran — aber der mahnende »Weltenbaum« Ben Wargins zerstört die schöne Brandmauer am Berliner S-Bahnhof Savignyplatz. Was aus der Wirklichkeit verschwindet, lebt fort an Hauswänden mit künstlerischer Gestaltung. Schließlich, wo doch so vieles ausgestellt wird, bekommt der Wald sogar eine Ausstellung. Über dieses Kompensationsgebaren lohnt es sich nachzudenken.

Das Wäldchen 125

Der Wald, von dem zuerst die Rede sein soll, ist gar kein Deutscher Wald; er liegt an der Westfront. Es ist auch kein Wald, sondern wirklich nur ein Wäldchen, ein kleines quadratisches Gehölz. Die frühen Auflagen dieser »Chronik aus den Grabenkämpfen 1918« belegen das mit einer Luftaufnahme aus beträchtlicher Höhe. Zu sehen ist darauf nicht viel: ein dunkler Fleck, der sich von der Ebene und ihrem Grabensystem abhebt, quer durchzogen von einer ausgefransten Rinne von schweren Granateinschlägen. Dieses Waldstück ist wie ein Erker den deutschen Linien vorgelagert und hat das Feuer der ganzen Umgebung auf sich gezogen. Ernst Jünger, der Stoßtruppführer, vermag die Lage richtig einzuschätzen: »Ich habe schon manchen zerschossenen Wald gesehen, den von Delville, den von St. Pierre Vaast und den mächtigen Houtholster Forst oben in Flandern, der in wenigen Tagen zu Kleinholz geschlagen wurde, aber in keinem schien es mir noch so böse auszusehen. Am meisten erinnert er mich noch an den Bois de Thrônes, dessen zerhackte Stümpfe wir während der Tage von Guillemont vor uns im Grunde aufragen sahen.«[1] Solche unheimlichen Orte bieten keinen Schutz, sondern es sind »Menschenfallen, deren Besetzung auf die Dauer sehr kostspielig wird.« Wahrscheinlich wäre es sogar klüger, diesen Zipfel aufzugeben; aber der Befehl dazu ist nicht erteilt, man wird oben wohl Gründe dafür gehabt haben. Leutnant Jünger ist mit seiner Kompanie als Einsatzreserve für das Wäldchen vorgesehen, und an einem ruhigen Vormittag erkundet er das Gelände, in das er stündlich zum Kampfe vorgeworfen werden kann. Sehr gemütlich sieht es dort nicht aus — aber das war wohl kaum zu erwarten. »Aus dem Kreideboden, den nur eine dünne, schwarze Humusschicht bedeckt, ist Trichter an Trichter gerissen, und ein weißer Puder hat das Blattwerk der kümmerlichen Reste des Unterholzes mit einem dichten Überzug bestäubt, daß es so blaß und kränklich aussieht, als ob es in Kellern gewachsen wäre. Mit der Wurzel ausgerauftte Büsche und abgeschlagene Zweige sind wirr durcheinandergeworfen und zum Teil über die zertrommelten Gräben gestürzt, die man stellenweise nur kriechend passieren kann. Den mächtigen Stämmen des Hochwaldes sind, soweit sie nicht überhaupt niedergerissen sind, sämtliche Äste gekappt, Borke und Splint abgerissen, und nur das durchlöcherte Kernholz reckt noch ein Heer von kahlen Masten empor, die durch eine schreckliche Krebskrankheit zerfressen scheinen. Ich suche mir ein Bild vorzustellen, wie wir es leicht erleben können: Dieser versteinerte Wald bei Nacht, von Leuchtkugeln überhangen, deren grelles Licht das schneeweiße Unterholz zu einer gespenstischen und fabelhaften Flora erstarren läßt. Unter den riesigen Stangen, deren Schlagschatten blitzschnell wechselt, ein funkelnder Kampf mit Handgranaten und Maschinengewehr von einer so sinnlosen Erbitterung, wie sie nur in dieser einfachen und heroischen Landschaft denkbar ist.« Es ist ein versteinerter Wald wie auf Bildern Max Ernsts, doch er liegt nicht stumm und geheimnisvoll da; er wird erst heimlich und unheimlich zugleich, wenn der Kampf ihn belebt. Dieser Wald, aus dem alles Überflüssige ausgestrichen ist, bildet die Golgatha-Kulisse eines heroischen Ringens. Nur insofern ist es überhaupt noch ein Deutscher Wald, »weil hier die richtigen Männer stehen«. Es sind Männer, deren Gesicht zu einem Warnungsschild erstarrt ist, wie das Titelbild will. Es ist das Antlitz des »modernen Energiemenschen«, hart und schmal unter dem wuchtigen Stahlhelm, denn seit der Einführung der Gasmaske ist es glattrasiert. Achtung! Wer weitergeht, wird erschossen. »So lautete die Melodie, die mir in diesem Wald gesungen wurde, obwohl er keine Zweige zu rauschen besitzt, und obwohl längst kein Vogel mehr in ihm heimisch ist. Aber heimisch sind in ihm Männer, gewohnt, furchtbare Landschaften zu schauen und auszuhalten, was keine Phantasie ersinnen kann.« Wo kommen diese Männer her? »Sie kommen dorther, wo der Hausgiebel die gekreuzten Pferdeschädel trägt, und wo die Sonnwendnacht immer noch heilig ist.« Sie kommen aus einem Land, das auch im 20. Jahrhundert noch das Land Widukinds und Heinrichs des Löwen sein möchte, wo die freien Bauern in Wald und Heide sitzen, und wo das gute Blut sich unvermischt erhalten hat. »Unsere Linie ist klar, wir wollen wieder Verbindung mit Blut, Boden und Gefühl.«

Es lohnt sich kaum, anhand dieses Werkes über Jünger als Schriftsteller zu urteilen. Neben den Aufzeichnungen des Tagebuchs (die noch das Beste sind), und die mit leicht durchschaubarer Technik in Literatur umgewandelt werden, steht der raunende Unsinn[2]. Gerade das »Wäldchen 125« ist voll davon; es enthält unerbetene Erklärungen zum Weltgeschehen und seltsame Elogen auf deutsche Dichter vom Typus Hermann Löns, Gorch Fock und Walter Flex. Dann wieder folgen Vorschläge für eine künftige Heeresreform und über den Umgang mit der Volksmasse. Auch an Ontologie fehlt es nicht: »Das sind die beiden Gesichter des Seins. Das eine sagt Ja und das andere Nein.« Wir lassen alles das beiseite und sehen, wie es mit dem Wäldchen weitergeht. Das Schicksal des Wäldchens ist das Schicksal des Krieges. Die Kräfte beginnen zu ermatten; die Frühjahrsoffensive 1918 ist bereits festgefahren und die gegnerische Front rückt langsam vor. »Das Wäldchen ist jedenfalls wieder einmal der Mittelpunkt der Aufmerksamkeit geworden, sicher gehen hinten Telephongespräche hin und her, nach kurzer Zeit erscheint auch ein Flugzeug, um einige Minuten darüber zu kreisen wie ein Adler über seinem bedrohten Horst.« Auf die grünen Leuchtkugeln folgen die roten und das heißt: Alarm. »Die Mannschaft steht schon im Graben, den ein aufgeregtes Geschrei, zuweilen übertönt durch ein in der Nähe einschlagendes Geschoß, erfüllt. Helme, Gewehre und Handgranaten klappern, Gruppenführer brüllen die Namen ihrer Leute, weiter hinten wird schon nach Sanitätern gerufen, während es dazwischen immer wieder ganz kurz heranpfeift und hochgeschleuderte Erde in den Graben spritzt. Es ist ein Tumult wie bei einem Theaterbrand.«

Doch es ist kein Theater: das Feuer ist Wirklichkeit und kommt vom Tommy. Die Einsatzreserve Jünger hat das Wäldchen erreicht, die Besatzung kriecht aus dem tiefen Stollen, ohne den dieser Ort ohnehin nicht zu halten wäre. Die Leutnants zünden sich Zigaretten an und »tauschen ihre Erlebnisse« aus. Doch zu machen ist weiter nichts, die Kompanie geht wieder zurück. Die vorn geblieben sind, fallen beim nächsten Ansturm der Engländer. Der Meldegänger bringt die endgültige Botschaft: »›Herr Rittmeister‹, sagt er, ›ich melde, daß das Wäldchen 125 genommen ist. Wir haben starke Verluste gehabt, Leutnant V. und Leutnant K. sind durch Kopfschuß gefallen. Der Rest der Kompagnie hat sich am Heckengraben verschanzt und hält die neue Stellung. Wir gebrauchen Handgranaten und Maschinengewehrmunition.‹ Es ist sehr still geworden, selbst die Verwundeten haben schweigend zugehört. Das Wäldchen ist für uns alle der Inbegriff dieser Stellung gewesen, ein Symbol, wie es wohl in früheren Zeiten eine zerschossene Regimentsfahne war.«

Jünger denkt an die beiden Leutnants, mit denen er am Morgen noch Zigaretten geraucht hat. Er selbst bleibt für künftige Kämpfe gerüstet, denn er weiß: »Mit einem aus solchen Leuten zusammengesetzten und so bewaffneten Stoßtrupp kann man es mit jedem Gegner aufnehmen, der sich zur Zeit denken läßt. Das ist ein stolzes und beruhigendes Gefühl.« Dennoch geht es unaufhaltsam zurück; es zeigt sich nun, daß mit dem Verlust des Wäldchens die ganze Stellung nicht mehr zu verteidigen ist. »Dort hinten, wo unaufhörlich die Blitze zucken, lassen wir auch das Wäldchen 125 zurück, dessen letzte Überreste jetzt das Feuer unserer eigenen Artillerie zermalmt [...] Das Wäldchen, das donnernd und glühend in unserem Rücken versinkt, läßt seine Spuren in den Herzen der Überlebenden zurück. Auf diesen feurigen Inseln ist mehr geschehen, als man heute ahnt.«

W. Bürger, Nahkampf, 1. Weltkrieg, o. J.
Anonym, 1. Weltkrieg, Westfront, 1917

Der Wald und die nationale Identität

Die Botschaft des Buches ist einfach. Sie ist zugeschnitten auf eine Nation, die eben den Krieg verloren hat: das Geschehen selbst war der Sinn, nicht der Sieg, sondern das Erleben des Kampfes. Aus dem Erlebnis allerdings wächst neue Zuversicht: »Und wenn man die Männer sieht, die schweigend, Helm an Helm, unter dem Gesang der Motore neuen Entscheidungen entgegengetragen werden, diese neue und eisenharte Rasse, die in allen Feuern gehärtet ist, so steigt der Wunsch auf, daß sie nicht alle dem Lande verloren gehen möchten.« Dieser Wunsch ging in Erfüllung, wenn er auch andere Formen annahm, als dem Stoßtruppführer dann recht war. Zugleich ist das Buch aber auch die Geschichte einer Vertreibung — und diese Vertreibung ist wiederum symptomatisch für den Abschied von der bisherigen Geschichte. Denn der Hinauswurf aus dem Wald durch die britischen Einheiten beschreibt nur den Verlauf des Ereignisses selbst; daß es sich so vollziehen konnte, ist der neuen Kriegstechnik geschuldet. Die Reste des Wäldchens werden von der eigenen Artillerie zerschlagen. »Es war ein zerstörerischer Krieg, ein konzentrisches Wüten gegen einen geheimen Mittelpunkt, ein Ereignis auf der westlichen Oberfläche. Wir haben stramm nihilistisch einige Jahre mit Dynamit gearbeitet und, auf das unscheinbarste Feigenblatt einer eigentlichen Fragestellung verzichtend, das 19. Jahrhundert — uns selbst — in Grund und Boden geschossen.«[3] So wie das 19. Jahrhundert in den Materialschlachten an der Flamme des 20. Jahrhunderts verbrannte, so vergingen auch die Phantasmagorien, in denen es sich sicher gefühlt hatte.

Der Wald war eine der vielen Identitätsmetaphern der zu spät gekommenen deutschen Nation. »Deutsches Volk, du herrlichstes von allen/ Deine Eichen stehn, du bist gefallen« dichtete Theodor Körner in »Leyer und Schwerdt«. Auf den Bildern Georg Friedrich Kerstings stehen Körner, Friesen und Hartmann, die Jäger des Lützowschen Freikorps, auf Vorposten im Schutz des übermächtigen Waldes. Das Gegenstück zeigt die »Kranzwinderin«: die drei Helden sind gefallen, aber ihre Namen sind nun in die Eichen geritzt und gleichsam auf sie übergegangen. Hier ist mehr als ein liebes Wort in die Rinde schnitten; in der Gleichsetzung von Mensch und Baum, wie er der germanischen Mythologie geläufig ist, kann der Baum zur Hülle der Seele des Abgeschiedenen werden. Besonders mächtige Bäume können aus dem Leib eines gefallenen Kriegers oder Königs hervorgewachsen sein.[4] Sagenbäume, Sagenpflanzen, Heilige Haine[5] sind bei anderen Völkern nicht weniger verbreitet, als bei den Deutschen, sie sind aber nicht im gleichen Maß Bestandteil der nationalen Symbolik des 19. und frühen 20. Jahrhunderts geworden. Das hat seinen Grund darin, daß in den entscheidenden Jahrhunderten der politischen Konsolidierung der europäischen Völker in Deutschland keine offene Symbolisierung des »Reiches« zustandekam, genausowenig, wie es eine starke Zentralgewalt gab. Der Reichsadler? Ein Gespött zum Scheibenschießen. Der »Deutsche Michel«? Ein schlafender Faulpelz wie sein Vorgänger, der Kaiser Barbarossa. Es gab keine Sonne von Versailles, keinen Gallischen Hahn, keine Marianne, keinen John Bull und auch keine Trikolore der Revolution. Die Reichsfarben waren vage dem Mittelalter entlehnt und konnten durch das kräftigere Schwarz-Weiß Preußens im Verbund mit dem Rot der Hansestädte jederzeit zurückgedrängt werden.

Ebenso schwankend und beliebig wie die offiziellen Symbole waren aber auch die untergründigen Mythen vom Reich und seiner künftigen Größe. Das 19. Jahrhundert tastete sich durch eine Vielzahl von Identitätsangeboten. Es gab zwar keinen wirklichen Kaiser, aber doch den schlafenden Kaiser im Kyffhäuser[6]; es gab das gerade erst aufgefundene »Nationalepos« der Nibelungen, das sich ausnahm, als sei es eigens für dieses Jahrhundert geschrieben worden. Da die realpolitischen Kontinuitäten abgebrochen waren, konnte man gar nicht weit genug zurückgehen, um einen gemeinsamen Nenner zu finden. Da bot sich schließlich auch die alte Identifizierung mit dem Waldland aus der »Germania« des Tacitus an. Der Wald ist der Ort der nationalen Selbstbehauptung. Kein Geringerer als Heinrich Heine wußte, was die Deutschen dem Wald zu verdanken hatten:

»Das ist der Teutoburger Wald
Den Tacitus beschrieben,
Das ist der klassische Morast,
Wo Varus steckengeblieben.

Hier schlug ihn der Cheruskerfürst,
Der Hermann, der edle Recke.
Die deutsche Nationalität
Die siegte in diesem Drecke«

Edmund F. Kanoldt, Kyffhäuser, 1870

Dem 18. Jahrhundert, das auf seine zivilisatorischen Leistungen so stolz war, galt diese Waldursprünglichkeit eher als ein Negativbild. So dem Zedlerschen Lexikon, wenn es die »alten Scribenten« zitiert, von denen »unser liebes altes Deutschland ein düster und fürchterliches, oder Regio Sylvis horrida, ein erschreckliches Holtzland [...] genennet wird, von welchem Julius Cäsar geschrieben, daß es neun Tagereisen in der Breite sich erstreckt habe, die Länge aber man nicht eigentlich wissen könne. [...] Es ist also vor Alters Holtz in grosser Menge gewesen, denn der gröste Theil Deutschlands ist vor diesem fast nichts als eine Waldung gewesen, und hat der Schwartzwald mit dem Hartzwalde und dem Westerwalde, und diese wiederum mit dem Ertzgebürgischen Walde, mit dem Fichtelgebirge, der Schradenwald und dem

Spreewalde, und die anderen meistentheils aneinandergegangen. Und daher muß unser Deutschland, welches jetzt so schön angebauet ist, zu des Tacitus Zeiten ziemlich rauh, wilde und wölfisch ausgesehen haben.«[7] So besehen, ist die deutsche Geschichte eine Rodungsgeschichte. Mit dem großen Wald war es spätestens mit der Holzknappheit des 18. Jahrhunderts vorbei; aber erst das 19. Jahrhundert, das auf die Industrialisierung zutrieb, legte sich in einem Akt der Kompensation eine Waldseele zu. Die Romantik mit ihrem Sinn für alles Bedrohte wertete den Wald zum Nationalheiligtum auf.

Ein kleines Experiment zur nationalen Physiognomie mag diese Bedeutung des Waldes belegen. Vergleichen wir Frankreich und Deutschland. Die eine Nation bezog große Teile ihres Selbstbewußtseins aus der Einheit von Aufklärung, Ancien Régime und Revolution, die andere aus den Freiheitskriegen und eben jener Romantik. Es erscheint daher nicht unbillig, wenn wir Rousseau und Eichendorff gegenüberstellen. Im »Emile« wird die Orientierung geübt. Man marschiert morgens los in den Wald, aber man verirrt sich. »Die Zeit vergeht, es wird heiß, wir haben Hunger; wir beeilen uns, wir irren vergeblich bald in die eine, bald in die andere Richtung, nirgends sehen wir etwas anderes als Wald, Steinbrüche, ebene Flächen — nichts woran wir uns orientieren können.« Es entspinnt sich nun der folgende Dialog:
»Emile. Es ist Mittag, und ich habe noch nichts gegessen.
Jean-Jacques. Das Unglück ist, daß mein Mittagessen mir nicht hierher nachläuft. Jetzt ist es zwölf Uhr, genau die Zeit, wo wir gestern von Montmorency aus die Lage des Waldes feststellten. Wenn wir doch genauso vom Wald aus die Lage von Montmorency feststellen könnten! [...]
E. Ja; aber gestern haben wir den Wald gesehen, und von hier aus können wir die Stadt nicht sehen.
J. J. Das ist ja das Schlimme [...]«
Danach gibt es eine Belehrung über die Lage von Norden und Süden und darüber, wie man zur Mittagszeit an den Schatten die Himmelsrichtung erkennt. Emile hat seine kleine astronomische Lektion vom Vortag behalten und wendet sie richtig an.
»J. J. Da kannst du recht haben — gehen wir doch diesen Pfad durch den Wald hinunter.
E. (klatscht in die Hände und stößt einen Freudenschrei aus) Ah! Ich sehe Montmorency! Da, direkt vor uns liegt es. Gehen wir essen, laufen wir rasch.«[8]

»Waldgespräch

Es ist schon spät, es wird schon kalt,
Was reitest du einsam durch den Wald?
Der Wald ist lang, du bist allein,
Du schöne Braut! Ich führ' dich heim!

›Groß ist der Männer Trug und List,
Vor Schmerz mein Herz gebrochen ist,
Wohl irrt das Waldhorn her und hin,
O flieh! Du weißt nicht wer ich bin.‹

So reich geschmückt ist Roß und Weib,
So wunderschön der junge Leib,
Jetzt kenn ich dich — Gott steh mir bei!
Du bist die Hexe Lorelei.

›Du kennst mich wohl — vom hohen Stein
Schaut still mein Schloß tief in den Rhein.
Es ist schon spät, es wird schon kalt,
Kommst nimmermehr aus diesem Wald.«

Wir lernen: es gibt Leute, die möglichst schnell den Wald hinter sich lassen, weil das gute Mittagessen wartet. Dabei üben sie sich in Orientierung. Und es gibt andere, die sich vorsätzlich im Wald verirren, weil sie eigentlich aus ihm auch gar nicht herauswollen. Wir spekulieren: wahrscheinlich ist das mit manchen Nationen und ihrem Selbstverständnis ganz ähnlich. Werden letztere von der Geschichte aus ihrem Wald vertrieben, dann erschrecken sie. Eines ihrer phantasmagorischen Refugien ist zerstört, in dem sie sich heimlich-unheimlich wohlfühlten. Die deutsche Nation, aus ihrem 19. Jahrhundert vertrieben, bekam es mit der Angst zu tun und trat die Flucht nach vorne an. Die alten Metaphern wurden noch mitgeschleppt, aber sie waren schon unterwandert von dem neuen Identitätsmerkmal der Rasse und der Motoren.

Der Waldgang

Wie bekannt, mißlang auch dieser neue Anlauf zur Identitätsstiftung; er mißlang so gründlich, daß die größte Katastrophe der deutschen Geschichte in der Entfaltung der offenen Barbarei aus ihm hervorging. Der Stoßtruppführer des I. Weltkrieges, der das alles überlebte, ging zum Nationalsozialismus auf pseudo-seigneurale Distanz. Schaden nahm nicht seine konservative Gesinnung, endgültigen Schaden nahm seine Sprache. Sie war in der ständigen Bemühung um »Haltung« schon in den frühen Schriften nicht die beste[9], jetzt tilgt der vorgetragene Stil die Inhalte. Seine Bücher verlieren an Authentizität; künstliche Gebilde, in einem vagen Nirgendwo angesiedelt, werden sie zum Ausdruck einer großen Überforderung. Weder ist Jünger der Stilist von hohen Graden, der er doch sein möchte, noch greifen seine historischen Einsichten. 1951 wundert er sich: »Nach 1918 sah man eine starke geistige Bewegung, die in allen Lagern Begabungen entfaltete. Jetzt fällt vor allem das Schweigen auf, besonders das Schweigen der Jugend, die doch viel Seltsames in ihren Kesseln und mörderischen Gefangenschaften sah. Und doch wiegt dieses Schweigen schwerer als Ideenentfaltung, ja selbst als Kunstwerke. Man hat dort nicht nur den Zusammenbruch des Nationalstaates, man hat auch andere Dinge gesehen«. Was hatte man denn »Seltsames« zu sehen bekommen? Die alten Denkmodelle sind noch intakt: so wie es nach 1918 das »Fronterlebnis« war, das die neue Mannschaft zusammenschweißte, so soll es jetzt die Berührung mit dem Nichts gewesen sein, die das Erleben selbst wichtiger werden ließ als Sieg oder Niederlage: »Hier liegt ein Mysterium, und solche Tage sind verbindender als eine gewonnene Entscheidungsschlacht. Der Reichtum des Landes liegt in seinen Männern und Frauen, die äußerste Erfahrungen gemacht haben, wie sie im Laufe vieler Geschlechter nur einmal an den Menschen herantreten. Das gibt Bescheidenheit, aber es gibt auch Sicherheit. Die ökonomischen Theorien gelten ›auf dem Schiffe‹, während das ruhende und unveränderliche Eigentum im Walde liegt, als Fruchtgrund, der stets neue Ernten bringt.« Was man im Wald ernten kann, außer Pilzen und Beeren, sei dahingestellt; aber es ist auch gar kein wirklicher Wald, den Jünger hier in der Gegenüberstellung mit dem »Schiff« emblematisch evoziert: »Das Schiff bedeutet das zeitliche, der Wald das überzeitliche Sein.«[10] Auf dieses im »Waldgang« explizierte Verhältnis zur Geschichte wollen wir uns kurz einlassen.

Im »Waldgänger« hat Jünger die dritte große Gestalt des 20. Jahrhunderts neben dem »Arbeiter« und dem »unbekannten Soldaten« (dem vormaligen »Frontsoldaten« aus dem I. Krieg) erschaut. Da das nur »Soldatische« in den Zeitaltern des »Weltbürgerkriegs« im Rang zurückgefallen ist, vertraut er auf diesen Hort des Widerstandes, der sich unter dem Buchstaben »W« angesammelt hat: »Das könnte dann etwa heißen: Wir, Wachsam, Waffen, Wölfe, Widerstand. Es könnte auch heißen: Waldgänger«. Daß nicht recht deutlich wird, wer diese Gruppe der Waldgänger bilden soll, muß uns nicht bekümmern. Jünger selbst hat sich damit wenig Mühe gegeben. Eigentlich können es alle sein, die jene »äußersten Erfahrungen« gemacht haben — und sein Wunschbild ist schließlich auch ein Volk von diesen Waldmenschen. Andererseits sind zum Widerstand vorerst nur Wenige entschlossen; Jünger schätzt an die zehntausend in einer Millionenstadt. Auch der Gegner ist nicht auf den ersten Blick zu entdecken; anfänglich polemisiert Jünger gegen das Wählen — doch allmählich kristallisiert sich der wahre Feind heraus: es ist die Geschichte selbst, genauer: ihre Nachkriegsoberfläche, die mit dem Symbol des »Schiffes« belegt ist.

Ein Vergleich mit Carl Schmitt liegt nahe: Schmitt hatte in »Land und Meer« die machtpolitische Auseinandersetzung zwischen den »Landtretern« und den »Seeschäumern« untersucht, zwischen Behemoth und Leviathan, mit dem Resultat, daß vorerst die Seemächte den Sieg davongetragen haben, daß mit der Entfaltung der modernen Technik zugleich aber auch das Meer »verräumlicht« worden ist.[11] Ähnlich nimmt Jünger an, daß der Nachkriegsmensch »durch starke Mächte weit auf das Meer, weit in die Wüste und ihre Maskenwelt hinausgeführt« worden sei. Was aber bei Schmitt im Rahmen einer historischen Studie verbleibt, wird hier in den Bereich des Mythos verlegt. Seefahrt und Wald sind die beiden Gegenbilder der Moderne. Der Mensch auf dem Schiff ist der Mensch in der bewegten Geschichte der Zivilisation; es ist die Zivilisation der »Wüste« mit ihren »entleerten Beziehungen«: »Die Wüste wächst, weh dem, der Wüsten birgt«.[12]

Wer sich also in dieser Meereswüste der amerikanischen Nachkriegszivilisation erhalten will, braucht den Gegenpol des Widerstandes. Er findet ihn im »Wald«. »Und zwar soll hier der Mensch auf dem Schiff an dem im Wald sich das Maß nehmen — das heißt: der Mensch der Zivilisation, der Mensch der Bewegung und der historischen Erscheinung an seinem ruhenden und überzeitlichen Wesen, das sich in der Geschichte darstellt und abwandelt.« Wir erfahren auch, daß nicht nur der Deutsche, sondern auch der »Russe« im völkischen Singular vor dieser Aufgabe steht: »Der Waldgang ist auch für den Russen das Kernproblem. Als Bolschewik befindet er sich auf dem Schiffe, als Russe ist er im

Anonym, Ein getarnter deutscher Panzer im Wald von Woltschansk, 1942

Wald. Durch dieses Verhältnis wird seine Gefährdung und seine Sicherheit bestimmt.«[13]

Was im überzeitlichen Sein des Waldes gefunden wird, ist banal und schon bekannt: »Der Wald ist heimlich. Das Wort gehört zu jenen unserer Sprache, in denen sich zugleich ihr Gegensatz verbirgt. Das Heimliche ist das Trauliche, das wohlgeborgene Zuhause, der Hort der Sicherheit. Es ist nicht minder das Verborgen-Heimliche und rückt in diesem Sinne an das Unheimliche heran. Wo wir auf solche Stämme stoßen, dürfen wir gewiß sein, daß in ihnen der große Gegensatz und die noch größere Gleichung Leben und Tod anklingen, mit deren Lösung sich die Mysterien beschäftigen.« Ein ›Stirb und Werde‹ soll letztlich die deutsche Geschichte im Durchgang durch den »Wald« in ihrer Selbstbehauptung gegenüber dem Schiff retten. Jene Menschen, die die »äußerste Erfahrung« gemacht haben, sind zugleich mit sich selbst bekannt gemacht worden. »Wir sahen die große Erfahrung des Waldes in der Begegnung mit dem eigenen Ich, dem unverletzbaren Kerne, dem Wesen, aus dem sich die zeitliche und individuelle Erscheinung speist.« Hier hat der Waldgänger die Kraft bezogen, die ihn gegen die zivilisatorischen Schiffe von Ost und West gerüstet sein läßt. Die vermeintlich feindlichen deutschen Heere treffen sich auf ihrem gemeinsamen Boden — im Wald. »Unter den Aussichten, die heute drohen, ist wohl die trübste jene, daß deutsche Heere gegeneinander antreten. Jeder Fortschritt der Aufrüstung hüben und drüben steigert die Gefahr. Der Waldgang ist das einzige Mittel, das ohne Rücksicht auf künstliche Grenzen und über sie hinweg gemeinsamen Zielen gewidmet werden kann. Hier können auch die Kennworte gefunden, ausgetauscht und verbreitet werden, die verhindern, daß man aufeinander schießt.« Den Einwand, daß Deutsche für diese Art der Auflehnung und des Widerstandes nicht geschaffen seien, will Jünger nicht gelten lassen: »Wo sich *ein Volk* zum Waldgang rüstet, muß es zur furchtbaren Macht werden.« Es ist vorbereitet zu diesem Akt der nationalen Selbstbehauptung durch seine Geschichte, die es auf den Punkt der »echten Seinsberührung« stoßen ließ. Die drohende Waldvergessenheit ist gebannt: »Der Wald ist Heiligtum«.[14]

Auf die Schiffe!

Die kleine Schrift Jüngers aus dem Jahre 1951 scheint wieder aktuell zu sein; sie wurde 1986 in einer handlichen Ausgabe einer Sammlung einverleibt, die den Namen »Bibliothek der Moderne« trägt. Das Zitat auf der Rückseite des Umschlags zeigt auch, wo man die Parallelen zur Situation der Gegenwart sieht: »Es ist zu einer neuen Konzeption der Macht gekommen, zu starken, unmittelbaren Ballungen. Dem standzuhalten, bedarf es einer neuen Konzeption der Freiheit, die nichts zu schaffen haben kann mit den verblaßten Begriffen, die sich heute an dieses Wort knüpfen.« Das Neudeutsch-Verführerische an der Konzeption der Jüngerschen Freiheit ist der Aufruf zum Wald-Widerstand gegen die Weltmächte: »Was seinen Ort betrifft, so ist Wald überall. Wald ist in den Einöden wie in den Städten, wo der Waldgänger verborgen oder unter der Maske von Berufen lebt. Wald ist in der Wüste und im maquis. Wald ist im Vaterlande wie auf jedem anderen Boden, auf dem der Widerstand sich führen läßt. Wald ist vor allem im Hinterland des Feindes selbst. Der Waldgänger steht nicht im Banne der optischen Täuschung, die den Angreifer als Nationalfeind sieht. Er kennt seine Zwangslager, die Schlupfwinkel der Unterdrückten, die Minderheiten, die ihrer Stunde entgegenharren. Er führt den kleinen Krieg entlang der Schienenstränge und Nachschubstraßen, bedroht die Brücken, Kabel und Depots. Seinetwegen muß man die Truppen zur Sicherung verzetteln, die Posten vervielfachen. Der Waldgänger besorgt die Ausspähung, die Sabotage, die Verbreitung von Nachrichten in der Bevölkerung. Er schlägt sich ins Unwegsame, ins Anonyme, um wiederzuerscheinen, wenn der Feind Zeichen von Schwäche zeigt. Er verbreitet eine ständige Unruhe, erregt nächtliche Paniken. Er kann selbst Heere lähmen, wie man es an der Napoleonischen Armee in Spanien gesehen hat. Der Waldgänger verfügt nicht über die großen Kampfmittel. Aber er weiß, wie Waffen, die Millionen kosten, durch kühnen Ansatz zu vernichten sind. Er kennt ihre taktischen Schwächen, ihre Blößen, ihre Entzündbarkeit. Er verfügt auch freier über die Wahl des Ortes als die Truppen und wird sich dort ansetzen, wo durch geringe Kräfte großer Abbruch geleistet werden kann« usw. usw.[15] Das ist so schön, so wirklichkeitsfremd, wie es eine konservative Partisanentheorie nur sein kann.

Was den Wald selbst betrifft, so scheint man ihn zum »Waldgang« nicht mehr zu brauchen: er ist verinnerlicht und zu einem Teil der politischen Seele geworden. Wo immer der Waldgänger Widerstand leistet, trägt er seinen Wald mit sich, und er bleibt in ihm genauso befangen wie ein eichendorffischer Jägersmann:

»Es lockt so tief, es lockt so fein
Durchs dunkelgrüne Haus,
Der Jäger irrt und irrt allein,
Find't nimmermehr heraus.«

Oder hat er doch herausgefunden? In den sechziger und siebziger Jahren dieses Jahrhunderts konnte es so erscheinen, als habe die verblichene Metaphorik einer deutschen Identität endgültig verspielt. Denn erst zu dieser Zeit kam es zu jenem kulturellen Bruch in der deutschen Geschichte, der bewußt machte, welches unverdiente Glück wenigstens ein Teil dieser Nation gehabt hatte: er war auf die Seite des Westens gefallen. Aus westlicher Perspektive: zum ersten Mal war die Zivilisation bis in das mitteleuropäische Waldland vorgedrungen. Gegen Amerika ließ sich gut polemisieren — mit Karl Marx im Kopf und der Coca-Cola-Flasche in der Hand. Die deutsche Identität bestand in der Nichtidentität von Ost und West. Diese neuartige Balance scheint in den 80er Jahren bedroht; die deutsche Kultur und das deutsche Selbstbewußtsein verfallen zusehends wieder in jene alte Konstellation, in der sie immer überfordert waren: in den Kraftakt der gleichzeitigen Abgrenzung nach West und Ost. Mit dieser Wende tauchte auch die Frage nach der deutschen Identität wieder auf, und mit dieser Frage die nur mühsam zurückgedrängte Flut der alten Bilder und Phantasmen. *Hier* ist Widerstand gefordert. Auf die Schiffe! Denn das, was getan werden muß an Ausbesserungs- und Reparaturarbeiten an Geschichte und Gesellschaft bedarf keiner mythischen Berührung mit einem überzeitlichen Waldgrund. Es kann und muß getan werden im beschleunigten Tempo der Zivilisation. Und es gibt Hoffnung. Ist es schon einmal jemandem aufgefallen, daß in allen drei Strophen des Deutschlandliedes zwar Wein, Weib und Gesang vorkommen und die bekannte großräumige Geographie — aber kein einziger Baum, kein Wald? Das kann nur daran liegen, daß dieses Lied auf Helgoland entstanden ist. Wer aber einmal die freie Luft des Atlantik oder doch wenigstens der Nordsee geschnuppert hat, wird sich so leicht nicht wieder in sein geistiges Waldgefängnis zurücktreiben lassen. Die Rettung des wirklichen Waldes wird uns dann von selbst zufallen.

Anmerkungen

1 Ernst Jünger, Das Wäldchen 125. Eine Chronik aus den Grabenkämpfen 1918, Berlin 1925, S. 49 ff.
2 vgl. zur Einführung in das Werk Jüngers: Wolfgang Kaempfer, Ernst Jünger, Stuttgart 1981
3 Ernst Jünger, Das abenteuerliche Herz (Erste Fassung 1929), Werke Bd. 7 (Essays III), Stuttgart 1979, S. 132
4 Wilhelm Mannhardt, Wald- und Feldkulte, Bd. 1, Darmstadt 1963, S. 39 ff.
5 E. M. Kronfeld, Sagenpflanzen und Pflanzensagen, Leipzig 1919
6 Arno Borst, Barbarossas Erwachen — Zur Geschichte der deutschen Identität, in: Poetik und Hermeneutik Bd. 8, Identität, Hg. O. Marquard und K. Stierle, München 1979
7 Artikel »Wald«, in: Johann Heinrich Zedler, Grosses vollständiges Universal-Lexicon Aller Wissenschaften und Künste, Leipzig, Halle 1747, Bd. 52, Sp. 1145 ff.
8 Jean Jacques Rousseau, Emile oder Über die Erziehung, Stuttgart 1978, S. 383 f.
9 Heinz-Dieter Kittsteiner, Helmut Lethen, »Jetzt zieht Leutnant Jünger seinen Mantel aus«. Überlegungen zur »Ästhetik des Schreckens«, in: Berliner Hefte. Zeitschrift für Kultur und Politik 11 (1979), S. 44 ff.
10 Ernst Jünger, Der Waldgang, Stuttgart 1986[6], S. 67, 88 u. S. 39
11 Carl Schmitt, Land und Meer. Eine weltgeschichtliche Betrachtung, Köln-Lövenich 1981
12 Jünger, Der Waldgang, S. 67 u. 57
13 Jünger, ebd., S. 67 u. 43
14 Jünger, ebd., S. 50, 81, 77 u. 94
15 Jünger, ebd., S. 75 f.

Der Wald der Welt entschwebt

Caspar David Friedrich, Tanne, um 1798

Wie im Keime künft'ger Spiegelmeere
ruhn im Regenbogensilberschaum,
Odem über feuchtem Raum,
zitternd Bündel goldner Sonnenspeere
und an jenem fernsten Saum,
wo der Himmel, daß er sich gebäre,
selber Spiegel einem Spiegelmeere
niedersinkt in Aphroditens Traum:

Waren's Wälder, die um Wiesen buchten

Nacht und Tag sich in dem Schatten einen,
Duft dem Dufte mild entgegenhaucht,
Dämmerstand in Pinien und Buchen, —
ewig wird er diese Stunden suchen,
denn für ewig hat er sie vergessen,

Hermann Broch

W. Kranz, Ideale Landschaft
auf dem Monde bei Sonnenaufgang, o. J.
W. Kranz, Dieselbe Landschaft auf dem
Monde bei hochstehender Sonne, o. J.

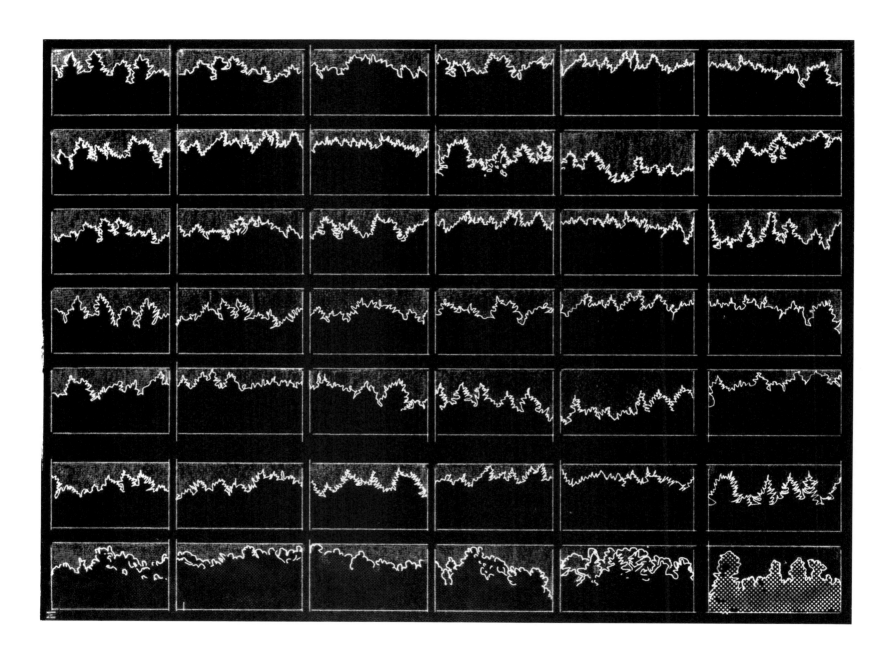

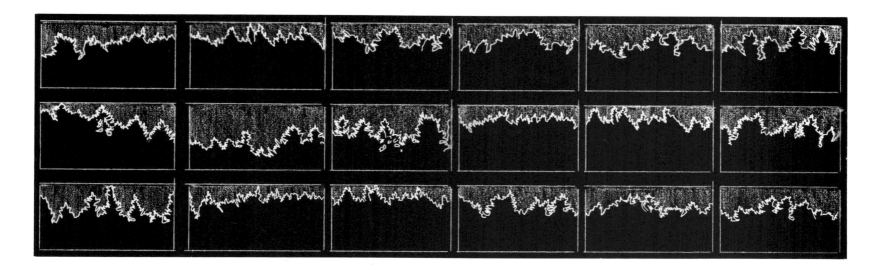

Dieter Appelt, Waldrand-Abhörung Waldsilhouette. Optisch-akustische Installation. Nadelwald-Laubwald, 1987,
Ort: Frankenwald—Bayerischer Wald—Tirol. Akustik Digitalisierung: Werner Schaller,
Technische Universität Berlin

Erblickt ihr hinter mir die Flüchtlingsspur
Und trifft euch ein gehetzter Atemstoß?
Ihr sucht und horcht umsonst. Ich lächle nur:
Der Wald der Welt ist groß.

Er wächst in bittern Lüften der Gefahr.
Und wenn ihr es für Hochmut nehmt, vergebt:
Ihr wüßtet, wären eure Stirnen klar:
Der Wald der Welt entschwebt.

Und wer einmal in ihn gefunden hat,
Wird mit ihm hochgetragen, ist es not.
Was hier ist, fehlt nicht dort, kein Wurm am Blatt,
Kein kleiner Mund, kein Kot.

Auch Feinde nicht, wie sie der Gott bestellt,
Nur ihr, die ihr mit Würfeln um ihn lost!
Vielleicht verirrt er mich, der Wald der Welt,
Und doch ist er der Trost.

Ihm glimmt, damit die Nacht zu schwer nicht sei,
Auf einem Hirschwildgeist das goldne Kreuz;
Ihm brennt Huberti Schreck im Schwarzgeweih,
Und wer es weiß, der scheuts.

Nur wer es nicht scheut, zäumt und sattelt schon —
So ihr! Der Riemen knirscht am Pferdebauch,
Doch fehl prescht eure rasselnde Schwadron:
Der Wald zerging in Rauch.

Oskar Loerke

Christian Schad, Hochwald, 1936

Was wisset ihr, dunkele Wipfel,
Von der alten, schönen Zeit?
Ach, die Heimat hinter den Gipfeln,
Wie liegt sie von hier so weit!

M. Mogensen, Auf der Wanderschaft, o. J. (Kopie nach Moritz von Schwind)

Joseph von Führich, **Einführung des Christentums in den deutschen Urwäldern, 1864**

Daniel Fohr, Deutschland in der Heidenzeit, um 1842

Die Ausdehnung des hercynischen Waldes entspricht einem zügigen Fußmarsch ohne Gepäck von neun Tagen; anders kann sie nicht bestimmt werden, da die Einheimischen kein Wegemaß kennen. In diesem Teil Germaniens gibt es niemanden, der von sich behaupten könnte, er sei bis zum östlichen oder nordöstlichen Rand des Waldes vorgestoßen, auch wenn er sechzig Tage marschiert wäre, noch weiß jemand, wo der Wald anfängt. Gewiß ist, daß es dort viele Arten von wilden Tieren gibt, die man sonst nicht sieht. Diejenigen, die sich am meisten von den uns bekannten unterscheiden und besonders merkwürdig erscheinen, sollen jetzt folgen: Es gibt ein Rind in der Gestalt eines Hirsches; es hat in der Mitte seiner Stirn zwischen den Ohren ein Horn, das stärker hervorragt und gerader ist als die Hörner, die wir kennen. In seiner Spitze teilt es sich in der Art von Blättern und Zweigen weit auseinander.

Daneben gibt es Tiere, die Elche genannt werden. Sie sehen ähnlich aus wie Ziegen und haben auch ein buntes Fell. Sie sind jedoch etwas größer als Ziegen, haben stumpfe Hörner und Beine ohne Gelenkknöchel. Sie legen sich zur Ruhe nicht nieder und können nicht wieder auf die Beine kommen oder sich wenigstens vom Boden erheben, wenn sie zufällig zu Fall kommen und stürzen. Sie benutzen daher Bäume als Ruhestätten; daran lehnen sie sich und können so, etwas zur Seite geneigt, ausruhen. Wenn Jäger aus ihren Spuren herausfinden, wohin sie sich gewöhnlich zur Ruhe zurückziehen, untergraben sie von den Wurzeln her alle Bäume an dieser Stelle oder schneiden sie nur so weit an, daß der Eindruck erhalten bleibt, als stünden die Bäume fest. Wenn sich die Tiere nach ihrer Gewohnheit daran lehnen, bringen sie mit ihrem Gewicht die ihres Halts beraubten Bäume zu Fall und stürzen zusammen mit ihnen um.

Eine dritte Art heißt Auerochsen. Diese sind etwas kleiner als Elefanten und haben das Aussehen, die Farbe und die Gestalt von Stieren. Sie besitzen gewaltige Kräfte, sind sehr schnell und schonen weder Menschen noch wilde Tiere, wenn sie sie einmal erblickt haben. Die Einheimischen setzen allen Eifer daran, sie in Gruben zu fangen und zu töten. Diese anstrengende Tätigkeit härtet die jungen Männer ab, die sich in dieser Art von Jagd üben. Wer die meisten Auerochsen getötet hat, trägt hohes Lob davon, wenn die Hörer als Beweis seiner Leistung öffentlich ausgestellt werden.

Gaius Iulius Caesar

Ich trat in einen heilig düstern
Eichwald, da hört ich leis und lind
ein Bächlein unter Blumen flüstern
wie das Gebet von einem Kind.

Und mich ergriff ein süßes Grauen,
es rauscht der Wald geheimnisvoll,
als möcht er mir was anvertrauen,
das noch mein Herz nicht wissen soll;

als möcht er heimlich mir entdecken,
was Gottes Liebe sinnt und will:
Doch schien es plötzlich zu erschrecken
vor Gottes Näh — und wurde still.

Nikolaus Lenau

Alfred Rethel, Sturz der Irminsul, um 1846/47
Joseph Anton Settegast, Predigt des Bonifatius, um 1832 (1864)

Wie man behauptet, gibt es greise Menschen in Westfalen, die noch immer wissen, wo die alten Götterbilder verborgen liegen; auf ihrem Sterbebette sagen sie es dem jüngsten Enkel, und der trägt dann das teure Geheimnis in dem verschwiegenen Sachsenherzen. In Westfalen, dem ehemaligen Sachsen, ist nicht alles tot, was begraben ist. Wenn man dort durch die alten Eichenhaine wandelt, hört man noch die Stimmen der Vorzeit, da hört man noch den Nachhall jener tiefsinnigen Zaubersprüche, worin mehr Lebensfülle quillt als in der ganzen Litteratur der Mark Brandenburg. Eine geheimnisvolle Ehrfurcht durchschauerte meine Seele, als ich einst, diese Waldungen durchwandernd, bei der uralten Siegburg vorbeikam. »Hier«, sagte mein Wegweiser, »hier wohnte einst König Wittekind«, und er seufzte tief. Es war ein schlichter Holzhauer, und er trug ein großes Beil.
Heinrich Heine

Anonym, Thing-Eiche in Muskau, o. J.

Ich bin der Wald voll Dunkelheit und Nässe.
Ich bin der Wald, den du sollst nicht besuchen,
Der Kerker, daraus braust die wilde Messe,
Mit der ich Gott, das Scheusal alt, verfluche.

Ich bin der Wald, der muffige Kasten groß.
Zieht ein in mich mit Schmerzgeschrei, Verlorene!
Ich bette euere Schädel weich in faules Moos.
Versinkt in mir, in Schlamm und Teich, Verlorene!

Ich bin der Wald, wie Sarg schwarz rings umhangen,
Mit Blätterbäumen lang und komisch ausgerenkt.
In meiner Finsternis war Gott zugrund gegangen . . .
Ich nasser Docht, der niemals Feuer fängt.

Nehmt euch in acht vor mir, heimtückisch-kalt!
Der Boden brüchig öffnet sich, es spinnt
Euch ein mein Astwerk dicht, es knallt
Gewitter auf in berstendem Labyrinth.

Ich bin der Wald, der einmal lächelt nur,
Wenn du ihn fern mit warmem Wind bestreichst.
Weicher umschlinget dürren Hals die Schnur.
Böses Getier sich in die Höhlen schleicht.

Die Toten singen, Vögel aufgewacht,
Von farbenen Strahlen blendend illuminiert.
Heulender Hund verreckt die böse Nacht.
Duftender Saft aus Wundenlöchern schwiert.

Johannes R. Becher

Andreas Achenbach, Verschneiter Wald, o.J.
Ernst Ferdinand Oehme, Waldkapelle im Schnee, 1839

Der Laubwald winkt mit tausend offenen Armen, der Nadelwald schließt ungastlich das Tor.
Durch die Waldnacht der Nadelhölzer zieht schwermütig einsame Stille. Das Auge blickt staunend und fragend die Pfeiler hinan, deren schwarze Zweige wie Trauerfahnen herabhängen. Die Sphinx des Waldes, das alte Naturrätsel, tritt den Menschen an: das Ahnen und Sehnen der Kreatur

Jetzo wandelten sie, von längeren Schatten begleitet,
Auf den duftenden Hügel, wo schlankere Birken zum Himmel
Säuselten, Tannensaat sich erhob mit gelblichem Jahrwuchs
Und Wacholdergesträuch um die Hünengräber der Vorwelt
Wuchernd kroch und stechender Hulst mit glänzenden Blättern.
Johann Heinrich Voß

ergreift seine Seele. Wenn irgendetwas in der Pflanzenwelt an die große Verwandlung und Erlösung zum Leben mahnt, der alles Geschaffene entgegenringt, so ist es das ragende Dunkel, die schauernde Stille der Nadelwälder.
Nadelhölzer wurden einmal »das mathematische Geschlecht von Bäumen« bezeichnet. Jahr für Jahr verlängert sich ihr Stamm, Stockwerk um Stockwerk gleichsam setzt er auf, und die quirlförmig angeordneten, nach der Altersklasse längeren oder kürzeren Zweige scheiden deutlich diese einzelnen Etagen.
Masius

Von allen Bäumen schätzte er die Tanne am meisten, weil sie dicht und gerade wächst, weil sie grün und firnisglänzend und so regelmäßig in Stockwerken aufgebaut ist wie ein Mal des Guten und Gerechten, mit einem Wort: weil sie der deutscheste der Bäume ist.
Michel Tournier

Der Tannenwald, auf Leinwand, hoch 2 F 2 Z, breit 1 F 6 Z von Friedrich. Das Bild wurde vom Meister gekauft, nachdem es auf einer Ausstellung in Dresden allgemeinen Beifall gefunden und vorteilhaft recensiert war. Es ist eine Winterlandschaft; der Reiter, dessen Pferd schon verlorenging, eilt dem Tod in die Arme, ein Rabe krächzt ihm das Todtenlied nach. Auch dies Bild ist, wie fast alle des Meisters, mystisch schauerlich und trübe.
Fürst Malte von Putbus

Dieser Grund, die Tannen und die verfallene Hütte machten wirklich in der heitern grünen Landschaft gegen die weißen Häuser des Dorfes und gegen das prächtige neue Schloß den sonderbarsten Abstich.
Ludwig Tieck

Caspar David Friedrich, Hünengrab am Waldrand, um 1806

Caspar David Friedrich, Der Chasseur im Walde, 1814

Heinrich Schilking, Das Hünengrab im Wald, 1841
Anonym, Kreuzanhänger mit Eichenlaubschmuck, o.J.
Georg Cornicelius, Germanenmädchen, römische Waffen tragend, 1874

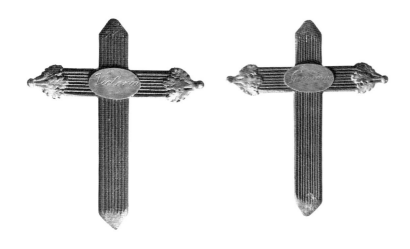

Bei jeder Eiche grauen Alters,
In deren Wipfel Waffen aufgehängt,
Soll eine Wache von zwei Kriegern halten,
Und jeden, der vorübergeht, belehren,
Daß Wodan in der Nähe sei.
Denn Wodan ist, daß ihrs nur wißt, ihr Römer,
Der Zeus der Deutschen, Herr des Blitzes
Diesseits der Alpen, so wie jenseits der;
Er ist der Gott, dem sich mein Knie sogleich,
Beim ersten Eintritt in dies Land, gebeugt;
Und kurz, Quintilius, euer Feldherr, will
Mit Ehrfurcht und mit Scheu, im Tempel dieser Wälder,
Wie den Olympier selbst, geehrt ihn wissen.
Heinrich von Kleist

Die Eichen über uns, der ganze Wald um und um gedrängt, alle einig einem einzigen Zwecke, sie stehen grad und aufrecht nebeneinander. Jeder einzelne trägt die Liebe in seiner eignen Blüte, trägt die Liebe in sich — nur aus der Liebe konnten die Bäume entstehen, nur aus den Bäumen erstehet der Wald. Freunde sind sie alle, welche den Wald bilden; einzelne stehen sich näher, diese werden Freunde genannt. Aber alle, die sich so aneinander drängen, stören sich. Sie mögen noch so malerische Gruppen bilden, noch so schöne Lauben wölben, so ist dieses nur für andere.
Zwei dringen selten zugleich hervor, denn einer opfert sich immer dem andern, seinem eignen Leben zum Trotze, das zum Himmel in die Höhe sollte, zu atmen und zu duften.

Nebeneinander stehen, vereint grünen oder welken, alles das gehört zum Walde; sterben früher oder später, sich erkennen und zur selben Gattung gehören, das alles gehört zur Freundschaft.
Clemens Brentano

Meine Stirn im Borkenwulste,
Fühle ich die Leben eilen,
Splint und Bast die Käferlarve
Sich zu Weg und Wiege feilen.

Er begann, als Götter schufen.
Fledermäuse, graue Traube,
Hängen in den alten Armen.
Glücklich hört er sich gerufen.

Eichhorn tanzt durch seine Kammern,
Feuerroter Götterbote,
In den Rindentaschen Eulen,
Ob sie jubeln? ob sie jammern?

Ordensband und Eichenglucke
Trinkt am Blut der vielen Risse,
Vögel mausern ihm am Herzen,
In den Achseln kleben Nisse.

Durch den honigdunklen Schatten
Laut von knackenden Gelenken,
Greife ich die Göttersage
In dodonischen Gehenken,

Spricht das Holz, des Lauschers inne:
»Jason wurde ich zum Maste,
Bist in seinem Schiff zu Gaste« —
Argonautenfahrt, beginne!

Wilhelm Lehmann

Denk dir nun einen Wald über Berg und Tal und eine unendliche Stille darin. Du magst es mir glauben oder nicht, aber ich höre in diesem Augenblick geradezu die Ewigkeit.
Manfred Hausmann

Und die Sonne Homers siehe sie scheinet auch uns.
Friedrich Schiller

Johann Gottlieb Puhlmann, Germanische Priesterin, 1807
Robert Zünd, Eichwald, 1859

Bäume sind wie Einsame.
Nicht wie Einsiedler, welche aus irgendeiner Schwäche
sich davongestohlen haben, sondern wie
große vereinsamte Menschen, wie Beethoven und Nietzsche.

Müller, Karl von Hailbronner (?), Rittmeister neben seinem gestürzten Pferd, 1821

Franz von Pocci, Ritter zwischen hohen Tannen, o.J.

Noch gibt es vereinzelte trotzige Recken, ehemals Glieder im Waldverband, die fünfhundert, achthundert, tausend Jahre siegreich dem Zeitensturm widerstanden, wenn auch schwer mitgenommen vom Kampf.
Carl Wilhelm Neumann

Herr Walther biegt die Stirne
    An einer Eiche Stamm,
Über die Alpenfirne
    Sehnt er sich lobesam;
In ihren Eisenpanzer
    Sehnt sich die biedre Brust,
Damit als Mann, als ganzer,
    Er würde sich bewußt.

Er träumt von Waldesdüften
    Und heil'ger Einsamkeit,
Epheudurchrankten Klüften,
    Wildrosig überschneit.
Und eine Harfe schweben
    Sieht er und geisterhaft
In leisen Klang verbeben:
    In Wehmut Leidenschaft.

Hoch überm Schwarzeswalde,
    Tiefgolden, emailliert,
Entschwebte sie und hallte,
    Von Waldesduft berührt;
Und Hüfthorn, Orgel, Flöte,
    Sie schwebten all heran,
Die heiligen Drommete,
    Posaune laut voran.

Und Harfen über Harfen,
    Violin und Violon,
Wie gaben sie so scharfen,
    Erschütternd hehren Ton!
Es wallt die Tonkohorte
    Wie Donner des Gerichts
Und saget mehr als Worte —
    Hier sagten Worte Nichts.

Ludwig Eichrodt

Herr Ruy richtete sich empor, sah hinüber auf den tintigen Wald und den rosigen Fels, steckte zwei Finger in den Mund und pfiff. Gauvain kam mit den Knechten gelaufen. Zwischen den Stämmen erglühten rötliche Bahnen bis tief in den Wald hinein. Der Sonnenball hatte sich, rein und rund, über den Himmelsrand erhoben.
Eine halbe Stunde später ritten sie schon in den hier ebenen Forst ein, der sich bald um sie schloß. Der Weg blieb, wie er war, schweigsam wanderte der Wald vorbei, am dritten und vierten Tag wie am ersten. An kleinen Bächen fehlte es nicht, man hörte sie meist von weither schon in diesen stillen Räumen murmeln.
Gauvain hatte vorlängst, des Abends beim Lager am Waldrand schon, eine seltsame Art von Vögeln bemerkt, die nun häufiger zu werden begannen: fette, starke Tiere, wie Kropftauben, jedoch weit größer und mit mächtig langen, weich herabhängenden lockeren Schwanzfedern geziert, deren Farbe manchmal der des Goldes ganz gleich schien.
Herr Ruy ritt mit dem Buben oft vom Wege, in die Tiefen des Waldes. Diese Umritte zeigten anfänglich den Wald überall fast gleichartig, licht und leer, mit wenig Unterholz. Doch schienen während der letzten Tage die Stämme da und dort näher zusammengerückt.
Und nun dauerte dieser Ritt durch die allseits umschließenden Wälder in den zehnten Tag.
So lange schon wurde jeder Fernblick entbehrt. Man zog wie auf dem Grund eines tiefen Wassers dahin, das unendlich schien wie das Meer, jedoch regungslos wie ein Felsgebirg.
Immer häufiger verließ unterdessen Herr Ruy den Weg, tief in die Wälder eindringend; eines Tages sagte er dabei: »Nun bin ich, scheint es, wahrhaft zum irrenden Ritter geworden, denn mir ist, als sollten wir nie mehr aus diesem Wald gelangen und als ritte ich darin ein halbes Jahr.« »Es ist schön hier«, antwortete der Bube.
Ruy hielt an. Nicht mehr als drei Schritte vor dem mächtigen Haupt des Wurmes, das auf dem Wege lag, während der endlose Hals sich zur Seite in den Wald bog. Die Augen des Wurms lagen wie zwei kleine Waldtümpel vor Ruy, deren brauner, mooriger Grund, durch die Sonne herauftretend, doch die ganze schwindelnde Tiefe des Himmels weist, die er spiegelt. So tief führten diese Augen hinein, und wie durch

Josef Grobbel, Waldrand im Sauerland, o.J.

Wälder, welche nicht in Tagen, Wochen oder Monaten, sondern in ganzen Jahrtausenden nur zu durchreiten waren. Sie umschlossen, wie der Wald von Montefal hier dieses eine Abenteuer, so alle auf Erden möglichen Abenteuer überhaupt, somit das ganze Leben, das in solchen Wäldern tief befangen blieb und in ihnen stand, wie der Traum in einem schlafenden Leibe: ein schwerer und süßer Traum, von Burgen und Dörfern, Gefechten und Fahrten, von der stäubenden Länge des Straßenbands auf Reisen, von einer Schläfe unter dem Häubchen von Spitzen und Gold, von dem im heftigsten Grün schimmernden besonnten Waldesgrund, und auch vom blauen Meere. Aber hindurch zog Herr Ruy, und er stieß für eines Atemzugs Länge auch aus diesem allergrößten Walde hervor.
Herr Ruy, der glaubte, das Tier würde nun nach Schlangenart zustoßen, fiel aus all seinen versammelten Gesichten in die eigene rechte Faust, das Schwert blitzte auf, fuhr hoch, und im Vorspringen schlug er zu: wobei die Klinge, aufschmetternd, einen blechernen Ton gab, als hätte man mit ihr blindlings in einem Schotterhaufen oder in der Werkstatt eines Klempners herumgehauen; und dieses Geräusch verriet ihre Wirkungslosigkeit und Ohnmacht nur allzusehr. Jedoch flog etwas durch die Luft und seitwärts des Wegs ins Gebüsch: es war die Spitze von dem violenfarbenen Horne, welches der Drache auf dem Scheitel trug.
Acht Tage etwa nach der Begegnung mit dem Herrn und Mittelpunkt der Wälder schlugen sie das Lager auf einem flachen, nur mit wenigem Busche bestandenen Hügel. Und am nächsten Morgen, nach kaum halbstündigem Ritte, begannen die Stämme immer weiter auseinanderzutreten, als wichen sie vor dem Drucke der heranströmenden offenen Fernen: des Waldes Ende wurde unzweifelhaft.
Heimito von Doderer

Karl von Müller, Jungsiegfried, dem Vogel lauschend, o. J.
Reinhold Max Eichler, Siegfried im Walde, um 1900

Wer das heilige Walten der Natur versteht, wer in der Anbetung und Erkenntnis der Natur den höchsten und heiligsten Gottesdienst sieht, wer ihn liebt, unsern unvergleichlich schönen und herrlichen deutschen Wald, der wird auch unsere Vögel lieben, sie gerne belauschen und unwillkürlich ihre Sprache verstehen.
Kurt Floericke

Siegfried will sich trennen vom »Alp«, der ihm »Mutter« war in der Vergangenheit, und tastet sich vorwärts mit der Sehnsucht, die der anderen Mutter gilt. Auch für ihn gewinnt die Natur eine versteckte mütterliche Bedeutung (»Rehhindin«); auch er entdeckt in den Tönen der Natur eine Ahnung der Mutterstimme und Muttersprache:

Siegfried:
> Du holdes Vöglein!
> Dich hört ich wohl nie;
> Bist du im Wald hier daheim? —
> Verstünd ich sein süßes Stammeln!
> Gewiß sagt es mir was —
> Vielleicht — von der lieben Mutter?

Durch seine Zwiesprache mit dem Vogel lockt Siegfried aber Fafner aus der Höhle. Seine Sehnsucht nach der Mutter-Imago hat ihn unvermutet der Gefahr ausgesetzt, zurückzuschauen nach der Kindheit und der menschlichen Mutter, die sich dadurch sofort in den toddrohenden Drachen verwandelt. Damit lockt er den schlimmen Aspekt des Unbewußten, nämlich dessen verschlingende Natur, hervor, personifiziert durch den höhlenbewohnenden Waldschrecken. Fafner ist der Schatzhüter; in seiner Höhle liegt der Hort, die Quelle des Lebens und der Macht.
Carl Gustav Jung

Paul Hoffmann, Laterna-Magica-Bilder, um 1880:
Siegfried tötet Fafner, den Drachen
Siegfried erweckt Brünhilde aus ihrem Schlaf und gewinnt sie zum Weibe
Wotan verstößt Brünhilde aus dem Bund der Götter

Adalbert Trillhaase, Siegfrieds Tod, vor 1925

Wilhelm Trübner, Der Siegfried-Brunnen im Odenwald, 1902

Durch den Wald, im Mondenscheine,
Sah ich jüngst die Elfen reuten;
Ihre Hörner hört ich klingen,
Ihre Glöckchen hört ich läuten.

Emil Jakob Schindler, Waldfräuleins Geburt, 1868

Moritz von Schwind,
Die schöne Melusine, o. J.
Reinhold Max Eichler,
Ein Büchsenschuß, o. J.
Reinhold Max Eichler,
Schlinggewächse, 1898
Erich Solenthaler, Ohne Titel, 1984

Ebensowenig wie die Natur läßt die Phantasie des Menschen einen leeren Raum zu. Wo das Geräusch der Menschen aufhört, läßt die Natur die Vogelnester zwitschern, die Blätter flüstern und die tausend Stimmen der Einsamkeit lispeln. Wo die geschichtliche Gewißheit endet, läßt die Einbildungskraft Schatten, Träume und Erscheinungen auftauchen. Die Fabeln keimen, wachsen und drängen sich blütenreich in die Lükken der verfallenen Geschichte, wie Weißdorn und Enzian in die Ruinen zertrümmerter Paläste.

Als vom Taunus her ein Morgenrot der nun aufdämmernden Zivilisation zu scheinen begann, ertönte an den Ufern des Rheins ein zauberhaftes Geflüster von Legenden und Märchen: Alle von dem fernen Strahle beleuchteten Gegenden belebten sich mit tausend übernatürlichen und reizenden Gestalten, während sich in den dunklen Teilen häßliche und grauenhafte Schreckbilder herumtrieben.

Oreaden in den Wäldern, Undinen in den Wässern, Gnomen im Innern der Erde, Geister der Felsen, der schwarze Jäger, der die Gebüsche auf einem großen Sechzehnender durchbrauste, die Jungfrau vom schwarzen, und die sechs Jungfrauen vom roten See, Wotan, der Gott mit zehn Armen, die zwölf schwarzen Männer, der Star, der Rätsel aufgibt, der Rabe, der sein Lied krächzt, die Elster, die die Geschichte ihrer Großmutter erzählt, die Fratzengesichter von Zeitelmoos, Eberhard im Bart, der die auf der Jagd verirrten Prinzen zurechtweist, der hörnerne Siegfried, der die Drachen in ihren Höhlen bekämpft. Der Teufel setzte seinen Stein zu Teufelsstein und seine Leiter zu Teufelsleiter; er wagte es sogar zu Gernsbach, nahe am Schwarzwald, öffentlich zu predigen: Glücklicherweise setzte Gott auf der anderen Seite des Flusses gegenüber vom Teufelsstuhl den Engelsstuhl. Während das Siebengebirge, dieser große erloschene Krater, sich mit Ungeheuern, Hydern und riesigen Gespenstern füllte, brachte der rauhe Wind der Wisper am Eingang des Rheingaus bis nach Bingen hinein ein Gewölk alter Feen, klein wie die Heuschrecken. Die Mythologie pfropfte sich in diesen Gegenden auf die Legenden der Heiligen und erzeugte so die seltsamsten Gewächse, die sonderbarsten Blumen menschlicher Einbildungskraft.

In diesem Zeitabschnitt, der für uns in einem nur hie und da von magischen Strahlen erleuchteten Helldunkel liegt, gab es in allen diesen Wäldern, Felsen und Tälern nichs als Erscheinungen, Gesichte, wunderbare Begegnungen, Teufelsjagden, Höllenschlösser, Harfenklänge in den Linden, Zaubergesänge unsichtbarer Wesen und schauerliches Hohngelächter, von rätselhaften Vorüberziehenden ausgestoßen. Menschliche Helden, die fast eben so phantastisch wie die übernatürlichen Gestalten, Kuno von Sayn, Sibo von Lorch, Starkenschwert, Griso Der Heide, Herzog Attich von Elsaß, Thassilo, Herzog in Bayern, Anthys, Herzog der Franken, Samo, König der Wenden, irrten verstört durch diese waldigen Höhen und suchten klagend ihre Schönen, lange, schlanke, weiße Prinzessinnen. Alle diese Abenteurer, halb der Unmöglichkeit und halb dem wirklichen Leben angehörend, kommen und gehen in diesen Legenden,

Brautwerbung — Heimführung

Hochzeitsmorgen — Heiligtum

Liebesglück — Eidbruch

Moritz von Schwind, Aus dem Märchen von der schönen Melusine, 1868

Eugen Napoleon Neureuther, An dem dunklen Waldessee, 1867

irren des Abends in undurchdringlichen Waldungen, zertreten Dornen und Gesträuche, wie Dürers Ritter Tod, mit dem Hufschlag ihrer schweren Rosse, begleitet von ihren schmächtigen Windhunden, angegrinst von schrecklichen Larven im Dickicht, und begegnen im Düster bald einem alten Köhler, der vor einem Feuer sitzt und Satan selbst ist, der die Seelen der Verstorbenen in einen Kessel wirft; bald nackten Nymphen, die ihnen Kästchen voll Edelsteinen anbieten; bald kleinen alten Männern, die ihnen ihre Schwestern, Töchter oder Bräute wiedergeben, die sie schlafend auf einem Moosbett in herrlichen Lauben aus Korallen, Muscheln und Kristall gefunden haben, bald irgendeinem mächtigen Zwerg, der, wie die alten Gedichte melden, einem Riesen Wort hält.
Victor Hugo

Als ich nun endlich wieder stillhielt, war es abendkühl um mich her. Durch die Zweige sah ich einen weißen Fußpfad leuchten, von dem ich meinte, er müsse aus dem Forste nach der Stadt zurückführen. Ich wollte mich dahin durcharbeiten, aber ein ganz weißes, undeutliches Antlitz mit immer wechselnden Zügen sah mir zwischen den Blättern entgegen; ich wollte ihm ausweichen, aber wo ich hinkam, war es auch. Ergrimmt gedacht' ich endlich mein Roß darauf loszutreiben, da sprudelte es mir und dem Pferde weißen Schaum entgegen, daß wir beide geblendet umwenden mußten. So trieb es uns von Schritt zu Schritt immer von dem Fußsteige abwärts und ließ uns überhaupt nur nach einer einzigen Richtung hin den Weg noch frei. Zogen wir aber auf dieser fort, so war es wohl dicht hinter uns, tat uns jedoch nicht das geringste zuleide.
Friedrich de la Motte Fouqué

C. F. Schultze, Undine, o.J.
Moritz von Schwind, Erscheinung im Wald, o.J.

Es ist schon spät, es wird schon kalt,
Was reitst du einsam durch den Wald?
Der Wald ist lang, du bist allein,
Du schöne Braut! Ich führ dich heim!

»Groß ist der Männer Trug und List,
Vor Schmerz mein Herz gebrochen ist,
Wohl irrt das Waldhorn her und hin,
O flieh! Du weißt nicht, wer ich bin.«

So reich geschmückt ist Roß und Weib,
So wunderschön der junge Leib,
Jetzt kenn ich dich — Gott steh mir bei!
Du bist die Hexe Lorelei.

»Du kennst mich wohl — von hohem Stein
Schaut still mein Schloß tief in den Rhein.
Es ist schon spät, es wird schon kalt,
Kommst nimmermehr aus diesem Wald!«

Joseph von Eichendorff

Ludwig Richter, Spinnerin bei Mondschein im Walde sitzend, 1853
Ludwig Richter,
Nixe zieht den Jäger ins Wasser, 1853
Ludwig Richter,
Die Hexe bannt die Hirschkühe, 1853

Guido Hammer,
Fliehende Hirsche, o. J.

Kommt der Wolf?
Wächst das Wunschkraut hier?

Karl Ludwig, Waldpartie vor dem Eingang eines Parks, 1863

Tief im Waldesgrund
Und im Felsenthal
Laut mit Herz und Mund
Ruf' ich tausendmal:
Kinder, seid ihr da?
»Da!«
Wo denn da? »Da! da!«

Dunkles Waldgesträuch
Trennet euch von mir,
Nicht erblick' ich euch,
Aber sagt, ob ihr
Fern seid oder nah?
»Nah!«
Wie denn nah? »Nah, nah!«

Wollt ihr nah mir sein,
Wo ihr fern auch seid?
Immer bleiben mein
Eine Lust im Leid?
Mein? Nein oder Ja?
»Ja!«
Immer ja? »Ja, ja!«

Friedrich Rückert

F. W. Gubitz, Die Kinder im Walde, 1844
O. Voelkel, Des Kindes Schutzengel, vor 1910
Eberhard Riegele, Hänsel und Gretel, o. J.

Karl Hagemeister,
Gerissenes Damhirschkalb, 1875

Es war einmal ein kleines Mädchen, das war eigensinnig und vorwitzig, und wenn ihm seine Eltern etwas sagten, so gehorchte es nicht: wie konnte es dem gut gehen? Eines Tages sagte es zu seinen Eltern: »Ich habe so viel von der Frau Trude gehört, ich will einmal zu ihr hingehen: die Leute sagen, es sehe so wunderlich bei ihr aus, und erzählen, es seien so seltsame Dinge in ihrem Hause, da bin ich ganz neugierig geworden.« Die Eltern verboten es ihr streng und sagten: »Die Frau Trude ist eine böse Frau, die gottlose Dinge treibt, und wenn du zu ihr hingehst, so bist du unser Kind nicht mehr.« Aber das Mädchen kehrte sich nicht an das Verbot seiner Eltern und ging doch zu der Frau Trude. Und als es zu ihr kam, fragte die Frau Trude: »Warum bist du so bleich?« »Ach«, antwortete es, und zitterte am Leibe, »ich habe mich so erschrocken über das, was ich gesehen habe.« »Was hast du gesehen?« »Ich sah auf Eurer Stiege einen schwarzen Mann.« »Das war ein Köhler.« »Danach sah ich einen grünen Mann.« »Das war ein Jäger.« »Danach sah ich einen blutroten Mann.« »Das war ein Metzger.« »Ach, Frau Trude, mir grauste, ich sah durchs Fenster und sah Euch nicht, wohl aber den Teufel mit feurigem Kopf.« »Oho«, sagte sie, »so hast du die Hexe in ihrem rechten Schmuck gesehen: ich habe schon lange auf dich gewartet und nach dir verlangt, du sollst mir leuchten.« Da verwandelte sie das Mädchen in einen Holzblock und warf ihn ins Feuer. Und als er in voller Glut war, setzte sie sich daneben, wärmte sich daran und sprach: »Das leuchtet einmal hell!«

Gebrüder Grimm, Frau Trude

Eugen Napoleon Neureuther, Erlkönig, 1875
Eugen Napoleon Neureuther, Prinzessin Ilse, 1876
Eugen Napoleon Neureuther, Rothkäppchen, 1878

Eugen Napoleon Neureuther, Zwergkönig Hibich, 1878
Eugen Napoleon Neureuther, Hänsel und Gretel, 1876
F. Becker, Rübezahl, o. J.

167

Heinrich Campendonk, Wald Mädchen Ziege, 1917

Heinrich Vogeler, Am Teich, 1913

DURCH des waldtals feuchte schlüfte
tret ich den gewohnten steg,
atme schneckenbleiche düfte,
schlangen säumen meinen weg.

von dem wipfel gurrt die taube,
jenes domes priesterin,

einem schuß wird sie zum raube,
fällt vor meine füße hin.

wo der alte werwolf wandelt,
rausch ich durch das blätterrund,
wo die mär von feen handelt,
öffne ich perplex den mund.

sinnend fülle ich den becher
mir hernach am hexenborn;
um mich araukarienfächer
und ein böses jägerhorn.

einsam, vielsam mit den rufen,
die ein räuberopfer schickt,
steige ich auf wurzelstufen,
farngefangen, mooserdrückt.

lothar heiß ich, laß die laute
singen, wie sie grade klingt,
sammle alles ungeschaute,
das mir durch die augen dringt.

H. C. Artmann

Hans Christian Thegen, Wilde Tiere, o. J.

Ernst Georg Rüegg,
Kinder sagen, sie hätten im Walde Männlein gesehen,
1940

Bolz stand still und sagte: »Laßt um des Himmels willen Eure langweiligen Erzählungen; freut Euch doch an diesem Konzerte, das, nach meinem Gefühl, jede Brust erregen müßte! Ich kenne nichts Schöneres als Jagdmusik, den Hörnerklang, den Widerhall im Walde, das wiederholte Gebell der Hunde und das hetzende Hallo der Jäger. Als ich jetzt Italien verließ, gelang es mir, bei Gelegenheit einer Jagd einem überaus reizenden Mädchen das Leben zu retten. Das, Herr Maler, war eine Szene, die der Darstellung würdig war! Der grüne, dunkelschattige Wald, das Getümmel der Jagd, ein blondes, geängstigtes Mädchen, die, vor Schreck halb ohnmächtig, einen Baum hinanklettern will, der Busen halb frei, die langen Haare aufgelöst, Fuß und Bein von der Stellung entblößt, ein Mann, der ihr Hülfe leistet. — Ich habe nie wieder so etwas Reizendes gesehn, und unter allen Menschen hat mir dies Mädchen den Abschied aus Italien am meisten erschwert.«
Franz dachte unwillkürlich an seine Unbekannte, und der Mönch sagte: »Ich kann den Gegenstand so besonders malerisch nicht finden; er ist alltäglich und bedeutungslos.«
»Nachdem ihn der Maler nehmen dürfte«, fiel Franz ein; »vielleicht ist kein einziger Gegenstand ohne Interesse.«
Ludwig Tieck

In graues Grün
verdämmern Riesenstämme.

Von greisen Aesten
hängt
in langen Bärten Moos.

Irgendwo ... hämmernd ... ein Specht.

Kommt der Wolf? Wächst das Wunschkraut hier?

Wird auf ihrem weissen Zelter,
lächelnd
auf mein klopfendes Herz zu,
die Prinzessin reiten?

Nichts.

Wie schwarze Urweltkröten,
regungslos,
hockt am Weg der Wachholder.

Zwischendurch
giftrot
leuchten Fliegenpilze.

Arno Holz

Franz von Stuck, Phantastische Jagd, um 1890

Waldeinsamkeit! Ins schwellende Mos / Da streck ich mich hin; hoch über mir gross / Wölbt grün sich das Dach von Zweigen / Rings wilde Blumen blühn u. scheinen / So stürzt sich der rauschende Bach durchs Grün / Sei gegrüsst Du Jugendreigen / trario trario / Wie bin ich der Jugend so froh so froh, / In den lustigen Sommertagen! / Waldeinsamkeit. O du frische Schau, / Durch der Blätterspiel des Himmelsau, / im Wald. / Das Blau durch die grünen Gipfel. / Und die Wolken fliegen daher u. hehr / Erhebt der Wald in die Lüfte Meer. / Als Banner der Freiheit die Wipfel / Mein Horn soll es sagen und tragen / trario trario / . . . ich der Freiheit ec. ec. / Waldeinsamkeit. Wie die Taube gurt / Die Amsel als Herold zieht u. schwirrt / In dem Gipfel singet sie so sonnig. / Aus der hohen der Falke schreit u. weit / herauf träumt die alte süsse Zeit. / O Liebe Du grüssest so wonnig. Mein Horn soll es sagen und tragen: Trario ec. (Liebe so froh) — / Waldeinsamkeit, Wie der Wald rings spricht / Grüngoldne Strahlen u. dämmerndes Licht / Und Duften u. Rauschen u. Klingen / die Bäume die Vögel der Quell u. schnell / Durchträn der Seele. Gesänge mir hell / Frisch auf in den Wind sie zu schwingen. / Das Horn soll es sagen und tragen / Trario trario / Wie bin ich der Lieder so froh, so froh / In den Sonnentagen / Gedicht von / Wolfgang / Müller gez. / von M. v. / Schwind. rad. / von Const. / Müller. —/ in der hl. Nacht / 1850

Anonym, Des Knaben Wunderhorn, 1850 (Pause nach Moritz von Schwind)

Also sangen sie beid,
und der Wald war Tempel der Gottheit.

August von Kreling, Erwin von Steinbach, 1849

Rauschen Geister in den Lüften?
Spricht die Nymphe mir im Quell?
Oder steigen Götter nieder?
Denn mein Blick wird rein und hell.

Mit der Fichte Gipfel steiget
meine Seele himmelwärts;
mit der Birke Zweigen neiget
sanft zur Ruhe sich mein Herz.

Und die grüne Fußtapete
wiegt mich ein auf seidnem Moos;
neben dieser goldnen Blume
bin ich selig und wie groß!

Horch! Aus jener alten Eiche
tönt ein Bardenton hervor,
und der Fichten Gipfel sausen
himmlischer; der Wald wird Chor:

»Wir, des Paradieses Geister
in der Ruhe Aufenthalt,
segnen dich. Genieße fröhlich
unsern heil'gen stillen Wald!«

Johann Gottfried Herder

Georg Broel, Waldsinfonie, 1919

Im Walde, im Walde, da wird mir so licht,
Wenn es in aller Welt dunkel,
Da liegen die trocknen Blätter so dicht,
Da wälz ich mich rauschend darunter,
Da mein ich zu schwimmen in rauschender Flut,
So gut ist's mir nimmer geworden.

Im Walde, im Walde, da wechselt das Wild,
Wenn es in aller Welt stille,
Da trag ich ein flammendes Herz mir zum Schild,
Ein Schwert ist mein einsamer Wille,
Da steig ich, als stieß ich die Erde in Grund,
Da sing ich mich recht von Herzen gesund
So wohl ist mir nimmer geworden.

Im Walde, im Walde, da schrei ich mich aus,
Weil ich vor aller Welt schweige,
Da bin ich so frei, da bin ich zu Haus.
Was schadet's, wenn ich töricht mich zeige,
Ich stehe allein, wie ein festes Schloß,
Ich stehe in mir, ich fühle mich groß,
So groß, als noch keiner geworden.

Im Walde, im Walde, da kommt mir die Nacht,
Wenn es in aller Welt funkelt,
Da nahet sie mir so ernst und so sacht,
Daß ich in den Schoß ihr gesunken,
Da löschet sie aller Tage Schuld,
Mit ihrem Atem voll Tod und voll Huld
Da sterb ich und werde geboren.

Achim von Arnim

Aus dem Film »Ewiger Wald«, 1936. Regie: *Graf von Pestalozza*

Das Wort Gottes klingt anders unter den Wölbungen gotischer Dome und in den Klosterhöfen von Maulbronn und Sankt Gallen als in den Basiliken Syriens und den Tempeln des republikanischen Roms. In dem Wälderhaften der Dome, der mächtigen Erhöhung des Mittelschiffs über die Seitenschiffe gegenüber der flachgedeckten Basilika, in der Verwandlung der Säulen, die durch Basis und Kapitäl als abgeschlossene Einzeldinge in den Raum gestellt waren, zu Pfeilern und Pfeilerbündeln, die aus dem Boden wachsen und deren Äste und Linien sich über dem Scheitel im Unendlichen verteilen und verschlingen, während von den Riesenfenstern, welche die Wand aufgelöst haben, ein ungewisses Licht durch den Raum flutet, liegt die architektonische Verwirklichung eines Weltgefühls, das im Hochwald der nordischen Ebenen sein ursprünglichstes Symbol gefunden hatte. Und zwar im Laubwalde mit dem geheimnisvollen Gewirr seiner Äste und dem Raunen der ewig bewegten Blättermassen über dem Haupte des Betrachters, hoch über der Erde, von der die Wipfel durch den Stamm sich zu lösen versuchen. Man denke wieder an die romanische Ornamentik und ihre tiefe Beziehung zum Sinn der Wälder. Der unendliche, einsame, dämmernde Wald ist die geheime Sehnsucht aller abendländischen Bauformen geblieben. Deshalb löst sich, sobald die Formenergie des Stils ermattet, in der späten Gotik ganz ebenso wie im ausgehenden Barock, die beherrschte abstrakte Liniensprache wieder unmittelbar in naturalistisches Astwerk, Ranken, Zweige und Blätter auf.

Die Zypresse und Pinie wirken körperhaft, euklidisch; sie hätten niemals Symbole des unendlichen Raumes werden können. Die Eiche, Buche und Linde mit den irrenden Lichtflecken in ihren schattenerfüllten Räumen wirken körperlos, grenzenlos, geistig. Der Stamm einer Zypresse findet in der klaren Säule ihrer Nadelmasse den vollkommenen Abschluß seiner senkrechten Tendenz; der einer Eiche wirkt wie ein unerfülltes rastloses Streben über den Wipfel hinaus. In der Esche scheint der Sieg der aufstrebenden Äste über den Zusammenhalt der Krone eben zu gelingen. Ihr Anblick hat etwas Aufgelöstes, den Anschein einer freien Verbreitung im Raum, und vielleicht wurde die Weltesche deshalb ein Symbol der nordischen Mythologie. Das Waldesrauschen, dessen Zauber kein antiker Dichter je empfunden hat, das jenseits aller Möglichkeiten des apollinischen Naturgefühls liegt, steht mit seiner geheimen

Frage nach dem Woher und Wohin, seinem Versinken des Augenblicks im Ewigen in einer tiefen Beziehung zum Schicksal, zum Gefühl für Geschichte und Dauer, zur faustischen schwermütig-sorgenvollen Richtung der Seele in eine unendlich ferne Zukunft. Deshalb wurde die Orgel, deren tiefes und helles Brausen unsere Kirchen füllt, deren Klang im Gegensatz zum klaren, pastosen Ton der antiken Lyra und Flöte etwas Grenzenloses und Ungemessenes besitzt, das Organ der abendländischen Andacht. Dom und Orgel bilden eine symbolische Einheit wie Tempel und Statue. Die Geschichte des Orgelbaus, eines der tiefinnigsten und rührendsten Kapitel unserer Musikgeschichte, ist eine Geschichte der Sehnsucht nach dem Walde, nach der Sprache dieses eigentlichen Tempels der abendländischen Gottesverehrung. Von dem Versklang Wolframs von Eschenbach bis zur Musik des Tristan ist diese Sehnsucht unveränderlich fruchtbar geblieben.
Oswald Spengler

Was sind Kuppeln hernach anders als Linden- und Eichengewölbe? . . . Man tritt in das Münster gerad wie in einen heiligen Hain, wie in einen erfrischenden dreifachen Gang von äußerst hohen, weitschattigen Bäumen.
Wilhelm Heinse

Da drang durch die Äste ein langer Strahl zu seinen Augen und er sah durch den Strahl in eine ferne, wundersame Herrlichkeit hinein, welche nicht zu beschreiben, noch kunstreich mit Farben nachzubilden gewesen wäre.
Novalis

Dunkel ist's wie in einem gotischen Tempel; der Nadelwald baut den Spitzbogenstil. Obenhin ragen die hunderttausend Türmchen der Wipfel; dazwischen nieder auf den schattigen Grund leuchtet, wie in kleinen Täfelchen zerschnitten, die tiefe Himmelsbläue.
Peter Rosegger

Auch ich war durch den tönenden Wald wunderbar überrascht und fühlte, was die Alten in ihren Wäldern empfinden mochten, die noch mit Göttern belebt waren, welche in wunderbaren Waldstimmen um den Wanderer ertönten.
Clemens Brentano

Hans Rudolphi, Ohne Titel, 1935
Bernhard Spieler, Ohne Titel, 1941
E. v. Pagenhardt, Ohne Titel, 1941

Manfred Thonig, Houtland, o. J.
Anonym, Ostern im Walde, 1929

Rätselhaft und ihm selbst unerklärlich ist diese Liebe des deutschen Menschen zum Wald, und es hieße die Seele schmähen, fände man als Erklärung nur das Wort »Erholungsuchen«. Nein, die Ursache liegt tiefer: diese schöne und tiefe Liebe des deutschen Volkes zum Wald verrät noch im Überschwang des Gefühls und in der sentimentalen Äußerung, wie stark die geheimnisvollen Kräfte sind, die im Blut eines Volkes über die Jahrtausende hinweg lebendig bleiben! Von den Vätern her fließt aus grauer Vorzeit ein einziger Strom naturverbundenen Volkstums, unbewußt den meisten von uns, riesengroß aber in seiner Bedeutung, und der Atem der Ewigkeit zieht mit diesem Strom: von den Tagen des erwachten Menschenbewußtseins im Wald über Zeiten einer kraftvollen Volkwerdung bis zu den Sonntagsausflügen der Großstädter, und zieht darüber hinaus in die Unvergänglichkeit!
Ehm Welk

In Glanz und Gnade brennt der Wald zu Tal.
Die Bäume halten ihr Gefühl nicht mehr.
Der Himmel schmiegt das stürmische Opal
den Hügeln an; den Flüssen weit ins Meer.

Es rinnt um eine weiße Stadt herum.
Die Türme schlagen alle ihm Salut.

Da bleibt der letzte Stein nicht herzlos stumm
und fängt das Blut in Schalen auf aus Glut.

Das Rot wird turmhaft steigendes Gebet,
ein Dom von purpurner Musik durchdröhnt.
Es kniet ein Mensch:
        Wohin bin ich gedreht?
Es stürzt ein Stern:
        Wie hohl die Erde tönt!

Die Erde ruft die Sterne allzumal.
Ein böser Wind sich auf die Landschaft hängt.
Der Regen rauscht, vertauscht das Tal.
Der Wald steht schwarz und abgedrängt.

Auch ein Weg der Seele ist der Gang zu den Bäumen. Sie wird zur Andacht und Sammlung gestimmt. Der Geist wird aufgerichtet hier, wo alles sich erhebt, empor will, mit Zweig, Trieb und Keim, wo alles Fahnen aufsteckt und ausrollt, wo alles flammt, lodert und die Erdenschwere überwindet.
Friedrich Schnack

Paul Zech

Jakob Götzenberger, Allerheiligen, um 1844
Carl Spitzweg, Marterl, o.J.

Auf der Insel Rügen am kreidigen Felsenufer der Ostsee soll in dem noch jetzt schönen Buchenwald vorzeiten eine Grube gewesen sein. Aus dieser Grube hat man ein immerwährendes Stöhnen und Ängsten gehört und des Jammerns und Klagens ist kein Ende worden, weder Tag noch Nacht. Vom Wimmern und Wehklagen ist schauerlich umher die Luft erfüllt gewesen. Und Spinnen von scheußlicher Größe haben mit ihrem Gewebe die Öffnung umzogen. Und das Gerassel des dürren Laubes und das Gekrächze der flatternden Raben und das Gezische der giftigen Schlangen und nächtlich das Gekreische der Eulen und Uhu machte schauerlicher noch die schauerliche Stätte. Zu stolzer Größe sind gewachsen die Bäume im ganzen Walde, aber im weiten Kreise um die Grube haben dürre die Eichen und Buchen gestanden und keine Pflanze noch Blume ist da gediehen: außer den Distel und Schierling.

Nun hat es sich zugetragen, daß in Stralsund ein armer Sünder hat hingerichtet werden sollen, beschuldet des Mordens und Brennens. Doch er war unschuldig und behauptete trotz aller Marter und Pein, so man ihm antät, er wisse von keinem Mord noch Brand, dessen man ihn beschulde. Einer im Rate verfällt auf den Gedanken, man solle ihm das Leben schenken, wiefern er sich hinablassen wolle an einem Seile in der Grube bei Stubbenkammer. Der Unglückliche ergreift, wenngleich mit Schaudern, den Vorschlag, um vielleicht noch zu retten das Leben. Und man läßt ihn mit einer Glocke hinunter in den Schlund, damit er durch Klingeln es kund tue die Zeit, wenn er wieder hinauf wolle. Und tief und immer tiefer läßt man ihn hinab; wohl 1000 Klafter und drüber: bis am schlaffen Taue man merkt er stehe nun fest. Und nun horcht man mit dem Ohr auf der Erde liegend. Und nach einer langen Weile hört man leise und dumpf den Schall der Glocke. Und beginnt sogleich ihn wieder ans Licht zu ziehen. Begierig stehen alle voller Erwartung zu hören, was der Arme gesehen. Und er hält in seiner Rechten einen goldenen Kelch, gefüllt mit rötlichem Wein, und darin schwimmend geründet ein Oblat.

Und schweigend setzt er den Kelch wieder auf die Erde. Und mit einemmal steht von Sonnenglanz erleuchtet der geweihte Wein, das geweihte Brod im goldenen Kelch und von den blendenden zurückgeworfenen Strahlen werden geblendet die Umstehenden. Aber plötzlich erhebt sich ein Wirbelwind und keuchend beugen sich die Gipfel der Bäume zur Erde und der Boden erschüttert unter ihnen. Und nun war verschwunden die Grube. Da erhob mit ernster Stimme der unschuldig Beschuldete zu erzählen was er gesehen: »Während ich hinunterfuhr in den Schlund«, hub er an, »sah ich nichts. Nur hörte ich über mir wie unter mir und um und neben mir Zischen wie Zischen von Schlangen. Endlich kam ich an eine große eiserne Pforte und schob mit bebender Hand den mächtigen Riegel zurück. Aufgetan nun war die Pforte der Hölle, ich trat in ein feuriges Gemach. Es brannten die Wände, es brannte das Gewölbe, und unter mir brannte der Boden, doch mich überlief ein kalter Schauer. Sieben feurige Stufen führten unterwärts und unten auf sieben glühenden Zacken saß eine Jungfrau. Doch wie sie gestaltet und wie sie mich angesehen, davon laßt mich schweigen. Ihr im Schoße hatte ein scheußlicher Drache mit flammenden Augen seinen Kopf gelegt und auf einer Erhöhung neben der Jungfrau stand dieser goldene Kelch, ein silberner Götze und ein eisernes Unding, gestaltet, ich weiß nicht wie. ›Nimm!‹ sprach die Jungfrau. Und ich griff nach dem goldenen Kelch; denn alles im weiten Gemache brannte, nur dieser nicht. Und das Ungeheuer schwieg, schloß seine blitzenden Augen und zog den Kopf sowie die bluttriefenden Klauen aus dem Schoß der Jungfrau zurück — und ich entwich.«

Hier endete er seine Erzählung und sank tot zur Erde nieder. Und aus dem hellblinkenden Kelch erhob sich mit eigener Kraft der geweihte Wein und ergoß sich über ihn. Der Sturm hatte geteilet die düstern Wolken, und die reine lichte Bläue des Himmels stand über ihm.

Caspar David Friedrich

Caspar David Friedrich, Kreuz im Walde, um 1835

Der Nachtwind hat in den Bäumen
Sein Rauschen eingestellt,
Die Vögel sitzen und träumen
Am Aste traut gesellt.

Am Kirchhof dort bin ich gestanden,
Wo unten still das Räthsel modert,
Und auf in Grabesrosen lodert;
Es blüht die Welt in Todesbanden.

Dort lächelt auf die Gräber nieder
Mit himmlisch duldender Geberde
Vom Kreuz das höchste Bild der Erde;
Ein Vogel drauf sang seine Lieder.

Doch kaum daß sie geklungen hatten,
Flog scheu zum Wald zurück der Wilde;
Ich sang, wie er, ein Lied dem Bilde,
Und kehrte heim in meine Schatten.

Natur! will dir an's Herz mich legen!
Verzeih, daß ich dich konnte meiden,
Daß Heilung ich gesucht für Leiden,
Die du mir gabst zum herben Segen.

In deinen Waldesfinsternissen
Hab' ich von mancher tiefen Ritze,
Durch die mir leuchten deine Blitze,
Den trüglichen Verband gerissen.

Nikolaus Lenau

Hugo Flintzer, Illustrationen zu Lenau-Gedichten, o. J.
Eberhard Riegele, Letztes Licht im Wald, o. J.

Siehe, da ruhet Das
Und ist alles.

J. Chr. Claussen Dahl, Mondnacht, 1819

Candid Huber, Baumbiologie in Buchform, um 1790

Wir sind alle Blätter an einem Baum, keins dem andern ähnlich, das eine symmetrisch, das andere nicht, und doch gleich wichtig dem Ganzen.
Die Wälder werden immer kleiner, das Holz nimmt ab, was wollen wir anfangen? O zu der Zeit, wenn die Wälder aufhören, können wir sicherlich so lange Bücher brennen, bis wieder neue aufgewachsen sind.
Georg Christoph Lichtenberg

Dieses Gewächs gleicht dem Menschen. Es hat seine Haut, das ist die Rinde; sein Haupt und Haar sind die Wurzeln; es hat seine Figur und seine Zeichen, seine Sinne und seine Empfindlichkeit im Stamme. Nach einer Verletzung dieser stirbt es daher. Es hat Laub, Blüten und Früchte als Zierde wie im Menschen das Gehör, das Gesicht und die Sprache sind. Seine Mistel ist seine Krankheit. Sein Tod und sein Sterben sind die Zeit seines Jahres.
Paracelsus

Jeder Baum hat seinen bestimmten Charakter und ist eine Gestalt voll Leben und Bedeutung. Sowie jedes entwickeltere Tier einen bestimmt ausgeprägten Typus hat, eine wirkliche persona ist, so möchte dies annähernd wohl von den meisten Bäumen dargetan werden können; ein jeder von ihnen charakterisiert sich durch eine eigentümliche Physiognomie und Stimmung, er hat ein Leben, es schläft in ihm eine Psyche. Dieses innere Leben der Bäume hat man durch die Dryaden und Elfen symbolisiert.
Der feierliche Ernst, mit welchem die Bäume dastehen und sich nach oben erheben, das hohe Alter, welches sie erreichen, symbolisiert sie zu Zeugen der Vergangenheit, zu Sagendenkmalen von Jahrhunderten. Der Baum greift, wie Sallet in einem Gedichte sagt, hinauf zur Himmelshelle und badet sich in Unendlichkeit.
Der Baum ist Symbol des Jahres als einer Periode und dann der einzelnen Zeitperioden. Wollte der Mensch, sagt Schwenk, in einem Bilde den Kreislauf des Jahres ausdrücken, so hätte er schwerlich im Reiche der natürlichen Dinge einen Gegenstand finden können, der sich mehr dazu geeignet hätte als der Baum, welcher genau dem Kreislaufe des ganzen Jahres folgt.
Johannes Baptista Friedreich

Und fand von Kräutern, Gras und Klee / In so viel tausend schönen Blättern / Aus dieses Weltbuchs ABC / So viel, so schön gemalt, so rein gezogene Lettern, / Daß ich, dadurch gerührt, den Inhalt dieser Schrift / Begierig wünschte zu verstehen

Ein jedes Gräschen war mit Linien geziert, / Ein jedes Blatt war vollgeschrieben; / Denn jedes Äderchen durch Licht illuminiert, / Stellt' einen Buchstab vor. Allein, / Was eigentlich die Worte sein, / Blieb mir noch unbekannt
Barthold Hinrich Brockes

Wenn im Lenz die Bäume knospen,
Und der Saft die Stämme füllt,
Fängt im Wald sich's an zu regen,
Und des Frühlings Kuß entgegen
Dehnt, erwacht, sich Zweig und Ast.

Doch nicht bloß das Holz im Walde,
Auch das Holz, das längst gefället,
Als Gerät schon steht und trocknet,
Fühlt des Götterboten Nahen,
Und in thörichtem Vergessen
Dehnt's verlangend seine Adern:
Doch, nicht fähig mehr zu grünen,
Ächzt es laut auf und zerspringt.

So, ob schon vom Stamm getrennet
Und verwelkt in der Blüte,
Weckt im Frühling mich dein Atem,
Himmelstochter Poesie!
Und mein Busen drängt und hebt sich;
Doch, nicht fähig mehr zu grünen,
Ächzt er laut auf und — zerbirst.

Franz Grillparzer

Candid Huber, Ahorn (Detail der Holzbibliothek), um 1790
Carl Schildbach (Detail der Holzbibliothek), 1771—99

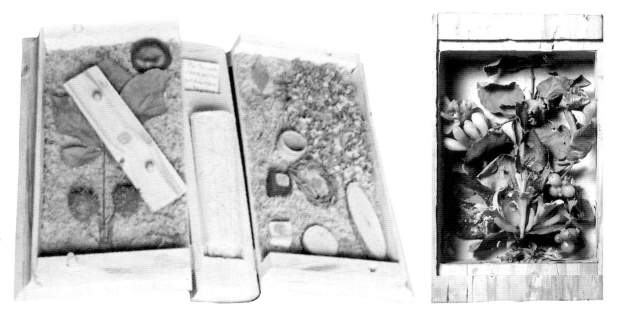

Welche Verschiedenheit der Bäume, welche unerschöpfliche Neuheit in der Verteilung der Zweigmassen, in der Ausführung der einzelnen Äste! Welche Vielfältigkeit der Kombinationen und dabei welche Folgerichtigkeit in der Durchführung! Wenn wir alles zusammentragen, was menschlicher Geist an tiefen Worten und schönen Formen ersonnen hat, der einzelne müßte weniger beschämt stehen als hier vor den unermeßlichen Erfindungen der bewußtlosen Natur. Zu welchen Entfaltungen müßte der menschliche Geist noch kommen, wollte er alles das bewußt vollziehen, was in der Vorgeschichte der unbewußten Natur an Trieben und Träumen vorbereitet ist!
Ludwig Klages

Das Mondlicht räumt den Alltag aus.
Es knackt im Holz:
Ein alter Wald geht durch das Haus.

In seine Einsamkeit entzückt,
Bin ich es noch,
Der seinen Stuhl zum Tische rückt?

Die Eiche zeigt ihr Astgeweih,
Mein Rosenglas
Setzt unter ihm sein Totes bei.

Um diesen Blätterfall vermehrt,
Erglänzt das Licht
Des Leuchtens, das kein Blick versehrt.

Von keines Zeugen Ohr bezeugt,
Schwebt aus dem Wald
Ein Klingen, das den Kopf mir beugt.

Erkennst du uns? Schön lebt es fort,
Erkennst du uns? Schön lebt es fort,
Wir hören gut,
Kein falscher Bürge trübt dein Wort.

Oskar Loerke

Hans-Ulrich Schlumpf, Tafeln des Armand Schulthess
im Wald von Auressio (Tessin), 1974
Moritz von Schwind, Im Schwarzwald nach dem Regen,
1850
Carl Gustav Carus, Blühende Holunderhecke
im Mondschein, um 1825

In den Wald bin ich geflüchtet,
Ein zu Tod gehetztes Wild,
Da die letzte Glut der Sonne
Längs den glatten Stämmen quillt.

Keuchend lieg ich. Mir zur Seiten
Blutet, siehe, Moos und Stein —
Strömt das Blut aus meinen Wunden?
Oder ist's der Abendschein?

Conrad Ferdinand Meyer

Philipp Ernst, Der Mönch von Heisterbach, o. J.
Karl Haider, Über allen Gipfeln ist Ruh', 1912

Karl Philipp Fohr, Schneidemühle, o. J.
Paul Klee, Wald-Einsiedelei, 1921

Dort unten in der Mühle
Saß ich in süßer Ruh
Und sah dem Räderspiele
Und sah den Wassern zu.
Sah zu der blanken Säge,
Es war mir wie ein Traum,
Die bahnte lange Wege
In einen Tannenbaum.
Die Tanne war wie lebend,
In Trauermelodie,
Durch alle Fasern bebend,
Sang diese Worte sie:

»Du kehrst zur rechten Stunde,
O Wanderer, hier ein;
Du bist's, für den die Wunde
Mir dringt ins Herz hinein;
Du bist's, für den wird werden,
Wenn kurz gewandert du,
Dieß Holz im Schoß der Erden
Ein Schrein zur langen Ruh.«

Vier Bretter sah ich fallen,
Mir ward's ums Herze schwer,
Ein Wörtlein wollt' ich lassen,
Da gieng das Rad nicht mehr.

Justinus Kerner

Menschen, die leiden, besuchen gerne den Wald. Es ist ihnen, als litte und schwiege er mit ihnen, als verstehe er sehr, zu leiden und ruhig und stolz im Leiden zu sein. Der Leidende besucht gern das, was ihn mit der stolzen und freien Haltung des Leidens umfängt. Jedenfalls lernt er vom Wald die Ruhe, und er überträgt sie dann seinem Leiden. Leid will so gern schreien, sich ungebärdig benehmen. Der Wald ist den Leidenden ein Beispiel, eine Lehre, sofern er als ein ebenfalls Leidender kann empfunden werden.
Der Wald fühlt, in ihm wohnt feine, tieflaufende Empfindung, er zeigt sich stolz, denn wenn er spricht, ist er nur freundlich und wohltuend. Der Leidende kann von ihm lernen, wie unschön es ist, durch seine grämlich-klagende Gegenwart andern früh das Leben zu verbittern, sie mit unnützen Ahnungen voll Trauer zu belasten. Dann wird dem, der leidet, so wohl im Wald. Er sieht und fühlt sich umrauscht von ruhiger sanfter Freundlichkeit, er bittet der Welt sein unschönes, selbstsüchtiges Klagen ab, und weiß zu lächeln mit seinem Leib.

Der Wald leidet mit den Leidenden, das bilden sich alle, die leiden, gern ein, und sie finden, daß ihre Einbildung sie nicht betrogen hat. Im Wald rauscht Wahrheit und Offenheit, und diese beiden leiden.
Es muß alles, alles einmal Wald gewesen sein, ich fühle und sehe es lebhaft. Ich komme zum Wald, aber er will mich ja nicht, er flieht mich. Ich will in ihn hineindringen, will ihn haben, will, daß er mich habe, ganz, so wie ich bin. Aber er stößt mich zurück, ich sehe es ja.
Meine Sehnsucht nach ihm wird immer größer. Könnte ich sterben. Meine Sehnsucht, die wächst immer, die wird groß, sie ist bald stärker als ich. Alsdann kann ich vielleich sterben! Ich wünsche es nicht, und doch möchte ich es, aber ich möchte noch viel lieber das Andere: ihm nahe kommen. So grausam, so grausam ist er, und so lieb muß ich ihn haben!

Robert Walser

Gregor Rosenbauer, Ohne Titel, o. J.
W. Hecht, Anachoret, nach 1880
Ludwig Richter, Waldeinsamkeit, 1861

halblichte Dämmerung durchließen: rings um sie her steht dichtverwachsenes Gebüsch und verwehrt, wie eine Mauer, dem Tageslichte den Eingang. Einen von diesen hundertjährigen Eichbäumen hat der Donner gespalten. Dieser Baum ist das Monument meines Grabes — bedeutungsvoller, sprechender als Stein und Inschrift.

Ich ließ mir sogleich ein Grabscheit und eine Hacke holen; unterdessen nahm ich das Maß an mir und zeichnete den Riß zu meiner Wohnung mit einem Stabe auf den Boden. Ich sah es ungern, daß ich die Arbeit nicht allein bestreiten konnte; aber das Erdreich war so hart und voll Wurzeln, daß ich mir die Hülfe meiner Waschfrau dazu ausbitten mußte. Diese Hülfe war mir äußerst zuwider; denn die Frau ließ nicht nach zu fragen, wozu das Loch dienen sollte, sprach immer mit ähnlichen verächtlichen Ausdrücken davon und ärgerte mich durch ihr widriges lustiges Geschwätz: ich konnte unmöglich einen so geheiligten Platz durch solche Reden entweihen lassen und jagte das lästige Weib von mir. Der Boden wurde immer lockerer, je tiefer ich kam, und gestern abend war es fertig: einen ganzen Tag hat es mich gekostet: aber welch eine süße Arbeit! Ich freute mich, wie ein König über einen neuen Palast. Ich war zu ermüdet, um mich länger damit zu beschäftigen: ich mußte mich zur Ruhe begeben, und noch heute früh läßt mich die Entkräftung nicht zu meiner Arbeit zurückkehren. Ich mußte Dir geschwind meine Freude mitteilen: itzt will ich vesuchen, ob ich heute mit den Verzierungen zustande komme. Sobald ich meinen Bau vollendet habe, geb ich Dir Nachricht davon.
Johann Karl Wezel

Moritz von Schwind, Der betende Einsiedler, um 1860
Moritz von Schwind, Einsiedler, um 1860
Erich Heckel, Verschneite Bäume, 1941

Der Gedanke entzückte mich: ich stand auf und suchte mir einen Platz zu meinem Grabe: ich konnte lange keinen finden, der mir gefiel, doch entdeckte ich einen — o Charlotte, einen solchen reizenden Ruheplatz hatte noch niemand. Der Garten, wo ich wohne, besteht aus einem Berge, der sich oben in Wald verliert, wovon eine kleine Strecke dem Eigentümer des Gartens gehört. Nicht weit vom Eingange dieses Busches ist meine Grabstelle. Einige rauhe Felsenstücke, mit gelbgrünem Moos bedeckt, ragen aus einem flachen Hügel hervor: gleich über ihnen ladet eine schmale Öffnung, von den Zweigen junger Bäume gewölbt, in das heilige Dunkel ein, worein sich die Öffnung verliert. Ich folgte der Einladung mit Vergnügen, und kaum hatte ich zehn Schritte unter dem lichtgrünen Gewölbe getan, als ich unter drei alten ehrwürdigen Eichen stand, die durch die verflochtenen braunen Äste bloß eine

Hölderlin. Er ging durch einen Wald. Der Wald dämmerte um ihn ein. Das war kein schlechtes Geschehen. Bald kannst du sie von Unglück krächzen hören. Und doch war dieses Waldes Geschehen noch besser als ihr Wachsein.
Ludwig Hohl

Seither weiss ich, dass diese oft düstere, menschenarme Landschaft die eigentliche Heimat meiner Seele ist, dass in ihr die tiefsten Wurzeln meines Wesens ruhen. Dieses Bewusstsein erfüllt mich seitdem ganz und gar, mit unwiderstehlicher Gewalt zieht es mich Jahr für Jahr in dieses Land. So mussten auch diese Blätter entstehen, die dem Beschauer einige Eindrücke von diesem für mich so bedeutungsvollen Erdenwinkel vermitteln sollten; ich muss nur meine Freunde bitten, nicht jedes Wort und jeden Strich auf der Goldwaage auf ihren Wirklichkeitsgehalt zu prüfen. Wenn's nicht so war, hätt's doch so sein können.

Kobold Stilzel

Keine Menschenhand greift störend ein in den Ablauf von Werden und Vergehen. Die Natur hat ihre eigenen Totengräber. In kurzer Zeit wird von dem ausgedienten Gaul nicht die geringste Spur mehr zurückbleiben. Er hat den Sinn seines Daseins erfüllt und taucht wieder unter im ewigen Kreislauf.

wir sind die menschen auf den wiesen
bald sind wir menschen unter den wiesen
und werden wiesen, und werden wald
das wird ein heiterer landaufenthalt

Ernst Jandl

In der sterbenden Welt
der sterbende Wald
dünkt mich des Todes
schönste Gestalt.

Ich hab nun durch Jahre
sein Sterben gesehn
und möchte so still
in den Tod auch gehn.

Karl Ernst Knodt

Carl W. Neumann, Wie die Natur ihre Toten begräbt.
Goldhähnchens Ende, 1935
Alfred Kubin, Phantasien im Böhmerwald, 1935
Alfred Kubin, Erinnerungsblatt Böhmerwald —
Leichenbretter aus Neuern, 1938

Es war kein Umriß da und keine Fülle, und kein Selbstgefühl, es war alles eins,
und ich fühlte Tiliens warmen Busen an meiner Brust, wir wandelten leise,
als wollten wir den Schlaf des Waldes nicht erwecken.

Anonym, Postkarten, o. J.

Ich hatte die Gewohnheit, zuweilen mit Minchen in ein benachbartes Wäldchen spazierenzugehen. Ich hatte Minchen umgefaßt: Sie war mein. Mein Auge sagte laut: Ewig mein, und das ihrige antwortete: Ewig dein. — In dieser Stellung und während diesem Augengespräch und dem Konzert, das die Natur dirigierte, traf uns mein Vater wie ein Blitz. Ich hatt ihn sonst nie in diesem Wäldchen begegnet. Mich zu belauschen hatt er nicht angelegt, das weiß ich. Da stunden wir und sahen uns an. Lang hielt ich meinen Arm wie um ihren Hals. Sie zog sich aus der Schlinge; allein, ich hielt meinen Arm noch immer in der Höhe, als ob er ihren Hals hätte, und sie — die der liebe Gott so himmelan gebildet hatte, stand, wie mich dünkt, noch immer so von der Seite, so übergebogen, so angeschmiegt, als ob sie noch nicht auf freiem Fuß wäre, oder als ob sie sich nach mir geformt hätte. — Wie ich endlich meinen Arm fallen ließ, wars mir, als wenn die Welt fiel, so angst war mir. Wie ihr.
Theodor Gottlieb von Hippel

Wie ich die reizende, fast märchenhafte Gestalt so durch die Tannen gehen sah, glaubte ich wieder zu träumen und hatte die größte Mühe, die Pferde nicht fahrenzulassen, um mich von der Wirklichkeit zu überzeugen, indem ich ihr nachstürzte und sie in die Arme schloß. So kamen wir endlich an das Wasser. Hier war es womöglich noch stiller als in dem Tannenwalde und am allerheimlichsten; die besonnte Felswand spiegelte sich in dem reinen Wasser, über ihr kreisten drei große Habichte in der Luft, sich unaufhörlich begegnend, und das Braun auf ihren Schwingen und das Weiß an der inneren Seite wechselten und blitzten mit dem Flügelschlage und den Schwenkungen im Sonnenscheine, während wir unten im Schatten waren. Ich sah dies alles in meinem Glücke, sah und hörte jetzt nichts mehr, als wir uns zum dritten Male küßten. Zugleich umschlang ich sie mit den Armen, drückte sie mit Heftigkeit an mich und fing an, sie mit Küssen zu bedecken. Erst hielt sie zitternd einen Augenblick still, dann legte sie ihre Arme um meinen Hals und küßte mich wieder; aber bei dem fünften oder sechsten Kusse wurde sie totenbleich und suchte sich loszumachen, indessen ich ebenfalls eine sonderbare Verwandlung fühlte. Die Küsse erloschen wie von selbst, es war mir, als ob ich einen urfremden, wesenlosen Gegenstand im Arme hielte, wir sahen uns fremd und erschreckt ins Gesicht, unentschlossen hielt ich meine Arme immer noch um sie geschlungen und wagte sie weder loszulassen noch fester an mich zu ziehen. Mich dünkte, ich müßte sie in eine grundlose Tiefe fallen lassen, wenn ich sie losließe, und töten, wenn ich sie ferner gefangenhielt; eine große Angst und Traurigkeit senkte sich auf unsere kindischen Herzen.
Gottfried Keller

Max Ernst, Lovers in the Woods, 1957

Ernst Wilhelm Nay, Akte im Walde, 1941

Ernst Ludwig Kirchner, Tänzerinnen im Walde, 1929
Ernst Ludwig Kirchner, Erna und Frau A. Müller, um 1929

Ernst Ludwig Kirchner, Bergwald, 1937

Wie reitet sich's durch einen Wald so traut,
Wenn nur die Wipfel noch von Sonne wissen,
Nur noch zuweilen eines Vogels Laut
Verhallt in ahnungsvollen Finsternisen.
Das Auge kann kein Thier des Walds erkunden,
Ein Eichhorn nur erblickt' ich in den Zweigen,
Es kam behend und still und ist verschwunden,
Die Einsamkeit des Waldes uns zu zeigen.
Und doch, hier lebt des Lebens welche Fülle!

Ein stummes Räthsel, das sich nie verrathen,
Die Pflanze ist sein Bild und seine Hülle,
Und allwärts grünen seine stillen Thaten.
Die Wurzel holt aus selbstgegrabnen Schachten
Das Mark des Stamms und treibt es himmelwärts,
Ein rastlos Drängen, Schaffen, Schwellen, Trachten
In allen Adern; doch wo ist das Herz?

Nikolaus Lenau

Auf welchen Sonnenstäubchen fliegt oft dem Menschen eine kleine Sonne, ein Himmelsgarten an und wurzelt ein!

Das Stäubchen wurde viel breiter, als sie das Licht ausschneuzte und sagte, sie wolle ihn ein wenig begleiten und durch den dunkeln Wald auf den kürzern Holzwegen führen. Sie zog ihn im Finstern an seiner Hand und befühlte einen weichen Finger nach dem andern. Als beide endlich aus dem Walde kamen und vor die hinabliegende, im Monde gleißende Landschaft traten, an deren Abhang unten sein lichtervolles Dörfchen lag: begleitete sie ihn wieder über nächste Raine und Fußsteige. Die Nacht war vielleicht die letzte schöne laue des Novembers, der einen verkürzten Nachsommer des Nachsommers mitbringt; der Mond war nach seiner Herbst-Sitte unerwartet früher im Himmel erschienen — das Saatgrün des künftigen Frühlings und die rote Blätterglut des Laubholzes färbten die bleiche Nacht und Jahreszeit lebendiger — rufend kamen im Himmel Winter-Vögel an, und Sommer-Vögel zogen ab, und auf den silbernen Gebirgen aus Gewölk, dachte man, müßten die Sommer-Gäste ausruhen und in die künftigen Länder schauen — und die ganze hinabglänzende Abdachung der Landschaft nach dem noch erleuchteten Dörfchen hin füllte die Seele mit Wunsch und Glück.
Jean Paul

Dann trat ich in den grünen Wald ein. Wenn ich in das Heiligtum der Natur trete, da überrascht mich immer das Gefühl: Für uns ist all diese Herrlichkeit geschaffen, für uns erheben sich die hehren Schattengewölbe, für uns erglüht die Sonne, leuchtet der Mond und durch dieses Verhältnis erscheint mir die ganze Welt wie ein lieber Gefährte, mit dem ich meine Gedanken austauschen kann und den ich bitter beweine, wenn er von mir scheidet; aber ohne Scheiden ist kein fröhliches Wiedersehen; die Sonne muß in das Meer versinken, wenn sie am andern Tage wieder neues Leben ausgießen soll; unser Leben muß verblühen, wenn eine höhere geistige Auferstehung uns beleben soll.
Friedrich Nietzsche

Die Linde. Warum ist dieser Baum der Baum der Liebe? Zunächst denke man an den sinnlich erregenden, wunderschönen Duft seiner Blüten. Die Besamung der Blüte ist eng verknüpft mit dem Liebesleben zahlloser Insekten. Dieser Baum offenbart in Sommernächten ein hochaufrauschendes, summendes, singendes, bacchisches Leben. Er brennt durch die Nächte wie eine wollusttrunkene Fackel der Liebessehnsucht, und die Bienen, Hummeln, Käfer, Fliegen umtaumeln das offene Brautbett als trunkene Mänaden.
Theodor Lessing

Ist es nicht schöner, größer und herrlicher, zu denken, daß die lebendigen Bäume des Waldes selber wie Seelenfakkeln gegen den Himmel leuchten, als daß sie bloß im Tode in unseren Öfen Helle geben? Und darum sollten sie erst so prangend in die Höhe wachsen? Die Sonne selber kann die Welt nicht hell machen ohne Seelen, die ihr Leuchten spüren. Wie seelendämmerig würde es also im sonnenbeschienensten Walde sein, wenn die Sonne nicht auch Seelen der Bäume zu scheinen vermag. Vermag sie es aber, so ist ein Wald wie ein lebendiger Brand vor Gott, der ihm seine Natur erhellen hilft.
Gustav Theodor Fechner

Thomas Theodor Heine, Eifersucht, 1894
Otto Eckmann, Junge Liebe, o. J.

Deine Liebe ist ein weißes Reh,
das in die Mitternacht meiner Sehnsucht flieht,
ein Baum von Tränen steht im Wald meiner Träume nach dir,
nun bist du da —
Erfüllung wirft mir der Mond aus der Schale seines Glanzes zu —
ich liebe dich,
du,
und stelle Nelkenduft vor deine Kammer,
und werfe Narzissen über dein Bett.
Ich selber komme silbern wie du
und wölbe mich hoch,
ein heiliger Hain
über dem Altar deiner frommen Seele.

Kurt Heynicke

Des Menschen Seele ist ein wundersamer Baum! Wenn an gewöhnlichen Bäumen Blüten und Früchte nur einer Art hervorkommen und gedeihen, so treiben an der Seele des Menschen tausenderlei Blüten zugleich hervor und tausenderlei Früchte können an ihr nach und nach zur Reife kommen. Bei alledem mag auch in der Seele des am meisten Begünstigten nicht jede Blüte Frucht ansetzen, nicht jede angesetzte Frucht mag fortwachsen und nicht jede fortwachsende Frucht mag ihre volle Reife erreichen, so daß sie wieder lebenentzündende Keime ausstreue. Gewahrt aber dann ein Mensch, wie die Blüte, welche in seinem Innern sich dereinst erschlossen, jedoch keine Frucht angesetzt hatte, in einer andern Menschenseele wiedergeboren wird, dort freudig fortwächst und zuletzt die schönste Frucht hervorbringt, dann erfaßt ihn das beseligende Gefühl, daß erst die Menschheit der wahre Mensch sei, daß der Gedanke, welchen auszubilden *ihm* versagt war, deshalb nicht verloren sei und daß ein rastloses Durchbilden aller einmal im Kreise des Echt-Menschlichen liegenden Ideen, die eigenste Aufgabe der Menschheit für alle Zeiten sein werden, ja sein müsse.
Carl Gustav Carus

Anonym, Drei Mädchen der Wandervogel-Ortsgruppe Berlin-Neukölln, 1924
Gerhard Richter, Liebespaar im Wald, 1966

Es zieht die Ferne,
es glüht die Nähe,
wie Edelstein schimmert des Waldes Grund.

Leicht sitzt die Klinge,
die sausende — singe, o Leben,
dein Summlied mir, o Geheimnis,
küsse im tiefen Wald meinen Mund.

Die frohen Fernen, härtere Herbste,
weitere Bahnen, des Mannes Leid;
gestreut im Lande, am Straßenbande,
die Burgen, die Dörfer weit.

Und Gefechte und Fahrten
und frohes Erwarten der hellen Trompeten
des Morgens frühe —
Leicht geht die Hand, und nichts wird mir Mühe —
o gestreut im Lande, am Straßenbande,
die Hügel, die Wälder weit!

Heimito von Doderer

In Waldesschatten wie an des Lebens Rand

Johann Heinrich Schilbach,
Abendlicher Blick auf Bickenbach, 1847

Noch heute ist die Seele nirgends reicher mit Gestalten und Plänen erfüllt als in einem Grenzgraben am Waldrand im Herbst.
Ernst Wiechert

Die Strecke schnitt rechts und links gradlinig in den unabsehbaren, grünen Forst hinein; zu ihren beiden Seiten stauten die Nadelmassen gleichsam zurück, zwischen sich eine Gasse freilassend, die der rötlichbraune, kiesbestreute Bahndamm ausfüllte. Die schwarzen parallellaufenden Geleise darauf glichen in ihrer Gesamtheit einer ungeheuren, eisernen Netzmasche, deren schmale Strähne sich im äußersten Süden und Norden in einem Punkte des Horizontes zusammenzogen.
Der Wind hatte sich erhoben und trieb leise Wellen den Waldrand hinunter und in die Ferne hinein.
Gerhart Hauptmann

Mailicher Regen: ich saß darin gelassen wie ein Stein: schön, so am Waldrand durchzuregnen bei völliger Windstille (im Mai-Land; nicht Milano) und ich bewegte entzückt die feuchten Schultern und Waden.
Arno Schmidt

M. Zimmermann, Höllentalbahn bei der Ravennabrücke, 1902
Walter Hahn, Besonnter Waldrand, o.J.

Von den Russen und Balkanvölkern spreche ich nicht, denn die dortigen Waldungen verdanken ihre Existenz einem Kulturzustand, in dem die Grenzen zwischen Wald und Feld noch nicht klar bewußt festgelegt worden sind.
Forstrat Dr. Zentgraf

Ich trat soeben aus einem dunklen, finsteren Wald und befand mich auf einer ziemlichen Anhöhe. Vor mir im Thale, von fruchtbaren Hügeln umgeben, lag sie gar freundlich da, die niedliche Stadt, und im Abendglanze blinkt der neu gedeckte Schieferthurm.
Caspar David Friedrich

Albert Steiner, Am Waldrand, o. J.
Georg Broel, An die Heimat, o. J.

Arnold Böcklin, Das Schweigen des Waldes, um 1896
Christian Friedrich Mali, Waldrand, o. J.
August Lucas, Waldlandschaft mit schlafender Hirtin, 1825
A. Schulten, Waldlandschaft mit Betenden, 1868
Karl Blechen, Die Jungfrau von Tangermünde, nach 1831

Ich stehe in Waldesschatten
Wie an des Lebens Rand,
Die Länder wie dämmernde Matten,
Der Strom wie ein silbern Band.

Von fern nur schlagen die Glocken
Über die Wälder herein,
Ein Reh hebt den Kopf erschrocken
Und schlummert gleich wieder ein.

Der Wald aber rühret die Wipfel
Im Traum von der Felsenwand.
Denn der Herr geht über die Gipfel
Und segnet das stille Land.

Joseph von Eichendorff

Johann Christian Reinhart, Waldweg, im Vordergrund drei große Laubbäume, 1794
Johann Baptist Pflug, Die Waldburg mit Blick auf den Bodensee, 1836

In den Wäldern sind Dinge,
über die nachzudenken,
man jahrelang im Moos liegen könnte.

August Levin von Wille, Waldlandschaft, 1859

Da sie mich durch den Wald unter den Bäumen hintrug, brach ich einen grünen Eichenzweig ab, wand ihn in einen Kranz, und setzte ihn ihr auf das Haupt mit den Worten: »Liebe Mutter, nun bist du geschmückt wie der knieende Ritter in Sanct Jörgen Kapelle, nun hast du auch ein Kränzlein auf, und wenn er uns nun durch den Wald entgegen geschritten käme, würdet ihr euch beide wohl sehr an einander erfreuen über die schönen Kränze?«
Clemens Brentano

Wie so anders sind die Beziehungen des deutschen Menschen zum Wald! Unser Wald hat zwar in vielen Bezirken seine natürliche Gestalt und Schönheit verloren und ist durch die Verirrungen einer seelenlosen Forstwirtschaft zur gedrillten Stangenplantage geworden. Dennoch: alle Wege in Deutschland führen von den Städten hinaus aufs Land und vom Land in die Wälder. Ebenso seltsam wie die Liebe des deutschen Menschen zum Wald ist sein Bestreben, möglichst allein in den Wald zu gehen. Das ist deshalb so merkwürdig, weil doch bei den meisten Menschen zu dem beglückenden Verlangen, allein in den Wald gehen zu wollen, leicht ein bedrückendes Gefühl tritt, wenn es heißt, allein in den Wald gehen zu müssen.

Man sagt, der Mensch suche da draußen »die Stille«, und deshalb wolle er allein sein. Rosegger geht noch weiter: »Nur der Einsame findet den Wald. Wo ihn mehrere suchen, da flieht er, und nur die Bäume bleiben zurück.« Das ist dichterisch und schön, aber immer braucht es deshalb doch nicht so zu sein. Auch mehrere Menschen können in den Wald gehen und können ihn finden, nur wird ihre seelische Verfassung einigermaßen gleichgestimmt sein müssen, ohne daß sie sich verpflichtet zu fühlen brauchen, diese gleiche Stimmung durch Singen zu beweisen. Und wenn auch der wahrhaft Einsame gern in den Wald geht, so mag er wohl ehrlich »die Stille« suchen, aber er will dadurch wohl kaum »das Leben fliehen«. Denn der Wald ist keine Lebensabseitigkeit, im Gegenteil: der Wald ist intensivstes Leben, ist noch in Nacht und Schnee der tausendfältige Wille zum Leben!
Ehm Welk

Ludwig Richter, Die Laurenburger Els, 1869
Ludwig Richter, Mannesleben, 1857
Curt Liebich, Abschied von der Jugend, o. J.

Johann Daniel Volk,
Gespenst an der Kanderner Straße, o. J.
Anonym,
Kinderspiel »Die Waldschule«, o. J.
Friedrich Werckmeister, Schön Rösi, o. J.
Anonym, Ohne Titel, um 1950

Max Ernst, Mutter und Kind, 1953
Julius Benno Hübner, Heilige Genoveva, 1820—30
Ludwig Richter, Genoveva, 1848

Ich rufe! Echolos sind alle meine Stimmen.
Da ist ein alter, lauteleerer Wald.
Ich atme ja, doch gar nichts regt sich oder hallt.
Ich lebe, denn ich kann noch lauschen und ergrimmen.

Ist das kein Wald? Ist das ein Trauerglimmen?
Ist das mein Herbst, der schweigsam weiterwallt?
Das war ein Wald! Ein Wald voll alter Urgewalt.
Dann kam ein Brand, den sah ich immer näher klimmen.

Erinnern kann ich mich, erinnern, bloß erinnern.
Mein Wald war tot. Ich lispelte zu fremden Linden,
Und eine Quelle sprudelte in meinem Innern.

Nun starr ich in den Traum, das starre Waldgespenst.
Mein Schweigen, ach, ist aber gar nicht unbegrenzt.
Ich kann in keinem Wald das Echoschweigen finden.

Theodor Däubler

Sind sie nicht, diese Wälder, ganz schwarz wie von dickem, geronnenem Lebenssaft, von grünem Saft, der in ihnen stockt wie dunkles Blut und auf den Frühling wartet, um dann wieder hervorzubrechen und sich über alle die weißen Wiesen auszubreiten, um alle diese toten Felder lebendig zu färben? In diesen Wäldern ist das Leben als Vorrat für die ganze Natur aufbewahrt.
Max Brod

Es war naßkalt; das Wasser rieselte die Felsen hinunter und sprang über den Weg. Die Äste der Tannen hingen schwer herab in die feuchte Luft. Am Himmel zogen graue Wolken, aber alles so dicht — und dann dampfte der Nebel herauf und strich schwer und feucht durch das Gesträuch, so träg, so plump.
Er ging gleichgültig weiter, es lag ihm nichts am Weg, bald auf-, bald abwärts. Müdigkeit spürte er keine, nur war es ihm manchmal unangenehm, daß er nicht auf dem Kopf gehn konnte.
Anfangs drängte es ihm in der Brust, wenn das Gestein so wegsprang, der graue Wald sich unter ihm schüttelte und der Nebel die Formen bald verschlang, bald die gewaltigen Glieder halb enthüllte; es drängte in ihm, er suchte nach etwas, wie nach verlornen Träumen, aber er fand nichts. Es war ihm alles so klein, so nahe, so naß; er hätte die Erde hinter den Ofen setzen mögen.
Georg Büchner

Carl Heinrich Rahl, Der treue Wächter, o.J.
Ferdinand Staeger, Der junge Adalbert Stifter, o.J.
Hans Thoma, Selbstbildnis mit Blume, 1919

Wilhelm Noack, Waldecke mit Grabkreuz, o. J.
Joseph Schwemminger, Waldlandschaft — Aufgang zum Himmel, o. J.

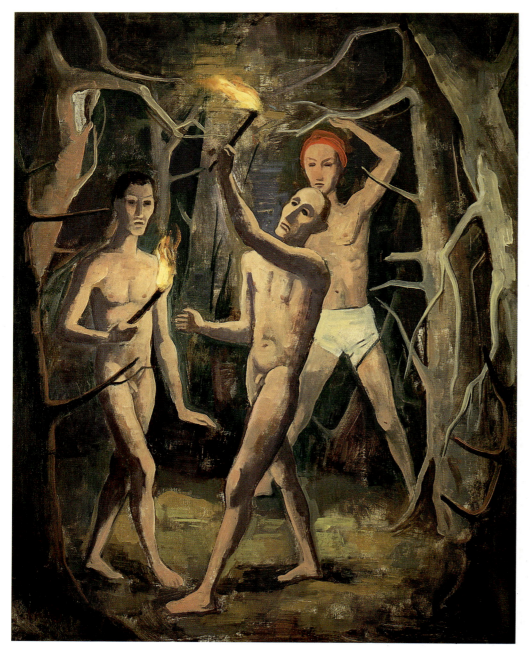

Da er keine Eile hatte, pflückte er von den schönen roten Erdbeeren, die am Wege standen. Die schmeckten ihm so süß und immer süßer, je mehr er davon aß, daß er endlich an nichts anderes dachte, als an die Erdbeeren, und jenachdem sie wuchsen, immer tiefer in den Wald lief. Aber er hatte die Richtung verfehlt und geriet in dichtes Gestrüpp, aus dem er sich nicht wieder herausfinden konnte. Da wurde er ängstlich und irrte mit seinem Erdbeersträußchen kreuz und quer und stundenlang umher, bis seine kleinen nackten Füße von Dornen zerrissen, und er so müde war, daß er nicht weiter konnte. So setzte er sich denn weinend unter eine alte Fichte, und traurig und erschöpft wie er war, sangen ihn die Drosseln bald in Schlaf.

Er hatte sich nur etwas ausruhen wollen und dann weiter gehen; aber er schlief so fest und lange, daß, als er endlich erwachte, der Nachtwind bereits die Wipfel der Birken wiegte. Da fing der arme Junge bitterlich zu weinen an, und rief laut nach seiner Mutter, die ihn freilich nicht hören konnte. Aber ein Paar schärfere Ohren hörten ihn.
Wilhelm von Kügelgen

Wo nun aber weiters hinauß? sintemahl mir die Wege und der Wald so wenig bekant waren / als die Straß durch das gefrorne Meer / hinder Nova Zembla, biß gen China hinein: die stockfinstere Nacht bedeckte mich zwar zu meiner Versicherung / jedoch bedauchte sie meinen finstern Verstand nicht finster genug / dahero verbarg ich mich in ein dikkes Gesträuch / da ich so wol das Geschrey der getrillten Bauren / als das Gesang der Nachtigallen hören konte.

Als aber der Morgenstern im Osten herfür flackerte / sahe ich meines Knans Hauß in voller Flamme stehen / aber niemand der zu leschen begehrte.

Als mich aber die Nacht wieder ergriffe / stunde ich auff / und wanderte so lang im Wald fort / biß ich von fern einen faulen Baum schimmern sahe / welcher mir ein neue Forcht einjagte / kehrete derowegen Sporenstreichs wieder umb / und gieng so lang / biß ich wieder einen andern dergleichen Baum erblickte / von dem ich mich gleichfalls wieder fort machte / und auff diese Weise die Nacht mit hin

und wieder rennen / von einem faulen Baum zum andern / vertriebe / zuletzt kam mir der liebe Tag zu Hülff / welcher den Bäumen gebotte / mich in seiner Gegenwart ohnbetrübt zu lassen / aber hiermit war mir noch nichts geholffen / dann mein Hertz steckte voll Angst und Forcht. Ich gieng dannoch fürter / wuste aber nicht wohin / je weiter ich aber gieng / je tieffer ich von den Leuten hinweg in Wald kam.

Da es nun sahe / als ob diese Reuter in ihrer tyrannischen Grausamkeit gantz unsinnig worden wären / kam ein solcher Schwarm bewehrter Bauren auß dem Wald / als wann man in ein Wespen-Nest gestochen hätte.

Diese Kurtzweil bename mir bei nahe den Lust / die Welt zu beschauen / dann ich gedachte / wann es so darinnen hergehet / so ist die Wildnus weit anmutiger.

Hans Jakob Christoph Grimmelshausen

Karl Hofer, Männer mit Fackeln im Wald, 1942
Max Klinger, Intermezzi, 1880—81:
Simplici Schreibstunde
Simplicius am Grab des Einsiedlers
Simplicius in der Waldeinöde
Adolf Schinnerer, Der Waldmensch, o. J.

Was wir still gelobt im Wald
Wollens draußen ehrlich halten,
Ewig bleiben treu die Alten:
Deutsch Panier, das rauschend wallt,
Lebe wohl,
Schirm dich Gott, du schöner Wald!

Carl Spitzweg, Der Sonntagsjäger, um 1848

Aber was steig' ich und schwindel' ich denn immer noch, als lief' ich am Waldrand hin? — Ja, in der Nacht war's so klar in meinem Sinn, daß ich laut lachte, und nun schweift's von Berg zu Tal und betastet die Erinnerung. — Und all mein Denken solcher Nachhall, wie wär' ich in eine Kluft gefallen. Wir waren am Nachmittag zum weiten Spaziergang fortgewandert und wußten wohl nicht genau die Zeit, die später war, als wir glaubten, und weil überall der Pfad an etwas Neugierigem sich hinzog, bald ein brausend Bächlein zwischen Klippen, bald sonnenhelles Grün und Hügel und Gemäuer und dann ein Wald mit mächtigen Kronen, da kamen noch Scharen von Vögel über uns hingezogen, denen wir nachsahen, da war's bald gar aus, wir wußten nicht, wo wir hergekommen waren, und wo wir hinwollten, gern wären wir wieder umgewen-umgewendet, wenn wir nur ahnen konnten, wo der Heimweg war.
Bettina von Arnim

Gar vieles haben die Bäume des deutschen Waldes mit dem deutschen Volke gemein, sind sie doch beide in ihrer Eigenart ein Erzeugnis derselben Heimat, bodenständig, seßhaft, groß geworden im Kampf gegen ein rauhes Klima und in harter Arbeit auf wenig fruchtbarem Boden.
R. Düesberg

So ist Deutschland doch ein Waldland, aus dem gesunder, lichtfroher Lebenswille allen Sumpf- und Moderduft verbannt hat. Fleiß und Ordnung halfen nicht nur der Nützlichkeit, sondern auch der Schönheit zu herzerhebendem Sieg — ein hohes Beispiel weiser und ehrlicher Zusammenarbeit von Naturkräften, denn auch der Mensch ist nur eine Naturkraft.
Max Mezger — Franz Boerner

Der Wald allein läßt uns Kulturmenschen noch den Traum einer von der Polizeiaufsicht unberührten persönlichen Freiheit genießen. Man kann da doch wenigstens noch in die Kreuz und Quere gehen nach eigenem Gelüsten, ohne an die patentierte allgemeine Heerstraße gebunden zu sein. Ja ein gesetzter Mann kann da selbst noch laufen, springen, klettern nach Herzenslust, ohne daß ihn die altkluge Tante Dezenz für einen Narren hält. Diese Trümmer germanischer Waldfreiheit sind in Deutschland fast überall glücklich gerettet worden.
Deutschland hat eine größere Zukunft der sozialen Freiheit als England, denn es hat sich den freien Wald gerettet. Den Wald ausrotten könnte man vielleicht in Deutschland, aber ihn sperren, das würde eine Revolution hervorrufen. Aus dieser deutschen Waldfreiheit, die so fremdartig aus unseren übrigen modernen Zuständen hervorlugt, strömt tieferer Einfluß auf Sitte und Charakter aller Volksschichten, als mancher Stubensitzer sich träumen läßt.
Doch selbst für den freien heiligen Wald gibt es in Deutschland Prachtstücke polizeilichen Humors. Wenn man auf der Insel Rügen in den von den Norddeutschen als eine Art Urwald gepriesenen uralten Buchenforst der Granitz tritt, so leuchtet dem Wanderer an einem mächtigen Baumstamm eine Tafel entgegen mit der Inschrift: daß man in diesem Wald nur umhergehen dürfe in Begleitung eines fürstlich Putbusschen Forstaufsehers zu 5 Sgr. die Stunde. Die Schauer eines Urwaldes in forstpolizeilicher Begleitung zu 5 Sgr. die Stunde genießen, das kann doch nur ein geborener Berliner.
Wilhelm Heinrich Riehl

Froh bin ich, wieder einmal in Gebüschen, Wäldern, unter Bäumen, Kräutern, Felsen wandeln zu können, kein Mensch kann das Land so lieben wie ich. Geben doch Wälder, Bäume, Felsen den Widerhall, den der Mensch wünscht.
Ludwig van Beethoven

Nirgends ist in der Natur eine vollkommen in sich geschlossene Sphäre oder eine absolute Trennung zu finden, und wenn die einzelnen organischen Körper sich nach eigenen Gesetzen zu entwickeln, ein für sich bestehendes, bloß auf ihre Existenz gerichtetes Leben zu führen scheinen, so können sie ihre Selbständigkeit nur insofern behaupten, als sie teilnehmen am Leben des Ganzen, welchem sie allein ihr individuelles Dasein und ihre Fortdauer verdanken. Deshalb herrscht in der ganzen Natur, neben dem Streben sich zu individualisieren, ein entgegengesetztes Streben, diesem egoistischen Leben zu entsagen und sich mit dem Ganzen zu vereinigen, durch welches das Einzelne seine Existenz und Bedeutung erhält.
Friedrich Hufeland

Als ich auf dem Berge angelangt war, ergoß sich eine herrliche Aussicht um mich, die Sonne ging schön auf, und es war mir sehr wohl. Ein schöner Wald drängte sich von der entgegengesetzten Seite, und rauschte freudig mit seinen Zweigen des Friedens in der frischen Morgenluft. Ich fühle in einem Walde, bei den großen lebendigen Säulen der kühlen zusammenrauschenden Gewölbe, immer eine tiefe Berührung im Innern.
Clemens Brentano

Anonym, Mädchen und Jünglinge in altdeutscher Tracht, im Hintergrund Nürnberg, o. J.
Anonym, Friedrich Ludwig Jahn, Ludwig Uhland, Ernst Moritz Arndt, o. J.

Hermann auf dem Wind- oder, wie er es benannt hat, Winfeld: Links schallt es in den Eichen und Buchen wie von heraufsteigenden Tritten und wie aneinander klirrende Panzer. Die Narren wollen uns mit der zwanzigsten Legion umgehen und kennen unser an das leiseste Waldesrauschen gewöhntes Ohr nicht. — *Zu einer Abteilung seines Heers:* Wirf sie hinunter! Ingomar empfängt sie auf den Spießen!
Christian Dietrich Grabbe

Zweite Scene.

Gewaffnete Opferknaben.

Siegmar (zu dem ältesten Knaben). Wer ist dein Vater, mein Sohn?

Der Knabe. Der Führer des Bardenchors, Werdomar. Bist du nicht der alte Siegmar, Hermanns Vater?

Siegmar. Kennst du mich schon, Knabe?

Der Knabe. Ach, Hermanns Vater! Streit wie Wodan, Hermanns Vater! (Zu den andern Opferknaben.) Stellt euch zum Kriegstanze!

Zwei Barden.
(Der eine spielt, der andere singt. Die Knaben tanzen.)

Trocknet die Wunden der Streitenden!
Sauget, Mütter und Weiber, das schöne Blut der Schlacht!
Flechtet, Mädchen, das heilige Laub des Eichenhains
Für die Schläfe des Siegers!

Die Bräute warteten auf ihn: nun ist er da, der große Tag!
Windet, Bräute, nun Blumen zu Kränzen
Um euer fliegendes Haar!
Die blutigere Lanze der Geliebten verkündet den nahen
Sieg!

Brenno. Ist dieß der Platz zum Opfer, Siegmar?

Siegmar. Ja, und auch zum Kriegsgesang. Denn dort unten ist das Thal, von welchem ich mit dir sprach, und hier gingest du mitten durch meine Cherusker. Die letzte Nacht, Barden, da ihr näher bei den Römern wart, machten sie die Bardenburg, und ihr habt gewiß daran gedacht, daß ich euch sagte, sie müßten heut' an der blutigsten Stelle der Schlacht lang' aushalten!

Brenno. Was sagst du, weiser Greis? werden wir in dieser furchtbaren Schlacht siegen, die nun schon über den dritten Mittag fortdauert?

Siegmar. Wenn die Götter mit uns sind, und wenn unsre Söhne fechten!

Brenno. Es ist ein ernstvoller Tag!

Siegmar. Mit dem Niedergange der Sonne ist es entschieden, oder ich kenne meinen Sohn Hermann nicht.

Brenno. Also heut noch Sieg oder Sklaverei!

Siegmar. Oder Tod! wolltest du sagen.

Wir hätten auch den Napoleon ganz ruhig ertragen. Aber unsere Fürsten, während sie hofften, durch Gott von ihm befreit zu werden, gaben sie auch zugleich dem Gedanken Raum, daß die zusammengefaßten Kräfte ihrer Völker dabei sehr mitwirksam sein möchten: man suchte in dieser Absicht den Gemeinsinn unter den Deutschen zu wecken, und sogar die allerhöchsten Personen sprachen jetzt von deutscher Volkstümlichkeit, vom gemeinsamen deutschen Vaterlande, von der Vereinigung der christlich germanischen Stämme, von der Einheit Deutschlands. Man befahl uns den Patriotismus, und wir wurden Patrioten; denn wir thun alles, was uns unsere Fürsten befehlen.

Was sich bald darauf in Deutschland ereignete, ist euch allzuwohl bekannt. Als Gott, der Schnee und die Kosaken die besten Kräfte des Napoleon zerstört hatten, erhielten wir Deutsche den allerhöchsten Befehl, uns vom fremden Joche zu befreien, und wir loderten auf in männlichem Zorn ob der allzulang ertragenen Knechtschaft, und wir begeisterten uns durch die guten Melodien und schlechten Verse der Körnerschen Lieder, und wir erkämpften die Freiheit; denn wir thun alles, was uns von unseren Fürsten befohlen wird.

In der Periode, wo dieser Kampf vorbereitet wurde, mußte eine Schule, die dem französischen Wesen feindlich gesinnt war und alles deutsch Volkstümliche in Kunst und Leben hervorrühmte, ihr trefflichstes Gedeihen finden. Die romantische Schule ging damals Hand in Hand mit dem Streben der Regierungen und der geheimen Gesellschaften, und Herr A. W. Schlegel konspirierte gegen Racine zu demselben Ziel, wie der Minister Stein gegen Napoleon konspirierte. Die Schule schwamm mit dem Strom der Zeit, nämlich mit dem Strom, der nach seiner Quelle zurückströmte. Als endlich der deutsche Patriotismus und die deutsche Nationalität vollständig siegte, triumphierte auch definitiv die volkstümlich-germanisch-christlich-romantische Schule, die »neudeutschreligiös-patriotische Kunst«.

Heinrich Heine

Anselm Kiefer, Varus, 1975
Friedrich Gottlieb Klopstock, Hermanns Schlacht, 1769

Der Himmel hilft, die Hölle muß uns weichen!
D'rauf, wackres Volk! D'rauf! ruft die Freiheit, d'rauf!
Hoch schlägt dein Herz, hoch wachsen deine Eichen.
Was kümmern dich die Hügel deiner Leichen?
Hoch pflanze da die Freiheitsfahne auf! —
Doch stehst du dann, mein Volk, bekränzt vom Glücke,
In deiner Vorzeit heil'gem Siegerglanz:
Vergiß die treuen Todten nicht, und schmücke
Auch unsre Urne mit dem Eichenkranz!
Theodor Körner

Die Tiefen der Geschichte sind unsichtbar. Freilich, auch der Wald ist nicht mehr der alte: die schöne Wildnis seines Wachstums ist längst zerstört, die Bäume sind in strenge Reihen geordnet, Ackerland und Wiesental nahmen Stück um Stück von seinem Geheimnis: aber schon auf dem Berge, auf dem Hermann sein Schwert erhebt, liegt tiefes Dunkel unter Fichten und Buchen, und die Spuren uralter Zeit tauchen auf. Der Regen fällt in die Kronen, und es dampft um den Gipfel; eilig saugt die Sonne das Wasser auf, wieder verfinstert sich der Himmel, und aufs neue ergießt sich die Flut; Lichter jagen, für einen Augenblick ist das Dickicht vergoldet, und es blitzt tausendfach in den Zweigen; dann wälzen sich Wolkenzüge über alle Kämme, die Ferne ist wieder verhüllt, und der Wald scheint zu stöhnen unter der niederbrechenden Flut; die Cherusker ergießen sich aus den Wäldern, ungestüm, wie der Regen niederbraust in die Schluchten. Denn es ist, als habe der Wald sich selbst empört, um mitzukämpfen mit seinen Sümpfen und Schluchten; spät erst verhallt der Hilferuf der Versinkenden, denen keine Hilfe ward.
Reinhold Schneider

Wunderliche Spießgesellen,
Denkt ihr noch an mich,
Wie wir an der Elbe Wellen
Lagen brüderlich?

Wie wir in des Spreewalds Hallen,
Schauer in der Brust,
Hell die Hörner ließen schallen
So zu Schreck und Lust?

Mancher mußte da hinunter
Unter den Rasen grün,
Und der Krieg und Frühling munter
Gingen über ihn.

Wo wir ruhen, wo wir wohnen:
Jener Waldeshort
Rauscht mit seinen grünen Kronen
Durch mein Leben fort.

Joseph von Eichendorff

Anonym, Das Hermannsdenkmal im Teutoburger Wald, o.J.
Anonym, Hermann der Cheruskerfürst, o.J.

Ach die Eiche des Bundes nun über Seinem, über Klopstocks Haupte. O nicht umsonst rauschte sie stolz, als wir neulich in der Mitternacht ausgingen, zum Feste des zweiten Julius die Zweige zu brechen. Es war in diesem Jahre das erste Mal, daß wir sie besuchten. Gerade über ihr stand ein funkelnder Stern. Wir kündigten uns ihr von ferne als den Bund fürs Vaterland an, liefen und riefen ihr Wodans Gesang entgegen, traten hierauf still und langsam näher hinzu, faßten Äste, brachen Zweige, und riefen dreimal: Unserm Vater Klopstock! und plötzlich rauschte es hoch durch die ganze Eiche herunter, daß die niederschwankenden Äste unsre Häupter verhüllten. Wir tatenlose aber tatendürstende Jünglinge dürfen noch zur Zeit nur Büsche tragen.

O schone mein! wie wehet dein heiliger Kranz!
Wie gehst du den Gang der Unsterblichen daher.

Johann Friedrich Hahn an Friedrich Gottlieb Klopstock

Hans Christian Thegen,
De Einberufung to de Hermannslacht, 1946

Daß Fürst Bismarck als echter Deutscher ein Freund des Waldes war, wissen wir alle.
Der Türmer, 1923

Brauckmann, Der Bismarckweg bei Hahnenklee, o. J.

Ich kann nicht leugnen, daß mein Vertrauen in den Charakter meines Nachfolgers einen Stoß erlitten hat, seit ich erfahren habe, daß er die uralten Bäume vor der Gartenseite seiner, früher meiner Wohnung hat abhauen lassen. Kaiser Wilhelm I. wird im Grabe keine Ruhe haben, wenn er weiß, daß sein früherer Gardeoffizier alte Lieblingsbäume, die ihresgleichen in Berlin und Umgebung nicht hatten, hat niederhauen lassen, um un poco più di luce zu gewinnen. Aus dieser Baumvertilgung spricht nicht ein deutscher, sondern ein slavischer Charakterzug. Ich würde Herrn von Caprivi manche politische Meinungsverschiedenheit eher nachsehen als die ruchlose Zerstörung uralter Bäume.
Otto von Bismarck

Anonym, Friedrichsruh b. Hamburg, Fürst Bismarck mit seinen beiden Hunden, o. J.

Wo ist der Wotan der Germanen,
der Sturm- und Donnergott, sagt an,
dem Opfer brachten unsre Ahnen,
dem sich gebeugt der deutsche Mann?
Zog er zum fernen Nordlandstrande,
wo wild der freie Sturmwind saust?
O nein, er blieb im deutschen Lande:
im grünen, heilgen Wald er haust!

Geborgen tief im stillen Grunde,
träumt er von deutscher Herrlichkeit;
die Wipfel lauschen in der Runde,
wenn wild er raunt von Kampf und Streit.
Er braust daher in Frühlingswettern,
durchblitzt des Sommers grüne Pracht,
er schreitet stumm in dürren Blättern
und liest im Stern der Winternacht.

Er kann sein Deutschland nie vergessen,
und droht uns Not und Schlachtenbraus,
tritt er in Liebe unermessen
als deutscher Mann ins Volk hinaus.
In Karl und Barbarossa sahen
die Väter ihn in ihrem Kreis,
in Luther mußt er wieder nahen,
zu kämpfen für uns Deutsche heiß.

Heil uns, daß wir auch durften schauen
den auferstandnen Donnergott,
des Auges Blitz aus Wolkenbrauen,
voll kühnem Mut und grimmem Spott!
Wie lohte ihm im großen Herzen
die Liebe heiß fürs Vaterland:
Mit Blut und Eisen, Wunden, Schmerzen
schuf er das Reich im Schlachtenbrand!

Dann zog er heim in grüne Hallen,
im Sachsenwalde auszuruhn
von seinem großen Erdenwallen,
der Wipfel Rauschen deckt ihn nun.
Uralte Sagen, Frühlingskränze
umweben seine Erzgestalt,
und neu erklingt mit jedem Lenze
das Lied vom Alten tief im Wald!

Gottfried Doehler

Anonym, Wilhelm II. auf der Jagd in Blankenburg i. H., 1899
Anonym, Wilhelm II. als Jagdgast in Ratibor auf Gut Randen, o. J.

Anonym, Hermann Löns' Grab im Argonnerwald, um 1940

Ein Lied von ihm las ich einmal, und es faßte mich an, wie der Wald, von dem er sang. Heute las ich das wieder und dachte an den stillen Mann, dem kein Wald mehr rauscht und keine Sonne leuchtet:

Wie deine grüngoldnen Augen funkeln,
Wald, du moosiger Träumer!
Wie deine Gedanken dunkeln,
Einsiedel, schwer von Leben,
saftseufzender Tagesversäumer!

Über der Wipfel Hin- und Wiederschweben
wie's Atem holt und voller wogt und braust
und weiterzieht —
und stille wird —
und saust.

Über der Wipfel Hin- und Wiederschweben
hoch droben steht ein ernster Ton,
dem lauschten tausend Jahre schon
und werden tausend Jahre lauschen . . .
und immer dieses starke, donnerdunkle Rauschen.

Hermann Löns über Peter Hille

⊲ Dieser Steinsarg birgt die Gebeine des im großen Weltkriege am 26. im Scheiding 1914 bei Loivre gefallenen Kriegsfreiwilligen und Dichters

Hermann Löns.

⊲ Die Gebeine wurden mit Einwilligung des Führers und Reichskanzlers Adolf Hitler im Gilbhardt 1934 auf dem Soldatenfriedhof von Loivre ausgegraben, am 30. im Nebelung 1934 in der Löns-Heide an der Straße Harburg-Soltau beigesetzt und am 2. im Ernting des Jahres 1935 auf Anordnung des Oberbefehlshabers der Wehrmacht des neuen deutschen Reiches, des Reichskriegsministers Generaloberst von Blomberg, in dem von Lisa H. Löns, der Frau des Dichters, bestimmten und von dem Bauer Wilhelm Asche dem Staate geschenkten Heidegrab in Tietlingen bei Fallingbostel mit militärischen Ehren bestattet.
⊲ Als Tag für die Beisetzung wurde der 2. im Ernting gewählt, weil in der Person von Hermann Löns der heldische Geist der Kriegsfreiwilligen von 1914 sinnbildlich geehrt werden sollte.

⊲ Tietlingen, am 2. im Ernting 1935.

Die Urkunde des Führers für Hermann Löns, 1935
Anonym, Hier liegt Hermann Löns begraben, 1935
Anonym, Soldatenfriedhof, 1. Weltkrieg, o. J.
Anonym, Am Löns-Stein im Naturschutzpark zu Tietlingen, 1935

Heinrich Hoffmann, Hermann Göring mit Jagdgästen in der Schorfheide, o.J.

Sobald die Nummer des Fehlenden festgestellt war, ertönte aus dem Munde des Pfarrerssohnes das gleichgültige, stereotype Kommando: »Stubendienst in den Wald! Den Vogel suchen!«
Die Achttausend blieben schweigend zurück, und nur an Sonntagen fiel es der Lagerführung ein, die Wartezeit — die Wartezeit auf einen Toten — durch ein gemeinsames Lied zu verbringen. Dieses Lied, das auswendig gelernt werden mußte, hat Johannes zu seinem Segen vergessen. Es begann mit einer alten Mutter in einem »Hüttlein am Waldesrand«, die im Sonnenschein vor sich hinnickt und einschläft, bis sie durch eine vorüberziehende Schwadron geweckt wird, in der sie, in der Erinnerung oder in Wahrheit, ihren Sohn zu erkennen glaubt. Das Ganze also von idyllisch-sentimentaler Art und noch unerträglicher gemacht durch eine lächerliche Melodie, die am Ende einen bestimmten Ton mit einem besonderen Nachdruck hervorhob. Und da dieser Nachdruck zu dem Sinn der Silbe oder des Wortes meistens in einem grotesken Mißverhältnis stand, so ergab sich ein aus Albernheit und Plattheit zusammengesetzter Eindruck, der, bei manchmal zehnmaliger Wiederholung aller Strophen, so unerträglich wurde wie die immer gleiche Gebärdenfolge eines Wahnsinnigen.

Manchmal aber schleppten sie einen Lebenden zurück, dem es an dem letzten Mut zum dunklen Wege gefehlt hatte. Schon von weitem hörte man die Schläge fallen und die Stimme des Berufsverbrechers Richter, eines der drei Lagerältesten.
Für Richter war nun dieses »Aufsuchen der Vögel« seine große Stunde. Während des ganzen Weges schlug er mit einem frischgeschnittenen Stock unaufhörlich auf das Opfer ein, so daß es schon blutüberströmt auf dem Appellplatz eintraf. Auch dieses hat Johannes gesehen, daß die losgelassenen Hunde an dem Gefangenen hochsprangen und sich in ihm verbissen.
Johannes vergaß auch das Bild derjenigen nicht, die unter den gefällten Buchenstämmen quer durch das Lager keuchten. Manche der Stämme maßen fast einen Meter im Durchmesser, und das Holz war grün und schwer wie Eisen. Sie schoben schwere Knüppel unter den Stamm und legten sie auf ihre wunden Schultern. Neben ihnen gingen Vorarbeiter und Posten mit Stöcken.

Ernst Wiechert

Von schmalem, zungenförmigem Grundriß, durch breite, numerierte Schneisen (Schlagbäume davor) nach allen Richtungen erschlossen und durchsichtig. Am Rande in regelmäßigen Abständen hohe Eichen, in die jetzt Hochstände eingebaut sind. Die Kiefern 20 bis 30 cm dick, viele sind herausgeschlagen, die Schnittflächen der Stümpfe graugrün getüncht. Auf dem Dach des unbenützten würfelförmigen Bunkers sorgfältig arrangiertes Waldstilleben, ebenso auf den zahlreichen Baracken, seegrasgetüpfelte Tarnnetze etc. Auf den Wegen schwarze Asche, dicke Hydranten, Schlauchkästen an den Baracken. Die Barakken des Begleitbataillons mit Geweihen und Laubsägearbeiten ausstaffiert. Am Rande des Gehölzes sichern Spähpanzer unter sonnenverdorrten Tarnnetzen, Pakgeschütze zeichnen sich unter Planen ab.
Felix Hartlaub

O Herr, der du zu deinem Ruhm
Gewölbt des Waldes Heiligtum,
Du, dem die wettertrotz'gen Föhren
Lobsingen mit des Sturmes Chören,
Du, dessen Preis in sanften Liedern
Die Buchenwipfel sich erwidern,
Allmächt'ger, wende deinen Blick
Auf unser jammervoll' Geschick!
Wir krüppeln, wir verdorren
Zu zwerghaft schnöden Knorren;
In Moder kriechen wir und Kot,
An unsrem Marke nagt der Tod.
Des trägt die Schuld der Eichenbaum.
Er wölbt sich stolz im blauen Raum,
Geäst und Zweige schattendicht,
Und raubt uns Luft und raubt uns Licht.
O send uns deinen Retterhauch,
Wir sind ja deine Kinder auch!
Doch stille bleibt es, totenstill;
Da kommt kein Hauch, der retten will,
Nur in den Eichenästen weben
Geheime Geister Glanz und Leben,
Geheime Geister Glück und Sieg.
Du armes Krüppelholz erlieg;
Wen kümmert deine Todesqual,
Wenn prangend in des Himmels Strahl
Des Waldes Fürst, der starke, hehre,
Lobpreist des Allgerechten Ehre!
Artur Fitger

Heinrich Hoffmann,
Luftschutzbunker im Wald bei Winniza,
2. Hauptquartier Hitlers, o.J.

Dem deutschen Menschen im deutschen Wald ist als Erbteil aus Vorvätertagen der Zug zur Natur fest eingefleischt, und die Natur verkörpert sich ihm noch immer am reinsten in seinem Wald, wo sie zugleich am ursprünglichsten ist. Wir brauchen etwas für Geist und Gemüt, das gleichzeitig Sinnbild für Deutsch und Heimat und Ausdruck für Unvergängliches ist. Etwas, das im ewigen Gleichklang, unabhängig vom Wandel der Zeiten, durch die Flucht der Jahrhunderte geht und damit Natursinn und Heimatgefühl in uns und den Nachkommen wach erhält. Das deutsche Volk ist von Haus aus ein Waldvolk, und immer noch spiegelt sich diese Herkunft im Grundzug seines Wesens ab. Die Baumverehrung der Germanen, der Waldglaube, der an die Jahreszeiten und ihren Wechsel gebunden war, der Hang zum Träumen, die Neigung zum Grübeln, mit einem Worte die Seelenverfassung, die die Umgebung, die Waldmasse prägte, sie lebt im vererbten Blute fort.
Carl Wilhelm Neumann

herrschung, zähes Festhalten an dem gesteckten Ziele, scharfe Beobachtungsgabe und richtige Verwertung auch der unscheinbarsten Zeichen und endlich auch freiwilliges Unterordnen unter eine gemeinsame Leitung im Interesse des Ganzen, lernte der deutsche Mann im deutschen Wald; und wenn er es nicht lernte, dann ging er zugrunde oder wurde doch wenigstens von der eigenen Volksgemeinschaft mangels augenfälliger Erfolge von jeder Führerstellung ausgeschlossen. Das sind die Grundlagen des kriegerischen Geistes, die der Wald im deutschen Volke entwickelt hat.
Nur einige Züge im deutschen Wesen möchte ich nennen, die mir unmittelbar aus dem engen Verkehr mit der Waldnatur erwachsen zu sein scheinen. Was wir säen, das ernten wir nicht, und wir wissen auch nicht, ob die geleistete Arbeit nach Jahrhunderten einmal praktische Erfolge zeitigen wird. Trotzdem arbeiten wir an unserem Walde und es ist wohl nicht zu viel gesagt, wenn ich behaupte, daß diese Einstellung zur Arbeit uns den deutschen Wald erhalten hat in seiner Größe und Schönheit im Gegensatz zu allen anderen Völkern Europas. Und nun ein anderes. Deutsche Heimatliebe. Nichts fesselt den Deutschen mehr an seine Heimat als der deutsche Wald. Ich glaube es ist kein Zufall, daß die Lehren des Bolschewismus dort in unserem deutschen Vaterlande am stärksten und raschesten Eingang gefunden haben, wo der deutsche Wald entweder ganz fehlt, oder doch, seiner natürlichen Reize völlig bar, oder doch seiner natürlichen Reize völlig bar, unter den Einflüssen einer einseitigen Forstwirtschaft zu einer Holzfabrik geworden ist. Und als weitere Blüte aus deutschem Waldboden scheint mir auch hervorgegangen zu sein die deutsche Treue, dieses absolute Gebundensein an die moralischen Beziehungen zu unserer Umwelt.
Forstrat Dr. Zentgraf

Besonders die Jagd hat dem deutschen Manne die Eigenschaften erweckt und erzogen, die ihn zum Schrecken seiner Feinde, zum kühnen, gewandten und unbezwingbaren Gegner in allen Kämpfen machte. Besonders die hohe Jagd, die den Grundherrn und ihren Lehensträgern vorbehalten war und die deren Leben neben kriegerischer Betätigung ganz erfüllte, bewirkte, daß die Edelsten des Volkes nicht weichlichem Wohlleben verfielen, sondern jederzeit gestählten Körpers und im Waffenhandwerk geübt, zu Führern ihres Volkes befähigt waren. Aber nicht nur körperliche Schulung brachte die Jagd dem deutschen Manne, sondern auch eine Entwicklung innerer Eigenschaften, die ihn zum Führer und Kämpfer besonders vorbereiteten. Rasche Entschlußkraft, Selbstbe-

Du warst, Wald, in Ahnentagen
Vorbild hoher Meisterschaft
für die Dome, die da ragen
hoch wie deiner Stämme Macht!

Als den Glauben wir verloren,
der den Vätern heilig galt —
hat deutsche Art ihm neugeboren
in der Dome Allgewalt!

Carl Maria Holzapfel

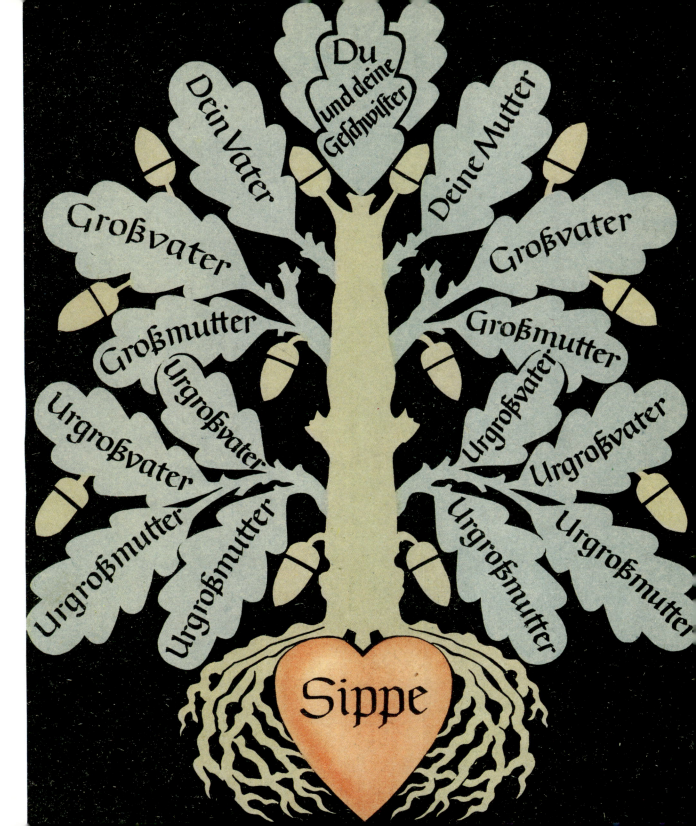

Heinrich Hoffmann,
Adolf Hitler, um 1925
Heinrich Tessenow,
Wettbewerbsentwurf für die
Ehrenhalle im KdF-Seebad auf
Rügen, 1936
Weihnachtskalender,
um 1940

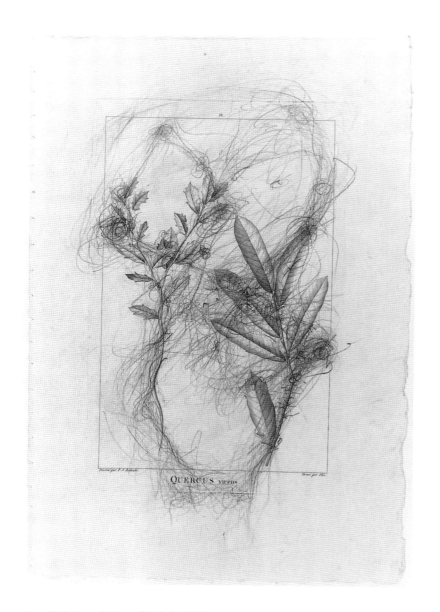 

Arnulf Rainer, Eichen (Oaks), 1986

Die Verbindung von Botanika und Nationalismen im Verbalismus der »deutschen Eiche« hat mich entsetzt und viel beschäftigt. Zu nah ist die Erinnerung an eine Zeit, in der man durch Kreuze und Eichenlaub deutsche Aggressionsheroik auszeichnete und demonstrierte.

Dieser mein Zeichnungszyklus beschäftigt sich mit dem Laub der nicht-deutschen Eichen. Er nahm seinen Ausgangspunkt von den Stichen aus dem berühmten botanischen Werk A. Michaux' »Histoire des chênes de l'Amérique«, 1801

Das ist kein echter deutscher Mann,
der seinen Winter schmähen kann
und seinen Wald vergessen.
Gottfried Schwab

Das ist des deutschen Waldes Kraft,
daß er kein Siechtum leidet,
und alles, was gebrechenhaft,
aus Leib und Seele scheidet.
V. v. Scheffel

Der Wald, das ist mein Gotteshaus
und soll es ewig sein;
gereinigt tret' ich stets heraus,
ging sündig ich hinein.
R. Hugo

Naturgemäßes triffst du nur
in Wald und Feld allein,
drum schließt zumeist die Unnatur
sich hinter Mauern ein.
Anonym

Romantisch war auch unsere Naturliebe. Sie meinte nicht die Dinge, sondern sich selbst in ihnen. Ich fühlte mich unvollständig bei mir und war doch so begierig auf mein Ganzes. Ein süßunruhiges Fernweh trieb mich umher, als sei mein Ich rings auf der Erde verteilt und ich müßte es erst zusammensuchen gehen. Die Nacht auf der zugigen Burgruine des Fränkischen Jura kannte mich, der rieselnde Novemberregen im dunklen Kiefernforst flüsterte mir etwas über mich zu. Im Sonnengefleck unter mächtigen Schwarzwaldtannen, in der flirrenden Hitze des Feldweges durch hohen Roggen, im plätschernden Singen des Mainwassers zwischen den Stämmen unseres Floßes fand ich mich. Im Duft des Müritzsees beim Schwimmen, im Geblitz der weißen Möwen über der blauen Ostsee, im Sausen des Sonnwendfeuers auf dem steilen Sandhang über der Havel ahnte ich neue Seiten und Weiten meines gottgeschenkten Ich. Ich blieb mir bei jedem Schritt auf der Fährte, dehnte und streckte mich auf jedem Weg ins Weite. Alles war mir verklärt oder verdüstert, wurde mir Stimmung und Seele, bekam tiefe Bedeutung für mich. Nichts konnte mir gleichgültig bleiben; die geliebte Erde ergriff mich immer und überall, als sei sie mir verschwistert. Ich zeichnete und malte in vielen Bildern ihre lieben Züge, glücklich vor Selbstvergessenheit und Selbstversammeltheit. Vor großen Fahrten konnte ich oft kaum schlafen in seliger Erwartung der kommenden Wunder. Die draußen geschauten Bilder ernährten mein welthungriges Inneres und vermählten sich ihm zu unverlierbarem Herzensbesitz.
Georg Götsch

Die Natur ist unser aller gemeinsame Heimat, in der ein Fremdling zu sein jedermann Schande und Schaden bringt.
Emil Adolf Roßmäßler

Gerade bei der Jugend muß auch die Kleidung in den Dienst der Erziehung gestellt werden. Der Junge, der im Sommer mit langen Röhrenhosen herumläuft, eingehüllt bis an den Hals, verliert schon in seiner Bekleidung ein Antriebsmittel für seine körperliche Ertüchtigung.
Adolf Hitler

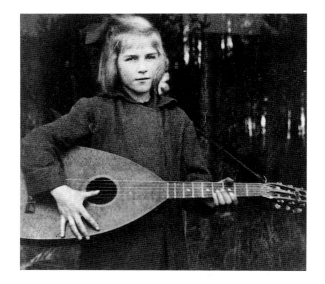

Wir vertreten die Auffassung, daß ein an Leib und Seele rechtwinklig gebauter Mensch sich an den dazu geeigneten Orten unverhüllt dem frohen Spiel seiner Glieder hingeben und sich der unverhüllten Schönheit seines Leibes auch vor dem anderen Geschlecht erfreuen darf.
Hermann Wilke

Anonym, Porträt eines typischen Wandervogels, 1911
Julius Groß, Ohne Titel, 1917
Anonym, Bundestag der Wandervögel Frankfurt a. O., 1914

Arme Nixe, die tief im Tannengesäusel des Schwarzwalds
    Leidendem Menschengeschlecht herrliche Labung ergießt,

Hast du es so gemeint, daß dich die Herren vom Amte
    Für zinstragenden Pacht legen in Riegel und Schloß?

Zweimal des Tags zwei Stunden ist dir zu fließen gestattet,
    Üppigem Volke der Stadt rinnet dein silberner Quell.

Fliehen wollt' ich die Stadt, im Grünen, im Dunkel des Waldes
    Wollt' ich vergessen, denn ach! jetzt ist Vergessen so süß!

Aber was spreizt sich umher, was gackert, was schnarret, was plappert?
    Ludwigsburger und Stuttgarter Familienbrei,

Starres Beamtentum, gichtbrüchige Pensionäre
    Und mit dem vollen Sack klapperndes Geldmachervolk.

Hab' ich darum die Berge, die ländlichen Hütten, die Quellen,
    Düfte des Tannenwalds, Lüfte des Himmels gesucht,

Daß die verkrümmende Not und daneben der schwelgende Geldsack
    Mir erneue den Riß, welcher die Menschheit zerreißt?

Gebt mir zur reinen Natur auch Menschen, die noch Natur sind,
    Gebt zum lebendigen Born Bild der Gesundheit und Kraft!

Sehen mag ich das Volk, das ungebrochen und ganz noch,
    Dem von männlicher Kraft stählern der Muskel sich spannt,

Hell das Auge und scharf mit Adlerblicken sich aufschlägt
    Und auf der Wangen Rot blühende Frische noch lacht,

Anonym, Wandervogel Deutscher Bund, o. J.

Volk, das pflüget und sät und weidet Rinder und Rosse,
    Frei von trägem Genuß, frei von bedrängender Not,

Alter Sitte getreu, noch nicht durchbeizt von dem Pesthauch,
    Den ins Gebirg einschleppt leckrer Touristen Geschmeiß,

Kriegerisch noch, jagdlustig und mit weitschallendem Jodler
    Gerne den Widerhall weckend in Tal und Geklüft.

Wär' ich bei euch, mich sollte die Herrenstube nicht sehen —
    Gleich in die Laube hinaus, unter die Juppen hinein!

Lächelnd streicht sich den Bart und weist auf den Stutzen der Weidmann,
    Und mit prüfendem Blick fragt er mich: möchtet Ihr mit?

»Freilich«. — Er holt aus dem Schrank mir eine der blinkenden Waffen,
    Früh in des Morgens Hauch geht's in die Berge hinauf.

Nicht entrinnt er dem Blei, dem sicher gezielten, der scheue
    Gemsbock, den wir am Rand gähnender Schrecken erspürt.

Klettern wir Abends zu Tal, mit der köstlichen Beute beladen,
    Steht ein Becher, ein Mahl, einfach und kräftig, bereit;

Warm vom erquickenden Trunk ergreift die Zither der Bursche,
    Wirbelnd in nervigem Arm walzen die Dirnen umher —

Hellauf, Müller, Hallo! Nun gürte dein hurtigstes Maultier!
    Fort aus dem Froschpfuhl, fort! Schnell über Hügel und Tal!

Friedrich Theodor Vischer

Julius Groß, Heimvolkshochschule Schloß Tinz bei Gera, 1924
Anonym, Der Speerwerfer, Bewegungsstudie, 1927

Anonym, Munsterlager, 1933

Julius Groß, Heimvolkshochschule Schloß Tinz bei Gera, 1924

Reinhold Max Eichler, Junger Faun, 1904
Fidus:
Abendwinken, 1908
Beichte, 1892
Glühender Mondenschein, 1911
Paul Isenfels, Fidus, 1927
Fidus:
Verlassen, 1894
Tochter des Künstlers, 1918
Aus der Mappe »Tänze«, um 1894
Es werde licht! 1896

Ferdinand Staeger,
12. Deutsches Turnfest, 1913

Frei und unerschütterlich
Wachsen unsre Eichen:
Mit dem Schmuck der grünen Blätter
Stehn sie fest in Sturm und Wetter,
Wanken nicht noch weichen.

Wie die Eichen himmelan
Trotz den Stürmen streben,
Wollen wir auch ihnen gleichen,
Frei und fest wie deutsche Eichen
Unser Haupt erheben.

Darum sei der Eichenbaum
Unser Bundeszeichen:
Daß in Taten und Gedanken
Wir nicht schwanken oder wanken,
Niemals mutlos weichen.

Hoffmann von Fallersleben

Deutsches Volk, du herrlichstes vor allen, deine Eichen stehn, du bist gefallen!
Theodor Körner

Die wenigsten Menschen spüren, daß auch die Bäume zaubern können. Sie werden nicht gewahr, daß in Eichenwäldern ihre Widerstandskräfte wachsen.
W. Fabricius

Die Eiche ist kraft ihrer Persönlichkeit der Vater des Waldes. Jede ihrer Gebärden scheint, nach menschlichem Gleichnis, Kampf, schweres Dasein, Zusammenraffung und Willen auszudrücken. Sie zeigt sich als eine mit Muskeln bepackte Kraftnatur. Doch wird sie es kaum schwerer mit dem Leben haben als ein anderer Baum, der seine gute Nahrung findet. Sie haust im Wald wie ein etwas schrulliger, eigensinniger Riese. Da ihr Laubwerk locker ist, verschattet sie den Waldboden nicht, reißt vielmehr, dem Licht eine breite Gasse bahnend, mit mächtig klafternden Armen das Waldesdunkel auf. Mag ihre Geste auch wild, ungestüm und ungeschlacht sein, ihre Art ist nicht finster: Eichenwälder funkeln prächtig lichtdurchstäubt und schallen von Vogelgesang. Die Eiche wird als nordischer Baum hochgepriesen. Ihrer Natur und Herkunft nach ist sie es aber nicht, sie ist ein Südbaum, der nach der Eiszeit in unser Land einwanderte. Deshalb ist sie auch frostempfindlich und ein Spätblüher.
Friedrich Schnack

Die Eiche gilt als der eigentliche deutsche Baum, der des Waldes Königin genannt wird. Treffender wohl würde der Eichbaum König des Waldes genannt, denn er hat etwas entschieden Männliches an sich.
Johannes Trojan

Zum Eichenwald, zum Eichenwald, wo Gott in hohen Wipfeln wallt, Möcht' ich wohl täglich wandern . . .

Da ist das deutsche Vaterland, da Jüngling, Jungfrau, sey Dein Stand Da führe Du Dein Leben! Da will ich stehn, ein grüner Baum will träumen manchen sel'gen Traum Und nach dem Himmel streben
Max von Schenkendorf

Anonym, Olympiasiegerin, 1936
Anonym, Junge Turnfestteilnehmerin, o. J.
Anonym, Turnfestsieger, München 1958
Anonym, Niederwalddenkmal (Detail), o. J.

»Ich habe oft aussprechen hören«, sagte ich, »die Natur sei immer schön; sie sei die Verzweiflung des Künstlers, indem er selten fähig sei, sie ganz zu erreichen.«

»Ich weiß wohl«, erwiderte Goethe, »daß die Natur oft einen unerreichbaren Zauber entfaltet; allein ich bin keineswegs der Meinung, daß sie in allen ihren Äußerungen schön sei. Ihre Intentionen sind zwar immer gut, allein die Bedingungen sind es nicht, die dazu gehören, sie stets vollkommen zur Erscheinung gelangen zu lassen.

So ist die Eiche ein Baum, der sehr schön sein kann. Doch wie viele günstige Umstände müssen zusammentreffen, ehe es der Natur einmal gelingt, ihn wahrhaft schön hervorzubringen. Wächst die Eiche im Dickicht des Waldes heran, von bedeutenden Nachbarstämmen umge-

258

ben, so wird ihre Tendenz immer nach oben gehen, immer nach freier Luft und Licht. Nach den Seiten hin wird sie nur wenig schwache Äste treiben, und auch diese werden im Laufe des Jahrhunderts wieder verkümmern und abfallen. Hat sie aber endlich erreicht, sich mit ihrem Gipfel oben im Freien zu fühlen, so wird sie sich beruhigen und nun anfangen, sich nach den Seiten hin auszubreiten und eine Krone zu bilden. Allein sie ist auf dieser Stufe bereits über ihr mittleres Alter hinaus, ihr vieljähriger Trieb nach oben hat ihre frischesten Kräfte hingenommen, und ihr Bestreben, sich jetzt noch nach der Breite hin mächtig zu erweisen, wird nicht mehr den rechten Erfolg haben. Hoch, stark und schlankstämmig wird sie nach vollendetem Wuchse dastehen, doch ohne ein solches Verhältnis zwischen Stamm und Krone, um in der Tat schön zu sein.

Wächst hinwieder die Eiche an feuchten, sumpfigen Orten und ist der Boden zu nahrhaft, so wird sie, bei gehörigem Raum, frühzeitig viele Äste und Zweige nach allen Seiten treiben; es werden jedoch die widerstrebenden, retardierenden Einwirkungen fehlen, das Knorrige, Eigensinnige, Zackige wird sich nicht entwickeln, und aus einiger Ferne gesehen, wird der Baum ein schwaches, lindenartiges Ansehen gewinnen, und er wird nicht schön sein, wenigstens nicht als Eiche.

Wächst sie endlich an bergigen Abhängen, auf dürftigem, steinichtem Erdreich, so wird sie zwar im Übermaß zackig und knorrig erscheinen, allein es wird ihr an freier Entwickelung fehlen, sie wird in ihrem Wuchs frühzeitig kümmern und stocken, und sie wird nie erreichen, daß man von ihr sage: es walte in ihr etwas, das fähig sei, uns in Erstaunen zu setzen.«

Ich freute mich dieser guten Worte. »Sehr schöne Eichen«, sagte ich, »habe ich gesehen, als ich vor einigen Jahren von Göttingen aus mitunter kleine Touren ins Wesertal machte. Besonders mächtig fand ich sie im Solling in der Gegend von Höxter.«
Eckermann im Gespräch mit *Goethe*

Anonym, Theodor Körner, o. J.
Anonym, Joseph von Eichendorff, Denkmal von Johannes Boese in Ratibor, o. J.
Woldemar Friedrich, Über allen Gipfeln ist Ruh, o. J.
Martin Glöder, Goetheweg im Harz, o. J.
Karl Heideloff, Schiller trägt im Bopserwald bei Stuttgart seinen Schülern die »Räuber« vor, o. J.

Stefan Moses,
Die alten Deutschen,
1962—65

Hjalmar Schacht
Oscar-Maria Graf
Bischof Dibelius

Magnus von Braun
Admiral Dönitz
Alfred Kantorowiecz

Käte Kruse
Tilla Durieux
Gertrud von Le Fort

Mary Wigman
Elly Ney
Meret Oppenheim

Wenn die Sonne untergeht und man steht in einem Walde, wo man die leuchtende Strahlung wie eine rote Glut durch die Stämme und Zweige hervorbrechen sieht, so unterscheidet man die hellste Strahlung über den Bäumen, doch als eine Mezzotinte. Um diese Wirkung hervorzubringen, würde ich ein graues Tuch wählen und die Stelle der Sonne nebst den leuchtenden Wolken mit reinem Kremser Weiß erst impastieren, sodann die Zeichnung auftragen und die weiße Stelle nach Maßgabe der hervorzubringenden Glut mit Krapplack und Gummigutti, Krapplack, Krapplack und gebrannter Terra di Siena usw. lasieren; dann mit einem Grün, bestehend aus Blau und dunklem Ocker; wo es in Schatten geht, Beinschwarz, dazu, wo es in Luftreflex geht, etwas bläulich, nebst einem Luftton dazu; den Wald davor schreiben, die Luft mit einer grünschwärzlichen Mischung lasieren und solche nur wenig in ihrer Helligkeit von dem Walde abstechen lassen; alles aber mit scharfen Borstpinseln geschrieben. — Die Übermalung wird nun über die Luft bloß geschummert, die allenfalsigen Wolken an der Lichtseite halb gedeckt, in ihrer Farbe blauviolett, der Wald blau und kalt reflektierend erleuchtet und die Ausladungen herausgehoben; die durch die Stämme blitzenden Strahlen wieder mit Kremser Weiß herausgeholt, indem man den Duft, der sich um die Blitzstrahlen herum im Wald und an den Stämmen verbreitet, schon aufgetragen.
Philipp Otto Runge

Dieter Appelt, Waldüberwachung, 1987
August Lucas, Landschaft mit Maler, o.J.
Max Ernst, Le survivant, 1968

Nikolaus Lang, Hirschskelettaktion, Bayersoien 1979

Sigmar Polke, Das Entblättern eines Baumes, 1968
Sigmar Polke, Die Weide, die nur meinetwegen hohl gewachsen ist, 1968

Georg Baselitz, Ein Werktätiger, 1967

Anselm Kiefer,
Kopf im Wald —
Kopf in den Wolken, 1971

Am Abend tönen die herbstlichen Wälder
von tödlichen Waffen

Karl Horst Hödicke, Jäger und Gejagter im deutschen Wald, 1971

Anonym, Baumreihe in einem Gedächtnishain, 1916

Felix Schwormstadt,
Weihnachten im U-Boot, 1915

Theo Matejko, Weihnachtsfeier auf der Feldwacht, 1916

Peter August Böckstiegel, Mein Quartierwald im Osten, 1916

Anonym, Mit dem Christbaum auf der Fahrt zur Front, 1916

Das Massensymbol der Deutschen war das *Heer*. Aber das Heer war mehr als das Heer: es war der *marschierende Wald*. In keinem modernen Lande der Welt in das Waldgefühl so lebendig geblieben wie in Deutschland. Das Rigide und Parallele der aufrechtstehenden Bäume, ihre Dichte und ihre Zahl erfüllt das Herz des Deutschen mit tiefer und geheimnisvoller Freude. Er sucht den Wald, in dem seine Vorfahren gelebt haben, noch heute gern auf und fühlt sich eins mit Bäumen.

Der einzelne Baum aber ist größer als der einzelne Mensch und wächst immer weiter ins Reckenhafte. Seine Standhaftigkeit hat viel von derselben Tugend des Kriegers. Die Rinden, die einem erst wie Panzer erscheinen möchten, gleichen im Walde, wo so viele Bäume derselben Art beisammen sind, mehr den Uniformen einer Heeresabteilung. Heer und Wald waren für den Deutschen, ohne daß er sich darüber im klaren war, auf jede Weise zusammengeflossen. Was anderen am Heere kahl und öde erscheinen mochte, hatte für den Deutschen das Leben und Leuchten des Waldes. Er fürchtete sich da nicht; er fühlte sich beschützt, einer von diesen allen. Das Schroffe und Gerade der Bäume nahm er sich selber zur Regel.

Der Knabe, den es aus der Enge zu Hause in den Wald hinaustrieb, um, wie er glaubte, zu träumen und allein zu sein, erlebte dort die Aufnahme ins Heer voraus. Im Wald standen schon die anderen bereit, die treu und wahr und aufrecht waren, wie er sein wollte, einer wie der andere, weil jeder *gerade* wächst, und doch ganz verschieden an Höhe und Stärke. Man soll die Wirkung dieser frühen Waldromantik auf den Deutschen nicht unterschätzen. In hundert Liedern und Gedichten nahm er sie auf, und der Wald, der in ihnen vorkam, hieß oft ›deutsch‹.
Elias Canetti

Schnee hing im Astwerk. Der Maschinengewehrschütze sang. Er stand in einem russischen Wald auf weit vorgeschobenem Posten. Er sang Weihnachtslieder und dabei war es schon Anfang Februar. Aber das kam, weil Schnee meterhoch lag. Schnee zwischen den schwarzen Stämmen. Schnee auf den schwarzgrünen Zweigen. Im Astwerk hängen geblieben, auf Büsche geweht, wattig, und an schwarze Stämme gebackt. Viel viel Schnee. Und der Maschinengewehrschütze sang Weihnachtslieder, obgleich es schon Februar war.
Wolfgang Borchert

W. Hammer, Weihnachten, 1916

Anonym, Aus den Vogesen: Ein Offizier beobachtet die feindlichen Operationen, 1915

Karl Lotze, Weihnachtsfeier in der Kathedrale zu Laon, 1916
Anonym, Bei Blamont in den Vogesen abgeschossenes französisches Kampfflugzeug, 1916
Edmund Steppes, Hochwaldwildnis, 1917

Himmelhohe Kiefernwälder,
die mich so bewegen.
Ja, die Wälder fesseln mich.
Sie sehen Geschehen, sie schweigen,
sie wehen sacht. Besonders der
Waldsaum hat viel Böses
gesehen.
Manchmal bescheint die Sonne die langen
Stämme, auf daß sie prächtig
in ihrem Verrat seien.
Alles ist hier schön im Zaum.

Diese Landschaft hat Böses
getan. Ich kann die Heere
ahnen.
Es ist hier friedlich, aber aufgepaßt.
Stille kommt manchmal nach dem Lärm:
hier war Pein, hier prügelte der
Mitmensch.
Die Zeit hat Schuld, alles wächst
wieder, aber Denken wird
vergessen. Verrat!
Dieses Schlachtfeld bleibt mein Eigentum,
und wenn ich noch so lebe.

Noch etwas über das Stampfen oder
Dröhnen. Natürlich nicht immer
hörbar. Nein, zum Glück nicht.
Manchmal.
Heute sehr schlimm. Erschrocken
wie nur was. Ging auf breitem Waldweg,
mit Blick auf eine hohe Fichte
hier und da, und links der
furchtsame Waldrand. Meine Augen
richten sich auf den furchtsamen
Waldrand, dann plötzlich heftiges
Stampfen, Dröhnen, als ob
Millionen Krieger in Rüstungen
zum Vorschein rennen. Ich bin
kurz bäuchlings am Boden, ich bebe, denn
der Lärm schreit über mich
hin und weg ist er wieder.

Armando

Armando, Beschuldigte Landschaft (Polyptychon), 1972

Walther Schoenichen, Urwaldwildnis in deutschen Landen, 1934

Fichte und Bergahorn vereinigen sich zu treuer Kameradschaft am nebelfeuchten Bergeshang.

Wind und Schneetreiben geben den Pionieren des Baumwuchses die Form.

Nebel umwallen die Vorposten des Waldes an den Flanken des Gebirges.

Stürzenden Eichenkoloß umfängt die Buche wie mit ausgebreiteten Armen.

Ausgreifendes Ästegewirr kennzeichnet den Fichtenwald der Kampfzone.

Gezweig gefallenen Buchenstammes, wie im Todeskampfe verkrampft, sperrt den Weg.

Kampfesharte Wetterfichten sind Vorposten des Waldes im Hochgebirge.

Einsame Arve hält Wacht in erhabener Hochgebirgswelt.

Tarnwälder und Falle, Installation.
Das große Thema WALD wird eingegrenzt auf jeden Aspekt des Waldes, in dem er zum Hinterhalt, zum Versteck, zur Falle wird. Der Wald als Versteck für den Angreifer und den Verteidiger — Ausgangspunkt eines Überfalls und Rückzugsort zum Überleben. Der Krieg im Wald — der Wald im Krieg.
Der Medienkrieg, nicht nur ein Rauschen im Äther und im Blätterwald, die Schreibtischtäter und Heckenschützen.
Sich täuschend und tarnend durchstreift unsere Industriegesellschaft die sterbenden Wälder. Der Wald, ein Tarnnetz in den Medien und in den Köpfen, in dem sich immer noch und wieder romantisierender Waldgeist verfängt.
Die getarnte Falle ist keine Täuschung!
Herman Prigann

Herman Prigann, Die Falle, 1987

Anonym, Westfront, letzte deutsche Offensive, März 1918

Herbst: schwarzes Schreiten am Waldsaum; Minute stummer Zerstörung; auflauscht die Stirne des Aussätzigen unter dem kahlen Baum. Langvergangener Abend, der nun über die Stufen von Moos sinkt; November. Eine Glocke läutet und der Hirt führt eine Herde von schwarzen und roten Pferden ins Dorf. Unter dem Haselgebüsch weidet der grüne Jäger ein Wild aus. Seine Hände rauchen von Blut und der Schatten des Tiers seufzt im Laub über den Augen des Mannes, braun und schweigsam; der Wald. Krähen, die sich zerstreuen; drei. Ihr Flug gleicht einer Sonate, voll verblichener Akkorde und männlicher Schwermut; leise löst sich eine goldene Wolke auf. Bei der Mühle zünden Knaben ein Feuer an. Flamme ist des Bleichsten Bruder und jener lacht vergraben in sein purpurnes Haar; oder ist es ein Ort des Mordes, an dem ein steiniger Weg vorbeiführt. Die Berberitzen sind verschwunden, jahrlang träumt es in bleierner Luft unter den Föhren; Angst, grünes Dunkel, das Gurgeln eines Ertrinkenden: aus dem Sternenweiher zieht der Fischer einen großen, schwarzen Fisch, Antlitz voll Grausamkeit und Irrsinn. Die Stimmen des Rohrs, hadernder Männer im Rücken schaukelt jener auf rotem Kahn über frierende Herbstwasser, lebend in dunklen Sagen seines Geschlechts und die Augen steinern über Nächte und jungfräuliche Schrecken aufgetan. Böse.

Du, noch Wildnis, die rosige Inseln zaubert aus dem braunen Tabaksgewölk und aus dem Innern den wilden Schrei eines Greifen holt, wenn er um schwarze Klippen jagt in Meer, Sturm und Eis. Du, ein grünes Metall und innen ein feuriges Gesicht, das hingehen will und singen vom Beinerhügel finstere Zeiten und den flammenden Sturz des Engels. O! Verzweiflung, die mit stummem Schrei ins Knie bricht.

Ein Toter besucht dich. Aus dem Herzen rinnt das selbstvergossene Blut und in schwarzer Braue nistet unsäglicher Augenblick; dunkle Begegnung. Du — ein purpurner Mond, da jener im grünen Schatten des Ölbaums erscheint. Dem folgt unvergängliche Nacht.
Georg Trakl

Brunner — Burger, Stereoaufnahmen 1. Weltkrieg

Hier am Sarazenenturme,
der die Straße hielt geschlossen,
ist in manchem wilden Sturme
deutsch' und welsches Blut geflossen.

Nun sich in des Tales Räumen
länger nicht die Völker morden,
ringen noch mit ihren Bäumen
hier der Süden und der Norden.

Ohne Schild- und Schwertgeklirre,
ohne der Drommete Schmettern
kämpfen in der Felsenirre
hier die Nadeln mit den Blättern.

Conrad Ferdinand Meyer

In Baumschulen wird den Baumkadetten von Jugend an das Strammstehen beigebracht. Im Jungholz marschieren sie in Tuchfühlung auf, um endlich, nach sorgfältiger Ausmerzung der Schwachen und Untüchtigen, in der Regimentsformation des Reihenwaldes achtzig bis hundert Jahre lang Stelle zu treten.
Max Mezger — Franz Boerner

Die Eiche erhielt, wie schon bemerkt, am Ende der Jungsteinzeit einen beachtlichen Gegner vor allem in der Buche.
Alfred Detering

In den Aretinschen Wäldern gibt es keine Baumschule. Die alten Bäume haben die Kinderstube zu Füßen. Nur die stärksten überleben — nach diesem uralten Naturgesetz läßt die Baronin ihren Wald verjüngen.
Bunte, 4. Juni 1987

Wilhelm Kreis, Reichsehrenmal für Berka-Talhain, um 1933

Es liegt im Wesen des Soldatischen und daher auch im Wesen der Kriegsgräberstätte beschlossen, den Typus, die Norm, zu prägen: einen Typus der straffen und herben Form, die das Soldatische, die Unterordnung des Einzelnen unter das Ganze und gleicherweise die Schicksalsgemeinschaft im Leben wie im Tode zum Ausdruck bringt. Drei Mittel sind es, die im wesentlichen diesen Eindruck hervorrufen: die Schlichtheit der Grabzeichen und ihre einheitliche Form auf allen Gräbern, sei es Mann oder Offizier, und als drittes die Schaffung eines Gräberfeldes, das keine einzelnen Grabhügel zeigt, sondern die Gräber in die Fläche bindet. Während die anderen Völker in der Hauptsache in Stein denken und gestalten, verwendet der Deutsche allein in ausschlaggebender Weise den lebendigen Werkstoff der Natur. Baum, Busch und Blume sind uns Symbol für das neue Leben, das aus dem Tode sprießt. Die Idee des Heldenhains ist aus deutschem Geist geboren und nur diesem verständlich. Solche Heldenhaine wachsen nun draußen heran. Die deutschen Kriegsgräberstätten haben die Zukunft für sich.
Franz Hallbaum

Ungezeichnetes Stammholz aus dem Waldesdickicht der Nation, das jetzt für einen Augenblick vor den Wald heraustritt an die Sonne des Vaterlandstages, um gleich wieder zurückzutreten und mitzurauschen und -zubrausen mit den tausend anderen Kronen in der heimeligen Waldnacht des Volkes, wo nur wenige sich kennen und nennen können und doch alle vertraut und bekannt sind.
Gottfried Keller

O. Lübeck, Blick vom Ehrenmal, Bergen a. Rg., um 1930
Thomas Theodor Heine, Die eingekreiste Germania, 1908

Anonym, Germania gejagt von den Mächten der Finsternis, 1848
Philipp Veit, Entwurf zur »Germania«, um 1832

Und selbst der Krieg, so tief eingegraben in meine Seele, spiegelt sich nicht im Raume der fremden Länder wider, sondern ist da zu Hause, wo ich zu Hause war. Unter den alten Erlen stehen die Geschütze eingegraben, aus dem Rand meiner Wälder tauchen die Schützenketten auf, und alles Große und Grausige seines Geschehens geht über mein Kinderland hin, als hätte es den ersten Anspruch auch auf diesen so ernsten Teil meines Lebens.
Ernst Wiechert

So stürmen sie fort in des Waldes Nacht,
Durch den fröhlich aufglühenden Morgen,
Doch mit ihm ist auch das Verderben erwacht,
Es lauert nicht länger verborgen,
Denn plötzlich bricht aus dem Hinterhalt
Der Feind mit doppelt stärk'rer Gewalt,
Das Hüfthorn ruft furchtbar zum Streite
Und die Schwerter entfliegen der Scheide.

Wie der Wald dumpf donnernd wieder erklingt
Von ihren gewaltigen Streichen!
Die Schwerter klingen, der Helmbusch winkt,
Und die schnaubenden Rosse steigen.
Aus tausend Wunden strömt schon das Blut,
Sie achten's nicht in des Kampfes Gluth,
Und keiner will sich ergeben,
Denn Freiheit gilt's oder Leben.

Theodor Körner

Anonym, Söll/Tirol, 1809
Carl von Heideck, Vorpostengefecht im Lamboywald bei Hanau, 1813
Anonym, Das Grabmal Theodor Körners bei Wöbbelin, nach 1863

Eines Tages stellt man fest, daß der Wald nicht bloß aus einer Note, sondern aus Bäumen besteht, die man vor Wald nicht bemerkt hat. Wenn man scharf hinsieht, kann man erkennen, daß diese freundlichen Riesen sich Licht und Boden mit dem Futterneid von Pferden streitig machen. Still stehen sie beisammen, hier vielleicht eine Gruppe Fichten, dort eine Gruppe Buchen; es sieht so natürlich dunkel und hell aus wie gemalt und moralisch so erbaulich wie der schöne Zusammenhalt von Familien, aber in Wahrheit ist es der Abend einer tausendjährigen Schlacht. Gibt es denn nicht gelehrte Kenner der Natur, welche wissen, daß die Eiche — heute ein Sinnbild reckenhafter Einsamkeit — einst in unabsehbaren Heeren ganz Deutschland überzogen hat? Daß die Fichte, welche jetzt alles andere verdrängt, ein später Eindringling ist? Daß irgendwann eine Zeit des Buchenreiches aufgerichtet worden ist, und ein Imperialismus der Erlen? Es gibt eine Baumwanderung, wie es eine Völkerwanderung gibt, und wo du einen einheitlichen, urwüchsigen Wald siehst, ist es ein Heerhaufen, der sich auf dem erkämpften Schlachthügel befestigt hat, und wo dir gemischter Baumschlag das Bild friedlicher Familien vorzaubert, sind es versprengte Streiter, zusammengedrängte Reste feindlicher Scharen, die einander vor Erschöpfung nicht mehr vernichten können!

Robert Musil

Künstlerspende
für den
deutschen
Wald

Künstlerspende für den deutschen Wald, 1924

Max Slevogt, Widmungsblatt

Deutscher Wald in Not?! — Der Wanderer, der ihn Erholung suchend durchstreift, wird dies noch nicht erkennen, der deutsche Forstmann aber blickt mit schweren Sorgen in die Zukunft. Er kann nicht vergessen, daß der deutsche Wald an der alten Ost- und Westgrenze des Reiches fast zu einem Zehntel in den Besitz unserer Feinde übergegangen und in der Pfalz, im Rhein- und im Ruhrgebiet ihrem Zugriffe schutzlos preisgegeben ist. Er kann sich aber auch der schmerzlichen Erkenntnis nicht verschließen, daß es trotz allem Aufwand an Kosten und Mühe nicht mehr gelingen will, das neue Baumgeschlecht dem durch Abtrieb genutzten voll ebenbürtig aufzuziehen, daß das Wachstum der Bäume durch Rauch und andere Abgase immer ungünstiger beeinflußt wird und daß die Krankheiten der Waldbäume immer bedrohlicher und die von schädlichen Insekten, insbesondere der Nonne, verursachten Verheerungen immer häufiger und stärker auftreten. Und dies alles zu einer Zeit, in der die Not des Vaterlandes gebietet, alle für Gütererzeugung vorhandenen Hilfsquellen in jeder nur denkbaren Weise auszunutzen. Diese Forderung gilt für die Forstwirtschaft mit doppelter Strenge, weil die Einfuhr von Holz aus dem Auslande durch die vor dem Kriege ein großer Teil des Holzbedarfes unserer Industrie gedeckt wurde, infolge verschiedener Nachwirkungen des Krieges nur noch in beschränktem Maße möglich ist. Sie zwingt deshalb zu übergroßen Kahlschlägen, die namentlich auf geringem Boden — und in Mitteldeutschland ist fast nur solcher mit Wald bestockt — für die Nachzucht des Waldes die schwersten Gefahren in sich schließen. / Der schweren Not des deutschen Waldes kann nach übereinstimmender Ansicht der Fachmänner nur dadurch gesteuert werden, daß es der Forstwissenschaft gelingt, neue Wege zur Steigerung der Holzgewinnung zu finden. So drängt Alles darauf hin, die Forstwissenschaft, die forstliche Forschung und die wissenschaftliche Ausbildung der Forstbeamten nach Möglichkeit zu fördern. In dieser Beziehung bestehen jedoch für Mitteldeutschland, dessen Waldwirtschaft wegen der anders gearteten Verhältnisse des Bodens und des Klimas anderen Bedingungen als die in Nord- und Süddeutschland unterworfen ist, die größten Schwierigkeiten. Denn während es für Norddeutschland möglich gewesen ist, die preußischen Forstlichen Hochschulen Eberswalde und Münden, insbesondere die erstere, noch vor dem Kriege in großzügiger und jedem Bedürfnisse entsprechender Weise auszubauen, und während in Süddeutschland für den forstlichen Hochschulunterricht und die forstliche Forschung an den großen Universitäten München und Freiburg auf das beste gesorgt ist, hat in Mitteldeutschland die Forstakademie Eisenach während des Krieges ihre Pforten für immer geschlossen, so daß, abgesehen von der kleinen Universität Gießen im Westen, nur noch die sächsische Forstliche Hochschule Tharandt zur Verfügung steht. Diese könnte aber als isolierte Fachhochschule den Anforderungen der Jetztzeit nur dann gerecht werden, wenn nicht nur ihre Lehrkräfte, sondern auch ihre Institute bedeutend vermehrt würden, eine Maßnahme, die indes, ganz abgesehen von der Kostenfrage, schon umdeswillen unwirtschaftlich wäre, weil für den größten Teil der Unterrichtsfächer, für die in Tharandt neue Lehrstühle bestellt und neue Einrichtungen geschaffen werden müßten, an der Universität Leipzig ausgezeichnete Lehrkräfte und vorbildliche Institute bereits vorhanden sind. Dazu kommt, daß die forstliche Forschung die sichersten Erfolge verspricht, wenn sie in engster Verbindung mit der landwirtschaftlichen Forschung betrieben werden kann. Diese aber hat in Sachsen ihre Stätte ebenfalls an der Universität Leipzig in einem großen landwirtschaftlichen Institut, an dem hervorragende Lehrkräfte für Landwirtschaft tätig sind. In voller Würdigung dieser Sachlage hatte deshalb die sächsische Regierung bereits im Januar 1921 dem Landtage eine Vorlage unterbreitet, welche die Verlegung der forstlichen Forschung und des forstlichen Hochschulunterrichtes von Tharandt an die Universität Leipzig forderte. / Wenn schon sich die Mehrheit des Landtages von vornherein den durchschlagenden Gründen für diese Verlegung der Forstlichen Hochschule Tharandt nicht verschließen konnte, hat sich doch der die Vorlage bearbeitende Landtagsausschuß schließlich — jedoch einzig und allein im Hinblick auf die Finanznot des Staates — nicht gegen die Verlegung der Hochschule, sondern auch gegen deren weiteren Ausbau ausgesprochen, so daß die Regierung, um eine Ablehnung ihrer Vorlage zu vermeiden, diese wieder zurückgezogen hat. Dadurch sind die forstliche Forschung und die forstliche Lehre in Mitteldeutschland mit Stillstand bedroht. Stillstand aber bedeutet Rückschritt. Im Juni 1922 haben deshalb zur Abwendung der schweren Gefahren, die dieser Zustand für die Waldwirtschaft Mitteldeutschlands in sich schließt, der Vorsitzende des Reichsforstwirtschaftsrates, der Deutsche Forstverein, der Verband deutscher Waldbesitzerverbände, der Reichsforstverband, der sächsische Landeskulturrat,

Geleitwort

Arthur Kampf, Pan

der sächsische Forstverein und der Verein der wissenschaftlich gebildeten Staatsforstbeamten Sachsens in einem Aufruf alle Forstleute, Waldbesitzer und diejenigen Kreise des Handels und der Industrie in Mitteldeutschland, für welche die bessere Ausnutzung des Bodens und die Vermehrung der Holzerzeugung von besonderem Belang ist, zum Zusammenschluß aufgefordert. Daraufhin wurde am 26. Mai 1923 in Dresden die „Gesellschaft zur Förderung der forstlichen Forschung und des forstlichen Hochschulunterrichtes in Mitteldeutschland" gegründet, deren hauptsächlichstes Ziel es ist, durch Mitgliederbeiträge und auf sonstige Weise baldmöglichst die Mittel aufzubringen, um die dringend nötige Überführung der Forstlichen Hochschule Tharandt an die Universität Leipzig zu ermöglichen. / Die Bestrebungen der Gesellschaft gelten in ihrem letzten Ziele dem Schutze und der Erhaltung des Waldes in Mitteldeutschland, des deutschen Waldes, der Gemeingut aller Deutschen ist und als Gesundbrunnen unserem Volke unbedingt gesichert bleiben muß. Die Gesellschaft ist deshalb überzeugt, daß ihr Ruf um Unterstützung ihrer Bestrebungen auch außerhalb des Kreises ihrer Mitglieder bei allen denen nicht ungehört verhallen wird, die heute in der Zeit schwerster wirtschaftlicher Not noch fähig und gewillt sind, für kulturelle Lebensaufgaben des Vaterlandes helfend einzutreten. Um aber einen sicheren Weg zu diesen Opferwilligen zu finden, sind deutsche Maler und Graphiker gebeten worden, eine Kunstmappe „Für den deutschen Wald" zu stiften, die mit diesem Geleitwort der Öffentlichkeit übergeben wird und deren Erlös restlos für die Zwecke der Gesellschaft verwendet werden soll. Schon ein Blick in das folgende Inhaltsverzeichnis lehrt, daß es die Träger der besten Namen unter den deutschen Künstlern sind, die freudig unsere Bitte erfüllt und ihren Griffel in selbstlosester Weise in den Dienst unseres Unternehmens gestellt haben. Dafür zollt ihnen schon heute die Gesellschaft tiefgefühlten Dank. Dafür werden ihnen aber auch später, wenn das Ziel der Gesellschaft erreicht ist, noch weitere Kreise unseres Volkes und vor allem die Männer der grünen Farbe wärmsten Dank entgegenbringen. Den deutschen Künstlern haben an Selbstlosigkeit auch diejenigen nicht nachgestanden, auf deren Hilfe wir sonst noch für unser Unternehmen angewiesen waren. So hat insbesondere in entgegenkommendster Weise die sächsische Papierindustrie das gesamte für die Mappe nötige Material kostenlos zur Verfügung gestellt und die Leipziger Großbuchbindereien haben die Anfertigung der Mappen unentgeltlich besorgt. Auch hierfür an dieser Stelle herzlichst zu danken, ist uns angenehmste Pflicht. / Die vorstehende Geschichte der Kunstmappe „Für den deutschen Wald" wird aber noch in späterer Zeit, wenn der Deutsche Wald wieder einem freien und glücklichen Volke rauscht — und das ist unsere feste Zuversicht — beredtes Zeugnis dafür ablegen, wie in des Vaterlandes tiefster Not die verschiedensten Kreise unseres Volkes sich zu gemeinsamer Arbeit für ein bedeutungsvolles kulturelles Unternehmen freudig zusammengefunden haben, durchdrungen von dem Gebot der Stunde: Arbeiten und nicht Verzweifeln! Vorwärts und Aufwärts!

Dresden, im August 1924.

Der Vorstand der Gesellschaft zur Förderung
der forstlichen Forschung und des forstlichen Hochschulunterrichtes
in Mitteldeutschland.

Magnus Graf zu Solms-Wildenfels, Vorsitzender des Vorstandes und Vorsitzender des Verbandes Sächsischer Waldbesitzer / Landforstmeister a. D. Bernhard, Professor an der Forstlichen Hochschule Tharandt / Ministerial-Direktor a. D. Geheimer Rat Dr. Dr.-Ing. Boehme / Geheimer Regierungsrat Dr. Falke, Professor an der Universität Leipzig / Grumbt, Ehrenvorsitzender des Vereines sächsischer Holzindustrieller / Krämer, Direktor der Deutschen Bank / Bürgermeister Dr. Külz, Mitglied des Reichstages / Forstmeister Melzer, Halbendorf, Vorsitzender des Vereins der wissenschaftlich gebildeten Staatsforstbeamten Sachsens / Kommerzienrat Müller, Leipzig / Geheimer Kommerzienrat Dr. Niethammer, Kriebstein, Vorsitzender des Vereins sächsischer Papierfabrikanten und des Arbeitgeberverbandes der deutschen Papier-, Pappen-, Zellstoff- und Holzstoff-Fabrikanten, Gruppe Sachsen / Oberforstmeister a. D. Pause, Vorsitzender des sächsischen Forstvereins / Landforstmeister Roth / Schindler, Vorsitzender des Verbandes mitteldeutscher Holzhändler / Geheimer Ökonomierat Steiger, Vorsitzender des sächsischen Landeskulturrates / Oberbürgermeister Zwingenberger, Zittau.

Geleitwort (Forts.)

Reinhardt Heinsdorff, Walddenkmal, nach 1945

Büsche und Wälder, Urwälder und Moraste —
Schwarz der Äther über ihnen, mit kleinen Sonnenbällen

Joseph Beuys, Hasengeist vor Hasenfalle, 1961

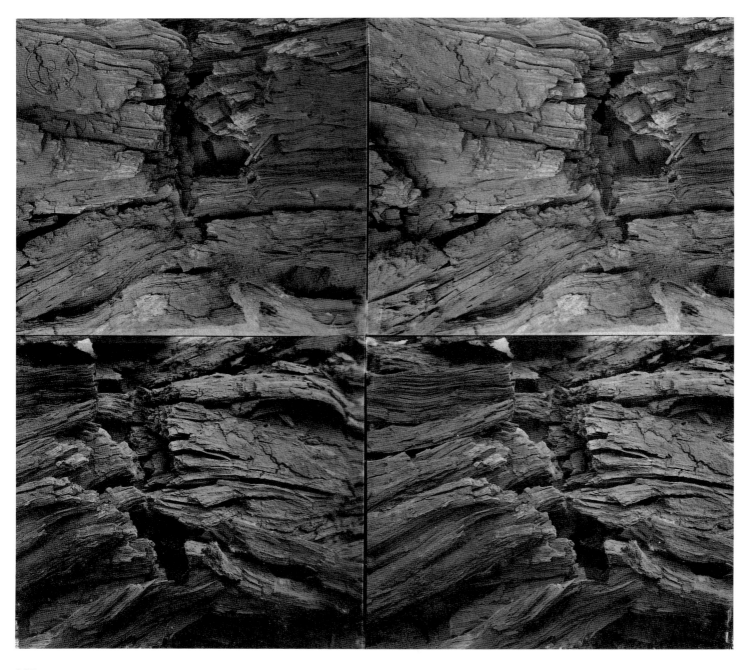

Sequoia,
spätes Miozän

Nikolaus Lang, Druckstock III. Fichtenrindenrohr mit Insektenfraß und Abreibung, 1980

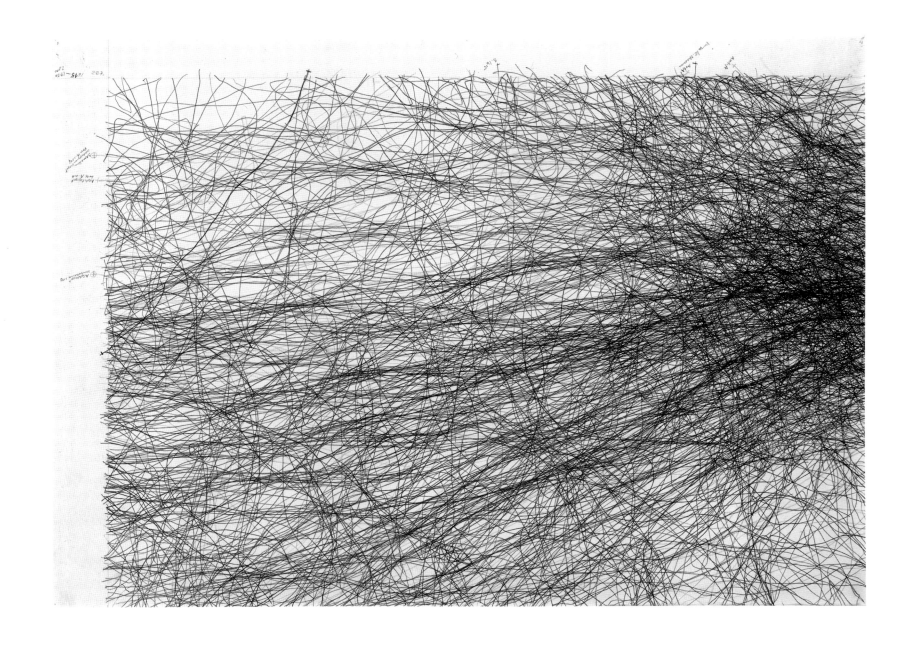

Katharina Meldner, Wege der Ameisen, 18. 6.—11. 11. 1982, 28. 7. 1982, 1 Tag

17. 7.—26. 7. 1982, 5 Tage

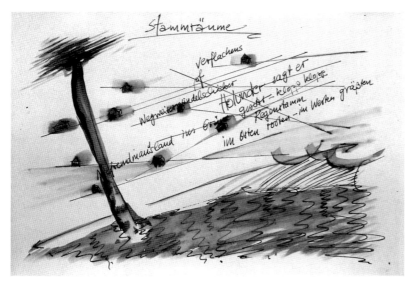
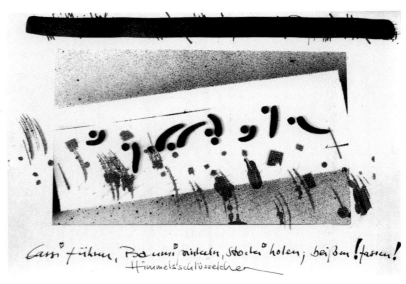

Ami Blumenthal/Merve Lowien, Skizzen zum Thema »Fremdgrün«, 1986

Konrad Balder Schäuffelen, Ohne Titel, 1985

Michael Badura, Brennendes Blatt, 1983

Norbert Stück, Wacholder setzen, 1987

O kühler Wald, wo rauschest Du

Wolf Kahlen, Grünes Rauschen, 1987

Harald Finke, Pflanzenabhörung, 1987

Jürgen Neumann, Windharfe, 1986

'Die Erfindung der Welt' ist die Geschichte von einem Mann, den keiner kennt. Auch der Ort der Geschichte ist nur deshalb nicht zweifelhaft, weil die Welt und ihre Erfindung ihr Gegenstand ist. Zweifellos ist die Welt der Name für einen Ort, (doch wollen wir versuchen, in unserer Geschichte ohne viele Namen auszukommen). Erinnerung ist ja eine beliebte Form des Irrtums. Was können wir tun, ohne rot zu werden? Was tun wir, wenn wir nicht schlafen können? Geschichten erzählen (und das wollen wir tun).

Ein Mann, den keiner kennt und den wir Niemand nennen, liess sich vornüber fallen und schlief ein. Er hatte einen Schlaf von bisher unbegrenzter Dauer. Aus seinem Schlaf ging alles hervor, von dem wir sprechen können: Leute, Berge, Coke - die ganze Welt. Aber alles was aus seinem Schlaf kam, konnte nicht schlafen. Nur Niemand schlief, denn keiner wagte ihn zu wecken. Die Welt wurde älter und älter und die greisen Leute sagten: solange Niemand schläft dauert die Welt. Sie sagten: Niemand schläft, und wirklich, sie konnten nicht schlafen. Kein Wunder, dass sie bald wach sein sagten zu schlafen und umgekehrt, das eine zum anderen sagten, Erfinder sein wollten und sonst keinen Wunsch hatten.

Jochen Gerz, Die Erfindung der Welt, 1987

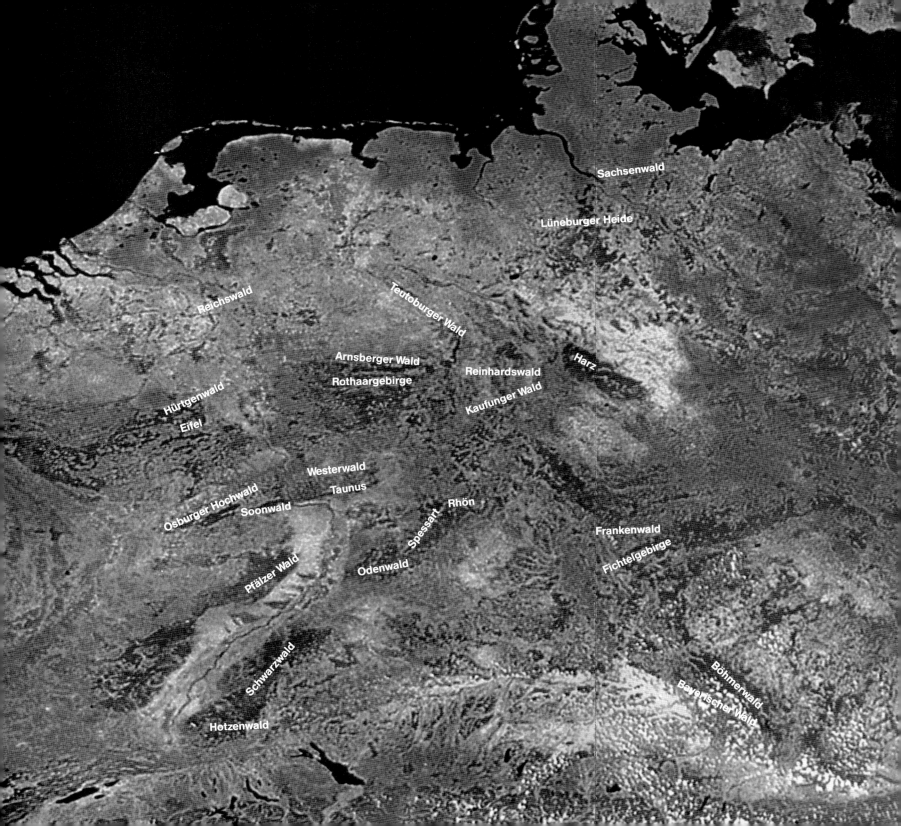

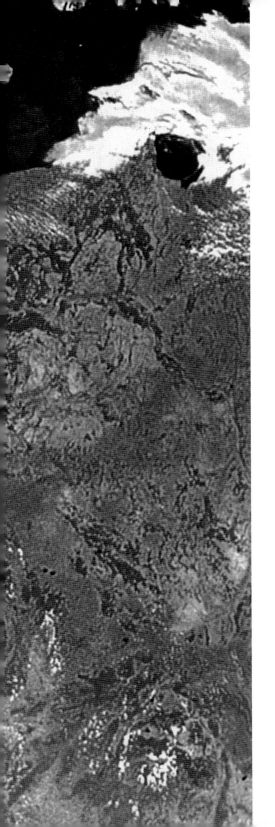

O kühler Wald
Wo rauschest Du,
In dem mein Liebchen geht,
O Widerhall
Wo lauschest Du
Der gern mein Lied versteht.

Im Herzen tief,
Da rauscht der Wald
In dem mein Liebchen geht,
In Schmerzen schlief
Der Widerhall,
Die Lieder sind verweht.

Clemens Brentano

»Waldungen«, o.J.

Michael Glasmeier

Silvanische Bibliographie

Die Bibliographie versammelt ausgewählte Titel zu verschiedenen Aspekten der Waldliteratur. Um die Entwicklungs-, Ideologie-, Kultur- und Krankheitsgeschichten des Waldes aufzuzeichnen, werden Erstveröffentlichungen forstwissenschaftlicher, literarischer, allgemeiner, populärer, künstlerischer, geisteswissenschaftlicher und bibliographischer Buchwerke zum Thema in chronologischer Reihenfolge nachgewiesen. Dieses Ordnungsprinzip macht die Bibliographie über ihren praktischen Nutzen hinaus zu einem Lesetext, der den Umgang mit dem Wald von der Etablierung einer deutschsprachigen Forstwissenschaft bis zu den Untergangsvisionen unserer Zeit in nuce beschreibt. Zwischen diesen beiden Polen werden in Zeitschüben und -sprüngen rationale, sentimentale, aufklärerische, verklärende, ketzerische und heimatliche Aneignungsversuche bis zur Trivialität in den Titeln sichtbar. So ist diese Bibliographie auch ein Beitrag zu einer kulturpolitischen Historiographie Deutschlands. Zeitschriftenaufsätze und weitere Bücher zu forstwissenschaftlichen Einzelfragen können durch die unten angegebenen Bibliographien ermittelt werden.

Carlowitz, Hanuß Carl von, Sylvicultura Oeconomica, Leipzig 1713

Fleming, Hans Friedrich Freiherr von, Der Vollkommene Teutsche Jäger, 2 Bde., Leipzig 1719/1724

Stisser, Friedrich Ulrich, Entwurf eines Collegii über das Forst- und Jagdwesen, Jena 1735

Stisser, Friedrich Ulrich, Forst- und Jagd-Historie der Teutschen, Jena 1737

Döbel, Heinrich Wilhelm, Eröffnete Jäger-Practica, 3 Bde., Leipzig 1746

Beckmann, Johann Gottlieb, Gegründete Versuche und Erfahrungen von der zu unseren Zeiten höchst nöthigen Holzsaat, zum allgemeinen Besten herausgegeben, Chemnitz 1756

Moser, Wilhelm Gottfried von, Grundsätze der Forst-Ökonomie, 2 Bde., Frankfurt a. M. 1757

Beckmann, Johann Gottlieb, Anweisung zu einer pfleglichen Forstwirthschaft zum allgemeinen Besten und als zweyter Theil seiner Versuche von der Holzsaat herausgegeben, Chemnitz 1759

Büchting, Johann Jacob, Geometrisch-Oeconomischer Grund-Riss zu einer regelmäßigen wirthschaftlichen Verwaltung derer Waldungen..., Halle 1762

Beckmann, Johann Gottlieb, Beyträge zur Verbesserung der Forstwissenschaft, als einen dritten Theil der Versuche von der Holzsaat herausgegeben, Chemnitz 1763

Käpler, Melchior Christian, Gründliche Anleitung zu mehrerer Erkenntniß und Verbesserung des Forstwesens, Eisenach 1764

Oettelt, Carl Christoph, Praktischer Beweis, daß die Mathesis bey dem Forstwesen unentbehrliche Dienste thue, Arnstadt 1764

Brocke, Heinrich Christian von, Wahre Gründe der physicalischen und Experimental allgemeinen Forst-Wissenschaft, 3 Bde., Leipzig 1768 ff.

Ingenheim, Theodor von, Rede von der Abschließung der Waldungen, von dem Mangel des Gehölzes und von den Mitteln diesem landschädlichen Übel abzuhelfen, o. O. 1768

Oettelt, Carl Christoph, Abschilderung eines redlichen und geschickten Försters zum allgemeinen Besten, als zweyter Theil seines praktischen Beweises, daß die Mathesis bey dem Forstwesen unentbehrliche Dienste thue, Eisenach 1768

Käpler, Melchior Christian, Zum allgemeinen Besten abzielendes Gutachten, wie bey dem An-, Fort- und Ausgang eines Kiefern-Waldes zu verfahren..., Eisenach 1772

Stahl, Johann Friedrich, Onomatologia Forestalis-Picatorio-Venatoria oder vollständiges Forst-, Fisch- und Jagdlexikon, 3 Bde., Stuttgart 1772 ff.

Zanthier, Hans Dietrich von, Sammlungen vermischter Abhandlungen über das theoretische und praktische Forstwesen, Berlin 1778

Mayer, Friedrich Heinrich, Abhandlung von dem Verfall der Waldungen und derer Wiederherstellung, Stuttgart 1780

Jung (genannt Stilling), Johann Heinrich, Versuch eines Lehrbuchs der Forstwirthschaft, 2 Bde., Mannheim, Lautern 1781 f.

Pfeiffer, Johann Friedrich von, Grundriß der Forstwissenschaft, zum Gebrauche dirigierender Forst- und Kameralbedienten, auch Privatguthsbesitzer, Mannheim 1781

Hennert, Carl Wilhelm, Beyträge zur Forstwissenschaft aus der praktischen Geometrie, Leipzig 1783

Bruel, Friedrich, Über die beste Art, Wälder anzupflanzen, zu nutzen, im Stande zu halten. Eine von der Kgl. Schwedischen Patriotischen Gesellschaft gekrönte Preisschrift, Kopenhagen, Leipzig 1786

Däzel, Georg Anton, Praktische Anleitung zur Taxirung der Wälder, Bäume, des Brenn-, Bau- und Nutzholzes, ein Handbuch für Förster, München 1786

Burgsdorf, Friedrich August Ludwig von, Forsthandbuch. Allgemeiner theoretisch-praktischer Lehrbegriff sämtlicher Försterwissenschaften, 2 Bde., Berlin 1788 ff.

Trunk, Johann Jacob, Neues, vollständiges Forstlehrbuch oder systematische Grundsätze des Forstrechts, der Forstpolizey und Forstökonomie, Freiburg i. Br. 1788

Wildungen, Ludwig Karl Eberhard Heinrich Friedrich von, Lieder für Forstmänner und Jäger, Leipzig 1788

Jeitter, Johann Melchior, Systematisches Handbuch der theoretischen und praktischen Forstwirthschaft, Tübingen 1789

Niemann, August Christian Heinrich, Allgemeine Wälderkunde als Einleitung in die Forststatistik, Burghausen 1790

Walther, Friedrich Ludwig, Grundriß der Forstwissenschaft, Marburg, Kassel 1790

Müllenkampf, Franz Damian Friedrich, Von Commun- und Privatwäldern nebst einem Anhang von der Waldhüthung, Frankfurt a. M. 1791

Walther, Friedrich Ludwig, Lehrbuch der Forstwissenschaft, 2 Bde., Gießen 1795 ff.

Gatterer, Christoph Wilhelm Jakob, Allgemeines Repertorium der Forstwissenschaftlichen Literatur; nebst beygefügten kritischen Bemerkungen über den Werth der einzelnen Schriften, 2 Bde., Ulm 1796

Laurop, Christian Peter, Über Forstwirthschaft, besonders über Erhaltung, Antrieb und Wiederanbau der Wälder, Leipzig 1796

Schilcher, Franz Sales, Über die zweckmäßigste Methode den Ertrag der Waldungen zu bestimmen, Stuttgart 1796

Würnitzer, Franz Sales, Versuch über die Waldkultur. Für gemeine Förster, Pilsen 1796

Büchting, Johann Jacob, Beyträge zur praktischen Forstwissenschaft, insbesondere für diejenigen, welche dieser Wissenschaft mit wahrer Neigung ergeben sind, Quedlinburg 1799

Däzel, Georg Anton, Über die zweckmäßigste und zuverlässigste Methode, große Waldungen zu messen, zu zeichnen und zu berechnen, München 1799

Laurop, Christian Peter, Abhandlungen über forstwissenschaftliche Gegenstände, Leipzig 1799

Seutter, Johann Georg Freiherr von, Über Wachsthum, Bewirthschaftung und Behandlung der Buchwaldungen, Ulm 1799

Trunk, Johann Jacob, Systematisch-praktischer Forstkatechismus oder die wesentlichen Lehren und Anfangsgründe der Forstwirthschaft, Frankfurt a. M. 1799

Finger, Wilhelm, Fünfte praktische Abhandlung aus dem Forstwesen über Hochwald, Leipzig 1800

Burgsdorf, Friedrich August Ludwig von, Abhandlung vom Umwerfen oder Ausroden der Waldbäume, Ulm 1801
Laurop, Christian Peter, Ideal einer vollkommenen Forstverfassung und Forstwirthschaft, Stuttgart 1801
Späth, Johann Leonhard, Handbuch der Forstwissenschaft worinnen der praktische Betrieb der Waldungen, ihre möglichste Erhaltung, Verbesserung und cameralistische Benutzung abgehandelt wird, 4 Bde., Nürnberg 1801 ff.

Däzel, Georg Anton, Anleitung zur Forstwissenschaft. Zum Gebrauche seiner Vorlesungen, 2 Bde., München 1802 f.
Laurop, Christian Peter, Briefe eines in Deutschland reisenden Forstmannes, 3 Bde., Tübingen 1802 ff.

Hartig, Georg Ludwig, Grundsätze der Forst-Direction, Hadamar 1803
Käpler, Wilhelm Heinrich, Holzcultur durch Erfahrung erprobt nach Auswahl der vorzüglichsten Nutzhölzer nebst Anhang einer kleinen Denkschrift über den Safthieb der Laubhölzer für alle Forstmänner und Waldbesitzer, Leipzig 1803

Hazzi, Joseph Ritter von, Die echten Ansichten der Waldungen und Förste, 2 Bde., München 1805
Jeitter, Johann Melchior, Forstkatechismus für Lehrlinge, Forstdiener und Liebhaber der Forstwissenschaft, 3 Bde., Tübingen 1805 f.

Drais von Sauerbronn, Friedrich Heinrich Georg Freiherr, Versuch eines Lehrbuchs der Forstwissenschaft vorzüglich für ausübende Forstbediente, Gießen, Darmstadt 1807
Hartig, Georg Ludwig, Beyträge zur höheren Forstwissenschaft, Marburg, Kassel 1807
Kropft, Carl Philipp von, System und Grundsätze bey Vermessung, Eintheilung, Abschätzung, Bewirthschaftung und Cultur der Forsten, 2 Bde., Berlin 1807
Meyer, Johann Christian Friedrich, Abhandlung über die Waldhut in ökonomischer, forstwirthschaftlicher und politischer Hinsicht, Coburg, Leipzig 1807
Zwierlein, K. A., Vom großen Einfluß der Waldungen auf Kultur und Beglückung der Staaten mit besonderer Hinsicht auf Polizey, Würzburg 1807

Hartig, Georg Ludwig, Lehrbuch für Förster und die es werden wollen, 3 Bde., Tübingen 1808

Meissner, C. H., Anweisung zum rechten Anbau und Cultivierung der vorzüglichsten Laub- und Nadelhölzer, 2 Bde., Leipzig 1809

Bechstein, Johann Matthäus, Die Forst- und Jagdwissenschaft nach allen ihren Teilen für angehende und ausübende Forstmänner und Jäger, Gotha 1810 ff.
Göchhausen, Hermann Friedrich von, Notabilia Venatoris, oder Jagd- Friedrich und Weidwercks-Anmerckungen, Weimar 1810
Meyer, Johann Christian Friedrich, Forstdirektionslehre nach den Grundsätzen der Regierungspolitik und Forstwissenschaft, Würzburg 1810

Busch, Johann Wilhelm, Blicke in die Bewirthschaftung der Wälder auf forstlichen Spaziergängen, Offenbach, Darmstadt 1812
Egerer, J. Christoph J. F., Die Forstwissenschaft, 2 Bde., Frankfurt a. M. 1812 f.

Reum, Johann Adam, Grundriß der deutschen Forstbotanik, Dresden 1814

Laurop, Christian Peter, Die Hiebs- und Kulturlehre der Waldungen, 2 Bde., Karlsruhe 1816 f.
Pfeil, Friedrich Wilhelm Leopold, Über die Ursachen des schlechten Zustandes der Forsten und die allein möglichen Mittel, ihn zu verbessern, mit besonderer Rücksicht auf die preußischen Staaten, Züllichau, Freistadt 1816
Walther, Friedrich Ludwig, Grundlinien der teutschen Forstgeschichte und der Geschichte der Jagd, des Vogelfangs, der wilden Fischerei und der Waldbienenzucht, Gießen 1816

Cotta, Johann Heinrich, Anweisung zum Waldbau, Dresden 1817

Bechstein, Johannes Matthäus, Die Waldbeschützungslehre für angehende und ausübende Forstmänner und Cameralisten, Gotha 1818
Cotta, Johann Heinrich, Entwurf einer Anweisung zur Waldwerthberechnung, Dresden 1818
Walther, Friedrich Ludwig, Handbuch der Forsttechnologie, Gießen 1818

Hundeshagen, Johann Christian, Methodologie und Grundriß der Forstwissenschaft, Tübingen 1819

Cotta, Johann Heinrich, Anweisung zur Forst-Einrichtung und Abschätzung, Dresden 1820

Hossfeld, Johann Wilhelm, Reformation der Forstwissenschaft und der canonischen Lehren derselben, encyklopädisch abgefaßt, Hildburghausen 1820
Pfeil, Friedrich Wilhelm Leopold, Vollständige Anleitung zur Behandlung, Benutzung und Schätzung der Forsten, 2 Bde., Freistadt 1820 f.

Hundeshagen, Johann Christian, Encyclopädie der Forstwissenschaft, systematisch abgefaßt, 2 Bde., Tübingen 1821
Schmitt, Johann Anton, Anleitung zur Erziehung der Waldungen, Wien 1821

Laurop, Christian Peter, Der Waldbau für angehende Forstmänner und Cameralisten, Gotha 1822
Pfeil, Friedrich Wilhelm Leopold, Grundsätze der Forstwirthschaft in Bezug auf die Nationalökonomie und die Staats-Finanzwissenschaft, 2 Bde., Züllichau, Freistadt 1822 ff.

Klipstein, Philipp Engel von, Versuch einer Anweisung zur Forstbetriebs-Regulierung nach neuern Ansichten bearbeitet, Gießen 1823
Thiersch, Ernst, Über den Waldbau mit vorzüglicher Rücksicht auf die Gebirgsforste von Deutschland in Notizen und Bemerkungen auf seiner praktischen Laufbahn gesammelt, Leipzig 1823

Pfeil, Friedrich Wilhelm Leopold, Die Behandlung und Schätzung des Mittelwaldes, Züllichau 1824

Pfeil, Friedrich Wilhelm Leopold, Erfahrungen und Bemerkungen zur bessern Cultur der Waldungen, Kassel 1825
Sponeck, Karl Friedrich von, Über vermischte Wälder, ihr Vorkommen, ihre Behandlung, Erhaltung und für manche Fälle Umformung derselben, Heidelberg, Leipzig 1825

Behlen, Stephan Christophorus, Lehrbuch der Forst- und Jagdthiergeschichte, Leipzig 1826

Reum, Johann Adam, Übersicht über Benutzung der Waldprodukte, Dresden 1827

Krause, C. G. R., Anleitung zur Behandlung des Mittelwaldes, Erfurt 1829
Pfeil, Friedrich Wilhelm Leopold, Das forstliche Verhalten der deutschen Waldbäume und ihre Erziehung, Berlin 1829

Behlen, Stephan Christophorus, Die Forstkunstsprache, Leipzig 1831

Hartig, Georg Ludwig, Die Forstwissenschaft nach ihrem ganzen Umfange, in gedrängter Kürze, Berlin 1831
Pfeil, Friedrich Wilhelm Leopold, Forstbenutzung und Forsttechnologie, Berlin 1831
Pfeil, Friedrich Wilhelm Leopold, Forstschutz und Forstpolizeilehre, Berlin 1831

Cotta, Johann Heinrich, Grundriß der Forstwissenschaft, Dresden, Leipzig 1832
Leibnitzer, Johann, Die Waldwirthschaft, Pesth 1832 (Encyklopädie der praktischen Landwirtschaft 6)

Weißenthurn, Johanna Franul von, Der Wald bei Hermannstadt. Romantisches Schauspiel, Wien 1833

Bülow, Karl W. von, Deutschlands Wälder. Beiträge zur Forstgeographie, Berlin 1834
Gwinner, Wilhelm Heinrich von, Der Waldbau in kurzen Umrissen, für Forstleute, Waldbesitzer und Ortsvorsteher, Stuttgart 1834
Hartig, Theodor, Forstliches und forstnaturwissenschaftliches Conservations-Lexikon, Stuttgart, Tübingen 1834
Liebich, Christoph, Der Waldbau nach neuen Grundsätzen, als Mutter des Ackerbaues, Prag 1834

König, Gottlob, Die Forst-Mathematik mit Anweisung zur Forstvermessung, Holzschätzung und Waldwerthberechnung, nebst Hülfstafeln für Forstschätzer, Gotha 1835

Hartig, Theodor, Kurze Belehrung über die Behandlung und Kultur des Waldes, Berlin 1837

Pfeil, Friedrich Wilhelm Leopold, Die Forstgeschichte Preußens bis zum Jahre 1806, Leipzig 1839

Behlen, Stephan Christophorus, Real- und Verbal-Lexikon der Forst- und Jagdkunde mit ihren Hülfswissenschaften, 7 Bde., Frankfurt 1840 ff.

Arnsperger, Carl Philipp Friedrich, Die Forsttaxation behufs der Servitutenablösung, Waldtheilung und Waldwerthrechnung, Karlsruhe 1841
Heyer, Carl Gustav, Die Wald-Ertrags-Rechnung, Gießen 1841
Ratzeburg, Julius Theodor Christian, Die Waldverderber und ihre Feinde oder Beschreibung und Abbildung der schädlichsten Forstinsecten und der übrigen schädlichen Waldthiere, nebst Anweisung zu ihrer Vertilgung und zur Schonung ihrer Feinde, Berlin 1841

Rank, Josef, Aus dem Böhmerwalde, Leipzig 1842

Laurop, Christian Peter, Das Forst- und Jagdwesen und die Forst- und Jagdliteratur Deutschlands in geschichtlichen allgemeinen Umrissen, Stuttgart 1843

Zedlitz, Joseph Christian von, Waldfräulein. Ein Märchen in achtzehn Abenteuern, Stuttgart 1843

Liebich, Christoph, Die Reformation des Waldbaues im Interesse des Ackerbaues, der Industrie und des Handels, Prag 1844 f.

Stella, Hubert, Forstliche Notizen über größere Waldcomplexe, gesammelt auf einer forstwissenschaftlichen Reise durch Deutschland in den Jahren 1842 und 43, Brünn 1845

Rank, Josef, Waldmeister. Roman, 3 Bde., Leipzig 1846

Frömbling, Friedrich Wilhelm, Der Waldanbau von den Alpen und Gebürgen bis zu den Dünen am Strande der Meere. Potsdam 1848
Holtei, Karl von, Stimmen des Waldes, Breslau 1848
Rollett, Hermann, Ein Waldmärchen aus unserer Zeit, Leipzig 1848
Wedekind, Georg Wilhelm Freiherr von, Encyklopädie der Forstwissenschaft, Stuttgart 1848

Fritzsche, Louis, Forstliche Briefe, 2 Bde., Freiberg 1849
König, Gottlob, Die Waldpflege aus der Natur und Erfahrung neu aufgefaßt, Gotha 1849
Stumpf, Carl, Anleitung zum Waldbau, Aschaffenburg 1849

Hartmann, Moritz, Der Krieg um den Wald. Historie, Frankfurt a. M. 1850
Pfarrius, Gustav, Die Waldlieder. Köln 1850

Alemann, Friedrich Adolph von, Über Forst-Culturwesen. Aus der Erfahrung mitgeteilt, Magdeburg 1851
Pocci, Franz, Die Nacht im Walde. Eine lehrreiche Geschichte, den Kindern zu Weihnachten erzählt, Stuttgart 1851

Heyer, Gustav, Das Verhalten der Waldbäume gegen Licht und Schatten, Erlangen 1852
Stifter, Adalbert, Der Hochwald, Pesth, Leipzig 1852

Diez, Katharina, Neue Märchen aus Wald, Flur und Wiese, Berlin 1854
Heyer, Carl Gustav, Der Waldbau oder die Forstproductenzucht, Leipzig 1854
Keel, Johann Josef, Kurze Anleitung zur Behandlung der Waldungen, St. Gallen 1854
Liebich, Christoph, Compendium der Forstwissenschaft, Wien 1854

Koller, Johann Baptist Cajetan, Die Waldungen und deren Einfluss auf den menschlichen Zustand, München 1855

Grebe, Carl Friedrich August, Der Buchen-Hochwaldbetrieb, Eisenach 1856
Tschabuschnigg, Adolf von, Aus dem Zauberwalde. Romanzenbuch, Berlin 1856

Pressler, Max Robert, Der Rationelle Waldwirth und sein Waldbau des höchsen Ertrags, Dresden 1858 ff., Leipzig 1865 ff.
Roquette, Otto, Waldeinsamkeit. Lustspiel, Berlin 1858 (Eduard Bloch's Dilettanten-Bühne 144)

Lips, Eduard von, Die Schule des Waldbaues zum Gebrauch für höhere Lehranstalten und zum Selbstunterricht, Freysing 1859
Oppermann, Andreas, Aus dem Bregenzer Wald, Breslau 1859

Burckhardt, Heinrich Christian, Der Waldwerth in Beziehung auf Veräußerung, Hannover 1860
Hohenstein, Adolph, Der Wald sammt dessen wichtigem Einfluss auf das Klima der Länder, Wohl der Staaten und Völker sowie die Gesundheit der Menschen, Wien 1860
Paulus, Eduard, Wald- und Jagdbilder, Gedichte, Stuttgart 1860

Raabe, Wilhelm, Die Leute aus dem Walde, ihre Sterne, Wege und Schicksale. Ein Roman, Braunschweig 1863
Rossmässler, Emil Adolf, Der Wald. Den Freunden und Pflegern des Waldes geschildert, Leipzig, Heidelberg 1863
Schmidt, Maximilian, Volkserzählungen aus dem bayrischen Walde, 2 Bde., München 1863
Sintzel, Joseph, Praktische Anleitung zum rationellen Holzbau in und außer dem Walde, Berlin 1863
Zusner, Vincenz, Im Walde. Naturbilder, Schaffhausen 1863

Seelbach, C., Landwirthschaftliche Waldfragen der Gegenwart: Wildschaden, Waldstreu, Waldschutz, Frankfurt a. M. 1865

Burckhardt, Heinrich (Hg.), Wald- und Jagdlieder, Hannover 1866
Heyer, Carl Gustav, Der Waldbau oder die Forstproductenzucht, Leipzig 1854
Hartig, Theodor, Forstwissenschaftliches Examinatorium den Waldbau betreffend, Stuttgart 1866
Landolt, Elias, Der Wald, seine Verjüngung, Pflege und Benutzung, Zürich 1866

Vonhausen, Wilhelm, Die Raubwirthschaft in den Waldungen, Frankfurt a. M. 1867

Contzen, Heinrich, Der Wald im Haushalt der Natur und Volkswirtschaft, Leipzig 1868

Berg, Karl Heinrich Edmund Freiherr von, Pürschgang im Dickicht der Jagd- und Forstgeschichte, Dresden 1869
Bernhardt, August Peter, Die Waldwirthschaft und der Waldschutz mit besonderer Rücksicht auf die Waldschutzgesetzgebung in Preußen, Berlin 1869

Contzen, Heinrich, Forstliche Zeitfragen, Leipzig 1870
Landolt, Elias, Der Wald im Haushalt der Natur und der Menschen, Zürich 1870

Berg, Karl Heinrich Edmund Freiherr von, Geschichte der deutschen Wälder bis zum Schlusse des Mittelalters, Dresden 1871
Fischbach, J., Deutscher Wald und Hain in Bild und Wort, München 1871

Bernhardt, August Peter, Geschichte des Waldeigenthums, der Waldwirthschaft und Forstwissenschaft in Deutschland, 3 Bde., Berlin 1872 ff.
Löffelholz-Colberg, Friedrich Freiherr von, Die Bedeutung und Wichtigkeit des Waldes, Leipzig 1872
Ratzeburg, Julius Theodor Christian, Forstwissenschaftliches Schriftsteller-Lexikon, Berlin 1872

Rosegger, Peter, Aus dem Walde, Wien 1874

Emeis, Karl, Waldbauliche Forschungen und Betrachtungen, Berlin 1875
Mannhardt, Wilhelm: Wald- und Forstculte, 2 Bde, Berlin 1875 f.
Rosegger, Peter, Aus Wäldern und Bergen. Stille Geschichten, Braunschweig 1875
Rosegger, Peter, Die Schriften des Waldschulmeisters, Graz 1875
Storm, Theodor, Waldwinkel, Pole Poppenspäler. Novellen, Braunschweig 1875

Doehl, C., Waldungen und Waldwirthschaft, Elberfeld 1876

Hoffmann, Hermann, Vergangenheit, Gegenwart und Zukunft des deutschen Waldes, Gießen 1877
Jäger, Hermann, Deutsche Bäume und Wälder. Populär-ästhetische Darstellung aus der Natur und Naturgeschichte und Geographie der Baumwelt, Leipzig 1877
Rosegger, Peter, Waldheimat. Erinnerung aus der Jugendzeit, Preßburg 1877

Eyth, Max Volkmar, Der Waldteufel, Heilbronn 1878
Gayer, Karl, Der Waldbau, Berlin 1878 ff.

Cossmann, Victor, Wald- und Jagdstudien zu jeder Jahreszeit, Wien, Pest, Leipzig 1879
Geyer, Philipp, Der Wald im nationalen Wirthschaftsleben. Eine Studie aus der deutschen Staats- und Volkswirthschaft, Leipzig 1879
Mohl, Moritz, Einige Beiträge zur Wald-Erhaltungs-Frage, Stuttgart 1879
Willkomm, Moritz, Waldbüchlein. Ein Vademecum für Waldspaziergänger, Leipzig 1879

Roth, Karl, Über Wald und Waldbenutzung nach conservativen Grundsätzen, München 1880
Scheffel, Joseph Victor von, Waldeinsamkeit. Dichtung zu zwölf landschaftlichen Stimmungsbildern von Jul. Mařak, Karlsruhe 1880 ff.

Becker, August, Auf Waldwegen, Berlin 1881
Hamerling, Robert, Die Waldsängerin. Novelle, Berlin 1881
Stinde, Julius, Waldnovellen, Berlin 1881

Anzengruber, Ludwig, Feldrain und Waldweg. Stuttgart 1882 (Collection Spemann 21)
Heimburg, Wilhelmine, Waldblumen. Acht Novellen, Leipzig 1882

Lingg, Hermann, Von Wald und See. Fünf Novellen, Berlin 1883
Tümler, B., Deutsche Wild- und Wald-Bilder, Freiburg i. Br, 1883

Alers, Georg, Der Frost in seiner Einwirkung auf die Waldbäume der nördlich gemäßigten Zone, Wien 1884
Rosegger, Peter, Neue Waldgeschichten, Wien 1884
Wagener, Gustav, Der Waldbau und seine Fortbildung, Stuttgart 1884

Dombrowski, Raoul Ritter von, Wald-Brevier. 12 Waldbilder, Leipzig, Blasewitz-Dresden 1885

315

Fürst, Hermann, Plänterwald oder schlagweiser Hochwald. Eine forstliche Tagesfrage, Berlin 1885
Mücke, Friedrich, Wald-Hege und -Pflege, Leipzig 1885
Ney, Carl Eduard, Die Lehre vom Waldbau für Anfänger in der Praxis, Berlin 1885
Schmidt, Maximilian, Culturbilder aus dem bayerischen Walde, Breslau 1885

Gayer, Karl, Der gemischte Wald, seine Begründung und Pflege, insbesondere durch Holz- und Gruppenwirtschaft, Berlin 1886
Ney, Carl Eduard, Die Schablonenwirthschaft im Walde. Ein Fehdebrief an ihre Anhänger, Wien 1886

Lizius, Maximilian, Wald-, Wild- und Weidmannsbilder aus dem Hochgebirge, Augsburg, Leipzig 1887
Rosegger, Peter, Waldferien, Ländliche Geschichten für die Jugend, Braunschweig 1887

Alers, Georg, Die Speisekarte unserer Waldthiere in schneereichen, strengen Wintern, Leipzig 1888
Dombrowski, Raoul Ritter von, Ungereimte Waldpoesie, Klagenfurt 1888
Endres, Max, Die Waldbenutzung vom 13. bis Ende des 18. Jahrhunderts. Ein Beitrag zur Geschichte der Forstpolitik, Tübingen 1888
Grasser, Georg, Der Wald und seine Bedeutung, Kulmbach 1888
Weise, Wilhelm, Leitfaden für den Waldbau, Berlin 1888

Altum, Johann Bernard Theodor, Waldbeschädigungen durch Thiere und Gegenmittel, Berlin 1889
Bernhardt, August, Die Waldbeschädigung durch Sturm und Schneebruch in den deutschen Forsten während der Jahre 1868—1877, Frankfurt a. M. 1889
Byr, Robert, Waldidyll. Roman, Stuttgart 1889
Meixner, H., Der Wald und seine Bedeutung, Minden i. Westf. 1889

Hammer, Guido, Wild-, Wald- und Weidmannsbilder, Leipzig 1891
Schmidt, Maximilian, Hochwalds-Geschichten aus dem bayerisch-böhmischen Grenzgebirge, Jena 1891

Wurm, Wilhelm, Waldgeheimnisse, Stuttgart 1892

Höfler, Max, Wald- und Baumkult in Beziehung zur Volksmedizin Oberbayerns, München 1894
Kniep, Ernst, Der deutsche Wald mit besonderer Berücksichtigung des nordwestlichen Deutschlands, Hannover 1894
Noë, Heinrich, Deutsches Waldbuch. Erinnerungen aus grüner Einsamkeit, aus dem Leben des Waldes und seiner Insassen, München 1894

Hamm, Julius, Der Ausschlagwald, Berlin 1896
Rosegger, Peter, Der Waldvogel, Neue Geschichten aus Berg und Thal, Leipzig 1896

Hansjakob, Heinrich, Waldleute. Erzählungen, Stuttgart 1897
Landsberg, Bernhard, Streifzüge durch Wald und Flur. Eine Anleitung zur Beobachtung der heimischen Natur im Monatsbild, Leipzig 1897
Rosegger, Peter, Das ewige Licht. Erzählung. Aus den Schriften eines Waldpfarrers, Leipzig 1897
Walden, Werner, Der Wald und seine Bewohner im deutschen Liede, Leipzig 1897

Rosegger, Peter, Waldjugend. Geschichten für junge Leute von 15 bis 70 Jahren, Leipzig 1898

Ganghofer, Ludwig, Das Schweigen im Walde. Roman, 2 Bde., Berlin 1899
Polenz, Wilhelm von, Wald. Novelle, Berlin 1899
Stifter, Adalbert, Der Waldsteig, oder: Wie der kranke Herr Tiburius gesund wurde. Humoristische Erzählung, Dresden 1899

Günther, Alfred, Der Waldarbeiter. Eine Richtschnur für Waldbesitzer zur Heranbildung tüchtiger, ständiger Waldarbeiter, Wien 1900

Stern, Maurice Reinhold von, Waldskizzen aus Oberösterreich, Linz, Wien, Leipzig 1901
Stifter, Adalbert, Der Waldbrunnen, Wien 1901 (Allgemeine National-Bibliothek 294)

Bindewald, Ludwig, Der Waldbau, Kaiserslautern 1902
Keller, Paul, Waldwinter. Roman, München 1902
Schier, Richard, Aus Wald und Heide. Schilderungen aus deutschen Forsten, Dresden 1902
Stifter, Adalbert, Der Waldgänger, Wien 1902 (Allgemeine National-Bibliothek 295—97)

Saurug, Johann, Waldnutzung und Waldpflege, Graz 1903

Kienitz, Max, Maßregeln zur Verhütung von Waldbränden, Berlin 1904
Koženík, Moritz, Die Ästhetik im Walde, die Bedeutung der Waldpflege und die Folgen der Waldvernichtung, Wien 1904

Fischer, Otto, Waldherrschaft. Ein Volksdrama. Leipzig um 1905 (Universal-Bibliothek 4516)
Hoermann, Franz, Wald und Waldverwüstung, Leipzig 1905
Siefert, Xaver, Der deutsche Wald, sein Werden und seine Holzarten, Karlsruhe 1905

Christaller, Helene, Meine Waldhäuser. Bilder aus einem Dorfe, Heilbronn 1906
Felber, Theodor, Natur und Kunst im Walde, Frauenfeld 1906

Berger, Ewald, Das deutsche Waldideal. Zur Lösung der Frage: Betreten des Waldes und der durch Warnungszeichen geschlossenen Waldwege, Lissa i. Pr. 1907
Gerlach, Martin, Wald-, Baum- und Vordergrund-Studien, Wien 1907
Hausrath, Hans, Der deutsche Wald, 1907
Pollack, Franz Xaver, Katechismus des Waldbaues, Wien 1907

Büsgen, Moritz, Der deutsche Wald, Leipzig 1908
Francé, Raoul Heinrich, Bilder aus dem Leben des Waldes, Stuttgart 1908
Frömbling, C., Der Buchenhochwaldbetrieb, Berlin 1908
Ganghofer, Ludwig, Waldrausch. Roman, 2 Bde., Berlin 1908
Räss, Hubert J., Waldversicherung, Forstbank und rationale Waldertragsregelung. Wichtig für alle Waldbesitzer, Forstmänner und Nationalökonomen, Wiesbaden 1908
Seeliger, Ewald Gerhard, Zwischen den Wäldern. Ein heiterer Roman aus Schlesien, Leipzig 1908

Courths-Mahler, Hedwig, Im Waldhof. Erzählung, Berlin, Leipzig 1909
Der Kampf um unsere Wälder. Verhandlungen und Material des 2. Berliner Waldschutztages vom 16. Januar 1909, Berlin 1909
Löns, Hermann, Aus Wald und Heide, Hannover 1909
Mayr, Heinrich, Waldbau auf gesetzlicher Grundlage. Ein Lehr- und Handbuch, Berlin 1909

Dittmar, Heinrich, Der Waldbau. Ein Leitfaden für den Unterricht und die Praxis, ein Handbuch für Privatwaldbesitzer, Neudamm 1910
Düesberg, R., Der Wald als Erzieher. Nach den Verhältnissen des preußischen Ostens geschildert, Berlin 1910
Keller, Paul, Die fünf Waldstädte, Berlin, München, Wien 1910
Kötschke, Hermann, Die Berliner Waldverwüstung und verwandte Folgen, Berlin-Schöneberg 1910
Schmidt, Maximilian, Heriberts Waldfahrt, Regensburg 1910
Zech, Paul, Waldpastelle. Gedichte, Berlin 1910

Bühler, Anton, Wald und Jagd zu Anfang des 16. Jahrhunderts und die Entstehung des Bauernkriegs, Tübingen 1911
Trojan, Johannes, Unsere deutschen Wälder. Unter Mitwirkung namhafter Kunstphotographen, hg. von Franz Goerke, Berlin-Charlottenburg 1911

Hausrath, Hans, Aus der Geschichte des deutschen Waldes, Leipzig, Berlin 1912
Hildenbrand, Hans, Herbststudien im Deutschen Wald, 10 Kunstblätter in Vierfarbendruck nach farbenphotographischen Studien, Stuttgart 1912
Jacobi, Hans Bernhard, Die Verdrängung der Laubwälder durch die Nadelhölzer in Deutschland, Tübingen 1912
Kautz, Hermann, Schutzwald. Forst- und wasserwirtschaftliche Gedanken, Berlin 1912
Schüpfer, Vinzenz, Grundriss der Forstwissenschaft für Landwirte, Waldbesitzer und Forstleute, Stuttgart 1912

Essig, Hermann, Der Held vom Wald. Schauspiel, Stuttgart 1913
Lämmermayr, Ludwig, Unser Wald. Ein Kapitel denkender Naturbetrachtungen im Rahmen der vier Jahreszeiten, Leipzig 1913
Leonhard, Rudolf, Der Weg durch den Wald. Gedichte, Heidelberg 1913
Schoenichen, Walter, Der deutsche Wald, Bielefeld 1913
Welten, Heinz, Der deutsche Wald, Berlin 1913 (Bücher des Wissens 158)

Sapper, Agnes, Im Thüringer Wald, Stuttgart 1914

Mammen, Franz von, Die Bedeutung des Waldes, insbesondere im Kriege, Dresden, Leipzig 1916 (Bibliothek für Volks- und Weltwirtschaft 11)

Mammen, Franz von; Riedel, Die Kriegsnutzung des Waldes. Eine Anleitung zur Mobilmachung des deutschen Waldes, Dresden, Leipzig 1917 (Bibliothek für Volks- und Weltwirtschaft 42)
Thoma, Ludwig, Waldfrieden. Lustspiel, München 1917

Bühler, Anton, Der Waldbau nach wissenschaftlicher Forschung und praktischer Erfahrung. Ein Hand- und Lehrbuch, Stuttgart 1918
Knodt, Karl Ernst und *Ubbelohde, Otto,* Meine Wälder, München 1918

König, Eberhard, Das Märchen vom Waldschratt, Leipzig 1919.

Heinrich, Josef, Gedanken zur Erhaltung von Wald und Wild. Skizzen aus meinem Tagebuch, Bregenz 1920
Der Wald und seine Arbeiter, Berlin 1920 (Schriften des Deutschen Landarbeiterverbandes 7)
Zech, Paul, Der Wald. Gedichte, Dresden 1920

Bartsch, Rudolf Hans, Wald- und Feldbrevier. Jugendlieder, Wien 1921
Kaboth, Georg, Walderinnerungen des alten Forstmeisters, Leipzig 1921
Kapherr, Egon von, Der Waldschreck und andere Tiergeschichten, Leipzig 1921
Neumann, C. Wilhelm, Am Wald entlang. Erlebte und erlauschte Tiergeschichten, Leipzig 1921
Rossmässler, Emil Adolf, Der Wald. Ausgewählte Naturbetrachtungen in 3 Bändchen, 3 Bde., Wien 1921 (Deutsche Hausbücherei 7–9)
Wibbelt, Augustin, Ein Büchlein vom Walde, Leipzig 1921

Francé, Raoul Heinrich, Ewiger Wald. Ein Buch für Wanderer, Leipzig 1922
Greisenegger, Ignaz Karl, Kleinwaldwirtschaft, Wien 1922
Harpf, Adolf, Deutsche Waldandachten in drei Erlebnisbüchern, Zeitz 1922
Möller, Alfred, Der Dauerwaldgedanke. Sein Sinn und seine Bedeutung, Berlin 1922

Böttcher, Maximilian, Das Liebesfest des Waldfreiherrn. Ein Jagdidyll, Leipzig 1923
Clemenz, Bruno, Der deutsche Wald und die Heimat. Aufführungsstoffe, Vortrag, Gedichte, Lieder, Literatur usw. für Waldspiele, Heimatfeste, Volksabende u. dergl., Liegnitz 1923 (Heimatstudien zur Heimatlehre und Heimatkunde 2)

Franck, Ludwig, Die Seele des Waldes. Ein Buch unserer deutschen Waldbäume, Braunschweig 1923
Hammerstein, Hans von, Wald. Eine Erzählung, Leipzig 1923
Kapherr, Egon von, Der Wald im Osten. Erinnerungen, Erfahrungen und Betrachtungen eines deutsch-russischen Forstmannes, Leipzig 1923
Salten, Felix, Bambi. Eine Lebensgeschichte aus dem Walde, Berlin 1923
Trojan, Johannes, Das Abenteuer im Walde und andere Dichtungen für unsere Kleinen, Danzig 1923
Zentgraf, Eduard, Wald und Volk. Langensalza 1923 (Schriften zur politischen Bildung 10)
Zillich, Heinrich, Wälder und Laternenschein. Eine Novelle, Hermannstadt 1923

Feucht, Otto, Der Wald und wir, Stuttgart 1924
Grottewitz, Kurt, Unser Wald. Ein Volksbuch, hg. von Wilhelm Bölsche, Berlin 1924
Junack, Karl, Der Fruchtfolgewald. Eine Antithese gegen den Dauerwaldgedanken, Neudamm 1924
Rubner, Konrad, Die pflanzengeographischen Grundlagen des Waldbaues, Neudamm 1924

Feucht, Otto, Die Bodenpflanzen unserer Wälder, Stuttgart 1925
Günther, Agnes, Waldweihnacht, München 1925
Jünger, Ernst, Das Wäldchen 125. Eine Chronik aus den Grabenkämpfen 1918, Berlin 1925
Leutelt, Gustav, Der Glaswald. Roman aus dem Isergebirge, Gablonz a. N. 1925
Neubauer, Wilhelm, Der Kampf um den Wald. Forstpolitische Betrachtungen, Wien 1925
Wiechert, Ernst, Die Legende vom letzten Wald, Regensburg, Berlin 1925

Ammon, Hermann, Der deutsche Wald im deutschen Lied. Ein stilvergleichendes Arbeitsbuch, Paderborn 1926
Dannecker, Karl, Der Waldwirt. Handbüchlein für bäuerliche Waldeigentümer und selbstwirtschaftende Waldbesitzer. Lesebüchlein für Freunde des Waldes, Stuttgart 1926
Dreyer, Max, Der singende Wald. Roman, Berlin 1926
Schnack, Friedrich, Sebastian im Wald. Ein Roman, Leipzig 1926
Schoenichen, Walter, (Hg.), Vom grünen Dom. Ein deutsches Waldbuch, München 1926

Deutscher Wald in schönen Bildern. Naturaufnahmen aus den Ländern deutscher Zunge, Königstein i. T., Leipzig 1927
Fabricius, Wilhelm, Wild und Wildlinge. Wild- und Waldgeschichten, Potsdam 1927
Francé, Raoul Heinrich, Vom deutschen Wald, Berlin 1927
Hausendorff, Erhard, Deutsche Waldwirschaft. Ein Rückblick und Ausblick, Berlin 1927
Kruedener, Arthur Freiherr von, Waldtypen. Klassifikation und ihre volkswirtschaftliche Bedeutung, Neudamm 1927
Lersch, Heinrich, Der größere Wald. Legenden und Geschichten, Berlin 1927
Michel, Robert, Jesus im Böhmerwald. Roman, Wien 1927
Philipp, Karl, Forstliche Gewissenserforschung, Karlsruhe 1927
Vetterli, Paul, Wald und Wild, Zürich, Leipzig 1927
Wolff, Max, Der deutsche Wald, Berlin 1927

Leutelt, Gustav, Das Buch vom Walde, Reichenberg 1928
Mattern, Margarete, Die Physiognomie des Buchenwaldes, Leipzig 1928
Renker, Gustav, Geschichten aus dem Wald, Basel 1928
Sieber, Philipp, Der Dauerwald, Berlin 1928
Wibbelt, Augustin u. a., Die Bedeutung des deutschen Waldes, Erfurt 1928

Dannecker, Karl, Der Plenterwald einst und jetzt, Stuttgart 1929
Hitschmann, Hugo (Hg.), Vademecum für die Forst- und Holzwirtschaft, Wien 1929 ff.
Klimesch, Josef, Forstliche Bibliographie, Wien 1929
Kuhnert, Adolfo Artur, Der Wald. Eine Erzählung, Leipzig 1929 (Reclams Universal-Bibliothek 7015)
Möller, Alfred, Der Waldbau. Vorlesungen für Hochschul-Studenten, Berlin 1929
Schweter, Walter, Jaköbchens wundersame Waldfahrt, Leipzig 1929 (Deutsche Märchenbücherei 8)
Wibbelt, Augustin, In der Waldklause. Erlebnisse des Waldbruders im ersten Jahr. Märchen, Warendorf i. Westf. 1929

Dengler, Alfred, Waldbau auf ökologischer Grundlage. Ein Lehr- und Handbuch, Berlin 1930
Findeisen, Kurt Arnold, Das Herz im Walde. 6 Weihnachtsgeschichten und 1 Krippenspiel, Berlin 1930 (Land-Bücher 18)
Oelkers, Julius, Waldbau. Vorlesungen, Hannover 1930 ff.
Weber, Heinrich Wilhelm, Die Formen der organischen Hochwaldproduktion. Eine historisch-kritische Untersuchung, Gießen 1930

Busdorf, Otto, Wilddieberei und Förstermorde, Berlin 1931

Francé, Raoul Heinrich, Lebender Braunkohlewald. Reise durch die heutige Urwelt, Stuttgart 1932
Gerhard, R. und *Wolff, G.,* Waldweben, Berlin 1932
Löns, Hermann, Im Wald und auf der Heide. Ein Buch vom deutschen Wald und deutschem Wild, Berlin 1932
Philipp, Karl, Der rationalisierte Waldbau, Karlsruhe 1932
Wappes, Lorenz (Hg.), Wald und Holz, Neudamm, Berlin, Wien 1932

Eipper, Paul, Dein Wald. Herbst und Winter, Berlin 1933 (Photographien von Hein Gorny)
Eipper, Paul, Prangender Sommer im deutschen Wald, Berlin 1933
Heck, Lutz, Der Wald erschallt! Das tönende Buch vom Frühling und Herbst des deutschen Waldes, Berlin 1933
Hilf, Richard Bertold und *Röhrig, Fritz,* Wald und Weidwerk in Geschichte und Gegenwart, 2 Bde., Potsdam 1933 ff.
Schoenichen, Walther, Deutsche Waldbäume und Waldtypen, Jena 1933

Hennig, Erika, Die geopolitische Bedeutung des Waldes, Coburg 1934
Loerke, Oskar, Der Silberdistelwald, Berlin 1934
Mammen, Franz von, Der Wald als Erzieher. Volkswirtschaftlich-ethische Parallele zwischen Baum und Mensch und zwischen Wald und Volk, Dresden 1934 (Bibliothek für Volks- und Weltwirtschaft 80)
Rebel, Karl, Der Wald in der deutschen Kultur, Berlin 1934
Schoenichen, Walther, Urwildnis in deutschen Landen. Bilder vom Kampf des deutschen Menschen mit der Urlandschaft, Neudamm 1934
Zöllner, Paul, Der deutsche Wald. Naturwissenschaftliches Lese-, Lern- und Arbeitsbuch, Paderbach 1934

Behm, Hans Wolfgang, Das Wunder des Waldes, Berlin 1935
Bertsch, Karl, Der deutsche Wald im Wechsel der Zeiten. Wald- und Klimageschichte Deutschlands von der Eiszeit bis zur Gegenwart, Tübingen 1935
Boback, Alfred Willy, Wald- und Landesverteidigung. Eine forstlich wehrwissenschaftliche Betrachtung, Neudamm 1935

Der deutsche Wald, Sein Leben und seine Schönheit. Ein Führer durch die Wälder unserer Heimat, Berlin 1935
Floericke, Kurt, Der deutsche Wald und seine Vögel, Stuttgart 1935
Kober, Julius, Deutscher Wald. Deutsches Volk, Weimar 1935
Koelwel, Eduard, Wald-, Wasser-, Wichtelmärchen. Geschildert und bebildert, Bielefeld 1935
Marquardt, Fritz und *Senner, Anton,* Deutscher Wald und deutsches Holz. Ein Gang durch den deutschen Wald, Frankfurt 1935
Mezger, Max und *Oeser, Hans Ludwig,* Das nieverlorene Paradies. Aus deutschen Wäldern, Wiesen und Gärten. Bilderwerk vom Pflanzenreich, Berlin 1935
Neumann, C. Wilhelm, Das Buch vom deutschen Wald. Ein Führer zu Heimatliebe und Heimatschutz, Leipzig 1935
Voigt-Diederichs, Helene, Aber der Wald lebt. Erzählungen, Jena 1935
Wald, Du schöner grüner! Huldigung in über 175 Aufnahmen, Berlin 1935 (Text: Max Jungnickel)

Baumgart, Wolfgang, Der Wald in der deutschen Dichtung, Berlin, Leipzig 1936
Ertler, Bruno, Begegnungen im Wald, Graz 1936 (Deutsche Bergbücherei 12)
Escherich, Karl, Die Erforschung der Waldverderber. 3 Jahrzehnte im Kampf gegen Forstschädlinge, Berlin 1936
Feucht, Otto, Der Wald als Lebensgemeinschaft, Oehringen 1936
Jost, Ludwig, Baum und Wald, Berlin 1936
Linke, Johannes und *Linke, Käte,* Wälder und Wäldler. Ein Bilderbuch aus dem Bayern- und Böhmerwald, Leipzig 1936
Loerke, Oskar, Der Wald der Welt, Berlin 1936
Wiechert, Ernst, Wälder und Menschen, München 1936

Bindseil, Walter, Pfleger der Formschönheit im Walde, Neudamm 1937
Eipper, Paul, Mein lieber Wald, Berlin 1937
Franck, Ludwig, Die Seele des Waldes. Ein Buch deutscher Baum-Charaktere, Harzburg 1937
Fürchtenicht, Deutsche Waldwirtschaft, Göttingen 1937
Hammerstein, Hans von, Wald. Roman aus dem alten Österreich, Leipzig 1937
Hansjakob, Heinrich, Der Wälderbub. Erinnerungen, Stuttgart 1937
Hesmer, Herbert, Die heutige Bewaldung Deutschlands, Berlin 1937

Hochgreve, Wilhelm, Wundersames Leben im deutschen Wald, Potsdam 1937
Hueck, Kurt, Mehr Waldschutzgebiete! Neudamm 1937
Linke, Johannes, Der Wald und seine Kinder, Leipzig 1937
Neubauer, Wilhelm, Zur Theorie und Praxis der Waldwertrechnung, Wien 1937
Schrade, Hubert, Baum und Wald in Bildern deutscher Maler, München 1937 (Die kleine Bücherei 203)

Döblin, Alfred, Der neue Urwald. Roman, Amsterdam 1938
Kölwel, Gottfried, Der geheimnisvolle Wald. Roman, Berlin 1938
Neubauer, Wilhelm, Zur Systematik der waldbaulichen Betriebsarten, Wien 1938
Strecker, Reinhard, Die philosophischen Probleme in der Forstwirtschaftslehre, Berlin 1938

Hufnagl, Leopold, Die Waldschönheit und ihre Pflege, Wien 1939
Schalow, Emil, Der deutsche Wald. Lesebogen für den Unterrichtsgebrauch, Breslau 1939 (Schriften zu Deutschlands Erneuerung 113)
Schnack, Friedrich, Das Waldkind. Ein kleiner Roman, Leipzig 1939 (Insel Bücherei 552)
Woelfle, Max, Waldbau und Forstmeteorologie, Neudamm 1939

Baasen, Karl, Wald und Bauerntum, Leipzig 1940
Salten, Felix, Bambis Kinder. Eine Familie im Walde, Zürich 1940

Böttcher, Maximilian, Lachen im Walde. Ungereimtes und Gereimtes von Tieren und Menschen, Lübeck 1941
Brincken, Gertrud von den, Unsterbliche Wälder. Roman, Stuttgart 1941
Fondi, Hilda, Der deutsche Wald in der deutschen Lyrik, (Diss.) Wien 1941
Franck, Hans, Der Wald ohne Ende. Roman, Berlin 1941
Hufnagl, Hans und *Puzyr, Hans,* Grundbegriffe aus dem Waldbau. Dargestellt in kurzen Absätzen, Wien 1941
Köstler, Josef Nikolaus, Offenbarung des Waldes. Ein Beitrag zur Frage der künstlerischen Gestaltung deutschen Naturerlebens, München 1941
Oeser, Hans Ludwig, Deutscher Wald. Ein Bilderwerk von der Schönheit der Bäume und dem Zauber der Wälder, Berlin 1941
Schädelin, Walter, Wald unserer Heimat, Zürich 1941

Guenther, Konrad, Der Wald als Lebensgemeinschaft, Berlin, Leipzig 1942 (Hillgers deutsche Bücherei 667)
Vincent, Gustav, Holzartenwahl in der Waldbautechnik, Prag, Brünn 1942

Bartmann, Hans, Der wandernde Wald, Berlin 1943
Francé, Raoul Heinrich, Leben und Wunder des deutschen Waldes. Gesetze einer Lebensgemeinschaft, Berlin 1943
Meerwald, Günther Konrad (Hg.), Der Wald, Winterberg 1943
Salten, Felix, Fünfzehn Hasen. Schicksale in Wald und Flur, Zürich 1943

Münker, Wilhelm, Gerichtstag im Walde. Die Waldwesen klagen an, Hilchenbach 1944
Schwerdtfeger, Fritz, Die Waldkrankheiten. Ein Lehrbuch der Forstpathologie und des Forstschutzes, Berlin 1944

Diepold, Fritz, Fort mit dem Krüppelwald! Waldsassen 1945
Masius, Hermann, Naturstudien, Bäume und Wälder, Vegetations- und Landschaftsbilder, Basel 1945 (Von den Schönheiten der Erde)
Rebholz, Dore, Der Wald im deutschen Märchen, (Diss.) Heidelberg 1945

Feucht, Otto, Die Bäume und Sträucher unserer Wälder, Stuttgart 1946
Wiechert, Ernst, Der Totenwald, München 1946

Richter, Rudolf, Im Wald, Wien 1947 (Quicks Taschenbücherei 1)
Smolik, Hans-Wilhelm, Der Waldhüter, Stuttgart 1947
Wiechert, Ernst, Der große Wald, Olten 1947
Winkler, Otto, Anleitung zur Verhütung und Bekämpfung von Waldbränden, Solothurn 1947

Bechthold, Gerhard, Der deutsche Wald. Aufbau, Gestalt und Wirken seiner Lebensgemeinschaft, Essen 1948
Borchers, Kurt, Der Wald als deutsches Volksgut, Lüneburg 1948 (Schriften für Naturschutz und Landschaftspflege)
Britting, Georg, Das Waldhorn. Erzählungen, Dortmund 1948

Koke, Otto, Ein Förster geht durch den Wald, Bonn 1949 (Saatgut-Bücherei 12)
Linke, Johannes, Waldheimat, Bonn 1949

Pelleter, Woldemar, Vom Wald in Österreich, Graz 1949
Rosdorff, Hans-Otto, Wald, Wild, Waidwerk, Berlin 1949
Saalfeld, Martha, Der Wald, München 1949
Stockhausen, Julia von, Im Zauberwald. Roman, Bühl-Baden 1949

Brohmer, Paul, Laubwald, Heidelberg 1950 (Deutschlands Pflanzen- und Tierwelt 2)
Gäbler, Hellmuth, Schädliche und nützliche Insekten des Waldes, Radebeul, Berlin 1950
Kloss, Erich, Geheimnisse des Waldes, Augsburg 1950
Köstler, Josef Nikolaus, Waldbau. Grundriß und Einführung als Leitfaden zu Vorlesungen über Bestandesdiagnose und Waldtherapie, Berlin, Hamburg 1950
Mantel, Wilhelm (Hg.), Waldbewertung, Augsburg 1950
Münzer, Wilhelm, Dem Mischwald gehört die Zukunft. 100 Stimmen für den Umschwung zum naturgemäßen Wirtschaftswald, Hilchenbach i. Westf. 1950
Tschermak, Leo, Waldbau auf pflanzengeographisch-ökologischer Grundlage, Wien 1950
Weck, Johannes, Waldbrand, seine Vorbeugung und Bekämpfung, Stuttgart, Köln 1950

Hornstein, Felix von, Wald und Mensch. Waldgeschichte des Alpenvorlandes, Österreichs und der Schweiz, Ravensburg 1951
Jünger, Ernst, Der Waldgang, Frankfurt a. M. 1951
Leibundgut, Hans, Der Wald. Eine Lebensgemeinschaft, Zürich 1951
Prodan, Michail, Messung der Waldbestände, Frankfurt a. M. 1951
Rosdorff, Hans-Otto, Menschen der Berge und Wälder, Osterode a. Harz 1951
Rupf, Hubert, Waldwirtschaft, München, Bonn, Wien 1951
Zentgraf, Eduard, Waldbau, Heidelberg 1951

Fromme, Georg, Schach der Waldverwüstung, Wien 1952
Krutzsch, Hermann, Waldaufbau, Berlin 1952
Mack, Lorenz, Das Glück wohnt in den Wäldern... Roman, Wien 1952
Pockberger, Josef, Der naturgemäße Wirtschaftswald als Idee und Waldgesinnung, Wien 1952
Waldegg, Michael, Das grüne Reich. Ein Buch vom Wald und seinem Leben, Wien 1952

Barth, Herbert und *Barth, Hanna* (Hg.), Der Deutsche Wald. Eine Auswahl der schönsten Lyrik und Prosa, München 1953

Burgstaller, Sepp, Der Wald als Lebensraum. Ein methodisches Handbuch für alle Schularten, Wien 1953
Gösswald, Karl, Die rote Waldameise im Dienste der Waldhygiene, Lüneburg 1953
Gros, August, Los von der Chemotherapie im Walde! Ein Beitrag zur biologischen Bekämpfung schädlicher Forstkerfe aus der Praxis für die Praxis, Ansbach 1953
Hansjakob, Heinrich, Der Wälder-Xaveri und andere Erzählungen, Stuttgart 1953
Koestler, Josef Nikolaus, Waldwege und Holzwege der Wissenschaft, Hamburg, Berlin 1953
Reimmichl, Menschen im Walde. Erzählung, Innsbruck, Wien 1953
Schnurre, Thilo, Geschichten aus dem hessischen Wald, Melsungen 1953
Schmitter, Werner, Waldarbeit und Waldarbeiter in Prätigau, (Diss.) Zürich 1953
Wohlfarth, Erich, Waldkunde, Frankfurt a. M. 1953

Der deutsche Wald, Bonn 1954 (Deutsche Heimat 5)
Dircksen, Rolf, Das kleine Waldbuch, Gütersloh 1954 (Das kleine Buch 68)
Eipper, Paul, Du schöner Wald. Eine Wanderung im Wechsel der Jahreszeiten von der kurischen Nehrung bis zu den Alpen, München 1954
Graf, Jakob und *Wehner, Martha,* Der Waldwanderer. Pflanzen und Tiere des deutschen Waldes, München 1954
Kelle, August, Der Wald im Jahreslauf, Bonn, Hannover, Stuttgart 1954
Oppenberg, Ferdinand, Wald, Wild und wir. Almanach für Naturfreunde, Rheinhausen 1954
Uns ruft der Wald, Handbuch der Schutzgemeinschaft Deutscher Wald. Bearbeitet von Ferdinand Oppenberg, Rheinhausen 1954

Becher, Reinhard, Waldbau, Berlin 1955
Dannecker, Karl, Aus der hohen Schule des Weißtannenwaldes, Frankfurt a. M. 1955
Helwig, Werner, Waldregenworte, Düsseldorf, Köln 1955
Hornsmann, Erich, Der Wald — eine Grundlage unseres Daseins, München 1955 (Dalp-Taschenbücher 312)
Jünger, Friedrich G., Schwarzer Fluß und Windweißer Wald. Gedichte, Frankfurt a. M. 1955
Regenstein, Eckart, Die Geschichte des Waldbaus, Tharandt 1955
Schimitschek, Erwin, Die Bestimmung von Insektenschäden im Walde, Hamburg, Berlin 1955

Amann, Gottfried, Bäume und Sträucher des Waldes, Melsungen 1956
Amann, Gottfried, Kerfe des Waldes, Melsungen 1956
Siebold, Werner, Vom Leben im Walde, Mannheim 1956 (Meyers Bildbändchen, Neue Folge 1)

Hunziker, Rudolf, Vom Leben des Waldes, Zürich 1957
Koch, Wilhelm, Vom Urwald zum Forst, Stuttgart 1957
Oppenberg, Ferdinand, Grüner Wald ruft graue Stadt. Der Duisburger Wald und angrenzendes Waldgebiet in Wort und Bild, Rheinhausen-Niederrhein 1957
Schnack, Friedrich, Der Wald, München 1957

Doering, Harald, Der Wald ist voller Wunder, München, Bonn, Wien 1958 (Text: Erich Hornsmann)
Hornsmann, Erich, Allen hilft der Wald. Seine Wohlfahrtwirkung, München, Bonn, Wien 1958
Immel, Richard, Das Schrifttum über Forstwesen, Holzwirtschaft, Jagd, Fischerei und Naturschutz in Hessen und Rheinland-Pfalz, Mainz 1958

Bauer, Franz (Hg.), Der Wald, unser Schicksal, Stuttgart-Heumaden 1959
Brodbeck, Christoph, Der Wald, Basel, Stuttgart 1959
Degen, Georg, Der kleine Wald, Wien 1959
Helwig, Werner, Die Waldschlacht. Eine Saga, Köln, Olten 1959
Stauffer, Marianne, Der Wald. Zur Darstellung und Deutung der Natur im Mittelalter, Bern 1959 (Studiorum Romanicorum Collectio Turicensis 10)

Bauer, Franz (Hg.), Wald, Wild und Industrielandschaft, Stuttgart-Heumaden 1960
Gusovius, Helmut, Lebensverhältnisse von Waldarbeitern mit landwirtschaftlichem Nebenerwerb. Dargestellt am Beispiel einer nordhessischen Gemeinde, Göttingen 1960
Helbling, Paul, Der Wald in Dichtung und Geschichte. Forst- und Jagdgeschichte, Rapperswil 1960
Jahn, Reinhold, Das Antlitz des Waldes, München, Basel, Wien 1960
Ruppert, Kurt, Der Stadtwald als Wirtschafts- und Erholungswald, München 1960
Schnack, Friedrich, Das Waldbuch. Herrenalb, Berlin 1960

Klose, Franz Josef (Hg.), Die Wirkung des Waldes auf Mensch und Umwelt, Hiltrup b. Münster i. W. 1961
Mantel, Wilhelm, Wald und Forst. Wechselbeziehung zwischen Natur und Wirtschaft, Reinbek bei Hamburg 1961 (rowohlts deutsche enzyklopädie 123)

Amann, Gottfried, Pilze des Waldes, Melsungen 1962
Bauer, Friedrich Wilhelm, Waldbau als Wissenschaft, 2 Bde., München, Basel, Wien 1962 ff.

Blechschmidt, Manfred u. a., Waldbau. Ein Lehrbuch für die sozialistische Berufsausbildung in der Forstwirtschaft, Berlin 1963
Möding, Erhard und *Zwanzig, Günter W.,* Baum, Strauch und Wald im Recht, Erlangen 1963
Mitscherlich, Gerhard, Zustand, Wachstum und Nutzung des Waldes im Wandel der Zeit. Freiburg i. Br. 1963 (Freiburger Universitäts-Reden NF 35)

Billen, Josef, Baum, Anger, Wald und Garten in der mittelhochdeutschen Heldenepik, (Diss.) Münster 1964
Nebel, Gerhard, Hinter dem Walde. 16 Lektionen für Zeitgenossen, Hamburg 1964

Graf, Jakob und *Weber, Johann,* Wald und Mensch, eine Lebensgemeinschaft. Geschichte, Lebensgemeinschaft, Bewirtschaftung und Wohlfahrtswirkung des Waldes, München 1965
Mantel, Kurt, Forstgeschichtliche Beiträge: Ein Überblick über die Geschichte der Bewaldung, der Wald- und Holznutzung, der Wald- und Forstordnung und der Forstwissenschaft, Hannover 1965
Renger-Patzsch, Albert und *Haber, Wolfgang,* Im Wald. Aufnahmen aus dem Naturpark Arnsberger Wald, Soest 1965

Wald in der Raumordnung, Frankfurt a. M. 1966

Köstler, Josef Nikolaus, Wald, Mensch, Kultur. Ausgewählte Vorträge und Aufsätze zur Kulturgeschichte, zur Ökonomie des Forstwesens und zur Technik der Waldpflege, Hamburg, Berlin 1967
Mantel, Kurt (Hg.), Deutsche Forstliche Bibliographie 1560—1965, 3 Bde., Freiburg i. Br. 1967 ff.

Eiberle, Kurt, Wald und Wild, Heidelberg 1968

Feininger, Andreas, Wunderbare Welt der Bäume und Wälder, Wien, Düsseldorf 1968
Ruppertshofen, Heinz, Der summende Wald. Waldimkerei und Waldhygiene, München 1968
Sommer, Heike, Wälder! Wälder? München 1968

Horn, Erna, Was im Wald und am Wege wächst. Früchte — Kräuter — Pilze, München 1969
Lobek, Kurt und *Meincke, Irmtraud,* Wald — Hecke — Strand. Ein feldbiologisches Arbeitsbuch, München 1969
Schrötter, Helmut, Das Waldverständnis bei Adalbert Stifter, (Manuskript) Neubrandenburg 1969
Zimmermann, Günther, Zauberhafter Wald, Stuttgart 1969

Amann, Gottfried, Bodenpflanzen des Waldes, Melsungen 1970
Mitscherlich, Gerhard, Wald, Wachstum und Umwelt, 3 Bde., Frankfurt a. M. 1970 ff.
Der Wald in der modernen Gesellschaft. Referate auf der Tagung des Deutschen Forstvereins vom 1.—4. September 1970 in Braunschweig, Hiltrup b. Münster i. Westf. o.J. (Landwirtschaft — Angewandte Wissenschaft 152)

Hasel, Karl, Waldwirtschaft und Umwelt, Hamburg, Berlin 1971
Viesters, Horst, Waldgeheimnis, Köln 1971

Barthelmeß, Alfred, Wald. Umwelt des Menschen, München 1972
Eber, Wolfgang, Über das Lichtklima von Wäldern bei Göttingen und seinen Einfluß auf die Bodenvegetation, Göttingen 1972 (Scripta Geobotanica 3)
Ellenberg, Heinz und *Klötzli, Frank,* Waldgesellschaften und Waldstandorte in der Schweiz, Zürich 1972
Hauser, Albert, Wald und Feld in der alten Schweiz, Zürich, München 1972
Heilfurth, Gerhard, Der Wald als Fundort und Schauplatz in den Bergbausagen des deutschen Sprachgebiets, Wien 1972
Hollander, Jürgen von, Das neue Waldbrevier. Von Bäumen, Pflanzen und Tieren des Waldes, München 1972
Missbach, Karl, Waldbrand. Verhütung und Bekämpfung, Berlin 1972
Der Wald, München, Bern, Wien 1972
Wald und Forst. Ein Kosmos-Biotopführer, Stuttgart 1972

Engel, Fritz-Martin, Das große Buch vom Wald, München 1973
Gohl, Heinrich, Lebende Wälder, Stuttgart, Wien 1973
Schretzenmayer, M. (Hg.), Der Wald, Leipzig, Jena, Berlin 1973
Thomasius, Harald, Wald. Landeskultur und Gesellschaft, Dresden 1973

Lampadius, Felix, Beitrag zum Nachweis der Wertminderung des Waldes als Folge von Immissionseinwirkung, Berlin 1974
Reisch, Joachim, Waldschutz und Umwelt, Berlin, Heidelberg, New York 1974

Leibundgut, Hans, Wirkung des Waldes auf die Umwelt des Menschen, Erlenbach-Zürich, Stuttgart 1975
Mantel, Kurt, Geschichte des Weihnachtsbaumes und ähnlicher weihnachtlicher Formen. Eine kultur- und waldgeschichtliche Untersuchung, Hannover 1975

Benros, Theoderich A., Aus dem Walde, Bern 1976
Bärtels, Andreas und *Fuchs, Karl,* Unser Wald. Schönheit eines Lebensraums, Gütersloh, Berlin 1976
Dick, Uwe, Sauwaldprosa, München 1976
LaRoche, Nora, Grüne Geschichten aus dem Schwarzen Wald, Melsungen 1976
Mantel, K. und *Pacher, J.,* Forstliche Bibliographie vom 14. Jahrhundert bis zur Gegenwart, Hannover 1976
Marquardt, Karlheinz, Benutzeranalysen städtischer Freizeit- und Erholungseinrichtungen. Sonderauswertung Wälder, Frankfurt a. M. 1976
Mayer, Hannes, Gebirgswaldbau — Schutzwaldpflege, Stuttgart 1976

Hofmeister, Heinrich, Lebensraum Wald, München 1977
Jonsson, Lars, Vögel in Wald, Park, Garten, Stuttgart 1977
Klein, Elisabeth, Der Wald. Ein Lesebuch von Pflanzen und Tieren, Stuttgart 1977
Mayer, Hannes, Waldbau, Stuttgart 1977
Schoepffer, Wolfgang, Der Wald in der hoheitlichen Raumplanung, Köln, Berlin, Bonn, München 1977

Blüchel, Kurt, Der deutsche Wald, Wien, München 1978
Duflos, Solange, Der Wald lebt. Streifzüge durch die Natur, Freiburg i. Br., Basel, Wien 1978

Helm, Eva M., Feld-, Wald- und Wiesenkochbuch, München 1978
Pursey, Helen, Wald- und Wiesenblumen, Stuttgart 1978
Reichholf, Josef, Tiere im Wald, Stuttgart, Zürich 1978
Schmid, Franz und *Steinbach, Gunter,* Ungezähmt in Wald und Flur. Begegnungen mit den Wildtieren unserer Heimat, Zürich 1978
Schnurre, Wolfdietrich, Manche gehen lieber in den Wald. Neunzehn heitere Geschichten mit Zeichnungen des Verfassers, Berlin 1978
Der Wald im Zitat. Hilfsmittel für die forstliche Öffentlichkeitsarbeit, München 1978

Bechtel, Helmut, Waldbäume, Hannover 1979
Dähncke, Rose M. und *Dähncke, Sabine,* Schlemmereien aus Wald und Wiese. Wildkräuter, Beeren, Nüsse und Pilze leicht erkennen und schmackhaft zubereiten, Aargau 1979
Lenz, Liselotte, Waldboden, Hamburg 1979 (Text, Siegfried Lenz)
Schulte, Jürgen, Wald- und Landbau für Jäger, Hannover 1979
Sutton, Ann und *Sutton, Myron,* Knaurs Tierleben im Wald, München, Zürich 1979
Zimmermann, Günther, Wald — eine grüne Lebensfreude, Stuttgart 1979

Hauser, Albert, Waldgeister und Holzfäller. Der Wald in der schweizerischen Volkssage, Zürich, München 1980
Niesslein, Erwin, Waldeigentum und Gesellschaft. Eine Studie zur Sozialbindung des Eigentums, Hamburg, Berlin 1980
Röhring, Ernst, Der Wald als Vegetationstyp und seine Bedeutung für den Menschen, Hamburg, Berlin 1980
Schleiden, Matthias Jakob, Für Baum und Wald. Eine Schutzschrift an Fachmänner und Laien gerichtet, Leipzig 1980

Höhere Forstbehörde Rheinland (Hg.), 30 Jahre Grenzwald, Bonn 1981
Hütermann, Aloys, Der Wald als Rohstoffquelle, Frankfurt a. M. 1981
Mitchell, Alan u. a., Die Wälder der Welt, Bern, Stuttgart 1981
Rehfuess, Karl E., Waldböden. Entwicklung, Eigenschaft und Nutzung, Hamburg, Berlin 1981 (Pareys Studientexte 29)

Gerosa, Klaus, Lexikon für Waldfreunde, München, Luzern 1982
Hatzfeld, Hermann von, Stirbt der Wald? Energiepolitische Voraussetzungen und Konsequenzen, Karlsruhe 1982 (Alternative Konzepte 41)

Kilian, Ute, Baum und Wald in der bildenden Kunst — insbesondere in Malerei und Graphik — in historischer Sicht, (Diplom-Arbeit) Freiburg i. Br. 1982
Kneubühler, Theo, Im Wald des einzigen Bildes, Berlin 1982 (Merve 103)
Mitscherlich, Gerhard, Wald. Zauber und Wirklichkeit, Freiburg i. Br. 1982
Spiegelhalter, Erich, Schwarzwald. Zauber einer Landschaft, Freiburg i. Br. 1982 (Text, Barbara Schnierle)
Zimmermann, Günther, Zahlenlexikon Wald, Stuttgart 1982

Bosch, Christof, Die sterbenden Wälder, München 1983 (Beck'sche Schwarze Reihe 277)
Butin, Heinz, Krankheiten der Wald- und Parkbäume. Leitfaden zum Bestimmen von Baumkrankheiten, Stuttgart 1983
Demus, Klaus, Schatten vom Wald. Gedichte, Pfullingen 1983
Griesshammer, Rainer, Letzte Chance für den Wald? Die abwendbaren Folgen des Sauren Regens, Freiburg i. Br. 1983
Hatzfeld, Hermann Graf von (Hg.), Schadstoffbelastung des Waldes. Forstliche Konsequenzen, Hamburg, Berlin 1983 (Forstwissenschaftliche Forschungen 38)
Klenk, Gerald, Schüler erforschen den Wald, Köln 1983 (Umweltschutz im Unterricht 12)
Klingele, Otto H., Sie kamen vom Wald herab. Ein Buch der Schwarzwälder, Freiburg i. Br. 1983
Marcks, Marie, Wer hat dich, du schöner Wald ... Bildgeschichte, Reinbek bei Hamburg 1983 (rororo rotfuchs 326)
Mücke, Burkhard, Damit der Wald nicht stirbt. Ursache und Folgen der Waldkatastrophe, München 1983
Nickel, Ulrike, O schöner, grüner Wald, München 1983 (Heyne Ex Libris 0098-09)
Nowak-Nordheim, Walter, Mein Buch vom Wald, München 1983
Presse und Informationsamt der Bundesregierung (Hg.), Umweltpolitik gegen Waldsterben, Bonn 1983
Der Rat von Sachverständigen für Umweltfragen: Waldschäden und Luftverunreinigungen. Sondergutachten, Stuttgart, Mainz 1983
Schütt, Peter u. a., So stirbt der Wald, München 1983
Sielmann, Heinz, Tierleben im Wald, Hamburg 1983
Steinborn, Wolfgang, Im Wald, Bindlach 1983
Stern, Horst u. a., Rettet den Wald, München 1983

Wehr, Charlotte, Der Wald in der deutschen Dichtung und im Märchen, (Diplom-Arbeit) Freiburg i. Br. 1983

Aegerter, Irene und *Leder, Rudolf A.* (Hg.), Waldsterben, Bern 1984 (E-F-Dokumentation Umwelt 26)
Aufsess, Albrecht von, Man sieht den Wald vor lauter Bäumen nicht, Neuhausen 1984
Baltrušaitis, Jurgis, Imaginäre Realitäten. Fiktion und Illusion als produktive Kraft. Tierphysiognomik, Bilder im Stein, Waldarchitektur, Illusionsgärten, Köln 1984
Bockemühl, Jochen, Sterbende Wälder — eine Bewußtseinsfrage. Schulung an Naturzusammenhängen und Wandel der Lebensweise, Dornach 1984
Der Bundesminister für Forschung und Technologie (Hg.), Umweltforschung zu Waldschäden. Erste Bilanz der Forschungsförderung, Bonn 1984
Fröhlich, Hans J. (Hg.), Unser Wald muß leben, München 1984
Fritsche, Uwe, Schebek, Lilo und *Schubert, Christian,* Rettung für den Wald. Strategien und Aktionen, Frankfurt a. M. 1984
Graf, Volker und *Graf, Werner,* Der Abschied des Freiherrn. Reden vom Walde, Berlin 1984
Grill, Bartholomäus und *Kriener, Manfred* (Hg.), Es war einmal. Der deutsche Abschied vom Wald? Gießen 1984
Hatzfeld, Hermann, Der Wald stirbt! Forstliche Konsequenzen, Karlsruhe 1984 (Alternative Konzepte 46)
Leibundgut, Hans, Unsere Waldbäume. Eigenschaften und Leben, Frauenfeld 1984
Meister, Georg u. a., Die Lage des Waldes. Ein Atlas der Bundesrepublik. Daten, Analysen, Konsequenzen, Hamburg 1984
Prigann, Herman, Der Wald — Ein Zyklus, Wien 1984
Scamoni, A., Unsere Wälder, Berlin 1984
Schrifttumsverzeichnis zur Wald- und Forstgeschichte von Baden-Württemberg, 2 Bde., Stuttgart 1984 (Schriftenreihe der Landesforstverwaltung Baden-Württemberg 60)
Schütt, Peter u. a., Der Wald stirbt am Stress, München 1984
Syberberg, Hans Jürgen, Der Wald steht schwarz und schweiget. Neue Notizen aus Deutschland, Zürich 1984
Wald. Ausstellungskatalog, Regensburg 1984
Der Wald. Ein Lesebuch mit vielen Bildern. Ausgewählt von Ute Bogner, München 1984
Wentzel, Karl F. und *Zundel, Rolf,* Hilfe für den Wald. Ursachen — Schadbilder — Hilfsprogramme, Niedernhausen 1984

Wer hat dich, du schöner Wald... Meisterwerke aus zwei Jahrhunderten. Ausstellungskatalog, Recklinghausen 1984

Bund Naturschutz Bayern (Hg.), Ökologischer Wald. Gefährdung und Rettung der Bäume, Frankfurt a. M. 1985 (fischer alternativ 4070)
Fischenich, Reinhold, Waldsterben, der saure Alptraum, die Gnadenfrist läuft, Wiesbaden 1985
Holthaus, Hellmut, Gebrauchsanweisung für den Wald. Geschichten aus dem Nachlaß, Frankfurt a. M. 1985
Kunert, Günter, Der Wald, Hamburg 1985
Langthaler, Gerhart von, Der Wald. Wunder und Wirklichkeit, Wien 1985
Leibundgut, Hans, Der Wald in der Kulturlandschaft. Bedeutung, Funktion und Wirkung des Waldes auf die Umwelt des Menschen, Bern u. a. 1985
Lindemann, Klaus von, Deutscher Dichter Wald. Waldgedichte, Paderborn 1985 (Schöninghs Deutsche Textausgaben)
Lohmann, Michael, Darum brauchen wir den Wald, München, Wien, Zürich 1985
Nemec, Helmut, Der Wald verwandelt sich in Traum. Bilder von H. N. zu Texten deutscher Dichter, Wien, Freiburg i. Br., Basel 1985
Piechoto, Ulrike, Da stimmt was nicht im Wald, Reutlingen 1985
Raab, Silke und *Wassermann, Gudrun,* Stifter Wald. Ausstellungskatalog, Kiel 1985
Wagner, Wolfgang, Abstand zwischen Gebäuden und Wald. Rechtsfragen — Brandschutz — Ökologie, Berlin 1985

Faust, Berthold und *Hoffmann, Dieter,* Wir malen was lebt in Wald und Flur, Mainz 1986
Johanson, Irene, Ihr dürft auf eurer Wanderung den unsterblichen Wald erleben, Stuttgart 1986
Kovar, Johanna und *Walther, Harald,* 350 Millionen Jahre Wald. Ausstellungskatalog, Wien, Dresden 1986
Laube, Horst, Anhöhe im Wald. Erzählung, Frankfurt a. M. 1986
Leibundgut, Hans, Unsere Gebirgswälder. Natur — Zustand — Bewirtschaftung, Bern 1986
Schneider, Anton, Wald — Holz — Mensch, Neubeuern 1986
Schnellbächer, Kurt, Unser Wald muß nicht sterben, Bad Homburg 1986
Das Schwarzwaldbild. Ausstellungskatalog, Freiburg i. Br. 1986
Struss, Dieter, Reisen in die Tiefe des Waldes. Die Geschichte der Bäume unter der Herrschaft des Menschen, München 1986
Wälder. (Themenheft) Tumult. Zeitschrift für Verkehrswissenschaft 8 (1986)

Leihgeber

Öffentliche Sammlungen

Städtische Galerie Albstadt
Berlinische Galerie, Berlin
Bildarchiv Preußischer Kulturbesitz, Berlin
Bröhan Museum Berlin
Staatliche Museen Preußischer Kulturbesitz,
Kupferstichkabinett, Berlin
Staatliche Museen Preußischer Kulturbesitz,
Nationalgalerie, Berlin
Staatliche Schlösser und Gärten, Berlin
Städtische Sammlungen (Braith-Mali-Museum),
Biberach an der Riß
Kunsthalle der Stadt Bielefeld
Deutsches Bergbau-Museum, Bochum
Rheinisches Landesmuseum Bonn
Städtisches Kunstmuseum Bonn
Kunsthalle Bremen
Hessisches Landesmuseum Darmstadt
Städtische Kunstsammlungen Darmstadt
Museum am Ostwall, Dortmund
Kunstmuseum Düsseldorf
Van Abbemuseum, Eindhoven
Historisches Museum Frankfurt
Städtische Galerie im Städelschen Kunstinstitut
Frankfurt am Main
Augustinermuseum, Freiburg i. Br.
Musée d'art et d'histoire, Genf
Hamburger Kunsthalle
Wilhelm-Busch-Museum Hannover
Kurpfälzisches Museum der Stadt Heidelberg
Bayerisches Armeemuseum Ingolstadt
Tiroler Landesmuseum Ferdinandeum, Innsbruck
Pfalzgalerie Kaiserslautern
Brüder Grimm-Museum Kassel
Naturkundemuseum der Stadt Kassel
Staatliche und Städtische Kunstsammlungen Kassel,
Neue Galerie
Bundesarchiv, Filmarchiv, Koblenz
Theatermuseum Köln
Wallraf-Richartz-Museum Köln
Geologisches Landesamt Nordrhein-Westfalen,
Krefeld
Oberösterreichisches Landesmuseum Linz
Stadtmuseum Linz
Kunstmuseum Luzern
Landesmuseum Mainz
Städtische Kunsthalle Mannheim
Bayerische Staatsgemäldesammlungen, München
Deutsches Theatermuseum München
Sammlung Villa Stuck, München
Städtische Galerie im Lenbachhaus, München
Westfälisches Landesmuseum für Kunst- und
Kulturgeschichte, Münster
Rijksmuseum Kröller-Müller, Otterlo

Museum Ostdeutsche Galerie Regensburg
Staatsgalerie Stuttgart
Universität Stuttgart-Hohenheim
Gemäldegalerie der Akademie der Bildenden Künste
in Wien
Worpsweder Kunsthalle Friedrich Netzel
Kunsthaus Zürich

Private Leihgeber

Nachlaß Arp, Schweiz
Michael Badura, Wuppertal
Galerie Bama, Paris
Galerie Beyeler, Basel
Edition Block, Berlin
Ami Blumenthal, Frankfurt a. M.
P. A. Böckstiegel-Haus, Werther/Westf.
Galerie Brockstedt, Hamburg
Bruckmann Verlag, München
Galerie Brusberg, Berlin
Galerie Bernd Dürr, München
Galerie Eisenmann, Böblingen
Elisabeth Förster-Streffleur, München
JW Froehlich, Stuttgart
Joachim Egon Fürst zu Fürstenberg,
Donaueschingen
Archiv Karlheinz Gabler, Frankfurt
A. und G. Gercken, Hamburg
Alfred Hagenlocher, Meßstetten
Johanna Hegenbarth, Dresden
Peter Herrmann, Berlin
K. H. Hödicke, Berlin
Galerie Kicken-Pauseback, Köln
Ladengalerie, Berlin
Nikolaus Lang, Bayersoien
Ellen Maas, Frankfurt a. M.
Kunstkabinett Mirko-Heipek, Karlsruhe
Stefan Moses, München
Galerie Neher, Essen
Arnulf Rainer, Neuhaus/Inn
Kunstkabinett G. A. Richter, Rottach-Egern
Konrad Balder Schäuffelen, München
Hans-Ulrich Schlumpf, Zürich
Bernard Schultze, Köln
Erich Solenthaler, Winterthur
Erica Steppes, Grafling
M. Tesdorpf, Wädenswil
Dr. Wolfgang Till, München
Roger Welch, New York
Archiv der deutschen Jugendbewegung,
Witzenhausen
Zellermayer Galerie, Berlin

sowie die Leihgeber, die ungenannt bleiben möchten

Werkverzeichnis

Das Werkverzeichnis ist alphabetisch nach Urhebern geordnet.
Bei den Maßangaben steht Höhe vor Breite.
Die mit einem * gekennzeichneten Werke werden nicht in der Ausstellung gezeigt, sondern erscheinen nur als Abbildung im Katalog.

Andreas Achenbach
Verschneiter Wald, o. J.
Aquarell
42,3 × 62,5 cm   Abb. S. 136
Kunstmuseum Düsseldorf,
Graphische Sammlung

Anonym
Am Löns-Stein im Naturschutzpark zu Tietlingen, 1935
Reproduktion aus: Der Türmer. Zum Sehen geboren – Zum Schauen bestellt,
September/Scheiding 1935   Abb. S. 241

Anonym
Aus den Vogesen: Ein Offizier beobachtet die feindlichen Operationen, 1915
Photographie
Bildarchiv Preußischer Kulturbesitz, Berlin
Abb. S. 275

Anonym
Baumreihe in einem Gedächtnishain, 1916*
Reproduktion aus: Illustrirte Zeitung,
Oktober 1916   Abb. S. 270

Anonym
Bei Blamont in den Vogesen am 9. August 1916 abgeschossenes Kampfflugzeug, 1916
Reproduktion aus: Illustrirte Zeitung,
September 1916   Abb. S. 276

Anonym
Bruno Wille, um 1900
Öl auf Lwd.
65 × 50 cm
Berlinische Galerie, Berlin

Anonym
Bundestag der Wandervögel Frankfurt a. O.,
1914
Reproduktion nach Postkarte
Bildarchiv Preußischer Kulturbesitz, Berlin
Abb. S. 249

Anonym
Das Grabmal Theodor Körners bei Wöbbelin (entworfen von Karl Friedrich Schinkel),
nach 1863*
Radierung
Bildarchiv Preußischer Kulturbesitz, Berlin
Abb. S. 289

Anonym
Das Hermannsdenkmal im Teutoburger Wald,
o. J.
Postkarte
12,4 × 8,5 cm
Bildarchiv Preußischer Kulturbesitz, Berlin
Abb. S. 236

Anonym
Der Speerwerfer, Bewegungsstudie, 1927
Photographie
Bildarchiv Preußischer Kulturbesitz, Berlin
Abb. S. 251

Anonym
Des Knaben Wunderhorn, 1850
Pause nach Moritz von Schwind
Bleistift, Tusche auf Pauspapier
30,7 × 21,5 cm   Abb. S. 173
Kurpfälzisches Museum der Stadt Heidelberg

Anonym
Drei Mädchen der Wandervogel-Ortsgruppe Berlin-Neukölln, 1924
Photographie
Bildarchiv Preußischer Kulturbesitz, Berlin
Abb. S. 210

Anonym
Ein getarnter deutscher Panzer im Wald von Woltschansk, 1942
Photographie
Bildarchiv Preußischer Kulturbesitz, Berlin
Abb. S. 119

Anonym
Erster Weltkrieg, Westfront, 1917
Photographie
Bildarchiv Preußischer Kulturbesitz, Berlin
Abb. S. 115

Anonym
Frau in Rinde schneidend »Gedenke mein«, o. J.
Radierung
8,4 × 10,7 cm
Hessisches Landesmuseum Darmstadt

Anonym
Friedrich Ludwig Jahn, Ludwig Uhland,
Ernst Moritz Arndt, o. J.
Reproduktion aus: Horst Ueberhorst (Hg.),
Friedrich Ludwig Jahn 1778/1978,
München 1978   Abb. S. 233

Anonym
Friedrichsruh b. Hamburg, Fürst Bismarck mit seinen beiden Hunden, o. J.
Postkarte
14,8 × 10,5 cm   Abb. S. 238
Bismarck-Museum, Friedrichsruh b. Hamburg

Anonym
Germania am Fuß einer deutschen Eiche, 1848
Lithographie
36,5 × 53 cm
Historisches Museum Frankfurt

Anonym
Germania, gejagt von den Mächten der Finsternis, 1848
Lithographie, koloriert
36,5 × 53 cm   Abb. S. 287
Historisches Museum Frankfurt

Anonym
Großdeutscher Bund, Munsterlager, 1933
Photographie, Neuabzug vom Originalnegativ
Archiv der deutschen Jugendbewegung,
Witzenhausen   Abb. S. 252

Anonym
Hermann der Cheruskerfürst, o. J.
Radierung
13,2 × 8,8 cm   Abb. S. 236
Hessisches Landesmuseum Darmstadt

Anonym
Hermann Löns' Grab im Argonnerwald, um 1940
Reproduktion aus: Wilhelm Schuster, Vogelfauna von Großhessen und Nassau [...],
Gonsenheim 1941   Abb. S. 240

Anonym
Hier liegt Hermann Löns begraben, 1935
Reproduktion aus: Der Türmer. Zum Sehen geboren — Zum Schauen bestellt,
September/Scheiding 1935   Abb. S. 241

Anonym
Illustrationen zu: Jacob Grimm, Brüderchen und Schwesterchen, o. J.
2 Farbdrucke (Blätter 1 und 2)
je 39 × 29 cm
Brüder Grimm-Museum Kassel

Anonym
Joseph von Eichendorff, Denkmal von Johannes Boese in Ratibor, o. J.
Photographie
Bildarchiv Preußischer Kulturbesitz, Berlin
Abb. S. 258

Anonym
Junge Turnfestteilnehmerin, o. J.
Reproduktion aus: Herbert Neumann, Deutsche Turnfeste, Bad Homburg 1985   Abb. S. 257

Anonym
Kinderspiel »Die Waldschule«, o. J.*
Dr. Bernd Weyergraf, Berlin   Abb. S. 223

Anonym
Kreuzanhänger mit Eichenlaubschmuck, auf der Vorderseite eingraviert »Germania«, auf der Rückseite »Victoria«, o. J.
Eisen
4,6 × 3,6 cm   Abb. S. 141
Historisches Museum Frankfurt

Anonym
Kreuzförmige Abwurfstange mit Elfenbein – Korpus, um 1840
Hirsch – Abwurfstange Elfenbein – Korpus
70 × 45 × 10 cm
Privatbesitz

Anonym
Mädchen und Jünglinge in altdeutscher Tracht;
im Hintergrund Nürnberg, o. J.
Öl auf Holz
34,5 × 44,7 cm   Abb. S. 292
Staatsgalerie Stuttgart

Anonym
Mit dem Christbaum auf der Fahrt zur Front,
1916
Reproduktion aus: Illustrirte Zeitung,
Dezember 1916   Abb. S. 273

Anonym
Niederwalddenkmal. Die Germania in der Werkstatt, 1879
Holzstich nach einer Zeichnung von Rudolf Cronau
25,1 × 18,4 cm
Bildarchiv Preußischer Kulturbesitz, Berlin

Anonym
Niederwalddenkmal (Detail), o. J.*
Photographie
Bildarchiv Preußischer Kulturbesitz, Berlin
Abb. S. 257

323

Anonym
Ohne Titel, um 1950*
Photographie
Bildarchiv Preußischer Kulturbesitz, Berlin
Abb. S. 223

Anonym
Olympiasiegerin, 1936
Reproduktion aus: Alfred Detering,
Die Bedeutung der Eiche seit der Vorzeit,
Berlin 1939
Abb. S. 257

Anonym
Ostern im Walde, o. J.*
Reproduktion aus: Im Waldwinkel,
(3) 1929   Abb. S. 179

Anonym
Porträt des Dichters Theodor Körner, o. J.*
Heliogravure nach einem Gemälde von
Dorothea Stock
Bildarchiv Preußischer Kulturbesitz, Berlin
Abb. S. 258

Anonym
Porträt eines typischen Wandervogels, 1911
Postkarte
14 × 8,7 cm
Bildarchiv Preußischer Kulturbesitz, Berlin
Abb. S. 248

Anonym
Rehbock, flüchtend, o. J.
Radierung
17,6 × 23,8 cm
Hessisches Landesmuseum Darmstadt

Anonym
Ritter vor Andachtsbild im Wald, o. J.
Lithographie nach Karl Philipp Fohr
15,4 × 17,3 cm
Hessisches Landesmuseum Darmstadt

Anonym
Schiller als Karlsschüler beim Vorlesen der
»Räuber«, um 1835
Farblithographie
21,3 × 27 cm
Bildarchiv Preußischer Kulturbesitz, Berlin

Anonym
Soldatenfriedhof 1. Weltkrieg, o. J.*
Postkarte
Staatliche Museen Preußischer Kulturbesitz,
Museum für Deutsche Volkskunde, Berlin
Abb. S. 241

Anonym
Söll/Tirol, 1809
Aquarell
29 × 41 cm   Abb. S. 288
Bayerisches Armeemuseum Ingolstadt

Anonym
Thing Eiche Muskau, o. J.
Photographie, Neuabzug vom Originalnegativ
Archiv der deutschen Jugendbewegung,
Witzenhausen   Abb. S. 135

Anonym
Turnfestsieger, München 1958*
Reproduktion aus: Herbert Neumann, Deutsche
Turnfeste, Bad Homburg 1985   Abb. S. 257

Anonym
Waldeinsamkeit, o. J.
Bildobjekt der Nebelbilder-Fabrik, C. Eckenrath,
Berlin
6,3 × 12,9 cm
Dr. Wolfgang Till, München

Anonym
Wandervogel Deutscher Bund, o. J.
Photographie, Neuabzug vom Originalnegativ
Archiv der deutschen Jugendbewegung,
Witzenhausen   Abb. S. 250

Anonym
Westfront, letzte deutsche Offensive.
Improvisierte Feldküche einer
Munitionskolonne, März 1918*
Postkarte
Bildarchiv Preußischer Kulturbesitz, Berlin
Abb. S. 283

Anonym
Wilhelm II. als Jagdgast in Ratibor auf Gut
Randen, o. J.
Photographie
Bildarchiv Preußischer Kulturbesitz, Berlin
Abb. S. 239

Anonym
Wilhelm II. auf der Jagd in Blankenburg i. H.,
1899
Photographie
Bildarchiv Preußischer Kulturbesitz, Berlin
Abb. S. 239

Anonym
Zwei Postkarten, o. J.*
Bildarchiv Preußischer Kulturbesitz, Berlin
Abb. S. 203

Dieter Appelt
Waldrand-Abhörung Waldsilhouette. Optisch-
akustische Installation. Nadelwald-Laubwald,
1987
Ort: Frankenwald-Bayerischer Wald-Tirol.
Akustik Digitalisierung: Manfred Fox,
Norbert Schaefer, Werner Schaller,
Technische Universität Berlin
Polyptychon (6-teilig), Kalotypie, Platinum
196 × 324 cm   Abb. S. 127
Galerie Kicken – Pauseback, Köln

Waldüberwachung, 1987*
Filmkader   Abb. S. 262
Galerie Kicken – Pauseback, Köln

Armando
Beschuldigte Landschaft, 1972
Photographie, Bleistift
4 Teile, je 100 × 75 cm   Abb. S. 278–79
Rijksmuseum Kröller-Müller, Otterlo

Waldig, 1982
Öl auf Lwd.
225 × 175 cm   Abb. S. 101
A. und G. Gercken, Hamburg

Hans Arp
Im Walde auszusetzen (Skulptur in drei Formen),
1932
Bronze
22,5 × 14 cm
Nachlaß Arp, Schweiz

Michael Badura
Brennendes Blatt, 1983
Blatt, konserviert in Acrylfarbe,
auf Gaze aufgezogen
180 × 180 cm   Abb. S. 302
Besitz des Künstlers

Georg Baselitz
Ein Werktätiger, 1967
Öl auf Papier auf Lwd.
100 × 81 cm   Abb. S. 266
Privatbesitz

F. Becker
Rübezahl, o. J.
Öl auf Lwd.
55 × 41 cm   Abb. S. 167
Leihgabe der Städtischen Galerie im Städelschen
Kunstinstitut Frankfurt am Main

Peter Becker
Bei Ehrenbreitstein, 1855
Feder, Tusche, Aquarell
48,6 × 42,3 cm
Hessisches Landesmuseum Darmstadt

Eduard Bendemann
Engel und Tod, 1834
Aquarell
37,5 × 28,8 cm
Kunstmuseum Düsseldorf,
Graphische Sammlung

Matelda im irdischen Paradies, 1837
Aquarell
27,8 × 23,5 cm
Kunstmuseum Düsseldorf,
Graphische Sammlung

Joseph Beuys
Acer platanoides, 1945
Gepreßtes Spitzahornblatt, weißes Zeichenpapier
48 × 31,8 cm
Private Dauerleihgabe an das Kupferstichkabinett,
Staatliche Museen Preußischer Kulturbesitz, Berlin

Querblitz in tote Zirbelkiefer, 1954
Wasserfarbe und Tinte auf weißem, leichten
Schreibpapier
29,6 × 20,9 cm
Private Dauerleihgabe an das Kupferstichkabinett,
Staatliche Museen Preußischer Kulturbesitz, Berlin

Hasengeist vor Hasenfalle, 1961
Öl und Bleistift auf Papier
30 × 21 cm   Abb. S. 295
Sammlung JW Froehlich Stuttgart

Zertifikat für vier Eichen
Aktion 7000 Eichen, Documenta 7, Kassel 1982
Städtische Galerie im Lenbachhaus, München

Karl Blechen
Waldweg mit Bildstock (nach 1830)
Pinsel, Bleistift, aquarelliert
25,8 × 20,7 cm
Staatsgalerie Stuttgart, Graphische Sammlung

Die Jungfrau von Tangermünde (nach 1831)
Pinsel, Bleistift
20,8 × 16 cm   Abb. S. 217
Staatsgalerie Stuttgart, Graphische Sammlung

Ruine einer gotischen Kirche, 1834
Aquarell
41,8 × 34,8 cm   Abb. S. 23
Kunstmuseum Düsseldorf,
Graphische Sammlung

Ami Blumenthal/Merve Lowien
Skizzen zum Thema »Fremdgrün«, 1987
10 Zeichnungen, Mischtechnik
je 30 × 21 cm   Abb. S. 300
Besitz der Künstler

Arnold Böcklin
Tannen, Studie, 1847
Bleistift
41,2 × 28,3 cm   Abb. S. 8
Hessisches Landesmuseum Darmstadt

Nymphe auf den Schultern Pans, 1874
Mischtechnik auf Holz
38,3 × 35,5 cm
M. Tesdorpf, Wädenswil

Das Schweigen des Waldes, um 1896
Öl auf Lwd.
61 × 51 cm   Abb. S. 216
Privatbesitz Schweiz

Peter August Böckstiegel
Mein Quartierwald im Osten, 1916
Öl auf Lwd.
121 × 101 cm   Abb. S. 272
Privatbesitz P. A. Böckstiegel-Haus,
Werther/Westfalen

Leopold Bode
Parzival, 1902
Pastell
94 × 70 cm
Historisches Museum Frankfurt

Christian Eduard Boettcher
Heimkehr vom Schulfest, 1852
Öl auf Lwd.
97,5 × 131,5 cm
Rheinisches Landesmuseum Bonn

Eugen Bracht
Eiche mit Blitzschlag, 1913
Öl auf Lwd.
84,5 × 80 cm
Städtische Kunstsammlungen Darmstadt

Quartär-Landschaft mit Mammut, o. J.
Feder
14,1 × 22,3 cm
Städtische Kunstsammlungen Darmstadt

Brauckmann
Der Bismarckweg bei Hahnenklee
Abzug für Bildarchiv »Volk und Welt«, o. J.
Photographie
12,5 × 17,4 cm   Abb. S. 238
Bildarchiv Preußischer Kulturbesitz, Berlin

Georg Broel
An die Heimat, o. J.
Radierungen
Blatt e) 21,8 × 29,3 cm
Blatt i) 23,8 × 31,7 cm
Blatt k) 30,8 × 22,6 cm   Abb. S. 215
Blatt n) 29,8 × 22,2 cm
Städtische Galerie im Lenbachhaus, München

Waldsinfonie, 1919
Radierung
31,7 × 21,5 cm   Abb. S. 176
Bruckmann Verlag, München

Allee, 1921
Radierung
32,8 × 25 cm
Bruckmann Verlag, München

Fallende Blätter, 1917
Radierung
22,5 × 17,3 cm
Bruckmann Verlag, München

Brunner/Burger
Stereoaufnahmen 1. Weltkrieg *
Privatbesitz Berlin   Abb. S. 284—85

Paul Bürck
Blick zum Waldrand, 1911
Radierung
8,5 × 13,8 cm
Städtische Kunstsammlungen Darmstadt

W. Bürger
Nahkampf, 1. Weltkrieg, o. J.
Öl auf Pappe
36,6 × 56,5 cm   Abb. S. 115
Bayerisches Armeemuseum Ingolstadt

Hugo Bürkner
Genoveva mit Kind, 1837
Radierung
12,4 × 14,3 cm
Staatliche Museen Preußischer Kulturbesitz,
Kupferstichkabinett, Berlin

Große Eiche am Waldeingang, o. J.
Holzschnitt
19,7 × 23,5 cm
Staatliche Museen Preußischer Kulturbesitz,
Kupferstichkabinett, Berlin

Wilhelm Busch
Die Zuflucht des Wiedensahler Hirten, 1866
Bleistift, ungeripptes Papier
21,5 × 29 cm
Wilhelm-Busch-Museum Hannover, Deutsches
Museum für Karikatur und kritische Grafik

Drei Szenen aus Dornröschen (Der Prinz mit
einer Pferdegruppe im Wald/Der Prinz reitet
durch den Wald/Dornröschen in der Wiege und
die böse Fee), o. J.
Bleistift, ungeripptes Papier, kaschiert
28,7 × 38,8 cm
Wilhelm-Busch-Museum Hannover, Deutsches
Museum für Karikatur und kritische Grafik

Durchblick (Skizze einer Landschaft), o. J.
Öl auf Papier auf Pappe
14 × 18 cm
Wilhelm-Busch-Museum Hannover, Deutsches
Museum für Karikatur und kritische Grafik

Heinrich Campendonk
Wald Mädchen Ziege, 1917
Öl auf Lwd.
94 × 64 cm   Abb. S. 168
Städtische Galerie im Lenbachhaus, München

Carl Gustav Carus
Blühende Holunderhecke im Mondschein,
um 1825
Öl auf Pappe
37 × 27,5 cm   Abb. S. 191
Westfälisches Landesmuseum für Kunst- und
Kulturgeschichte, Münster

Ernst Challier
Männer-Chöre *
Reproduktion aus: Ernst Challier's Großer Männergesang-Katalog, Gießen 1900   Abb. S. 60

Georg Cornicelius
Germanenmädchen, römische Waffen tragend,
1874
Öl auf Lwd.
120 × 90 cm   Abb. S. 141
Privatbesitz

Johan Christian Claussen Dahl
Mondnacht, 1819
Öl auf Lwd.
38,4 × 54,3 cm   Abb. S. 187
Kunstmuseum Düsseldorf

Julius Diez
Hexe, o. J.
Radierung
13 × 30 cm   Abb. S. 37
Städtische Galerie im Lenbachhaus, München

Ludwig Dill
Am Waldesrand, um 1900
Tempera auf Pappe
74 × 93 cm
Kunsthalle Bielefeld

Fritz Dinger
Nach dem Kampf (Toter Hirsch), o. J.
Radierung
19,5 × 25,5 cm
Staatliche Museen Preußischer Kulturbesitz,
Kupferstichkabinett, Berlin

Josef Eberz
33 Radierungen zu Eichendorffs »Ahnung und
Gegenwart«, 1919
Daraus 7 Radierungen
12,5 × 10,5 cm
Staatsgalerie Stuttgart, Graphische Sammlung

Die alte Waldkapelle, o. J.
Lithographie
56 × 42 cm
Städtische Galerie im Lenbachhaus, München

Michael Echter
Liebesszene im Wald (Tristan), 1865
Ölskizze
24 × 32,5 cm
Deutsches Theatermuseum
Früher Clara Ziegler-Stiftung, München

Tal bei der Wartburg (Tannhäuser), 1869
Aquarell
24 × 32,7 cm
Deutsches Theatermuseum
Früher Clara Ziegler-Stiftung, München

Nibelungenring, o. J.
Öl auf Papier
37,7 × 24,5 cm
Städtische Galerie im Lenbachhaus, München

Otto Eckmann
Junge Liebe, o. J.
Öl auf Lwd.
129 × 89 cm   Abb. S. 209
Hamburger Kunsthalle

Reinhold Max Eichler
Schlinggewächse, 1898
Kunstdruck aus der »Jugend«
27,3 × 22,1 cm   Abb. S. 154
Galerie Bernd Dürr, München

Siegfried im Walde, um 1900 *
Reproduktion aus: Jugend, 1900   Abb. S. 148

Junger Faun, 1904
Öl auf Lwd.
102 × 75 cm   Abb. S. 254
Städtische Galerie im Lenbachhaus, München

Ein Büchsenschuß, o. J.
Kunstdruck aus der »Jugend«
28 × 21 cm   Abb. S. 154
Galerie Bernd Dürr, München

Franz Epple
Der Wildschütz, 1837
Öl auf Lwd.
38 × 31 cm
Joachim Egon Fürst zu Fürstenberg,
Donaueschingen

Max Ernst
Histoire naturelle, 1926
Mappe mit 34 Lichtdrucken nach Bleistiftfrottagen
Daraus die Blätter:
la mer et la pluie (1)
les confidences (9)
le fascinant cyprès (17)
les moeurs des feuilles (18)
la palette de césar (20)
rasant les murs (21)
je 50 × 32,5 cm
Galerie Brusberg, Berlin

Sie haben zu lange im Walde geschlafen, um 1926*
Saarland-Museum in der Stiftung Saarländischer Kulturbesitz, Saarbrücken   Abb. S. 29

Forêt aux champignons, 1926–27
Öl auf Lwd.
53,5 × 65 cm
Museum am Ostwall, Dortmund

La forêt pétrifiée, 1927
Öl auf Lwd.
46 × 55 cm
Galerie Brusberg, Berlin

Forêt, 1940–42
Öl auf Karton
32 × 23,5 cm
Galerie Brusberg, Berlin

Mutter und Kind im nächtlichen Wald, 1953
Öl auf Lwd.
115 × 91 cm   Abb. S. 224
Kunstmuseum Düsseldorf

Lovers in the Woods, 1957*
Galerie Beyeler, Basel   Abb. S. 204

Le survivant, 1968
Collage
75 × 52,4 cm   Abb. S. 263
Privatsammlung

Philipp Ernst
Der Mönch von Heisterbach, o. J.
Lithographie nach Aquarell
24,7 × 17,5 cm
Bildarchiv Preußischer Kulturbesitz, Berlin
Abb. S. 192

Julius Exter
Der Nixen-Weiher, o. J.
Kunstdruck aus der »Jugend«
18,2 × 21,7 cm
Galerie Bernd Dürr, München

Lyonel Feininger
Kirche zwischen Tannen, o. J.
Holzschnitt
14,2 × 11,2 cm
Hessisches Landesmuseum Darmstadt

Max Feldbauer
Französische MG-Bedienung im Mittagschlaf überrascht, Argonnerwald, 1915
Tempera auf Pappe
40 × 30 cm
Bayerisches Armeemuseum Ingolstadt

Ferdinand Fellner
Prinzessin und ein vor ihr knieender Ritter im Wald, o. J.
Bleistift, aquarelliert
29,6 × 22,9 cm
Staatsgalerie Stuttgart, Graphische Sammlung

Siegfried erlegt den Bären, o. J.
Feder
51 × 66,9 cm
Staatsgalerie Stuttgart, Graphische Sammlung

Anselm Feuerbach
Zwei badende Frauen, 1872
Öl auf Lwd.
35,9 × 46,4 cm
Privatbesitz

Fidus
Abendwinken, 1908
Tochter des Künstlers, 1918
Lianenschaukel, 1894
Beichte, 1892 (Aus der Mappe »Naturkinder«)
Du sollst nicht töten, o. J.
Wintertraum, 1907
»Es werde licht!«, 1896
Parknacht, 1911
Glühender Mondenschein, 1911
Verlassen, 1894
Walpurgisopfer, 1894
Germania, 1914
Aus der Mappe »Tänze«, um 1894
Postkarten
je ca. 14 × 9 cm bzw. 9 × 14 cm   Abb. S. 70, 255
Berlinische Galerie, Fidus-Archiv

Harald Finke
Pflanzenabhörung, 1987
Klanginstallation   Abb. S. 306

Leopolt Fischer
Betende Bauernfamilie im dichten Wald, o. J.
Lithographie
17 × 17,5 cm
Staatliche Museen Preußischer Kulturbesitz, Kupferstichkabinett, Berlin

Porträt Stegemann, o. J.
Lithographie
24 × 17,5 cm
Staatliche Museen Preußischer Kulturbesitz, Kupferstichkabinett, Berlin

Hugo Flintzer
Illustrationen zu Gedichten von Nikolaus Lenau, o. J.
Reproduktionen aus: Nikolaus Lenau, Ausgewählte Gedichte, Berlin, Leipzig o. J.
Abb. S. 184

Daniel Fohr
Deutschland in der Heidenzeit, um 1842*
Kurpfälzisches Museum der Stadt Heidelberg
Abb. S. 133

Karl Philipp Fohr
Lindenfels, o. J.
Feder, Sepia laviert
41,5 × 53,7 cm   Abb. S. 19
Hessisches Landesmuseum Darmstadt

Schneidemühle, o. J.
Tusche, Aquarell
18,3 × 26,7 cm   Abb. S. 194
Städtische Galerie im Lenbachhaus, München

Elisabeth Förster-Streffleur
Waldamt, 1985
Aquarell
17,5 × 23 cm
Besitz der Künstlerin

Caspar David Friedrich
Tanne, um 1798
Pinsel, Bleistift
21,5 × 12,7 cm   Abb. S. 123
Staatsgalerie Stuttgart, Graphische Sammlung

Hünengrab am Waldrand, um 1806
Bleistift
24,2 × 34,6 cm   Abb. S. 138
Privatbesitz München

Baumstudien, 1809
Bleistift
36 × 25,9 cm
Staatsgalerie Stuttgart, Graphische Sammlung

Der Chasseur im Walde, 1814
Öl auf Lwd.
65,7 × 46,7 cm   Abb. S. 139
Privatbesitz

Kreuz im Wald, um 1835
Öl auf Lwd.
42 × 32 cm   Abb. S. 183
Staatsgalerie Stuttgart

Ludwig Friedrich
Spinnende Schwester, o. J.
Radierung nach Moritz von Schwind
16,5 × 20,6 cm
Staatliche Museen Preußischer Kulturbesitz, Kupferstichkabinett, Berlin

Woldemar Friedrich
Über allen Gipfeln ist Ruh, o. J.
Reproduktion aus: Illustrirte Zeitung, März 1932   Abb. S. 259

Max Fritzsche
Teuteburg in Trümmern, zu Heinrich von Kleists „Hermannsschlacht", Darmstadt 1937/38
Bleistift, Tempera
31 × 45 cm
Theatermuseum der Universität zu Köln

Wolfsschlucht, zu Carl Maria von Webers »Freischütz«, Kiel 1950/51
Tempera
22 × 29,9 cm
Theatermuseum der Universität zu Köln

Joseph von Führich
Einführung des Christentums in den deutschen Urwäldern, 1864 *
Bayerische Staatsgemäldesammlungen, München   Abb. S. 132

Heiliger Juan, o. J.
Lithographie
25 × 33 cm
Staatliche Museen Preußischer Kulturbesitz, Kupferstichkabinett, Berlin

Karl Funke
Rotkäppchen, 1838
Lithographie
24,2 × 19 cm
Staatliche Museen Preußischer Kulturbesitz, Kupferstichkabinett, Berlin

Jean Gaberell
Der Tannenwald
Abzug für Bildarchiv »Volk und Welt«, 1937
Photographie
16,9 × 12,2 cm
Bildarchiv Preußischer Kulturbesitz, Berlin

Jochen Gerz
Die Erfindung der Welt, 1987
25 s/w Photographien, je 40 × 50 cm;
6 Reliefdrucke w/w, je 12,8 × 17,8 cm;
Holzsockel   Abb. S. 308–09
Courtesy Galerie Bama, Paris/
Galerie Kicken-Pauseback, Köln

Salomon Gessner
Das schöne Mädchen im Wald lernt von den Vögeln den Gesang, 1777
Radierung
19,7 × 14,8 cm
Kunsthaus Zürich

Martin Glöder
Goetheweg im Harz, o. J.
Reproduktion aus: Schnee und Eis. Einunddreißig Naturaufnahmen, Königstein i. T., Leipzig o. J.   Abb. S. 259

Kurt Golz
Ohne Titel
Abzug für Bildarchiv »Volk und Welt«, 1941
Photographie
18 × 13 cm
Bildarchiv Preußischer Kulturbesitz, Berlin

Jakob Götzenberger
Allerheiligen, um 1844
Öl auf Lwd.
59 × 44,5 cm
Kurpfälzisches Museum der Stadt Heidelberg

Die Nixe des Wildsees, um 1844
Öl auf Lwd.
59,6 × 45 cm   Abb. S. 180
Kurpfälzisches Museum der Stadt Heidelberg

Cäcilie Graf-Pfaff
Das Märchen, o. J.
Radierung
26,6 × 24,7 cm   Abb. S. 34
Galerie Bernd Dürr, München

Karl Gries
Nach Willi Kukuk
Steinkohlenwald, 1943/44
Gobelin
298 × 276 cm
Deutsches Bergbau-Museum, Bochum

Josef Grobbel
Waldrand im Sauerland, o. J.*
Reproduktion aus: Deutscher Wald in schönen Bildern, Königstein i. T., Leipzig o. J.
Abb. S. 147

Julius Groß
Ohne Titel, 1917
Photographie, Neuabzug vom Originalnegativ
Archiv der deutschen Jugendbewegung,
Witzenhausen   Abb. S. 248

Heimvolkshochschule Schloß Tinz bei Gera,
1924
5 Photographien, Neuabzüge von Originalnegativen Archiv der deutschen Jugendbewegung,
Witzenhausen   Abb. S. 251, 253

Theodor Grosse
Germanicus bestattet die unter Varus gefallenen
Legionen, 1855
Holzschnitt
16,1 × 21 cm
Staatliche Museen Preußischer Kulturbesitz,
Kupferstichkabinett, Berlin

Lea Grundig
Liebespaar im Wald, 1929
Feder
56 × 50 cm
Ladengalerie, Berlin

F. W. Gubitz
Kinder im Walde, 1844
Reproduktionen aus: Jahrbuch des Nützlichen
und Unterhaltenden, 1844   Abb. S. 165

Adolph Günther
Der Raub, o. J.
Lithographie
32,5 × 26 cm
Staatliche Museen Preußischer Kulturbesitz,
Kupferstichkabinett, Berlin

Die Erlösung, o. J.
Lithographie
32,5 × 26 cm
Staatliche Museen Preußischer Kulturbesitz,
Kupferstichkabinett, Berlin

Karl Hagemeister
Gerissenes Damhirsch-Kalb, 1875
Öl auf Lwd.
79,5 × 99,5 cm   Abb. S. 165
Bröhan-Museum Berlin

Walter Hahn
Besonnter Waldrand, o. J.*
Reproduktion aus: Schnee und Eis.
Einunddreißig Naturaufnahmen,
Königstein i. T., Leipzig o. J.   Abb. S. 214

Karl Haider
Über allen Gipfeln ist Ruh', 1912
Öl auf Lwd.
103 × 121 cm   Abb. S. 193
Staatliche Museen Preußischer Kulturbesitz,
Nationalgalerie, Berlin

Max Haider
Vexierbild für Jäger, 1885
2 Lithographien
je 12,5 × 14,6 cm
Staatliche Museen Preußischer Kulturbesitz,
Kupferstichkabinett, Berlin

Guido Hammer
Fliehende Hirsche, o. J.
Holzstich
19,4 × 17,7 cm
Bildarchiv Preußischer Kulturbesitz, Berlin
Abb. S. 161

W. Hammer
Weihnachten, 1916
Reproduktion aus: Illustrirte Zeitung,
Dezember 1916   Abb. S. 274

Hans von Hayek
Feldgottesdienst in Ligny, 1915
Bleistift
28,5 × 39,9 cm
Bayerisches Armeemuseum Ingolstadt

W. Hecht
Anachoret, nach einem Gemälde von
Arnold Böcklin, nach 1880
Radierung
ca. 26 × 17 cm
Bildarchiv Preußischer Kulturbesitz, Berlin
Abb. S. 197

Erich Heckel
Verschneite Bäume, 1941
Aquarell
48 × 60,5 cm   Abb. S. 199
Hessisches Landesmuseum Darmstadt

Josef Hegenbarth
Waldinneres II, um 1940
Pinsel
46 × 32,2 cm
Johanna Hegenbarth, Dresden

Carl von Heideck
Vorpostengefecht im Lamboywald bei Hanau,
1813
Öl auf Lwd.
81 × 111 cm   Abb. S. 288
Bayerisches Armeemuseum Ingolstadt

Karl Heideloff
Schiller trägt im Bopserwald bei Stuttgart seinen
Mitschülern »Die Räuber« vor, o. J.*
Schiller-Nationalmuseum, Marbach a. N.
Abb. S. 259

Reinhardt Heinsdorff
Walddenkmal, nach 1945
Öl auf Lwd.
65 × 78,5 cm   Abb. S. 293
Bayerische Staatsgemäldesammlungen,
Staatsgalerie moderner Kunst, München

Thomas Theodor Heine
Eifersucht, 1894
Gouache auf Karton
31 × 52,5 cm   Abb. S. 208
Privatbesitz

Die eingekreiste Germania, 1908*
Reproduktion aus: Simplicissimus,
Juli 1908   Abb. S. 287

In Memoriam, 1918 (Friedrich Ebert)
Tuschfeder, Deckweißhöhung
22,3 × 22,5 cm
Galerie Bernd Dürr, München

Josef Nepomuk Heinemann
»Kennst du auch die goldene Zeit…«, zu
Lucian Reichs »Hiernoymus. Lebensbilder aus
dem Schwarzwalde«, 1852
Federlithographie
16,7 × 11,6 cm
Augustinermuseum, Freiburg i. Br.

Theodor Hellwig
Brüderchen und Schwesterchen, o. J.
Lithographie
26,3 × 20,7 cm
Staatliche Museen Preußischer Kulturbesitz,
Kupferstichkabinett, Berlin

Peter Herrmann
Abschied von Dresden, 1983
Öl auf Hartfaser
175 × 109 cm
Besitz des Künstlers

Philipp Friedrich von Hetsch
Landschaft mit Wasserfall und Wanderern, o. J.
Bleistift
19,4 × 15,5 cm
Staatsgalerie Stuttgart, Graphische Sammlung

Karl Horst Hödicke
Jäger und Gejagter im deutschen Wald, 1972
Mit Schablonen in vier Farben bemalte
Militärplane (vierteilig)
je zwei 245 × 107 cm bzw. 205 × 127 cm
Abb. S. 269
Besitz des Künstlers

Ferdinand Hodler
Augustine am Waldrand spazierend, 1885
Öl auf Lwd.
72 × 96 cm   Abb. S. 83
Privatsammlung
Über Forum Fine Art, Zürich

Bertha Stucki mit Strumpfband, 1887
Öl auf Lwd.
28,9 × 23,6 cm
Musée d'art et d'histoire, Genf

Karl Hofer
Männer mit Fackeln im Wald, 1942
Öl auf Lwd.
93 × 75 cm   Abb. S. 228
Privatbesitz

Heinrich Hoffmann
Adolf Hitler, um 1925
Reproduktion aus: Joachim Fest, Heinrich Hoffmann, Jochen v. Lang, Hitler – Gesichter eines
Diktators, München 1980   Abb. S. 244

Hermann Göring mit Jagdgästen in der
Schorfheide, o. J.
Reproduktion aus: Henry Picker, Heinrich Hoffmann, Hitlers Tischgespräche im Bild, München,
Berlin 1980   Abb. S. 242

Luftschutzbunker im Wald bei Winniza. Zweites
Hauptquartier Hitlers, o. J.*
Reproduktion aus: Henry Picker, Heinrich Hoffmann, Hitlers Tischgespräche im Bild, München,
Berlin 1980   Abb. S. 243

Paul Hoffmann
Laterna-Magica-Bilder, um 1880
Siegfried tötet Fafner, den Drachen
Siegfried erweckt Brünhilde aus ihrem Schlaf und gewinnt sie zum Weibe
Wotan verstößt Brünhilde aus dem Bund der Götter
Historisches Museum Frankfurt   Abb. S. 149

Laterna-Magica-Bilder, um 1880
Geologie – Serie
Historisches Museum Frankfurt

Friedrich Hohe
Der Hirsch von 6–22 Enden, o.J.
8 Lithographien
je ca. 26,2 × 35,4 cm
Staatliche Museen Preußischer Kulturbesitz,
Kupferstichkabinett, Berlin

Therese de Holbein
Kruzifix im Wald und Mutter mit Kind, 1844
Radierung
27,7 × 20,7 cm
Staatliche Museen Preußischer Kulturbesitz,
Kupferstichkabinett, Berlin

Carl Wilhelm Holdermann
Der Freischütz, Weimar 4. Mai 1822
Aquatinta
49,5 × 60,5 cm
Deutsches Theatermuseum, München

Candid Huber
Baumbiologien in Buchform, um 1790
Auswahl von 31 Bänden aus der 185 Bände umfassenden Xylothek der Universität Stuttgart-Hohenheim
Holz
je 19 × 13 × 4,5 cm   Abb. S. 188
Universität Stuttgart-Hohenheim

Julius Benno Hübner
Hl. Genoveva, um 1820
Bleistift
9,8 × 11,8 cm   Abb. S. 225
Kunstmuseum Düsseldorf,
Graphische Sammlung

Paul Isenfels
Fidus, 1927
Postkarte
14 × 9 cm
Berlinische Galerie, Fidus-Archiv

Willy Jaeckel
Hochwald, 1923
Öl auf Lwd.
120,5 × 120,5 cm
Bröhan-Museum Berlin

Angelo Jank
Im Zwielicht, um 1897 *
Reproduktion aus: Jugend, 1897   Abb. S. 69

Franz M. Jansen
Märchenwald, 1909
Tempera auf Papier
91,5 × 70 cm
Städtisches Kunstmuseum Bonn

Reinhold Rudolf Junghanns
Aus dem Lande Ur, o.J.
Aus der Mappe die Blätter »Keim« und »Baum«
Lithographien
40 × 29,6 cm   Abb. S. 43, 45
Städtische Galerie im Lenbachhaus, München

Adolf Jutz
Zerschossener Wald, 1. Weltkrieg, o.J.
Lithographie
34,1 × 50,9 cm
Bayerisches Armeemusem Ingolstadt

Wolf Kahlen/Wojciech Bruszewski
Grünes Rauschen, 1987
Klanginstallation   Abb. S. 305

Edmund Friedrich Kanoldt
Kyffhäuser, 1870
Öl auf Lwd.
135 × 100 cm   Abb. S. 116
Städtische Kunsthalle Mannheim

Georg Friedrich Kersting
Theodor Körner, Friesen und Hartmann auf Vorposten.
Die Kranzwinderin, 1815 *
Staatliche Museen Preußischer Kulturbesitz,
Nationalgalerie, Berlin   Abb. S. 64

Anselm Kiefer
Kopf im Wald — Kopf in den Wolken, 1971
Öl auf Lwd., Diptychon
je 200 × 100 cm   Abb. S. 267
Privatbesitz

Varus, 1975
Öl auf Lwd.
200 × 270 cm   Abb. S. 234
Van Abbemuseum, Eindhoven

Ernst Ludwig Kirchner
Bergwaldstämme — Bergtannen, 1919
Öl auf Lwd.
120,5 × 94,5 cm
Bayerische Staatsgemäldesammlungen,
Staatsgalerie moderner Kunst, München

Waldinneres, 1919/20
Öl auf Lwd.
120 × 90 cm
Staatliche Museen Preußischer Kulturbesitz,
Nationalgalerie, Berlin
(Dauerleihgabe aus Privatbesitz)

Tänzerinnen im Walde, 1929
6 Photographien
je ca. 14 × 9 cm   Abb. S. 206
Archiv Karlheinz Gabler, Frankfurt

Nackte Mädchen im Wald, 1934
Radierung
31,5 × 19 cm
Staatsgalerie Stuttgart, Graphische Sammlung

Bergwald, 1937
Aquarell über Kreide
51 × 35,8 cm   Abb. S. 207
Galerie Neher, Essen

Paul Klee
Wald-Einsiedelei, 1921
Öl auf Pappe
19,5 × 29,5   Abb. S. 195
Privatsammlung Schweiz

Gedenkbild einer Wanderung, 1922/27
Öl auf Papier, auf Karton geklebt
33,7 × 19,1 cm
Hamburger Kunsthalle

Max Klinger
Intermezzi, Opus 4, 1880/81
Radierungen, teils auf aufgewalzt französisch China abgezogen. Daraus die Blätter:
Simplici Schreibstunde (7)
33,1 × 26,9 cm   Abb. S. 229
Simplicius am Grabe des Einsiedlers (8)
33,3 × 27 cm   Abb. S. 229
Simplicius in der Waldeinöde (10)
26,8 × 42,1 cm   Abb. S. 229
Privatbesitz

Moritz Edwin Kluge
Hans Sachs, 1835
Radierung
29 × 24,4 cm
Staatliche Museen Preußischer Kulturbesitz,
Kupferstichkabinett, Berlin

Franz Kobell
Waldlandschaft, 1803
Aquarell über Bleistift, Kreide, Feder, Pinsel
36,4 × 27,8 cm
Staatsgalerie Stuttgart, Graphische Sammlung

Wald, o.J.
Sepia
26,4 × 30,3 cm
Städtische Galerie im Lenbachhaus, München

Joseph Anton Koch
Dante und Virgil im Wald der Selbstmörder, um 1804
Feder in Braun über Bleistift
25,1 × 28,6 cm   Abb. S. 15
Tiroler Landesmuseum Ferdinandeum,
Innsbruck, Graphische Sammlung

Carl Wilhelm Kolbe
Die Konversation, o.J.
Kupferstich
35 × 27,5 cm
Kunsthaus Zürich

H. Kommerein
Ohne Titel
Abzug für Bildarchiv »Volk und Welt«, 1936 *
Photographie
24 × 18 cm
Bildarchiv Preußischer Kulturbesitz, Berlin

W. Kranz
Ideale Landschaft auf dem Monde bei Sonnenaufgang
Dieselbe Landschaft auf dem Monde bei hochstehender Sonne
Reproduktionen aus: Hans Kraemer (Hg.), Weltall und Menschheit, Berlin u.a., o.J., Bd. 3
Abb. S. 124

Bruno Krauskopf
Märchenwald, 1914
Öl auf Lwd.
49,5 × 63 cm
Bröhan-Museum Berlin

Gebäude im Wald, 1917
Öl auf Lwd.
90 × 80 cm
Kunsthalle Bielefeld

Wilhelm Kreis
Reichsehrenmal für Berka-Talhain *
Reproduktion aus: Der Türmer. Zum Sehen geboren — Zum Schauen bestellt, März/Lenzing 1933, Ansicht und Detail   Abb. S. 286

August von Kreling
Erwin von Steinbach, 1849 *
Niedersächsisches Landesmuseum Hannover
Abb. S. 175

Alfred Kubin
Phantasien im Böhmerwald, 1935
35 Tuschfederzeichnungen,
Verschiedene Maße   Abb. S. 200
Oberösterreichisches Landesmuseum Linz

Tod und Reisigsammler, 1936
Rohrfeder, schwarze Tusche
35,6 × 30,8 cm
Oberösterreichisches Landesmuseum Linz

Erinnerungsblatt Böhmerwald — Leichenbretter
aus Neuern, 1938
Tuschfeder, laviert, aquarelliert
31,3 × 24,6 cm   Abb. S. 201
Oberösterreichisches Landesmuseum Linz

Willi Kukuk
Waldsumpfmoorlandschaft zur Karbonzeit,
vor 1915
Öl auf Lwd.
33 × 73 cm
Geologisches Landesamt Nordrhein-Westfalen,
Krefeld

Den Wald verlassendes Saurierpaar, um 1920
Aquarell
10,8 × 20 cm
Deutsches Bergbau-Museum, Bochum

Künstlerspende für den deutschen Wald, 1924
Mappe mit 21 Radierungen, Titelblatt und
Geleitwort. Daraus die Blätter:
Titelblatt   Abb. S. 290
Geleitwort   Abb. S. 291–92
Max Slevogt, Widmungsblatt   Abb. S. 290
Carl Bantzer, Wanderer im Tal
Richard Dreher, Im Wald
Otto Fischer, Waldlandschaft
Olaf Gulbransson, Ode an den deutschen Wald
Erich Gruner, Waldrand
Franz Hein, Hochwald
Arthur Kampf   Abb. S. 291
Eugen Kirchner, Wer hat dich du schöner Wald
Abb. S. 103
Emil Orlik, Elfentanz
57 × 45 cm
Staatsgalerie Stuttgart, Graphische Sammlung

Nikolaus Lang
Hirschskelettaktion, Bayersoien 1979 *
Photographische Dokumentation
Jens Bode, Sauerlach-Arget

Druckstock III, Fichtenrindenrohr mit Insekten-
fraß-Spuren und Abreibung (Buchdrucker), 1980
362 cm lang, ⌀ 40 cm
Holzschnittdruck auf Papier
166 × 406 cm (14 Bögen)   Abb. S. 297
Besitz des Künstlers

Cesare Laurenti
Vision, o. J.
Kunstdruck aus der »Jugend«
29,3 × 30,9 cm
Galerie Bernd Dürr, München

Julius K. Lechner
Hermanns Zelt, zu Heinrich von Kleists
»Hermannsschlacht«, Berlin 1875
Bleistift, Feder, Aquarell
18 × 26,4 cm
Theatermuseum der Universität zu Köln

Guilbert Lehner
Wald und Höhle, zu Johann Wolfgang von
Goethes »Faust«, Wien 1883
Bleistift, Feder, Aquarell
13,5 × 19,1 cm
Theatermuseum der Universität zu Köln

Walter Leistikow
Wald, um 1899 *
Reproduktion nach verschollenem Gemälde
Bildarchiv Preußischer Kulturbesitz, Berlin
Abb. S. 92

Karl Friedrich Lessing
Die Waldkapelle, 1839
Öl auf Lwd.
48 × 63 cm
Staatliche Museen Preußischer Kulturbesitz,
Nationalgalerie, Berlin

Wanderer im Gebirge (Stürmische
Gebirgslandschaft mit zwei Pilgern), 1841
Pinsel und Bleistift
26,5 × 38 cm
Kunstmuseum Düsseldorf,
Graphische Sammlung

Carl Jacob Theodor Leybold
Pan und Apollo unter Bäumen, o. J.
Feder, Pinsel
31,1 × 28,9 cm
Staatsgalerie Stuttgart, Graphische Sammlung

Carl Lieber
Wolfsschlucht, zu Carl Maria von Webers
»Freischütz«, Weimar 1824
Aquatinta
49,6 × 47,5 cm   Abb. S. 47
Theatermuseum der Universität zu Köln

Curt Liebich
Kopfleiste zu Hansjakobs »Abschied von der
Jugendzeit«, o. J.
Tusche, Feder
14,3 × 23,5 cm   Abb. S. 222
Augustinermuseum, Freiburg i. Br.

Eduard Löffler
Böhmische Wälder, zu Friedrich Schillers
»Die Räuber«, Mannheim 1929
Kreide
34 × 42 cm
Theatermuseum der Universität zu Köln

Karl Lotze
Weihnachtsfeier in der Kathedrale von Laon,
1916
Reproduktion aus: Illustrirte Zeitung,
Dezember 1916   Abb. S. 276

O. Lübeck
Blick vom Ehrenmal, Bergen a. Rg., um 1930 *
Postkarte
Privatbesitz, Berlin   Abb. S. 287

August Lucas
Waldlandschaft mit schlafender Hirtin, 1825
Feder in Braun und Grau
32 × 39 cm   Abb. S. 217
Hessisches Landesmuseum Darmstadt

Baumwurzeln, 1841 (Skizzenbuch)
Bleistift auf weißlichem Papier
20,4 × 26,8 cm
Städtische Kunstsammlungen Darmstadt

Landschaft mit Maler, o. J.
Feder über Bleistift, laviert
66,3 × 95,7 cm   Abb. S. 262
Hessisches Landesmuseum Darmstadt

Karl Ludwig
Waldpartie vor dem Eingang eines Parks bei
Sonnenuntergang, 1863
Öl auf Lwd.
94 × 75,1 cm   Abb. S. 163
Bayerische Staatsgemäldesammlungen,
Neue Pinakothek, München

Christian Friedrich Mali
Waldrand, o. J.
Öl auf Pappe
46,5 × 60,5 cm   Abb. S. 217
Staatsgalerie Stuttgart

Theo Matejko
Weihnachtsfeier auf der Feldwacht, 1916
Reproduktion aus: Illustrirte Zeitung,
Dezember 1916   Abb. S. 271

Katharina Meldner
Wege der Ameisen, 18.6.–11.11.1982, 1982
Blei- und Farbstift auf Papier
16 Zeichnungen, je 42 × 59,5 cm
Abb. S. 298–99
Zellermayer Galerie, Berlin

Adolf Menzel
Waldbaum, 1887
Kohle
30 × 23 cm
Privatbesitz

Johann Michael Mettenleiter
Überfall auf einen Ritter mit Gefolge
im Dunkeln, o. J.
Pinsel, Bleistift, aquarelliert
27 × 21,2 cm
Staatsgalerie Stuttgart, Graphische Sammlung

Fritz Mielert
Abendstimmung auf dem Kickelhahn in
Thüringen woselbst Goethe das Nachtlied
»Über allen Gipfeln ist Ruh« dichtete
Abzug für Bildarchiv »Volk und Welt«, 1936
Photographie
15,8 × 12,2 cm
Bildarchiv Preußischer Kulturbesitz, Berlin

Theodor Mintrop
Begegnung im Wald, um 1866
Pinselzeichnung
28,6 × 22,8 cm
Kunstmuseum Düsseldorf,
Graphische Sammlung

Drohung eines eifersüchtigen Zwergenkönigs,
1866
Pinselzeichnung
34,4 × 28,4 cm
Kunstmuseum Düsseldorf,
Graphische Sammlung

H. Moest
Dryade, o. J.
Kunstdruck aus der »Jugend«
27,6 × 17,3 cm
Galerie Bernd Dürr, München

M. Mogensen
Kopie nach Moritz von Schwind
Auf der Wanderschaft, o. J.
Öl auf Holz
37 × 22 cm   Abb. S. 131
Bayerische Staatsgemäldesammlungen,
Neue Pinakothek, München

Stefan Moses
Die Alten Deutschen, 1962–65
Hjalmar Schacht, Oscar-Maria Graf, Bischof
Dibelius, Magnus von Braun, Admiral Dönitz,
Alfred Kantorowiecz, Käte Kruse, Tilla
Durieux, Gertrud von Le Fort, Mary Wigman,
Elly Ney, Meret Oppenheim
Photographien
je 40 × 30 cm   Abb. S. 260–61
© Stern, Hamburg

Heinrich Mücke
Hubertuslegende, 1836
Feder
19 × 17,5 cm   Abb. S. 13
Kunstmuseum Düsseldorf,
Graphische Sammlung

Jäger, der eine Badende belauscht, 1866
Feder
18,3 × 20,8 cm
Kunstmuseum Düsseldorf,
Graphische Sammlung

Müller
Karl von Hailbronner (?), Rittmeister neben
seinem gestürzten Pferd, 1821
Öl auf Holz
42,5 × 34 cm   Abb. S. 145
Bayerisches Armeemuseum Ingolstadt

Karl von Müller
Jungsiegfried, dem Vogel lauschend, o. J.
Öl auf Holz
40,5 × 31,5 cm   Abb. S. 148
Staatsgalerie Stuttgart

Ruhende Nymphe, o. J.
Öl auf Holz
17,5 × 23,5 cm
Staatsgalerie Stuttgart

Victor Müller
Faunfamilie, o. J.
Öl auf Pappe
31,8 × 41,1 cm
Leihgabe der Städtischen Galerie im Städelschen
Kunstinstitut Frankfurt am Main

Ernst Wilhelm Nay
Akte im Walde, 1941
Bleistift, Aquarell
24 × 33 cm   Abb. S. 205
Museum am Ostwall, Dortmund

Carl W. Neumann
Wie die Natur ihre Toten begräbt.
Goldhähnchens Ende, o. J.*
Reproduktion aus: Das Buch vom deutschen
Wald, o. O. 1935   Abb. S. 200

Jürgen Neumann
Windharfe, 1986
Klanginstallation   Abb. S. 307

Eugen Napoleon Neureuther
An dem dunklen Waldessee, 1867
Feder, Deckfarbe
27,6 × 20 cm   Abb. S. 157
Hessisches Landesmuseum Darmstadt

Erlkönig, 1875
Feder, Aquarell
34,2 × 20,9 cm   Abb. S. 166
Hessisches Landesmuseum Darmstadt

Das kalte Herz, 1876
Feder, Bleistift
25,8 × 18,7 cm
Staatsgalerie Stuttgart, Graphische Sammlung

Hänsel und Gretel, 1876
Feder, Bleistift
52,5 × 39,3 cm   Abb. S. 167
Staatsgalerie Stuttgart, Graphische Sammlung

Prinzessin Ilse, 1876
Feder, Bleistift
25,4 × 19,1 cm   Abb. S. 167
Staatsgalerie Stuttgart, Graphische Sammlung

Der Hörselberg und der Tannhäuser, 1877
Feder, Bleistift
25 × 18,1 cm
Staatsgalerie Stuttgart, Graphische Sammlung

Dornröschen, 1877
Feder, Bleistift
62,9 × 46,3 cm
Staatsgalerie Stuttgart, Graphische Sammlung

Prinzessin Ilse, 1877
Feder, Bleistift
26 × 19,3 cm
Staatsgalerie Stuttgart, Graphische Sammlung

Rothkäppchen, 1878
Feder, Bleistift
61 × 45 cm   Abb. S. 166
Staatsgalerie Stuttgart, Graphische Sammlung

Zwergkönig Hibich, 1878
Feder, Bleistift
24,9 × 18,5 cm   Abb. S. 166
Staatsgalerie Stuttgart, Graphische Sammlung

Der getreue Eckart und der wilde Jäger, o. J.
Feder, Bleistift
11,1 × 18,4 cm
Staatsgalerie Stuttgart, Graphische Sammlung

Köterberg, o. J.
Feder, Bleistift
24,7 × 18,5 cm
Staatsgalerie Stuttgart, Graphische Sammlung

Wilhelm Noack
Waldecke mit Grabkreuz, o. J.
Bleistift, Tusche
35 × 28,6 cm   Abb. S. 226
Hessisches Landesmuseum Darmstadt

Ernst Ferdinand Oehme
Waldkapelle im Schnee, 1839
Aquarell und Bleistift
15,5 × 23,5 cm   Abb. S. 137
Privatbesitz München

Richard Oelze
Landschaft, um 1948
Bleistift auf Papier
45 × 60 cm
Privatsammlung

Landschaft (Worpswede), um 1949
Pastell
48 × 62,5 cm
Privatsammlung

Bernhard Otterpohl/Dieter Appelt/
Lorenz Dombois
Waldrand/Autobahn, 1987
Film

E. von Pagenhardt
Ohne Titel
Abzug für Bildarchiv »Volk und Welt«, 1941
Photographie
22,4 × 17,5 cm   Abb. S. 178
Bildarchiv Preußischer Kulturbesitz, Berlin

C. O. Petersen
Das Schweigen im Walde, um 1930
Buntstift
ca. 32 × 27 cm
Dr. Wolfgang Till, München

Graf von Pestalozza
Ewiger Wald, 1936
Ausschnitte aus dem Film
Bundesarchiv, Filmarchiv, Koblenz
Abb. S. 80, 177

Johann Baptist Pflug
Die Räuberbande des Schwarzen Veri, 1824
Gouache
41 × 65 cm
Städtische Sammlungen (Braith-Mali-Museum),
Biberach a. d. Riß

Die Waldburg mit Blick auf den Bodensee, 1836
Öl auf Lwd.
43,5 × 63 cm   Abb. S. 219
Städtische Sammlungen (Braith-Mali-Museum),
Biberach a. d. Riß

Franz Pforr
Überfall auf einen Ablaßhändler im Walde, o. J.
Feder, Bleistift
21,3 × 30,1 cm
Staatsgalerie Stuttgart, Graphische Sammlung

Franz von Pocci
Ritter im Wald rastend, o. J.
Feder
20 × 19,5 cm
Städtische Galerie im Lenbachhaus, München

Ritter zwischen hohen Tannen, o. J.
Blei- mit Farbstift
23 × 8,4 cm   Abb. S. 146
Städtische Galerie im Lenbachhaus, München

Rotkäppchen, o. J.
Aquarell, Feder
24,5 × 7,7 cm
Städtische Galerie im Lenbachhaus, München

Tannhäuser, o. J.
Aquarell, Feder
24,5 × 8,2 cm
Städtische Galerie im Lenbachhaus, München

Dezember, o. J.
Aquarell, Feder
21,6 × 28,5 cm
Städtische Galerie im Lenbachhaus, München

Sigmar Polke
»... Höhere Wesen befehlen«, 1968
Mappe aus grauem Karton mit 14 Drucken nach
Photos von Sigmar Polke und Chris Kohlhöfer,
Offsetdruck. Daraus die Blätter:
»Das Entblättern eines Baumes«
»Der Baum, der meinetwegen hohl
gewachsen ist«
29,7 × 20,9 cm   Abb. S. 265
Edition Block, Berlin

Friedrich Preller
Eichen im Sturm, 1852
Pinsel in Braun über Bleistift, laviert
22 × 28,5 cm
Kunsthaus Zürich

Herman Prigann
Die Falle, 1987
Installation
Tarnnetz, Hartfaserplatten, Altbleche,
Teer, Farbe, Stahlrohr   Abb. S. 282

Johann Gottlieb Puhlmann
Germanische Priesterin, 1807
Öl auf Lwd.
209 × 145 cm   Abb. S. 142
Staatliche Schlösser und Gärten, Berlin

Hans Purrmann
Waldweg in Beilstein, 1915
Öl auf Lwd.
81 × 65,5 cm
Galerie Neher, Essen

Angelo II. Quaglio
Freie Gegend an der Schelde (Lohengrin), o. J.
Aquarell
31,2 × 49 cm
Deutsches Theatermuseum
Früher Clara Ziegler-Stiftung, München

Lorenz Quaglio
Maria Eich, o. J.
Bleistift
21 × 25,5 cm
Städtische Galerie im Lenbachhaus, München

Waldinneres, o. J.
Aquarell
31,5 × 30,6 cm
Städtische Galerie im Lenbachhaus, München

Carl Heinrich Rahl
Der treue Wächter — Schlafendes Kind mit Hund im Wald, 1832
Öl auf Holz
23,3 × 19 cm   Abb. S. 226
Kurpfälzisches Museum der Stadt Heidelberg

Arnulf Rainer
Laub (Oaks), 1986
36 Überzeichnungen von Kupferstichen aus »Histoire des chênes de l'Amérique«, Paris 1801
Kreide, Kohle, Bleistift auf Kupferstich
je 44 × 30 cm   Abb. S. 246—47
Besitz des Künstlers

Johann Christian Reinhart
Waldweg, im Vordergrund drei große Laubbäume, 1794
Kreide
66,9 × 51,7 cm   Abb. S. 218
Staatsgalerie Stuttgart, Graphische Sammlung

Felspartie mit umgestürztem Baum, 1802
Kreide, Pinsel
66,9 × 51,7 cm
Staatsgalerie Stuttgart, Graphische Sammlung

Alfred Rethel
Illustration zu dem Gedicht »Waldlust« von Weismann, 1834/38
Feder über Bleistift
17,3 × 16 cm
Kunstmuseum Düsseldorf, Graphische Sammlung

Sturz der Irminsul, ca. 1846/47
Öl auf Papier auf Lwd.
66,3 × 75,6 cm   Abb. S. 134
Kunstmuseum Düsseldorf

Gerhard Richter
Liebespaar im Wald, 1966
Öl auf Lwd.
170 × 200 cm   Abb. S. 211
Privatbesitz Berlin

Ludwig Richter
Christnacht, 1834
Radierung
55,3 × 40,6 cm
Staatsgalerie Stuttgart, Graphische Sammlung

Mädchen mit Strohhut und Sense, 1851
Feder, aquarelliert
12,9 × 9,8 cm
Staatsgalerie Stuttgart, Graphische Sammlung

Die Hexe bannt die Hirschkühe, 1853*
Reproduktion aus: Johann Friedrich Hoff, Karl Budde, Adrian Ludwig Richter, Freiburg i. Br. 1922   Abb. S. 160

Nixe zieht den Jäger ins Wasser, 1853*
Reproduktion aus: Johann Friedrich Hoff, Karl Budde, Adrian Ludwig Richter, Freiburg i. Br., 1922   Abb. S. 160

Spinnerin bei Mondschein im Walde sitzend, 1853*
Reproduktion aus: Johann Friedrich Hoff, Karl Budde, Adrian Ludwig Richter, Freiburg i. Br. 1922   Abb. S. 160

Mannesleben, 1857*
Reproduktion aus: Johann Friedrich Hoff, Karl Budde, Adrian Ludwig Richter, Freiburg i. Br. 1922   Abb. S. 222

Waldeinsamkeit, 1861*
Reproduktion aus: Johann Friedrich Hoff, Karl Budde, Adrian Ludwig Richter, Freiburg i. Br.   Abb. S. 197

Die Laurenburger Els, 1869*
Reproduktion aus: Johann Friedrich Hoff, Karl Budde, Adrian Ludwig Richter, Freiburg i. Br. 1922   Abb. S. 222

Genoveva, o. J.
Radierung
36,7 × 23 cm   Abb. S. 225
Staatliche Museen Preußischer Kulturbesitz, Kupferstichkabinett, Berlin

Mühle in einem waldigen Tal, o. J.
Aquarell
17,6 × 24,6 cm
Hamburger Kunsthalle

Rübezahl, o. J.
Radierung
36,7 × 23 cm
Staatliche Museen Preußischer Kulturbesitz, Kupferstichkabinett, Berlin

Johann Elias Ridinger
Hunde überfallen Luchse, o. J.
Feder
25,5 × 23,5 cm
Hamburger Kunsthalle

Eberhard Riegele
Hänsel und Gretel, o. J.
Radierung
8,6 × 11,4 cm   Abb. S. 164
Städtische Galerie im Lenbachhaus, München

Letztes Licht im Wald, o. J.
Radierung
9,4 × 14 cm   Abb. S. 185
Städtische Galerie im Lenbachhaus, München

Märchenpforte, o. J.
Radierung
11,5 × 7,7 cm   Abb. S. 31
Städtische Galerie im Lenbachhaus, München

Rotkäppchen im Wald, o. J.
Radierung
14,8 × 10,5 cm
Städtische Galerie im Lenbachhaus, München

Siegfried tötet den Drachen, o. J.
Radierung
5,5 × 8,6 cm
Städtische Galerie im Lenbachhaus, München

Tanne (Stiefkind), o. J.
Kupferstich
11,9 × 8,7 cm
Städtische Galerie im Lenbachhaus, München

Vertrieben, o. J.
Radierung
5,4 × 7,5 cm
Städtische Galerie im Lenbachhaus, München

Gregor Rosenbauer
Ohne Titel, o. J.
Reproduktion aus: Karla König (Hg.), Pommern, o. O. 1930   Abb. S. 196

Hans Rudolphi
Ohne Titel
Abzug für Bildarchiv »Volk und Welt«, 1935
Photographie
22,7 × 17 cm
Bildarchiv Preußischer Kulturbesitz, Berlin

Ohne Titel
Abzug für Bildarchiv »Volk und Welt«, 1935
Photographie
22,2 × 16,9 cm
Bildarchiv Preußischer Kulturbesitz, Berlin

Ohne Titel
Abzug für Bildarchiv »Volk und Welt«, 1935
Photographie
23 × 16,3 cm   Abb. S. 178
Bildarchiv Preußischer Kulturbesitz, Berlin

Ernst Georg Rüegg
Kinder sagen, sie hätten im Walde Männlein gesehen, 1940
Öl auf Lwd.
93,3 × 73 cm   Abb. S. 171
Kunsthaus Zürich, Eigentum des Kantons Zürich

Philipp Otto Runge
Die Lehrstunde der Nachtigall, 1802
Feder, Pinsel, Blei
62,6 × 52,3 cm   Abb. S. 55
Hamburger Kunsthalle

Satellitenaufnahmen o. J.
23 Blätter
je 34,5 × 24,5 cm
Aus: Die Erde im All, Hamburg 1984

Christian Schad
Hochwald, 1936
Öl auf Lwd.
229 × 176 cm   Abb. S. 129
Kunstkabinett G. A. Richter, Rottach-Egern

Theo Scharf
Waldschlucht, o. J.
Feder, aquarelliert
47,8 × 35,8 cm
Städtische Galerie im Lenbachhaus, München

Konrad Balder Schäuffelen
Ohne Titel, 1985
Geweihstangen, Kupfer, Eisen
138 × 158 × 82 cm   Abb. S. 303
Besitz des Künstlers

Johann Heinrich Schilbach
Abendlicher Blick auf Bickenbach, 1847
Öl auf Lwd.
51,5 × 46 cm   Abb. S. 213
Städtische Kunstsammlungen Darmstadt

Carl Schildbach
Holzbibliothek, 1771–99
Auswahl von 13 Bänden, Holz, Papier, Wachs, Stoff
ca. 18 × 15 × 5 cm bzw.
ca. 43,5 × 29,5 × 11 cm   Abb. S. 189
Naturkundemuseum der Stadt Kassel

Heinrich Schilking
Hünengrab im Walde, 1841
Öl auf Lwd.
121,7 × 106,5 cm   Abb. S. 140
Westfälisches Landesmuseum für Kunst- und Kulturgeschichte, Münster
Leihgabe des Westfälischen Kunstvereins

Emil Jakob Schindler
Waldfräuleins Geburt, 1868
Öl auf Lwd.
95 × 119 cm   Abb. S. 153
Gemäldegalerie der Akademie der bildenden Künste, Wien

Karl Friedrich Schinkel
Dom im Wald, o. J.
Lithographie
48,5 × 34,4 cm
Kunstmuseum Düsseldorf, Graphische Sammlung

Adolf Schinnerer
Der Waldmensch, o.J.
Radierung
16 × 21 cm
Galerie Bernd Dürr, München

Rudolf Schlichter
Steinbruch im Schwarzwald, 1937
Öl auf Lwd.
59 × 63 cm
Bröhan-Museum Berlin

Hans-Ulrich Schlumpf
Armand Schulthess, 1974
Ausschnitte aus dem Film
Hans-Ulrich Schlumpf, Zürich   Abb. S. 190

Karl Schmidt-Rottluff
Waldlandschaft, o.J.
Aquarell
40 × 53 cm
Galerie Neher, Essen

Ludwig Ferdinand Schnorr von Carolsfeld
Der kleine Schmetterlingsammler, 1855
Radierung
21 × 15,5 cm
Staatsgalerie Stuttgart, Graphische Sammlung

Walther Schoenichen
Urwaldwildnis in deutschen Landen, 1934
9 Reproduktionen aus: Walther Schoenichen, Urwaldwildnis in deutschen Landen, Neudamm 1934   Abb. S. 27, 280—81

Georg Scholz
In einem kühlen Grunde, 1923
Bleistift auf Papier
31 × 23 cm
Kunstkabinett Mirko-Heipek, Karlsruhe

Arnold Schulten
Waldlandschaft mit Betenden, 1868
Aquarell
13 × 20,3 cm   Abb. S. 217
Kunstmuseum Düsseldorf,
Graphische Sammlung

Bernard Schultze
Großer Papier-Migof-Wald, 1972
Papierplastik, Bleistift und Karton
90 × 75 × 74 cm
Besitz des Künstlers

C. F. Schultze
Undine, o.J.
3 Umrißradierungen
je ca. 17 × 21 cm   Abb. S. 158
Hessisches Landesmuseum Darmstadt

Joseph Schwemminger
Waldlandschaft »Aufgang zum Himmel«, o.J.
Feder und Pinsel in Aquarell und Deckfarbe
30 × 40 cm   Abb. S. 226
Kunsthaus Zürich

Moritz von Schwind
Im Schwarzwald nach dem Regen, 1850*
Reproduktion aus: Otto Weigmann (Hg.), Schwind. Des Meisters Gemälde (Klassiker der Kunst in Gesamtausgaben), Stuttgart, Leipzig 1906   Abb. S. 190

Baumstudie mit Figur, um 1850
Feder
32,2 × 26,3 cm
Staatsgalerie Stuttgart, Graphische Sammlung

Heilige Elisabeth, einen Bettler beschenkend, um 1854
Bleistift
53,8 × 58,8 cm
Staatsgalerie Stuttgart, Graphische Sammlung

Auf der Wanderschaft, 1855—60
Bleistift
39,6 × 28,1 cm
Staatsgalerie Stuttgart, Graphische Sammlung

Die drei Einsiedler, um 1859
Öl auf Lwd.
42,8 × 44 cm
Staatsgalerie Stuttgart

Der betende Einsiedler, um 1860
Holzstich
19,3 × 9,7 cm
Bildarchiv Preußischer Kulturbesitz, Berlin
Abb. S. 198

Der Einsiedler, um 1860
Holzstich
19,5 × 9,7 cm
Bildarchiv Preußischer Kulturbesitz, Berlin
Abb. S. 198

Aus dem Märchen von der schönen Melusine (Entwurf für den großen Zyklus), 1868
3 Aquarelle
Brautwerbung — Heimführung 14,5 × 86,7 cm
Hochzeitswagen — Heiligtum 14,5 × 72,5 cm
Liebesglück — Eidbruch 23,5 × 92,8 cm
Stadtmuseum Linz   Abb. S. 156

Die sieben Raben und die treue Schwester, 1882
Lithographie
31,5 × 41,5 cm
Brüder Grimm-Museum Kassel

Der Falkensteiner Ritt, o.J.
Aquarell
36,5 × 24,3 cm   Abb. S. 21
Städtische Galerie im Lenbachhaus, München

Die schöne Melusine, o.J.
Feder, Pinsel, Tusche, Bleistift
43,6 × 28,1 cm
Hamburger Kunsthalle

Erscheinung im Wald, o.J.
Öl auf Holz
41,5 × 52 cm   Abb. S. 159
Leihgabe der Städtischen Galerie im Städelschen Kunstinstitut Frankfurt am Main

Knorrige Bäume, o.J.
Sepia über Bleistift
19,2 × 14 cm
Städtische Galerie im Lenbachhaus, München

Nixen, einen Hirsch tränkend, o.J.
Öl auf Lwd.
79,5 × 54 cm   Abb. S. 97
Hamburger Kunsthalle

Felix Schwormstadt
Weihnachten im U-Boot, 1915
Reproduktion aus: Illustrirte Zeitung, Dezember 1931   Abb. S. 270

Paul Segieth
Schlachtfeld von Verdun, 1916
Öl auf Lwd.
92,5 × 125 cm
Bayerisches Armeemuseum Ingolstadt

Sequoia, spätes Miozän, ca. 12 Mio. Jahre alt
Fundort bei Eschweiler
Geschenk der Rheinbraun, Rheinische Braunkohlenwerke Aktiengesellschaft   Abb. S. 296

Joseph Anton Settegast
Predigt des Bonifatius, um 1832 (1864)
Bleistift, hellbraun laviert
41,2 × 25,7 cm   Abb. S. 134
Landesmuseum Mainz, Graphische Sammlung

Max Slevogt
Trifels (Waldweg-Winterlandschaft), 1917
Öl auf Lwd.
90 × 100 cm
Pfalzgalerie Kaiserslautern

Waldlandschaft (Auf dem Anstand), 1902
Öl auf Lwd.
98 × 77 cm
Hamburger Kunsthalle

Erich Solenthaler
Ohne Titel, 1984
6 Photographien
40,3 × 30,3 cm   Abb. S. 155
Besitz des Künstlers

Bernhard Spieler
Ohne Titel
Abzug für Bildarchiv »Volk und Welt«, 1941
Photographie
24,2 × 17,6 cm   Abb. S. 178
Bildarchiv Preußischer Kulturbesitz, Berlin

Carl Spitzweg
Der Sonntagsjäger, um 1848
Öl auf Lwd.
40 × 32,5 cm   Abb. S. 231
Staatsgalerie Stuttgart

Marterl, o.J.
Öl auf Lwd.
19 × 26,5 cm   Abb. S. 181
Kunsthalle Bremen, Dauerleihgabe der Bundesrepublik Deutschland

August Splitgerber
Sonnenschein im Wald, o.J.
Öl auf Lwd.
32 × 26 cm
Bayerische Staatsgemäldesammlungen,
Neue Pinakothek, München

Ferdinand Staeger
Zwölftes deutsches Turnfest, 1913*
Reproduktion aus: Jugend, 1913   Abb. S. 256

Der junge Adalbert Stifter, 1919
Radierung
31,5 × 22 cm   Abb. S. 226
Museum Ostdeutsche Galerie Regensburg

Vincenz Statz
Und fertig wird er doch, o.J.
Aquarell
65,4 × 48,8 cm
Wallraf-Richartz-Museum, Köln

Albert Steiner
Am Waldrand, o.J.
Reproduktion aus: Schnee und Eis. Einunddreißig Naturaufnahmen, Königstein i. T., Leipzig, o.J.   Abb. S. 215

Edmund Steppes
Wettertanne, 1911/1936
Kaseintempera auf Papier
23 × 22,2 cm
Sammlung Alfred Hagenlocher, Meßstetten

Hochwaldwildnis, 1917
Öl auf Holz
85 × 62 cm   Abb. S. 277
Erica Steppes, Grafling

Begegnung, 1934
Kaseintempera auf Papier
25,8 × 17 cm
Sammlung Alfred Hagenlocher, Meßstetten

Adalbert Stifter
Zerfallene Hütte im Wald, 1846
Bleistift
19 × 26,5 cm
Oberösterreichisches Landesmuseum Linz

Dorothea Stock
Porträt des Dichters Theodor Körner, 1813
Öl auf Lwd.
110 × 83 cm   vgl. Abb. S. 258
Staatliche Museen Preußischer Kulturbesitz, Nationalgalerie, Berlin

Richard Strauß
Eine Alpensinfonie, Opus 64, 1915*
Reproduktion aus: Richard Strauß, Eine Alpensinfonie, Opus 64, Handpartitur, Leipzig 1915   Abb. S. 56—57

Norbert Stück
Wacholder setzen, 1987
Installation
Wacholder, Photographien   Abb. S. 301

Franz von Stuck
Phantastische Jagd, um 1890
Öl auf Lwd.
46 × 150 cm   Abb. S. 172
Galerie Brockstedt, Hamburg

Syrinx blasender Faun mit zwei Faunskindern, um 1910
Öl auf Holz, Originalrahmen
49,5 × 47 cm
Sammlung Villa Stuck, München

A. Stützer
Feuernde Batterie am Waldrand, o. J.
Öl auf Lwd.
81 × 120,5 cm
Bayerisches Armeemuseum Ingolstadt

Heinrich Tessenow
Wettbewerbsentwurf für die Ehrenhalle im KdF-Seebad auf Rügen, 1936*
Reproduktion nach Plakatentwurf
Verlag Richard Bacht, Essen   Abb. S. 244

Hans Christian Thegen
De Einberufung to de Hermannslacht, 1946
Aquarell
50 × 65 cm   Abb. S. 237
Galerie Eisenmann, Böblingen

Wilde Tiere, o. J.
Aquarell
45 × 61 cm   Abb. S. 170
Galerie Eisenmann, Böblingen

Hans Thoma
Selbstbildnis mit Blume, 1919
Radierung
50,8 × 32,2 cm   Abb. S. 226
Stiftung Sammlung Walther Groz in der Städtischen Galerie Albstadt

André Thomkins
Xylophon über Schach. 1981
Bleistift auf Papier
29,5 × 21 cm
Privatbesitz

Waldxylophon, 1985
Holzobjekt, 4 Teile: Resonanzkästchen, Stäbchenbrett, 2 Schlägel
26 × 21 × 3 cm
Privatbesitz

Manfred Thonig
Houtland, o. J.*
Postkarte
Privatbesitz   Abb. S. 179

Adalbert Trillhaase
Siegfrieds Tod, vor 1925
Öl auf Lwd.
75 × 51 cm   Abb. S. 150
Privatsammlung

Wilhelm Trübner
Der Siegfried-Brunnen im Odenwald, 1902
Öl auf Lwd.
91,5 × 78,5 cm   Abb. S. 151
Staatliche Museen Preußischer Kulturbesitz, Nationalgalerie, Berlin

Die Urkunde des Führers für Hermann Löns, 1935
Reproduktion aus: Der Türmer, Zum Sehen geboren – Zum Schauen bestellt, September/Scheiding 1935   Abb. S. 241

Philipp Veit
Entwurf zur »Germania«, um 1832
Bleistift, Sepia
37 × 31 cm   Abb. S. 287
Landesmuseum Mainz

Germania, 1834–36*
Privatbesitz München   Abb. S. 66

Germania, 1848*
Germanisches Nationalmuseum Nürnberg
Abb. S. 66

O. Voelkel
Des Kindes Schutzengel, vor 1910
Heliogravure
30 × 22,5 cm   Abb. S. 164
Ellen Maas, Frankfurt a. M.

Heinrich Vogeler
Die Lärche, 1897
Radierung
25,2 × 22,4 cm
Worpsweder Kunsthalle Friedrich Netzel

Das Mauseloch, um 1910
Strichätzung
20,7 × 15,9 cm
Worpsweder Kunsthalle Friedrich Netzel

Am Teich, 1913
Öl auf Lwd.
66 × 52,5 cm   Abb. S. 169
Kunsthalle Bielefeld

Prinzessin im Wald, o. J.*
Aus: Die Märchen von Heinrich Vogeler, Fünf Original Radierungen mit kurzem Text zum Geleit, Münster/Westf. o. J.   Abb. S. 71

Johann Daniel Volk
Gespenst an der Kanderner Straße, o. J.
Lithographie
29 × 43,5 cm   Abb. S. 223
Augustinermuseum, Freiburg i. Br.

Brüder Wagner
Fichtendickicht
Abzug für Bildarchiv »Volk und Welt«, 1938
Photographie
23,8 × 18 cm
Bildarchiv Preußischer Kulturbesitz, Berlin

Richard Wagner
Siegfried, 1876*
Reproduktion aus: Felix Mottl (Hg.), Richard Wagner, Siegfried, Klavierauszug mit Text, Leipzig o. J.   Abb. S. 52—53

»Waldungen«, o. J.*
Satellitenaufnahme
Reproduktion aus: Die Erde im All, Hamburg 1984   Abb. S. 310—11

Joh. Fr. Wegener
Flüchtender Hirsch, 1945
Bleistift, Aquarell
14,6 × 22,1 cm
Hessisches Landesmuseum Darmstadt

Weihnachtskalender, um 1940
Privatbesitz Berlin   Abb. S. 245

Albert Weisgerber
Waldinneres mit Malerin an der Staffelei, 1910
Öl auf Lwd.
69,5 × 68 cm
Pfalzgalerie Kaiserslautern

Roger Welch
Drive-In: Second Feature, 1982
Äste, Stöckchen, Bambus, Flechten
165 × 495 × 300 cm
Besitz des Künstlers

Friedrich Werckmeister
Schön Rösi, o. J.
Reproduktion aus: Friedrich Werckmeister, Ein Stückchen Eden, o. O. o. J.   Abb. S. 223

August Levin von Wille
Waldlandschaft, 1859
Öl auf Lwd.
110,5 × 171 cm   Abb. S. 221
Staatliche und Städtische Kunstsammlungen Kassel, Neue Galerie

M. Zimmermann
Höllentalbahn bei der Ravennabrücke, 1902
Öl auf Lwd.
96,5 × 75 cm   Abb. S. 214
Augustinermuseum, Freiburg i. Br.

Hanns Zischler/Alf Olbrisch
Waldränder, 1987
Klanginstallation

Ludwig von Zumbuch
Am Waldweiher, o. J.
Kunstdruck aus der »Jugend«
20,2 × 25 cm
Galerie Bernd Dürr, München

Robert Zünd
Eichwald, 1859
Öl auf Lwd.
77 × 107 cm   Abb. S. 143
Kunstmuseum Luzern, Depositum Bernhard Eglin-Stiftung

Zitatnachweis

Die Jahreszahlen geben in den meisten Fällen die Erstveröffentlichungen und -drucke an, die Seitenzahlen verweisen auf die Zitate im Katalog.

Kapitelanfänge

S. 122:
Oskar Loerke, Der Wald der Welt, (1936)

S. 130:
Joseph von Eichendorff, Heimweh, (1817)

S. 144:
Hermann Hesse, Bäume, (1920)

S. 152:
Heinrich Heine, Elementargeister, (1834)

S. 162:
Arno Holz, Phantasus. Zweites Heft, (1899)

S. 174:
Johann Heinrich Voß, Luise, Erste Idylle, (1783/84)

S. 186:
Peter Hille, Waldesruh, (1904)

S. 202:
Clemens Brentano, Godwi, (1800/02)

S. 212:
Joseph von Eichendorff, aus: Nachts, (1864)

S. 220:
Franz Kafka, zit. nach: Der Wald. Ein Lesebuch mit vielen Bildern, (1984)

S. 230:
Joseph von Eichendorff, Der Jäger Abschied, (1810)

S. 268:
Georg Trakl, Grodek. 2. Fassung, (1914/15)

S. 294:
Alfred Döblin, Berge, Meere und Giganten, (1924)

S. 304:
Clemens Brentano, O kühler Wald, (1802)

Weitere Literatur (alphabetisch)

Anonym, Bismarck in: Der Türmer, Mai 1923, gekürzt, S. 238
Anonym, Ohne Titel, zit. nach: Wandern — o Wandern. Sprüche, Aussprüche, Gedichte, (1914), S. 248
Armando, Bericht einer Seele (dt. 1987) in: »Neue Zürcher Zeitung«, 2.—3. Mai, gekürzt, S. 277
Arnim, Achim von, Stolze Einsamkeit, (1808), S. 177
Arnim, Bettina von, Die Günderode, (1840), S. 232
Artmann, H. C., (Ohne Titel), (1975), S. 170

Becher, Johannes, Der Wald, (1912/13), S. 136
Beethoven, Ludwig van, zit. nach: Der Wald. Ein Lesebuch mit vielen Bildern, (1984), S. 233
Bismarck, Otto von, zit. nach: Hubert Schrade, Baum und Wald in Bildern deutscher Maler, (1937), S. 238
Borchert, Wolfgang, Der viele viele Schnee, (1946/47), S. 274
Brentano, Clemens, Chronika eines fahrenden Schülers, (1818), S. 222
Brentano, Clemens, Godwi oder Das steinerne Bild der Mutter, (1800/02), S. 141, 179, 233
Brentano, Clemens, O kühler Wald, (1802), S. 311
Broch, Hermann, Die Schlafwandler, (1931/32), S. 125
Brockes, Barthold Heinrich, Irdisches Vergnügen in Gott, (1721/48), gekürzt, S. 188
Brod, Max, Tycho Brahes Weg zu Gott, (1916), S. 226
Büchner, Georg, Lenz, (1839), S. 226

Caesar, Gaius Iulius, De bello Gallico, (52/51 v. Chr. dt. v. Marieluise Deissmann), S. 133
Canetti, Elias, Masse und Macht, (1960), S. 274
Carus, Carl Gustav, Über ein Landschaftsgemälde (Erdlebenbild) von Crola, (1835), S. 210

Däubler, Theodor, Einsam, (1910), S. 225
Detering, Alfred, Die Bedeutung der Eiche seit der Vorzeit, (1939), S. 285
Doderer, Heimito von, Das letzte Abenteuer, (1953), gekürzt, S. 146—147, 210
Doehler, Gottfried, Bismarck, in: Allgemeines Deutsches Kommersbuch, (1925), S. 238
Düesberg, R., Der Wald als Erzieher, (1910), S. 233

Eichendorff, Joseph von, An die Lützowschen Jäger, (1836), S. 236
Eichendorff, Joseph von, Nachts, (1864), S. 218
Eichendorff, Joseph von, Waldgespräch, (1813), S. 160
Eichrodt, Ludwig, Ein verlorener Gesang aus Amaranth, (1869), S. 146

Fabricius, W., Wald und Wild, o. J., S. 257
Fechner, Gustav Theodor, Nana oder Über das Seelenleben der Pflanzen, (1848), S. 209
Fitger, Artur, Krüppelholz, (1881), S. 243
Floericke, Kurt, Der deutsche Wald und seine Vögel, (1935), S. 150
Fouqué, Friedrich de la Motte, Undine, (1811), S. 158
Friedreich, Johannes Baptista, Die Symbolik und Mythologie der Natur, (1859), S. 188
Friedrich, Caspar David, Loschwitz. Tagebucheintragung 1803, S. 215
Friedrich, Caspar David, Eine Sage, in: Bekenntnisse, hrsg. v. Kurt Karl Eberlein, (1924), S. 182

Goethe, Johann Wolfgang, Gespräche mit Eckermann, (1836), S. 258—259
Götsch, Georg, Lebenszeichen — Zeugnisse eines Lebens, (1969), S. 248
Grabbe, Christian Dietrich, Die Hermannsschlacht, (1838), S. 234
Grillparzer, Franz, Als mein Schreibpult zersprang, (1813), S. 189
Gebrüder Grimm, Frau Trude, in: Kinder- und Hausmärchen, (1819), S. 165
Grimmelshausen, Hans Jakob Christoph, Der abenteuerliche Simplicissimus Teutsch, (1669), S. 228—229

Hahn, Johann Friedrich, (Brief an Friedrich Gottlieb Klopstock), 30. 7. 1774 (gekürzt), S. 237
Hallbaum, Franz, Heldengedenken und Kriegsgräberfürsorge. in: Der Türmer, März 1936, S. 286
Hartlaub, Felix, Im Sperrkreis, (1942), S. 243
Hauptmann, Gerhart, Bahnwärter Thiel, (1888), S. 214
Hausmann, Manfred, Lampioon küsst Mädchen und kleine Birken, (1928), S. 142
Heine, Heinrich, Elementargeister, (1834), S. 134
Heine, Heinrich, Die romantische Schule, (1833), S. 235
Heinse, Wilhelm, Briefe, (1780), S. 179
Herder, Johann Gottfried, Der Wanderer, (1801), S. 176
Heynike, Kurt, In der Mitte der Nacht, (1919), gekürzt, S. 210
Hille, Peter, Waldesstimme, (1904), S. 240
Hippel, Theodor Gottlieb von, Lebensläufe nach aufsteigender Linie nebst Beilagen A, B, C. Meines Lebenslaufs erster Teil, (1778), S. 204
Hitler, Adolf, Mein Kampf, (1925/26), S. 248
Hoffmann von Fallersleben, Bundeszeichen, (2. 10. 1842), S. 256
Hohl, Ludwig, Die Notizen oder Von der unvoreiligen Versöhnung, (1944/54), S. 198
Holz, Arno, Phantasus. Zweites Heft, (1899), S. 172
Holzapfel, Carl Maria, Text aus dem Film »Ewiger Wald«, (1936), S. 244
Hufeland, Friedrich, Über Sympathie, (1811), S. 233
Hugo, R., zit. nach: Wandern — o Wandern. Sprüche, Aussprüche, Gedichte, (1914), S. 248
Hugo, Victor, Rheinreise (1842, dt. v. C. Dräxler-Manfred u. Wolfram Schäfer), gekürzt, S. 155—158

Jandl, Ernst, Sommerlied, (1973), S. 201
Jung, Carl Gustav, Symbole der Wandlung. Analyse des Vorspiels zu einer Schizophrenie, (1952, erste Fassung 1912), S. 148

Keller, Gottfried, Das Fähnlein der sieben Aufrechten, (1861), S. 286
Keller, Gottfried, Der grüne Heinrich, (1854/55), S. 204
Kerner, Justinus, Der Wanderer in der Sägemühle, (1830), S. 195
Klages, Ludwig, Rhythmen und Runen. Aus dem Nachlaß, (1944), S. 180
Kleist, Heinrich von, Die Hermannsschlacht, (1821), S. 141
Klopstock, Friedrich Gottlieb, Hermanns Schlacht, (1769), S. 235
Knodt, Karl Ernst, Meine Wälder, (1918), S. 201
Körner, Theodor, Aufruf, (1813), gekürzt, S. 236
Körner, Theodor, Harras, der Kühne Springer, (1811), gekürzt, S. 288
Körner, Theodor, Die Eichen, (1819), gekürzt, S. 257
Kügelgen, Wilhelm von, Lebenserinnerungen eines alten Mannes, (1870), S. 228

Lehmann, Wilhelm, Widerspiel. Stimme des Eichbaums, (1937), S. 142
Lenau, Nikolaus, Der Eichenwald, (1830), S. 134
Lenau, Nikolaus, Don Juan. Ein dramatisches Gedicht, (1844), S. 208
Lenau, Nikolaus, Waldlieder, (1844), S. 184
Lessing, Theodor, Deutsche Bäume, (1926), S. 209
Lichtenberg, Georg Christoph, Aphorismen. 3. Heft (1775—1779), S. 188
Löns, Hermann, Ein Zigeuner der Literatur, (1904), S. 240
Loerke, Oskar, Ohne falschen Zeugen, (1934), S. 191

Loerke, Oskar, Der Wald der Welt, (1936), S. 128

Masius in: Koralle, Heft 6 (1925), gekürzt, S. 138
Mezger, Max/Boerner, Franz, Das nieverlorene Paradies, (1935), S. 233, 285
Meyer, Conrad Ferdinand, Abendrot im Walde, (1866), S. 192
Meyer, Conrad Ferdinand, Die Schlacht, (1837), gekürzt, S. 285
Müller, Wolfgang, Waldeinsamkeit, in: Des Knaben Wunderhorn, (1850), S. 173
Musil, Robert, Wer hat dich, du schöner Wald..., (1936, Nachlaß), S. 289

Neumann, Carl Wilhelm, Das Buch vom deutschen Wald, (1935), S. 146, 244
Nietzsche, Friedrich, Autobiographisches aus den Jahren 1856—1869, S. 209
Novalis, Heinrich von Ofterdingen, (1802), S. 179

Paracelsus, (Bücher und Schriften), (1530/31), S. 188
Putbus, Fürst Malte von, (Katalog der Sammlung von Putbus), zit. nach: Andreas Aubert, Patriotische Bilder von Kaspar Friedrich aus dem Jahre 1814, in: Kunst und Künstler. Heft 9 (1911), S. 138

Riehl, Wilhelm Heinrich, Die Naturgeschichte des deutschen Volkes, (1854), S. 233
Richter, Jean Paul Friedrich, Leben Fibels, (1811), gekürzt, S. 209
Rosegger, Peter, Waldheimat, (1877), S. 179
Roßmäßler, Emil Adolf, Der Wald, (1863), S. 248
Rückert, Friedrich, Kindertotenlieder. Winter und Frühling, (1872, Nachlaß), S. 164
Runge, Philipp Otto, Sonnenuntergang im Walde, (1807), gekürzt, S. 262

Scheffel, V. v., zit. nach: Wandern — o Wandern. Sprüche, Aussprüche, Gedichte, (1914), S. 248
Schenkendorf, Max von, Vaterland, (1814), S. 257
Schiller, Friedrich, Der Spaziergang, (1795), S. 142
Schmidt, Arno, Schwarze Spiegel, (1951), S. 214
Schnack, Friedrich, Das kleine Baumbuch, o. J., S. 180, 257
Schneider, Reinhold, Der Wald, (1934), S. 236
Schoenichen, Walther, Urwaldwildnis in deutschen Landen, (1934), gekürzt, S. 281
Schwab, Gottfried, zit. nach: Wandern — o Wandern. Sprüche, Aussprüche, Gedichte, (1914), S. 248

Spengler, Oswald, Der Untergang des Abendlandes, (1922), S. 178—179

Thielke, Wolfgang, in: Bunte (4. 6. 1987)
Tieck, Ludwig, Die Elfen, (1812), gekürzt, S. 138
Tieck, Ludwig, Franz Sternbalds Wanderungen, (1798), S. 172
Tournier, Michel, Der Erlkönig, (1970, dt. v. Hellmut Waller), S. 138
Trakl, Georg, Verwandlung des Bösen, 2. Fassung, (1915), S. 284
Trojan, Johannes, Unsere deutschen Wälder, (1911), S. 257

Vischer, Friedrich Theodor, An einer Quelle, (1849), S. 250—251
Voß, Johann Heinrich, Luise. Erste Idylle, (1783/84), gekürzt, S. 138

Walser, Robert, Der Wald, in: Fritz Kochers Aufsätze, (1904), S. 195
Welk, Ehm, Der Deutsche und der Wald, in: Der deutsche Wald. Sein Leben und seine Schönheit, (1935), S. 180, 222
Wezel, Johann Karl, Wilhelmine Arend oder die Gefahren der Empfindsamkeit, (1783), gekürzt, S. 198
Wiechert, Ernst, Der Totenwald, (1946), gekürzt, S. 242
Wiechert, Ernst, Wälder und Menschen, (1936), S. 214, 288
Wilke, Herrmann, Dein Ja zum Leibe, (1936), S. 248

Zech, Paul, Der Wald steht schwarz und abgedrängt..., (1920), S. 180
Zentgraf, Eduard, Wald und Volk, (1923), S. 214

Folgenden Rechtsinhabern, die wir ermitteln konnten, danken wir für die Erteilung von Abdruckgenehmigungen: C. H. Beck'sche Verlagsbuchhandlung, München (von Doderer); Claassen Verlag, Düsseldorf (Canetti); S. Fischer Verlag, Frankfurt am Main (Arno Schmidt); Greifenverlag zu Rudolstadt (Zech); Hoffmann und Campe Verlag, Hamburg (Tournier); Insel Verlag, Frankfurt am Main (Schneider); Klett-Cotta, Stuttgart (Lehmann); Luchterhand Verlag, Neuwied (Theodor Lessing, Jandl); Möseler Verlag, Wolfenbüttel und Zürich (Götsch); Otto Müller Verlag, Salzburg (Trakl); Rowohlt Verlag, Reinbek bei Hamburg (Borchert, Musil); Societäts Verlag, Frankfurt am Main (Victor Hugo); Suhrkamp Verlag, Frankfurt am Main (Artmann, Broch, Hohl, Loerke, Robert Walser — Abdruck mit Genehmigung der Carl Seelig-Stiftung, Zürich); Walter Verlag, Olten und Freiburg i. Br. (C. G. Jung)

Photonachweis

Allwa AG, Neuheim: S. 139
Jörg P. Anders, Berlin: S. 63, 142, 151, 193
Dieter Appelt, Berlin: S. 127, 262, 296
Klaus Bach, Tübingen: S. 89
Hans-Joachim Bartsch, Berlin: S. 165
Bildarchiv Preußischer Kulturbesitz, Berlin: S. 92, 115 (u.), 161, 178, 192, 197 (l.), 198, 203, 210, 223 (r. u.), 236 (l. o.), 238 (o.), 239, 248 (l.), 249, 251 (o.), 257 (r.), 258, 275, 283, 289
Staatsbibliothek Preußischer Kulturbesitz, Berlin: S. 179 (u.), 233, 241 (o., u.), 257 (l.), 259 (l), 270, 271, 273, 274, 276, 286
Galerie Beyeler, Basel: S. 263
Vincent Böckstiegel, Werther/Westf.: S. 272
Jens Bode, Sauerlach: S. 264
Landesbildstelle Rheinland, Düsseldorf: S. 13, 23, 134, 136, 217, 224, 225 (l.)
Ursula Edelmann, Frankfurt a. M.: S. 159, 167
Herbert Eisenhauer, Hamburg: S. 150
Harald Finke, Jesteburg: S. 306
Deutsches Institut für Filmkunde, Frankfurt a. M.: S. 12
Archiv Karlheinz Gabler, Frankfurt a. M.: S. 206
Rainer Graefe, Stuttgart: S. 90
Großfoto Berlin: S. 154, 176, 223 (r. o.), 229, 256
Artothek Jürgen Hinrichs, Planegg: S. 131, 132, 163, 293
Wolf Kahlen, Berlin: S. 305
Bildarchiv Felix Klee, Bern: S. 195
Ralph Kleinhempel, Hamburg: S. 267
Udo Ladewig, Berlin: S. 52, 53, 56, 57, 60, 71, 80, 124, 147, 160, 164 (l. o.), 196, 197 (r.), 200 (l.), 214 (r.), 215 (l.), 222 (l.), 242, 244, 257 (m.), 259, 280, 281
Jochen Littkemann, Berlin: S. 211, 266, 298, 299
Foto-Studio Mock, Biberach: S. 219
Städtische Galerie im Lenbachhaus, München: S. 246, 247, 295
Staatliche Graphische Sammlung, München: S. 137
Jürgen Neumann, München: S. 307
Germanisches Nationalmuseum, Nürnberg: S. 66
Karl H. Paulmann, Berlin: S. 69, 148, 257 (m.), 287 (r. o.)
Herman Prigann, Marbella: S. 282
Stiftung Ratjen, Vaduz: S. 66
Sander, Köln: S. 47
Foto Scheuerer, Ingolstadt: S. 115 (o.), 145, 288 (o., u.)
Hans-Ulrich Schlumpf, Zürich: S. 190
Wolfram Schmidt, Regensburg: S. 226 (o. m.), 277
Atelier Schneider, Berlin: S. 177
Albert Seegis, Albstadt: S. 226 (o. r.)
Norbert Stück, Berlin: S. 301
Hans Peter Vieser, Freiburg i. Br.: S. 214 (l.), 222
Angelika Weidling, Berlin: S. 267
Karl Friedrich Wentzel: S. 108, 109, 111
Ziterell & Geiser, Tuttlingen: S. 74

Für die weiteren Abbildungen liegt das Copyright bei den Leihgebern.